なぜ
私たちは
友だちを
つくるのか

進化心理学から
考える人類にとって
一番重要な関係

ロビン・ダンバー
吉嶺英美 訳

Friends
Understanding the Power of our
Most Important Relationships

Robin Dunbar
translated by Hidemi Yoshimine

青土社

なぜ私たちは友だちをつくるのか

目次

フレディ、アーサー、エディ、エヴァ、ルーファス、テオへ

なぜ私たちは友だちをつくるのか

進化心理学から考える人類にとって一番重要な関係

一章　なぜ友だちは重要なのか

ジャーナリストのマリア・ラリーは、子育てをしていた三〇代のころ、郊外へと引っ越した。静かな環境で子どもを育てたかった彼女は、働き始めたときからどっぷり浸ってきた活気あふれるロンドン生活に別れを告げ、一家でサリー州の村に移ったのだ。だが、彼女はすぐに気がついた。ここには知り合いが一人もいないということを。そのうえ、新しい友だちを作るのもひどく難しそうだった。周りの人はすでに、長年の友だち同士なのだ。「二人の女性がお茶の約束をしているのを見て、涙が出そうになった。あのときのことは今でも忘れられない……」と彼女は言う。その気持ちは痛いほどわかる。暖かな部屋で楽しそうに集う人たちがいれば、曇った窓ガラス越しにその様子をそっとのぞきたくなるものだ。そう、マッチ売りの少女のように。

友だちづきあいと孤独はコインの裏表のようなもので、私たちはその両方を行ったり来たりしながら毎日を過ごしている。だがこの一〇年、医学者たちは、この友だちづきあいが持つ劇的な効果に大いに驚かされている。友だちの存在は私たちの幸福度だけでなく、心身の健やかさや寿命にまで影響するのだ。たいていの人は孤独が苦手だが、友だちづきあいは一人でできるものではなく、両者がお互いに好意と寛容な気持ちを持ち合い、共に時間を過ごしたいと思わなければ成立しない。そしてその難しさを如実に表しているのがこの現代社会で、これ以上の社交生活は望めないと思っても、次の瞬間には、自分が孤独にさいなまれていることに気づかされる。

二〇一四年にオーストラリアのモベンバー財団が約四〇〇〇人の男性を対象に実施した調査は、友人が少なく、社会的支援の乏しい男性が最も精神的に落ち込みやすいと報告している。そのリスクが特に高かったのが、スポーツ系のクラブなど、共通の興味だけで友人とつながっていた人たちだった。一緒に活動していたメンバーが結婚や子どもの誕生、引っ越しで徐々に抜けていき、結局、残された人たちは友人を失ってしまうからだ。また、代わりの友人を見つけるのもそう簡単ではない。いまや孤独は現代人の命を奪う病となり、従来の一般的な死因を押しのけ、最大の死因になりつつある。なぜ孤独は命を奪うのか？　いや、その理由を問うよりはむしろ、友だちづきあいが心身の健康にいい理由を述べたほうがいいだろう。

友だちとはありがたいもの

友人が多ければ多いほど病気になりにくく、長生きする可能性が高い。おそらくこれは、この二〇年間の医学論文に見られる最も驚くべき発見だろう。なかでもユタ州のブリガムヤング大学で社会的つながりと健康に関する研究室を率い、社会とのつながりと孤独が寿命にどう影響するかを研究するジュリアン・ホルト・ランスタッドは、孤独と寿命の関連性を示す説得力あるエビデンスを提供している。彼女が調査したのは、人の死亡リスクに影響を与える要因について調べた一四八の疫学研究のデータだ。

彼女のこの研究で私が気に入っている点は二つある。一つは、その一四八の研究の対象となった患者総数が三〇万人超と非常に多いこと。サンプル数がこれほど膨大なら、その結果には大いに信用がおける。もう一つは、調査結果の基準が極めて厳格で、死んだか死ななかったかの二つに一つだということ。たいていの調査は「Xをどのくらい好きか、一から五のスケールで答えよ」というように、評価尺度での回答を求める(もちろん、私もそうやっている)。だが、このような質問は回答者の主観によるところが大きく、質問内容の解釈や、回答者のその日の気分で、答えは大きく変わってしまう。「今日はすごく楽しい」という項目に回答するときの私の評価基準とあなたの評価基準は同じだろうか? 今週の自分と来週の自分の評価基準が同じと言い切れるか? しかし、死んだか、死ななかったかが基準なら、答えは二つに一つで、あいまいさが入り込む余地はなく、「もしも」とか、「ただし」とか、「こういう場合」といった条件も付かない。

ランスタッドが検討したものはどれも、かかりつけ医が患者に尋ねるような項目ばかりだった。「肥満度はどのぐらいか?」、「煙草を吸う本数は?」、「飲酒量は?」、「運動の程度と頻度は?」、「居住地域の大気汚染の程度は?」、「インフルエンザのワクチンを接種した経験は?」、「どのようなリハビリ療法をしているか?」、「処方されている薬は?」などだ。ただし彼らは、調査対象者の社会生活に関するさまざまな尺度にも着目した。たとえば「既婚か、独身か?」、「社会的な活動にどのぐらい関わっているか?」、「友だちの数は?」、「友人や地域のコミュニティにどのぐらい関わっているか?」、「寂しい、またはは社会的に孤立していると感じるか?」、「他の人から、精神的にどの程度支えてもらっていると感じているか?」などだ。

驚いたのは、寿命に最も影響するのが、こういった社会的側面だったことで、特に心臓発作や脳卒中を経験した後では、その影響が顕著だった。なかでも最も寿命を左右したのは、社会的サポートの頻度、そして社会的ネットワークや地域のコミュニティへの参加度だった。これらの項目の点数が高ければ、生きのびる可能性は最大五〇パーセント高くなる。寿命にここまで大きな影響を及ぼす要素など、ほかにはたばこをやめることぐらいしかない。こんなことを言ったら医者たちからは非難ごうごうだろうが、どれほど暴飲暴食をしようが、運動もせずにダラダラしようが、最悪の大気汚染のなかで暮らそうが、寿命などそう大きくは変わらない。けれど友だちがいない、あるいは地域活動にまったく参加していないといった要素が寿命に与える影響は甚大だ。もちろん、暴飲暴食や喫煙といった要素の影響がゼロだと言っているわけではない。けれど、友だちの数や友だちづきあいの質と比べれば、かかりつけ医たちがつねに心配する喫煙などの生活習慣が寿命に与える影響などごく些細なものでしかない。健康に良い食事をし、運動をし、医師が処方する薬を服用することが身体にいいのは間違いない。だが友だちを何人か持つだけで、それを大きく上回る効果が期待できるのだ。

コペンハーゲンにあるデンマーク国立衛生研究所のジッギ・サンティニたちは、五〇歳以上のおよそ三万八〇〇〇人のデータを分析し、親しい友だちがいたり、クラブや団体（教会、ボランティア団体、習い事、政治や市民運動などのグループ）に関わっていたりする人は、そのような社会的活動が少ない人と比べてうつ病になる可能性がはるかに低いことを明らかにした。この二つの社会的活動は、ある程度まで互換性があり、友だちは多いが社会的活動が少ないのも、友だちは少ないが社会的活動は多いのも、精神衛生上は同じくらい有益だ。けれど何事も過ぎたるは及ばざるがごとしで、友だちや参加するクラブの数を増やし過ぎれば、それはむしろ有害となる。人との関わりが薄く、広くなりすぎて、質の高い関係を築く時間がなくなるからだ。こちらの友人からあちらの友人へ、こちらのクラブからあちらのクラブへと精力的に動き回ることと、少数の親しい友人とじっくり時を過ごすことでは、精神的な満足度が違う。自分では人づきあいで忙しいと思っていても、集団の一員という実感を持てずに、寂しい思いを抱くことさえあるのだ。そう、たぶんそこが重要で、こちらで数分、あちらで数分と忙しく飛び回るのではなく、大切な友人とゆっくり過ごす時間にこそ特別の癒しがあるのだ。

別の研究でランスタッドは、六〇歳に達した人々の余命に、孤独がどう影響するかを調査した。なんと七〇の研究のデータを集め、平均調査期間七年、対象者総数五〇万人弱に及ぶデータを照合したのだ。そのデータを対象者の年齢、性別、調査開始時の健康状態で調整した結果、社会的孤立や独居、孤独感は、死亡する確率を三〇パーセント押し上げることがわかった。つまり、友だちが多い人、同居人がいる人（同居人が配偶者でなくてもかまわない！）、あるいは地域のコミュニティにとけこめていると感じている人は、そうでない人より長生きする可能性が高かったのだ。ちなみに、病気で衰弱している人や障害がある人は家から出られないから友だちも少ないし、孤独な場合が多いのではという懸念は無用で、研究者たちはそのような影響もちゃんと考慮している。

さらに説得力のあるエビデンスを示したのが、社会学者のニコラス・クリスタキスとジェームズ・ファウラー（当時は二人ともハーバード大学にいた）で、彼らはフラミンガム研究――マサチューセッツにある人口約一万二〇〇〇人のフラミンガムの町で何十年にもわたって行われた縦断的な疫学調査――のデータを利用して一連の研究を実施した。フラミンガム研究はもともと、心臓病の原因を突き止めるために実施されたもので、この町に住む成人全員を、一九七〇年代はじめから二〇〇三年までの三〇年にわたって追跡調査した研究だ。この研究で集められた友人関係のデータは必ずしも理想的とは言えなかったが（調査対象者には、親友の名前を聞いただけだった）、町全体の人間関係がマッピングされていたおかげで、クリスタキスとファウラーは、誰と誰が友だちかだけでなく、その人の友だちの友だち、さらにその友だちまで、人間関係全体を把握することができた。その結果彼らは、ある人の行動や健康状態が変化したのは、その人の友だちや、そのまた友だちの行動変化や健康状態の変化の影響だと突き止めた。

つまり、あなたが将来、幸せになる可能性も、うつ状態になったり、肥満になったり、禁煙に成功したりする可能性もすべて、身近な友人の同様の変化と強い相関関係があることがわかったのだ。また、友だちの友だちの行動も、程度は小さいが重要な影響があった。さらに、友だちの友だちのそのまた友だちの行動もわずかだが、検知可能な影響が認められたが、それ以上遠い友だちの影響は見られなかった。また、この町の人間関係全体を示すグラフでは、明らかに、幸せな人たちは幸せな人たち同士、不幸せな人は不幸せな人たち同士で集まっていた。つまり、あなたの友だちが幸せなら、あなたが幸せな可能性は非常に高いということだ。また、住民のなかで幸せがゆっくりと広がっていくこともわかった。あるサンプルで、その人の友だちたちが幸せなら、その後のサンプルではその人自身も不幸せから幸せへと変わっている可能性が高くなっていたのだ。

これが特にあてはまるのが、友人関係が相互的な場合、つまりお互いに相手を友だちと考えていたときだった。いっぽう、友情が相互的ではない、すなわちどちらかだけが相手を友だちと考えていた場合は、受ける影響はごくわずかだった。また、うつ状態ではない友だちと一緒にいる人は、うつ状態になる可能性が大きく下がったが、うつ状態の友人と一緒にいる人は、うつ状態になる可能性が上がった。

それも、その可能性は、幸せな友人がその人を幸せにする可能性の六倍も高かった。また、女性の友だちは特にうつ状態を広げる影響力が強かった。

そのほか、強い空間的影響も確認することができた。幸せな友だちが一マイル（一・六キロメートル）以内に住んでいれば、その人が幸せになる可能性は二五パーセント高く、隣家の人が幸せなら、その人が幸せな可能性は三四パーセント高かった。また、それがこの町に何を意味するのかはわからないが、幸せな配偶者や兄弟の影響は、隣人の影響よりもはるかに低い、というアメリカの家族にとっては不吉な傾向も明らかになった。なんと配偶者や兄弟の幸せが及ぼす影響は、隣人の幸せが及ぼす影響よりずっと低く、それぞれ八パーセントと一四パーセントだったのだ！　おそらくこれは、アメリカの離婚率の高さのあらわれだろう。また、臨床的うつ病に関しても同様の傾向が見られ、うつ状態の友だちや隣人と一緒にいると、その後に落ち込んだと感じる日数が大幅に増加していた。

夫婦は片方が亡くなると、残された配偶者もすぐに亡くなる、とは巷でよく言われることだが、私の両親はまさにこのケースだった。両親ともに八〇代のわりにはかなり活動的で、心身の状態も概ね良好だったが、父が亡くなってちょうど六カ月後に母も亡くなってしまった。フェリックス・エルワートとニコラス・クリスタキスはアメリカの高齢者医療保障制度、メディケアのデータベースを利用して、四〇万組にのぼる夫婦のデータを調査した。その結果、配偶者に先立たれた人がその後まもなく死亡する可能性は、男性が一八パーセント、女性は一六パーセント上昇していた。それもその死因は驚くほど特徴的で、妻に先立たれた男性は慢性閉塞性肺疾患（いわゆるＣＯＰＤ）、糖尿病、事故、感染および敗血症、肺がんで死亡するケースが二〇パーセント増加したが、そのほかの死因にはそれほど大きな影響は見られなかった。いっぽう、配偶者に先立たれた女性は、COPD、結腸がん、肺がん、事故で死亡するリスクが上昇した。男女とも、アルツハイマー病やパーキンソン病のリスクが大幅に上がることはなく、一般に進行が早く、予後も不良と言われる癌（すい臓がん、肝臓がん）のリスクが大きく上がることもなかった。

家族も多くの意味で特別な友だちであり、友だちと同様の役割を果たす。一九四七年、疫学者のチャールズ・スペンスは、ニューカッスル・アポン・タインで乳幼児の健康に関する縦断研究を開始した。その年の五月と六月にこの市で誕生したおよそ一〇〇〇人の新生児を生後一カ月にわたって細かく調査し、その後も子どもが一五歳になるまで断続的に追跡調査を行ったのだ。この調査では、子どもの病気や死亡には親戚の多さが大きく関わっていることが明らかになった。親戚がたくさんいる新生児のほうが病気の頻度が低く、生存率も高かったのだ。二〇〇〇年代はじめ、私たちは二歳の子どもがいるリヴァプール在住の若い母親七四人を一年間調査し、母親の病気と子どもの病気、さらに母子が家族や友だちと接触する頻度を記録した。すると、身近な家族との接触頻度が高い母親は病気になる率が低く（社会的接触が多ければ病気がうつるのではという心配は杞憂だった）、その家族が特別近しい親族だと、病気になる率は特に低かった。この傾向は、子どもの場合も同様だった。ここでもやはり、大家族に属している人々のほうが、健康問題は少なかった。

歴史的に有名な多くの事例が、家族がいることの利点をよく物語っている。そのような歴史的な事例では、当事者の友だちの人数はわからなくても、家族が誰だったかはわかることが多い。なぜなら彼らは名字が同じだからだ。一六〇七年、一〇四人のイギリス人入植者が現在のヴァージニア州にあるジェームズタウン（当時のイングランド王、ジェームズ一世に因んで名づけられた）に上陸した（メイフラワー号でやってきたあのピルグリム・ファーザーズが、もっと北のプリマスロックに上陸する一五年前だ）。現地の植物や動物の知識がなかったうえ、ヨーロッパから持参した穀物を栽培できるほどの開墾もできなかった彼らは飢えに苦しみ、多くが命を落とした。もし先住民たち（最も有名なのはあのポカホンタスだ）の助けがなかったら、彼らは絶滅していただろう。そんななか、最も生存率が高かったのが家族（およびその使用人）とともに入植した人々で、悲惨な結果に終わったのは一人で入植した筋骨たくましい青年たちだった。また別のアメリカの伝承のなかでも象徴的なケースがあった。一八四六年に幌馬車隊でミズーリを出発し、シエラネヴァダ山脈を越えて新天地カリフォルニアを目指した総勢九〇人のドナー隊だ。さまざまなトラブルによって旅程が大幅に遅れた彼らは、冬の訪れとともに山地で身動きがとれなくなり、結局、春に救援隊が来るまでに多くが命を落とした。だがこのときも、死亡した多くは一人で参加した若者たちで、生き残ったのは家族づれだった。身内の暖かさには、最悪の苦難から人々を守る何かがあったのだろう。

友だちづきあいがどのようにして、このような健康効果を生み出すのかは、はっきりしない。だが、考えられることはいくつかある。その一つがチキンスープだ。体調を崩したと言えば、友だちはチキンスープなど、さまざまな見舞いの品を持ってきてくれる（ちなみに、ネブラスカ大学医療センターのスティーヴン・レナードたちの研究によればチキンスープには抗菌作用のある成分が含まれているそうで、おばあちゃんが言っていたとおり、チキンスープは身体にいいのだ）。また、見舞いに来た友だちは病人を励まし、元気づけてもくれるため、病気のストレスが緩和され、速やかな回復の助けにもなる。実際、友だちは事実上アスピリンの役割を果たし、あなたを苦しめていた症状を一時的に和らげてくれる。だが、脳内のエンドルフィン系に関連したもっと興味深い可能性もある。エンドルフィンとは、化学的にはモルヒネに似た神経伝達物質だ（その名は〝エンドジナス・モルフィン（体自身が持つモルヒネの意）〟を短縮したものだ）。そして八章でも述べるように、エンドルフィンは私たちが友だちとするさまざまな行動、すなわち笑ったり、歌ったり、踊ったり、背中を撫で合ったりといった行動によって活性化される。ラトガーズ大学のディパク・サルカールは、このエンドルフィンが身体のナチュラルキラー（ＮＫ）細胞を活性化することを突き止めた。ＮＫ細胞とは白血球の細胞の一つで、病気の原因となるバクテリアやウイルスを探して破壊する、免疫システムの突撃隊だ。つまり友だちが見舞いに来てくれると私たちの免疫システムが調整され、多くの不快な症状をもたらしていた細菌やウイルスへの抵抗力が上がるらしいのだ。

よい人生を送るには、その土台となる精神の健康が重要だ。それは私たちも、なんとなくわかっているが、それでも精神の健康のことは軽視しがちだ。けれど幸福感が大きく損なわれる状態が少しのあいだでも続けば、うつ病になりやすくなり、やがては病気につながっていく。気分も前向きで、何もかもが好転しているときなら、私たちは他者と積極的に関わるし、どんなことにも楽天的かつ熱心に取り組む。ひどく退屈な仕事でも、一生懸命やってのけるだろう。だとすれば、ニコラス・クリスタキスとジェームズ・ファウラーがフラミンガム研究のデータで発見したように、幸福感や積極性、「やればできる」という姿勢が集団のなかで急速に広がっていくのもよくわかる。

友だちはあなたを助けてくれる

ここまで、私は友だちを持つことで得られる健康上のメリットを強調してきたが、その理由は、世間の人々がこの発見にひどく驚いたからだ。そんなことは、誰も予想していなかった。いや、潜在意識のどこかでは気づいていたはずだが、そんなことは改めて考えたこともなかったのだ。しかし、友だちを持つことで得られるのは、健康やコミュニティとの関わりだけではない。たぶん最も大きなメリットは、友だちがいれば、私たちが困ったときに助けてもらえるという点だ。精神的なサポートはもちろん、もっと日常的なこと、たとえば引越しを手伝ってくれたり、お金や道具を貸してくれたりといったことも友だちならしてくれる。小規模な伝統的社会では、収穫時や家を建てるときの手伝いは非常に重要だった。こういった作業は個人でできるものではなく、家族や友人の手伝いは不可欠だからだ。親しい友人なら、お返しなど期待せずに積極的に手を貸してくれるが、たんなる知り合いなら「明日、うちを手伝ってくれるなら、今、手伝ってあげる」といった交換条件が付きがちだ。

オリヴァー・カリーは、友だちによる利他的行為について多くの研究を行った。その一つで彼は、調査対象者たちに、自身の社会ネットワークのなかから特定の人を指定してもらい、その人と精神的にどのぐらい近いか、その人から多額の金を貸してほしい、あるいは腎臓提供のドナーになってほしいと頼まれたら、喜んで応じるかどうかを評価してもらった。指定する相手は、家族、親友、仲のいい友だち、ただの友だち（特別親しくはない友だち）から各二人、それぞれ男女一人ずつだ。その結果、相手の性別はほとんど影響しなかったが、親友からただの友だちへと関係性が薄くなるにつれ、精神的な近さや相手のために何かしたいという気持ちは着実に低下していくことがわかった。いっぽう家族の場合、評価はつねに友だちより高かった。そこで、ほとんどの人（必ずしも全員ではない）は友人より家族を優先するという意味で、私たちはこれを「親族プレミアム」と呼ぶことにした。

私たちは友だちに対して、この人のことは助けなければいけない、という一種の義務感を感じるが、どうやらその義務感は、その友だちと多くの時間を過ごしていることからきているらしい。これはマックス・バートンの別の研究でわかったもので、彼はまず調査対象者に、助けを求めたときに進んで手を貸してくれそうな順に友だちの名を挙げてもらい、それぞれの友だちと精神的にどのぐらい近いか、どのぐらいの頻度で会っているかを尋ねた。すると、最も親近感を覚え、最も頻繁に会っている友だちこそが、困ったときに最も助けてくれそうな友だちだとわかった。

つまり、友だちは私たちのために多くのことをしてくれるが、私たちはそれをしてもらうために、多くを彼らにつぎ込んでいるというわけだ。

弱いつながりの強み

アメリカの社会学者、マーク・グラノヴェッターは、一九七三年に発表した著名な論文『弱いつながりの強み』で、私たちの社会の関係性は強いつながりと弱いつながりの二つに分けられると提唱した。とはいっても、一人が持っている強いつながりは数本で、あとはすべてが弱いつながりだ。彼が特に注目したのが、その弱いつながりだった。彼によれば、その弱いつながりが情報ネットワークを作り上げ、私たちはそれを通じて、自分一人では出会えなかった機会に巡り合うことができるという。このとき彼が考えていたのは、就職のチャンスやスーパーマーケットの安売り、面白そうな新作映画、売り出し中のお笑い芸人のライブや音楽イベントなどの情報だ。実際、友だちがいれば自分一人で探すよりずっと広い分野の情報を手に入れることができる。ニコラス・クリスタキスとジェームズ・ファウラーは著書『つながり：社会的ネットワークの驚くべき力』のなかで、二〇一〇年ごろまでは、アメリカ人の七〇パーセントが友人や家族を介して配偶者と出会い、残りのほとんどは小中学校や大学で出会っていたとしている。しかしこの一〇年、そんな昔ながらの紹介システムはインターネットのマッチングサイトにすっかりその座を奪われ、今やカップルの約四〇パーセントはマッチングサイトで知り合っている。とはいえ、今でもまだ三〇パーセントは、家族や友人を介した昔ながらの方法で出会っているし、二五パーセントはバーやクラブでのナンパ（もちろんほとんどは友人たちと一緒だ）で出会っている。

小規模な狩猟採集社会なら、このような弱いつながりが、遠くの水場に獲物が集まっている、あの林の果物が熟れてきたころだ、といった情報をもたらしてくれる。獲物や食料に関するこのような情報はスピードが命だ。たとえ緑豊かな草原に鹿やアンテロープが群れていたとしても、数日で草を食べつくせば、またどこかへ行ってしまう。樹木も果実がなる時期は限られており、たいていは二週間ほどだ。だからテリトリー内を歩き回る者が多ければ多いほど、果実が熟しそうな木を誰かが見つける可能性も高くなる。もしテリトリー内を自分一人で探すとしたら、その木を見つけたころには果実は鳥やほかの動物に食べつくされているか、熟しきって地面に落ち、芽が出ていることだろう。

では、グラノヴェッターが言う「弱いつながり」とはいったい誰とのつながりを指しているのだろうか。それは誰にもわからないし、きっと彼自身もわかっていなかったのではないだろうか。ときどき顔を合わせるぐらいの友だちのことを言っていたのか、それとも仕事のあとで一杯やることはあっても、家にまでは呼ばない相手のことだろうか？　彼は具体的なことは何も言っていない。たぶん彼はそういった関係全体を、複雑に結びついた巨大な社会ネットワークと考えていたのだろう。友だちの友だちも友だち、とまあフェイスブックのようなものだ。たとえばうわさ話のネットワークでは、新たな発見を一人が別の友だちに話すと、それは徐々に広がっていき、最後にはみんなの耳に入ることになる。情報拡散のスピードは遅いが、それでも最終的にはみんなが知るところとなるのだ。また、このような弱いつながりは、今週はあそこのガソリンスタンドが一番安いといった日常的な情報よりずっと有益な情報ももたらしてくれるが、これについてはあとの章で触れることにする。なぜなら、その手の情報交換に関わる友だちの輪は、グラノヴェッターが考えていたよりずっと小さいからだ。

孤独感は危険信号

社会的な集団の一員であることはとても大切で、自分が孤立している、あるいはよそ者だと気づくと、私たちは寂しさや動揺に襲われ、なんとかその状況を改善しようとする。無人島に流れ着き、救出の見込みもない孤独な生活にうまくなじめる人など、まずいないだろう。荒くれ者のスコットランド人水夫、アレクサンダー・セルカーク（ロビンソン・クルーソーのモデルとされる人物）でさえ、今やロビンソン・クルーソー島と呼ばれる無人島で四年を過ごしたのち救出されたときは歓喜したほどだ。孤独が私たちに与える負担は大きいため、誰もがなんとか人と会う機会を見つけようとする。集団の一員になって初めて、私たちは人間らしい気持ちになるのだ。自分の居場所があると思うことで気持ちが安らぎ、誰かに求められていると感じることで充足感を得ているのだ。

シカゴ大学で先駆的な研究を手掛ける神経科学者のジョン・カシオポは、同僚のゲイリー・バーントソン、ジーン・ディセティとともに社会神経科学という分野を確立した。ジョンは特に孤独感に興味を持ち、彼の後年の研究の多くは孤独の神経生物学的要因とその機能的な働きの解明に費やされた。この研究を進めるうちに彼は、孤独感とはじつは異常事態を知らせる進化上の警報信号、ほら、今すぐ自分の人生をなんとかしなきゃダメだと警告する警報だと考えるようになった。社会から孤立していると感じるだけでも、生理機能を損なうには十分だし、もしそうなれば免疫システムにも精神状態にも悪影響が及び、そのまま放置すれば状況はどんどん悪化して早期の死につながる。これについては、ジョンがウィリアム・パトリックと共に著した『孤独の科学　人はなぜ寂しくなるのか』に詳しい。

孤独が免疫系に悪影響を及ぼすことは、ピッツバーグ州にあるカーネギーメロン大学のサラ・プレスマンたちが証明している。彼らは、大学の新入生にインフルエンザの予防接種をしても十分な免疫反応が起きなかったのは、学生たちが孤独だったからだと明らかにした。孤独感によって免疫システムが低下し、十分に機能しなかったせいで、ワクチンを接種しても期待された免疫を獲得できなかった、つまりワクチン接種をしても、インフルエンザ・ウイルスの侵入にそれほど抵抗できなかったということだ。また、友だちの数も、免疫系に影響することが確認された。友だちが四人から一二人いる新入生の免疫反応は、友だちが一三人から二〇人いる新入生の免疫反応より大幅に低かったのだ。そしてこの二つの効果は相互に影響しあっているらしい。たくさんの友だちがいれば（一九人または二〇人の大きな社会集団に属していれば）、免疫反応の低下を防ぐことができるが、孤独を感じているうえに友だちも少なければ、免疫反応は非常に低くなる。そう、免疫力という生理学的レベルにおいてさえも、友だちは私たちにとってたいへん重要なのだ。

以前、あるブック・フェスティバルでの講演後に来場者の一人からこう話しかけられた。自分は長年、軍隊にいたが、除隊して民間人に戻って以来すっかり体調を崩してしまった、と。じつは軍隊は、部隊を家族同然の存在にするために、あらゆる努力をしている。家族のような一体感や絆があれば、戦場でいかなる状況に陥っても一丸となって戦えるからだ。食事も睡眠も訓練も社交も、つねに小さな部隊（一般に一二〇人から一八〇人の中隊）で一緒にしていれば、兵士のあいだには強い絆が生まれる。その絆のおかげで、軍隊生活のほうが民間人の生活より一般的な疾患にり患する確率が大幅に低いらしいのだ。

デイヴィッド・キムとジェームズ・ファウラー、ニコラス・クリスタキスは、ボランティアから血液サンプルを採取したフラミンガム研究の副次標本を使い、社交性と病気の相関関係を調べた。その結果、社会ネットワーク内での接触が少ない人は血液中のフィブリノゲン濃度が高く、社会的接触の多い人はフィブリノゲン濃度が低いことがわかった。フィブリノゲンとは、血管が傷ついたとき出血しすぎないよう血液の凝固を促進する化学物質だ。また、フィブリノゲンは傷の治癒や組織の修復も促すため、炎症や組織障害、がんなどが生じるとその値は高くなる。さらに、フィブリノゲンの濃度が高ければ血液が過剰に凝固するため、たとえわずかなあいだでもフィブリノゲン濃度が高くなれば血栓症のリスクが高まる。つまり血中のフィブリノゲン濃度が高いということは健康状態が悪いということだ。これは、友だちの存在は人を病気から守り、さらには将来の心臓発作や脳卒中のリスクからもその人を守るということを示す直接的な証拠だ。別の研究では、アンドリュー・ステプトーやジェーン・ワーデルたちが、五〇代のイギリス人男女、六五〇〇人の長期的なデータを分析し、社会的孤立（自己申告の孤独は除く）はその後一二年間の死亡リスクの有意な予測因子であり、年齢や性別、身体的、精神的健康を考慮してもそれは変わらないことを明らかにしている。彼らによれば、社会的な孤立は次の一〇年間で死亡するリスクを約二五パーセント押し上げるという。

孤独感の影響は驚くほど多岐にわたり、若いラットを隔離状態に置けば、神経の接続性や神経可塑性さえも低下してしまう。特に前頭前皮質（脳の前の部分で、記憶や学習など知的なこと、特に知的で社会的なことが行われる）の機能と髄鞘形成（神経細胞の軸索の周りに存在する脂質の層で、神経パルスの伝導をより高速かつ効率的に行う）を修復不可能なレベルで変えてしまうこともある。もしそんなことになれば、もう取り返しはつかない。人間の場合、短期的な孤独が長期におよぶ悪影響を及ぼすことはまずないが、長きにわたる孤独はアルツハイマー病やうつ病、認知症、さらには不眠（精神的な悪影響を及ぼすことも多い）のリスクも高める。

最近の研究では、オーストラリアにあるクイーンズランド大学のティーガン・クライーズたちが、五〇歳前後の約五〇〇〇人を繰り返し調査した英国縦断的高齢化調査（ＥＬＳＡ）のデータを分析している。この研究では、調査対象者への健康や福祉に関するアンケートを実施し、クラブや地域社会（政党、労働組合、テナント組合から教会、趣味や音楽、チャリティなどのグループまで、なんでもかまわない）に参加しているかを尋ねているが、その結果、より多くのグループに属している人のほうが、うつ状態に陥るリスクが低かった。これは、落ち込んでいる人はそもそも、こういったグループには参加しない、といった単純なことではない。調査が始まった当初、落ち込んでいてどのグループにも参加していなかった人も、その後、なんらかのグループに一つでも参加すると、うつ病のリスクはほぼ四分の一下がり、三つのグループに参加すると、リスクはほぼ三分の二下がったのだ。「社会集団への参加は、うつ病の発症を抑えるだけでなく、うつ病の治療にも役立つ」とクライーズたちは語っている。

同様に、クレア・ヤンたちも、アメリカの四つの大規模縦断的研究のデータベースを分析した。その結果、四つの年齢層（青年、若年成人、中年、高齢者）のどの層でも、社会参加の多い人は生理的機能の状態を示す数値が良好だった。つまり、最高血圧が低く、肥満度指数も低く、炎症の尺度であるC反応性タンパクの指数も低かったのだ。青年の場合、社会との関わりの欠如は、身体活動の欠如と同じぐらい炎症リスクへの影響が大きく、高齢者は、糖尿病などの一般的な病気よりも友だちがいないことのほうが、高血圧のリスクに及ぼす影響が大きかった。さらに心配なのは、社会的関係が青年期や若年成人期の健康に及ぼしていた影響が、そのまま高齢期まで持続していた点だ。ジェニー・カンディフとカレン・マシューズによれば、二六七人の男性を対象とした縦断的調査の結果、六歳の時点でうまく社会にとけこんでいればいるほど、二〇年以上経過した三〇代前半時の血圧と肥満度は低かったという。この結果は、人種や幼少期の肥満度、親の社会経済状況、幼少期の外向性を考慮してもなお変わらなかった。つまり、幼少期の社会参加の影響は大人になってもなお、直接的または間接的に続くというわけだ。これはなかなか考えさせられる発見だ。

アン・ローラ・ヴァン・ハルメレンたちが行った別の研究では、イギリスの約八〇〇〇人のティーンエイジャーを対象に、一一歳以前に体験した家庭でのつらい経験が一七歳時でのうつ病リスクにどう影響するかを調査した。その結果、子ども時代のつらい経験は、一七歳時でのうつ病リスクを大幅に上昇させることが明らかになった。家庭でのつらい経験には、親の育て方の悪さや、精神的、肉体的、性的虐待、愛情の欠如やネグレクト、家庭不和、家族の経済的苦境、家族の死、家族の犯罪行為や失業、保護者の精神病などが含まれる。二つ目に大きな影響を及ぼすのが、子ども時代のいじめだ。家族から頻繁にいじめられた子は、一四歳時での友だちの数が少なく、一四歳時の友人が少なければ、一七歳時でのうつ病のリスクは高まる。

これらの影響は非常に大きく、健康へのダメージも大きい。だとすれば、自然淘汰のプロセスがこの問題の存在を私たちに教えるメカニズム——一種の進化的警鐘——を作り出していたとしても驚くにはあたらない、とジョン・カシオポは考えた。ここに進化的な側面がある可能性を示すのが、寂しさにはオキシトシン受容体遺伝子（少なくとも思春期の少女たちの場合は）とセロトニントランスポーター遺伝子の両方が関わっているという事実だ。この二つはどちらも、社会的行動を制御するうえで重要な役割を果たす脳内の神経化学物質だ。

私がこの件でささやかな貢献ができたのは、ひとえにアナ・ヒートリー・テハダのおかげだった。テハダは、メキシコとオックスフォードで実施した一連の実験で、ストレスの高い状況で見知らぬ相手から思いやりのある対応をされると、孤独感が和らぎ、心拍などの生理反応にも良い影響を与えることを明らかにした。いっぽう、独りぼっちだったり、思いやりのない他人と一緒にいたりすれば、孤独感は高まり、生理反応も高まった。私たちはその場の状況に即座に反応するのだ。また、そのような状況で感じる孤独は、その人の友だちづきあいのスタイル（暖かく、感情表現豊かにつきあうか、クールかつ距離を置いてつきあうか）や友人の数、親しい人間関係をどの程度重視しているかによっても違っていた。この実験でテハダは、メキシコの被験者とイギリスの被験者を比較したが、面白いことにイギリス人にとっては、核家族との関係の質が非常に重要だとわかった。カトリック教徒で大家族が一般的なメキシコでは、たとえ核家族のメンバーとおり合いが悪くても、大家族が守ってくれる。けれど家族のサイズが小さいイギリスには、そのような保護を提供してくれる親族がいないのだ。

いずれにせよ、社会的孤立にいいことなど一つもない。したがって私たちは、なんとしてもそれを回避しなければならない。社交的にふるまい、友人を持つことは、精神的にも肉体的にも多くのメリットがあるのだ。友だちがいれば、病気や認知力の低下を避けられるし、ものごとにしっかり取り組むことができ、自分が住むコミュニティにとけこむことも、そのコミュニティに大きな信頼を寄せることもできる。そう、それはよく知らない人同士が密集して暮らす現代社会のコミュニティにとっては特に重要だ。友だちとは、私たちが困ったときに支援の手を差し伸べてくれる人たちであり、私たちと交流するために自らの時間（たぶんお金も）を喜んで提供してくれる人たちだ。ということで、友だちを持つことがいいことなのはわかった。では、いったい友だちは何人いればいいのだろうか？　友だちが多すぎて困るなどということはあるのだろうか？　その答えは、次の章で述べていきたい。だがその前に、私がなぜ友だちを研究テーマにしようと思ったのか、なぜ、この本を書くに至ったのかについて話さなければいけない。

説明に代えて……

科学的なアイデアの多くがそうであるように、本書も、ここで語られる物語も、私個人の探求の旅にほかならない。以前の私は、二五年近くにわたり野生動物の行動を研究していた。研究対象は主にアフリカのサルと一雌一雄制のクリップスプリンガー、そしてスコットランドの北西の沖に浮かぶラム島およびウェールズの北西端にあるグレート・オームに生息する野生化したヤギだった。当時の私が関心を持っていたのは社会の進化、すなわちそれぞれの種はなぜ独自の社会システムを持っているのか、だった。この最初の二〇年間は、多文化を極める東アフリカにどっぷり浸かっていたため、人間への関心はごく表層的なものでしかなかった。だが今考えると、この時期、まったく性質の異なる四つの文化にほぼ同時に、それも日常的に触れていた経験は、私にとって非常に大きな財産となった。そのおかげで、あらゆる種の社会生活を丹念に観察するうえで不可欠な感性が養われたし、後年、研究対象に人間も加えるという決断ができたからだ。

サルの生態をつぶさに観察した私は、彼らはほかの大半の哺乳類や鳥とは違い、高度な社会性があることに気がついた。サルたちのあいだには、一見しただけではわからない微妙で細やかなやり取りがあるが、腰を据えてじっくり観察しない限りその重要性はわからない。そのやり取りの微妙なニュアンスをよく表しているのが、二頭の娘たちに毛づくろいをしてもらっている一枚のメスのゲラダヒヒの写真だ。娘の一方は三歳ぐらい（人間で言えば思春期を目前にしたティーンエイジャー）、もう一方は一八カ月の子どもだ。彼らのまわりのヒヒたちもそれぞれ群がって毛づくろいに余念がない。母親は頭を地面につけ、おしりを高く上げた格好でくつろぎ、姉妹のうち妹のほうが母の腿の後ろを毛づくろいしている。母親は地面につけた頭を右に向け、朝の暖かな日差しの下で目をつぶってくつろいでいる。娘たちに毛づくろいされながらのんびり過ごす、それはまさに母親ならではの至福の時間、これ以上は望めないほど平穏で、平和なひと時だ。

だがここで注目すべきは姉娘の行動だ。彼女は妹の左側、母のお尻の横に座り、右手を妹の額の前に伸ばして、そっと妹を母から引き離そうとしている。母の毛づくろいを代わろうとしているのだろう。その意図は、彼女の頭が左下に傾いていることからもよくわかる。母の頭を見て、気づかれていないか確かめながら、姉娘は妹をそっと母のそばから押しのけているのだ。その狙いは、ひとときのまどろみから目覚めて起き上がった母に、毛づくろいをしていたのは自分だと思ってもらうためだ。そうすれば、母はお返しの毛づくろいをしてくれるはずで、今度は自分が母から毛づくろいされ、のんびりまどろむことができるというわけだ。もし、無理やり妹をどかそうとすれば、妹が抵抗することは明らかだ。だから姉娘は、まだ子どもの妹の気を散らしてほかの遊びへと向かわせるように、そっと、けれどきっぱりとした手つきで妹を母のそばから押しのけているのだ。けれどもし、妹が抵抗して騒ぎ、母親がそれに気づいて振り向けば、そのあとはお母さんの怖いお仕置きが待っている。

このようなつかの間の微妙なやり取りは、まさにサルや類人猿らしいやり取りと言える。けれど、ただその様子を眺めているだけでは霊長類の社会生活の機微はわからない。そのサルや類人猿たちの力関係に精通し、そのときその場に居合わせて、状況をしっかり把握することが大切なのだ。ほんの一瞬目を離したせいで、貴重な瞬間を逃してしまうこともあるからだ。私は何年ものあいだ動物と共に過ごし、人間の集団に対するのと同じように一頭、一頭のことを深く知っていたからこそわかったが、もしそうでなかったら、きっと目の前で起こっていることの重要性がわからなかっただろう。

しかし一九九〇年に入ると、このようなフィールドワークの多くはほとんど行われなくなった。景気が悪化したこともあり、政府の財政支援におけるこの種の研究の優先順位は非常に低くなったからだ。何かいい方法はないかと考えた私は、人間に目を向け、これまでサルに行ってきたのとほぼ同じことを、同じような観察方法で実施した。そして当時はまったく無関係と思われていた四つのアイデアを、ほぼ同じ時期に思いついたのだ。それが、(一)社会脳仮説(その種の社会集団の規模は脳の大きさによって決まる――もっと正確に言えば、社会集団の規模は脳の大きさで制約される、とする仮説)、(二)のちにダンバー数(一人が持てる友人の数の限界)と呼ばれるようになった概念、(三)霊長類の絆づくりにおける社会的毛づくろいの重要性、(四)ゴシップによる言語進化論(言語は、社会的絆を結ぶ際の時間的制約を解消する手段の一つとして、社会情報のやり取りをするために進化したという説)だ。今になって思えば、このどれもがあるひとつの現象、すなわち友だちづきあいという現象の一部だった。そしてこの四つをフレームワークとして書いたのが本書だ。

振り返ってみると、私はたいへんラッキーだった。私は心理学者だが、研究キャリアの半分を動物学者や進化生物学者として過ごしてきた。その結果、普通はあまり交流のない二つの分野に片足ずつ突っ込むこととなった。これはストレスの源にもなったが(特に、まったく無関係な二つの分野の最新文献をつねに読み続けるのは大変だった)、同時に、顕微鏡の両端から世界を見ることができるという稀有な視点も持つことができた。さいわいにして、進化生物学は元来、学際的分野だ。そしてその中核を成す理論、すなわちダーウィンの自然淘汰による進化論はまさに、このような異なる糸を理路整然とした一つのタペストリーへと織り上げる理論なのだ。これについては、著書『進化：私たちが知っておくべきこと（*Evolution: What Everyone Needs to Know*）』に記したので、ここで長々と語ることは控える。しかしこれを読んでもらえば、私のバックグラウンドはよくわかってもらえると思う。

＊

そして話を元に戻すと、どうやら友だちを持つことはいいことらしく、友だちがいないことで得をすることは何もないらしい。だがもちろん、これには一つ重要な注意点がある。そう、注目すべきは「友だちを持つ」という点で、大事なのは、友だちは災難が降りかかってくる前に持っていなければならないということ。その理由はこの後で詳しく説明するが、一般に私たちが他者を助けようとするのは、その他者がすでに友人である場合がほとんどで、まったくの他人や、ちょっと知っている程度の相手を助ける可能性は極めて低い。しかし友だちを作るには、たくさんの労力と時間が必要で、コーヒーカップ片手に、チャチャチャッとできる芸当ではない。誰もがすでに自分の友人ネットワークを持っているから、あなたを新しい友人として迎え入れる時間と空間を作るには、他の誰かとの友だちづきあいを犠牲にしないといけないのだ。となると、友だちは何人いればいいのだろうか？

二章　ダンバー数

ある晩、ＢＢＣテレビのクイズ番組「ＱＩ」を見ていた私は、司会者のスティーヴン・フライが回答者たちに「ダンバー数」なるものを知っているかと尋ねる場面に遭遇した。ぽかんとしている回答者たちに彼は、ダンバー数とは一人が持つことのできる友だちの数の上限で、それが一五〇人なのだと言った。さらに、私が以前の著書で使ったたとえ話を持ち出し、ここで言う友だちとは午前三時に香港空港の出発ロビーで偶然出くわしても、ためらうことなく声をかけ、一緒のテーブルで話せる相手のことだと説明した。つまりお互いに、相手が誰で自分とどういう関係かが即座にわかる間柄、以前からの知り合いで互いに自己紹介がいらない相手だ。これを聞いたレギュラー回答者のコメディアン、アラン・デイヴィーズは「そんな友だち、ぼくには五人しかいないぞ！」と両手を挙げて叫んだ。たしかに親しい友だちなんて普通は五人ぐらいしかいないが、それでも一般的に友だちと呼ぶ相手は、一五〇人ぐらいはいるものだ。

実際、「ダンバー数」はかなりよく知られた言葉になっているようだ。グーグルで検索すれば、三四八〇万件ぐらいはヒットする。たぶん一番面白いのは、ユーチューブにアップされた若いオランダ人女性の映像で、彼女は友人全員の顔をタトゥーで入れた自分の腕を披露している。もし見たい人は、こちらをどうぞ。https://www.youtube.com/watch?v=ApOWWb7Mqdo。驚いたことに、人間の腕は一五二人の友人全員の顔をタトゥーで入れるのにぴったりのサイズらしい。まさに進化の勝利、ダーウィンの理論の証明にほかならない！　というのは冗談で、これはアムステルダムのタトゥー・アーティストのたんなるPR映像だ。だがもしそうなら、それはそれで別の意味でさらに興味深い。つまり、ダンバー数はタトゥー・アーティストの世界にまで浸透したということだ。これこそまさに、オランダ人が科学に強いという証ではないか！

では、何をもって友だちとするのか？　それを考えるにはまず、友だちという言葉の定義が必要だろう。私としてはごく日常的な定義、実際に顔を合わせて交流する世界で利用している「友だち」の定義を使いたいと思う。ちなみに、一口に友だちと言ってもその関係性はさまざまだし、ほとんどの人はアラン・デイヴィーズが言うような特別に親しい友だちを数人は持っている。だが広い意味では、友人関係は多くの点で家族関係と似ていると私は思う（ただし友だちは選べるが、家族は選べないという違いはある）。友だちも家族も、相手に対して互いに義務感を抱き、助け合う関係、すなわち遠慮なく頼みごとができ、躊躇うことなく助けたいと思う関係だ。本当の友人とは、共に時間を過ごしたい、そのための時間を積極的に作りたい、と自然に思える相手であり、名前（名前だけでなく名字も）も住んでいる場所も（アドレス帳にちゃんと住所が書いてある）、その人の家族や、過去に住んでいた場所、職歴までも知っている相手だ。いっぽう同僚の一部も含まれるたんなる知り合いは、友人の枠には入らない。なぜなら、彼らのためにわざわざ何かをしてあげたいとは思わないし、自分のごく親しい社交の輪にあえて彼らを入れたいとも思わないからだ。もちろん、何かの機会にパブで一杯おごったり、戻ってこなくても構わない本を貸したりはするだろうが、大きな負担やリスクを負う何かを彼らのためにすることはないだろう。

友だちは何人？

当初、友人の数を知る最適の方法は、クリスマスカードの送付リストを見ることだ、と私は考えていた。その理由は二つある。電子メールやインスタントメッセンジャー・アプリのWhatsAppがまだ存在しなかった時代には、旧友にクリスマスカードを贈ることこそが友情を維持する最大の手段だった。いや、少なくともイギリスではそうだった。（アメリカ人は私たちイギリス人ほどクリスマスカードに情熱を燃やさないので、これについては、彼らはいささか懐疑的だった）。一二月が近づくと、大半のイギリス人はカードの送付リストに誰を入れるか考え始めたが、これが頭痛の種になることも少なくなかった。この人、去年はカードをくれたっけ？　この人たちとはまだつきあいがあっただろうか？　確か引っ越したと聞いたけど、転居のお知らせはもらった？　このような自問自答自体が、相手との友人関係を吟味していることにほかならない。だいたいクリスマスカードはお金がかかるのだ。カードを買うだけでなく、切手だって買わなければならないから、送付リストに載せる人が増えれば増えるほどコストはふくれ上がっていく。つまり、クリスマスカードの送付リストに名前が載るということは、真に意味のある友人関係であることの証なのだ。友人の数を知るのにクリスマスカードの送付リストを使う二つ目の理由は、このリストは一年に一度、必ず見直されるからだ。まったく連絡を取らずに一年が経過すれば、それは人間関係のルビコン川を渡ったに等しい。一年以上も連絡を取らなかった人と今後、連絡をとろうと思うだろうか？　この問いに対する大半の人の答えは、ノーだった。

そこで私はラッセル・ヒルに依頼し、クリスマスにカードを送る相手に関するアンケートを実施した。アンケートでは、カードを何人に送ったかだけでなく、それぞれのカードについて、その家庭の誰に送ったのか、その相手と最後に連絡をとったのはいつか、そして相手との親密度も尋ねた。調査を実施するにあたっては、かかりつけの医者や弁護士、肉屋やパン屋、そのほかたんなる仕事上の知人などは除外してもらったが、それでも誰かれ構わずカードを出す人が一定数はいた。とはいえ、送付リストに含まれている人、一人ひとりについて(大人も子どもも同様だ)アンケートの質問に答えるのはかなり時間のかかる面倒な作業だったため、これが送付相手をやたらに増やすことへのブレーキになったとは思う。

この調査の最初のサンプルでは、回答者が送ったカードは平均六八枚、子どもも含めると一世帯あたりの平均受取人数は約二・五人で、友だちの平均数は一五四人だった。もちろん、このサンプル内でもばらつきは大きく、二〇人未満にしか送っていない人もいれば、三七四人に出したという猛者もいた。けれど最も多かったのは一二〇人から一七〇人に出した人たちで、それ以上の人も、それ以下の人も、その数は格段に少なくなる。言い換えれば、大半の人は約一五〇人にクリスマスカードを出しており、二〇〇人以上にカードを送っている人もいないことはないが、その数は比較的少ないということだ。

数十年前になるが、ピーター・キルワース(イギリス人の海洋学者)とラッセル・バーナード(アメリカ人の人類学者)は、人の社会的ネットワークのサイズを予測するという画期的な試みを行った。彼らが利用したのは、一九六〇年代にスタンレー・ミルグラムが広めた「六次の隔たり」という概念だ——科学界では、ある文脈で使われていたアイデアをまったく別の文脈に応用して研究、説明することがあるが、これもその一例と言えよう。一九二九年、ハンガリーの作家、カリンティ・フリジェシュは『鎖(Chains)』という短編小説で、知り合いをたどっていけば、五人以内で世界中の誰とでもつながれると書いた（実は私は以前、フリジェシュがこの作品を執筆したというブダペストのカフェに連れて行ってもらったことがある）。それを読んだミルグラムは、アメリカ国内で無作為に二人を選んだ場合、知り合いをたどれば本当に五人以内でその二人がつながるのかを試すことにした。まず彼は、中西部に住む多くの人たちに手紙を出し、東部のボストンに住むある人物（彼らとはまったく無関係の人物）にこの手紙を渡してほしいと依頼した。ただし手紙は手渡し、それも知り合いから知り合いへと渡していくことが条件だ。たとえば、まずあなたはその手紙を航空会社に勤めるパイロットのジム叔父さんに渡し、叔父さんはそれを同じ航空会社でボストン行の便に乗務する別のパイロットに渡し、そのパイロットは宛先人が勤めている会社の社員を知っていそうな誰かに渡す、という具合だ。これは実際に行われた実験で、手紙を渡された人はそれぞれ、封筒に自分の名前を書き加えて次の人に渡していった。その結果、無作為に選ばれた二人を結びつけるのに六人以上の人が必要なことはほとんどないことがわかった。そう、世界中の誰とでも、せいぜい五人が「手をつなげば」つながることができるのだ。

キルワースとバーナードは、この連鎖の最初のステップ、つまりあなたが手紙を渡す相手だけに注目した。その相手こそが、先に述べた友だちの定義を満たす人物、すなわちあなたが気軽に頼みごとをできる相手だからだ。そこで彼らは米国に住む五〇〇人を手紙の宛先人として選び、その五〇〇通の手紙をそれぞれの被験者に渡した。彼らが知りたかったのは、被験者は何人に頼んだところで頼む相手が底を尽き、同じ相手に二度目の依頼をし始めるかだった。その数こそが、被験者の社会的ネットワークの限界だからだ。二回の実験が行われ、その結果は平均一三四人だった。とはいっても、小さな子どもに手紙を託すことはないだろうから、それを考慮すると平均的な社会ネットワークの規模は一五〇人ぐらいということになる。その幅は三〇から三〇〇で、私たちが行ったクリスマスカードの調査と驚くほどそっくりだった。その後、私の共同研究者の二人、マンチェスター大学のアリスター・サトクリフとイェンス・バインダーは二五〇人の学生と職員に、友人と家族は合わせて何人いるかを尋ねた。その際は回答者たちに、特定の数字を言わなければいけないと思わせないよう、友だちや家族の定義はしなかった。その結果、やはり回答の幅は広かったが、平均は一七五人だった。

このころ、ラッセル・ヒルは、ブライダル会社〈ザ・ノット〉の「リアル・ウェディング調査」ウェブサイトから、アメリカの結婚式のゲスト数に関するデータをダウンロードできることに気がついた。調べてみると、全ゲスト数の平均は一四四人で、この一〇年間驚くほど変わっていなかった。面白いことに、以前アメリカの結婚式データを調べたヴァージニア大学のガリナ・ローデスとスコット・スタンリーは、結婚式のゲストが一五〇人以上だったカップルのほうが、結婚式もゲスト数も小規模だったカップルより安定した結婚生活を送り、結婚も長続きする傾向があるという結論を出していた。彼らによれば、結婚式がごくささやか（ゲストが五〇人未満）だったカップルが一番長続きしなかったという。ローデスたちは、大勢の人の前で愛を誓ってしまうと、さすがにわずか数年で結婚を解消するとは言いにくい（恥ずかしい?）からではないかと考えた。もしそうなら、そのカップルは非常に先見の明があったということになる。ゲストの数は、この結婚がどのぐらい続きそうかを新郎新婦それぞれが直感した結果だからだ。だが正直なところ、私はこの説には懐疑的で、むしろ結婚式のゲストが多いカップルは、結婚後に問題が起きても支えてくれる家族や友人の大きなネットワークを持っているから長続きするのではないか、と考えている。

このころ私は、フィンランドにあるアールト大学のキモ・カスキの研究グループと共同研究を始めていた。キモは好奇心旺盛で社交的な物理学者を絵に描いたような人物で、彼と共同研究を始めると私の論文の共著者は劇的に増えた。彼がさまざまな人を紹介してくれたおかげだ（自分の社会的ネットワークのレベルが一段上がるこの現象には名前があってしかるべき、と考えた私は、これを「カスキの投石器（カタパルト）」と命名した）。幸運にも、私たちはキモを通じて、約六〇〇万人の電話加入者の一年分の通話記録が含まれた極めて大規模な携帯電話のデータセット（ちなみにこれは、イギリスでもフィンランドでもない、ヨーロッパのある大国の電話加入者二〇パーセントのデータだった）にアクセスすることができた。もちろん人々がかける電話の多くは仕事関係や役所、またはフリーダイヤルへの電話だが、そのような通話の大半はフィルターをかけて簡単に除外できた（これは、コンピュータの専門家ならできる）。さらに、かけた番号から返事が返ってきていれば、その番号の相手とは人間関係があるとみなす、という基準を適用することで、二万七〇〇〇人近い人の完全な通話記録という非常に大規模なサンプルを私たちは手に入れた（ここで付け加えておくが、通話内容は記録されていないので会話の内容はわからない、わかるのは電話をかけた番号とかかってきた電話の番号だけだ）。一人が電話をかけた人の平均は約一三〇人だったが、家族内の幼児に電話はかけないため、これは例の一五〇という数字にじゅうぶん近いなかなかいい数字だ。ここでもやはり、一人が電話をかけた人数は一〇〇から二五〇とその幅は広かった。

実際、この一五〇という数字は人間の自然にできる集団のサイズとして、あらゆるところで登場する。

私が最初に注目したのは、小規模社会（狩猟採集社会や伝統的な農耕社会）のコミュニティのサイズだった。こういった社会を一ダースほど見たところ、コミュニティの平均的サイズは一四八・四人、その後ニューメキシコ大学のマーカス・ハミルトンが別のデータで割り出したサイズは一六五人だった。これは中世初期のイギリスの村の典型的なサイズでもあったようで、一〇八六年に征服王ウイリアムが作らせた土地台帳「ドゥームズデイ・ブック」を見ると、それがよくわかる。この台帳は、彼が二〇年前のヘイスティングズの戦いで手にした領地の課税額を決めるために作られたもので、イングランドのすべての郡が網羅され、住宅や畑、鋤、牛、馬のすべてが所有者の名前と共に記録されていた。各戸の住人の数は記録されていなかったが、これは課税に関係ないから仕方ないだろう。だが歴史家たちは、当時の家族の平均人数と戸数を掛け合わせておおよその村の規模を推定し、イングランドとウェールズでは各郡の人口はほぼ一五〇人だったと推定している。

その七世紀後、英国国教会は出生（というより洗礼）、結婚、死亡（埋葬）の記録に力を入れるようになった。そのような記録のなかには、経年劣化や不注意、天候、虫食い、洪水、火事などで失われたものもあるが、大半は今の時代まで残り、一八世紀、一九世紀の村の生活を伝える貴重な歴史的資料になっている。こういった資料があったおかげで、歴史人口学者たちは当時の家族の規模や出生率、死亡率、寿命を割り出し、何世紀ものあいだにその数字がどう推移したかを知ることができた。また、この記録を使えばその時代の生存者数から村の人口も割り出すことができたが、なんと「ドゥームズデイ・ブック」から七世紀後の一七八〇年代でも、イングランドの平均的な村の人口はわずか一六〇人だった。

最近では、イタリアの経済学者、マルコ・カサリとクラウディオ・タグリアピエトラがもう一つ別の歴史的な例を挙げている。彼らは一三一二年から一八一〇年までの五世紀にわたる歴史的な記録を使い、イタリアン・アルプスにあるトレンティーノ地域のコミュニティの規模を調査した。このとき利用したのは、コミュニティの放牧地使用を管理する放牧組合の詳細な台帳だったので信用度も非常に高い。彼らによれば、その五〇〇年間で地域の人口は八万三〇〇〇人からおよそ二三万人へと激増したが、コミュニティの規模はつねに約一七五人と、驚くほど一定だったという。つまり役人たちは、人口が増えてコミュニティの規模が手に負えないほど大きくなるよりは、組合を分割して小さな規模にしておいたほうがいいと考えていたのだ。これは、土地が足りなくなったからではなく（実際、新たな組合用の土地はたっぷりあった）、規模が大きくなりすぎると組合員を管理しにくくなるからだった。

現代の例を挙げるとすればそれは、一九世紀半ばに中央ヨーロッパからサウスダコタ、ノースダコタ、そしてカナダ南部に移住したキリスト教アナバプテスト派のフッター派の人々のコミュニティだろう。共同体に根差した彼らのライフスタイルの基盤は、コミュニティ全体が共同で所有（厳密には、コミュニティの男たちが所有）し、民主的に管理されている農場だ。フッター派の人々は、コミュニティの構成人数が一五〇人を超えたら必ず分割すると決めている。それ以上大きくなれば同調圧力だけで運営するのが難しくなり、法律や警察が必要になるが、法律や警察はコミューンでの生活を信条とする彼らの理念になじまないからだ。コミュニティを分割するときは、メンバーの半数がそこから出て、近隣に新たな農園を作るのだという。私がアメリカの人類学者のリッチ・ソーシスとともに過去一〇〇年のコミュニティの分裂を調べたところ、系統の異なる二つのコミュニティで、メンバー数が平均一六七人になったときに分裂が起こっていた。

現代社会でダンバー数が登場する例も、いくつかある。最も有名な例が、社会脳仮説が提唱されるずっと以前に登場した、防水素材の製造会社、ゴアテックス社の例だ。一九七〇年代にウィルバート・ゴアが会社を立ち上げたとき、彼は大企業の効率性を損なう主因のひとつが、その規模だと考えた。組織が大きくなると社員は情報を伝えなくなり、互いへの信頼度も下がるからだ。この問題を緩和するために彼は、自社工場すべてで人員を二〇〇人未満に抑えることにした。その規模なら、働いている人全員が顔見知りで、互いに協力するからだ。同様にスウェーデンの税務署も税務署員それぞれが担当する納税者を一五〇人に抑えるよう組織を改編し、職員が自分の担当する納税者一人ひとりを個人的にわかるようにした。もっと最近の例はアムステルダムにある職業訓練校、アイブルグ・カレッジで、八〇〇人の学生は約一七五人の学生から成る自己完結型の「deelscholen（学習コミュニティ）」に分けられている。

つまり、自然にできる人間のコミュニティも個人の社会ネットワークも、その人数の平均は約一五〇人と言えそうだ。この二つはまったく別物に見えるが、今から一世紀ほど前に安くて速い輸送機関が登場するまで、個人にとっての社会は自分が住んでいる村だけだったことを忘れてはいけない。隣の村の人を何人か知っている、あるいは、いとこやおじさんが大きな町で働いているといったことはあったとしても、それ以外は、自分が住んでいる村こそが社会のすべてであり、私たちはその社会を村人全員とシェアしていたのだ。

オンラインの友だち

ダンバー数のことを聞いた人が口にする最も多いコメントの一つが「そんなはずありませんよ、だって私のフェイスブックには五〇〇人……一〇〇〇人……二〇〇〇人の友だちがいますから」というものだ。それはそうだろう。フェイスブックはめざましい成長を遂げており、友だちの友だちの……その友だちまでをユーザーにリコメンドする彼らの戦略のおかげで、膨大な数の「友だち」をオンラインで獲得してきた人もたくさんいる。だがここで言いたいのは、じゃあそのうちの何人が本当の友だちなのかということだ。何年か前に私は、それを自分の番組で突き止めるつもりだというスウェーデンの著名なテレビ番組司会者からインタビューを受けた。彼もまた、メディア関係者の例にもれず、フェイスブックには非常にたくさんのフォロワーがおり、彼はフォロワー全員を一人ひとり訪ねてダンバー数の真偽を確かめようと考えていた。そして実際に彼は数カ月間を費やし、カメラクルーとともに北欧じゅうを巡ったという。あるときなど、訪ねた相手が結婚式の真最中ということもあったそうだ。その後、彼は自分の番組で、ダンバー数はおそらく正しいと思う、と報告している。突然訪問した彼を歓迎してくれたのは皆、元々彼を知っていた人たち、個人的につきあいのある人たちだけで、それ以外のほとんどの人は突然の訪問に面くらい、今は都合が悪いからと断る人もいれば、彼の図々しさに怒って門前払いをくわせる人もいたという。つまり、友だちとして彼をフォローしている人の大半は、本物の友だちではなかったのだ。でもそれは、私が彼からインタビューを受けたときに忠告したことにほかならない。

では、人々はいったいフェイスブックに何人友だちがいるのだろうか？　私たちがこの問題に足を踏み入れることになったきっかけの一つは、ドーセットにある焼き菓子とビスケットのメーカー、トーマス・J・ファッジとの偶然のコラボレーションだった。広告の宣伝文句を考えるために消費者が友だちと何をしているかを知りたいと考えていたファッジ社と、ネット上の友だちネットワークについて知りたいと思っていた私たちの興味が一致したのがことのはじまりだ。プロジェクトの一環として同社は、大規模な全国調査を二回実施し、ブリテン諸島の三五〇〇人近くの人々に、ソーシャルメディアのアカウントに友だちが何人いるのかを尋ねた。その結果、ほとんどの人の答えは五〇人から三〇〇人のあいだで、平均は一六九人だった。これはオフラインのサンプルで出た結果とほぼ同じであり、どうやらネット上のほうが実際の社会よりも友だちが多いというわけでもなさそうだった。

トーマス・ポレットとサム・ロバーツはオランダ大学の学生を対象に、ソーシャルメディア利用が彼らの社会的ネットワークの規模にどう影響するかを調査した。学生たちの友人の数はオンラインとオフラインを合わせて平均一八〇人だった。ソーシャルメディアに多くの時間を費やしている人たちの場合、オンラインでの友人の輪は大きかったが、それ自体は驚くことではない。オンラインで過ごす時間が長ければ、より多くの人とコンタクトがあるのはあたりまえだ。だが同時に、オンラインで過ごす時間の長さと、実際に顔を合わせるオフラインでの社会ネットワークの規模に相関関係はなく、オフラインの友人や家族との感情的な親密さにも相関関係はなかった。少なくともこのサンプルについては、ソーシャルメディアで活発に活動することが、必ずしも友だちの数を増やすとは言えないようだった。

さらに包括的な――そして印象的な――分析を行ったのが、革新的なソフトウェア・エンジニアであり実業家でもあるスティーヴン・ウルフラムだ。彼は人々のインターネット利用法について幅広い分析を行い、一〇〇万人のフェイスブックにリストされている友だちの数をサンプルにし、友だちの数の分布グラフを自分のブログで公開したのだ。そのグラフからわかったことは二つ。一つ目は、ほとんどの人は友だちの数が約一五〇人から二五〇人だということ。二つ目は、グラフの右側には長い尾が伸びており、膨大な数の友人を持つ人はごくわずかしかいないということだ。これと比べるとファッジ社のサンプル数はごくささやかだが、こちらも友だちの数を四〇〇人以上と答えた人の割合は極めて少なく、一〇〇〇人以上と答えた人はごくごく少数だった。だが、フェイスブックのユーザー数の多さを考えれば、たとえ膨大な数の友人を持つ人はごくわずかでも、誰もが一〇〇〇人を超える友人を持つ人を一人か二人は知っていると考えられる。

いっぽう、ダンバー数について読んだ物理学者の二つのグループは、オンラインの世界のトラフィックを調べることを思いついた。コペンハーゲン大学のヤン・ヘルターたちはノルウェーにあるオスロ大学の職員五六〇〇人と学生三万人が三カ月間に、大学内外の約一千万人に送った二三〇〇万通の電子メールを調査した。彼らは、やりとりが始まってからなくなっていくまでのパターンと、メッセージに返信が来たか（送信したメールに返信があれば、それは意味のある人間関係があることのしるしだ）に注目し、一人の人が交流する人の数は、一五〇人から二五〇人のあいだで定常状態にあると結論づけた。

もう一つのグループであるブルーノ・ゴンサルヴェスとアレッサンドロ・ヴェスピニャーニ*は、ツイッターでのやり取り（ツイッターアカウントのフォロワー同士のやり取り）を検討することにした。彼らは六カ月のあいだに投稿された三億八〇〇〇万のツイートを調べ、そこから二五〇〇万のやり取りを抽出してつぶさに分析した。このとき彼らは、一人の人がやり取りする相手の数だけを見るのではなく、関係性の強さ（やり取りしたツイート数で判断）を重視した。そうすることで一、二回のやり取りで終わ

* 私が知る限り、「ダンバー数」という言葉を学術誌で紹介したのは彼らが最初だ。

る気軽な会話を排除し、各人の重要な人間関係だけに焦点をあてたのだ。その結果、一人の人がやり取りする相手、それも強い関係性がある相手は、概ね一〇〇人から二〇〇人のあいだであると結論づけた。

つまり、人々が繰り返し主張していることとは裏はらに、たいていの人はフェイスブック上にそれほど多くの友だちを持っていないのだ。もちろん、そういう人も少しはいるだろうが、ほとんどの場合、ネット上の友だちの数も、実際に顔を合わせている日常世界の友だちの数もほぼ同じだ。実際、フェイスブックに友だち登録されている人をよく見れば、その大半はリアルな世界での友人で、オンラインで出会った人などごくわずかだ。なかには友だちづくりに熱中するあまり、よく知らない人まで友だち登録する人もいるが、そういう人はごくわずかで、私たちの多くは、よく知らない相手に自分の個人的な世界をのぞきこまれることにおよび腰だ。

人はそれぞれ

どの研究を見ても、友だちの数は人によってばらつきがあり、そのばらつきの幅は概ね一〇〇人から二五〇人のあいだという点で一貫している。だとすれば、なぜ友だちが多い人と少ない人がいるのか、という疑問がわいてくる。性格、性別、年齢など、その理由となりそうな要素はたくさんある。

私たちの最初の研究の一つが、イギリス人とベルギー人の女性二五〇人に実施したアンケートで、彼女たちには、自身の社会ネットワークに関する長く、面倒なアンケートに答えてもらった。すると、回答した女性の年齢とその友だちの数のあいだには、明確に山型の関係性があることがわかった。友だちの数すなわち社会ネットワークの規模は三〇歳までは上昇を続け、その後の安定期を経て、六〇歳からは減少しはじめる。ファッジ社の調査で調査会社が集めたサンプルでは、一八歳から二四歳のグループでは二五〇人ほどいた友だち（この調査ではフェイスブックの友だちの数を指標にした）は、その後、直線的に減っていき、五五歳以上のグループでは七三人になっていた。ちなみに、三〇代と四〇代のグループの友だちの数はほぼ一五〇人だった。

若い人に友だちが多い理由には、友だち選びにそれほどこだわりがないということもあるだろう。それは小さな子どもたちを見ればよくわかる。子どもは、自分が友だちになりたい相手を友だちとみなす傾向がある。たとえ向こうが自分にまったく興味がなくてもお構いなしだ。けれど年齢を重ねるうちに、私たちは誰を信じ、誰を警戒すべきかを学んでいき、友人選びにも慎重になる。おそらく、自分が見る世界と他者が見る世界が同じではないとわかるまでには思いのほか時間がかかるのだろう。これについては一五章で詳しく触れるが、ここで言いたいのは、たんに若い人のほうが友人を気軽に作りがちだということだ。

これと必ずしも矛盾するわけではないが、年齢によって社会における優先順位が変わるため、友だちの数が変化するという考え方もできる。実際、若者たちのふるまいは、慎重な消費者の消費行動によく似ていて、彼らはできるだけ多くの友だち候補と幅広くつきあって相性を試し、人生で最高のパートナーや友人を見つけようと考えている。だから、自分の時間をより多くの人たちに割り当て——そもそも彼らは大人よりも自由に使える時間が多い——、人間関係の質を犠牲にしてでも、より多くの人とつきあいたいと考える。けれど三〇代になるころには、最善の選択がわかるようになり、見境なく誰とでもつきあうことはしなくなる。子育ての時期に入る、ということも大きいだろう。子どもが生まれると子育てに時間を取られて自由になる時間は大幅に減るから、友だちとつきあう時間（およびエネルギー！）にも多大な影響が出る。ときどき顔を合わせるだけの友だちとのつきあいを控え、本当に大切な友だちだけに時間と気持ちを注ぐようになるのだ。このように表層的なつきあいの友だちを手放すので、それ以後の数十年間、社会ネットワークの規模は一五〇人前後で安定するのだ。

面白いことに私はこれとまったく同じことを、一九七〇年代にエチオピアでゲラダヒヒを調査していたとき気づいていた。サルや類人猿の子は乳を頻繁にせがむため、子が大きくなって飲む乳の量が増えると母親の授乳時間は増えていく。そのぶん母親が仲間と交流する時間は減るため、彼女たちは最も親しい社会的パートナーとしか交流しなくなる。その後、子が乳離れして（一歳ぐらい）時間にゆとりができると、母たちは再び、それほど親しくない仲間との交流も再開する……が、もちろん次の子どもが生まれれば、また同じサイクルが繰り返される。どうやらこれは普遍的な問題らしい。

人間のライフサイクルの最終段階が始まるのは六〇歳前後からのようで、そこから死ぬまでのあいだ、私たちは徐々に友だちを失っていく。若いときなら、友人が引っ越しなどでいなくなれば、ほかの人たちと交流して新たな友だちを作ろうとするが、年をとると、新たな友を探して関係性を作り上げるエネルギーもモチベーションも衰える（そのうえ、昔ほど活発には動けない）。また、若いころに友だちを見つけていたような場所は、もはや老人が行くような場所ではなくなっているから、その場にふさわしいふるまいも、見知らぬ相手とどう会話を始めたらいいかもわからなくなる。だから、古い友人の代わりを見つける気も失せていくのだ。その結果、友人の数――および家族の数――は徐々に減っていき、もっと高齢になれば、家に引きこもるようになり、誰とも会わない日が何日も続くことになる。つまり私人たちは、世話をしてくれる親密な人が一人か二人いる状態で人生を始め、高齢になれば再び、一人か二人の親しい人に世話をされて人生を終えるのだ。

けれど各年齢層においても友だちの数は大きくばらついているため、友だちの数の違いには別の要素も影響していることは間違いない。最も可能性が高いのは性格の差で、内向的か外向的かが鍵を握っていそうだ。しかし正直なところ私は、性格を心理学上の構成概念とする考え方があまり好きではない。心理学者たちが真っ先に性格を──ときに性格だけを──見るからだ。だがそれでもトーマス・ポレットはオランダのサンプルの性格に注目し、社会ネットワークは一般に、外向的な人のほうが内向的な人よりも大きいこと、そしてこの傾向は男女どちらにもあてはまることを明らかにした。いっぽう私たちが以前調べたイギリスとベルギーの女性のネットワークのサンプルでは、大きなネットワークを持つ人のほうが小さなネットワークを持つ人よりも、精神的に近しい人の数が平均して少ない傾向にあった。そしてこれは、ポレットが検討した外向的または内向的な人の場合でも同じだった。外向的な人の行動は極めて社交的で、こちらの友人から、あちらの友人へと渡り歩くため、一人に多くの時間やエネルギーを注ぐことができないのだ。

まるで私たちが持つ情的資本は皆、同量であるかのようで（情的資本は、他者と過ごす時間と考えるとわかりやすい）、内向的な人はそれを少数の人に集中的に費やし、外向的な人は多くの人に薄く広く費やしている。その結果、外向的な人たちの友だちとの絆は、概して内向的な人のそれよりずっと弱くなる。もし、誰かがあなたを助けたいという気持ちと、あなたがその人と過ごした時間（つまり、彼らがあなたに抱く親密な思い）が直接関係しているなら、外向的な人が友人たちに助けてもらえる可能性は低いということになる。これではまるで、内向的な人は社会に不安を感じているから、頼ることができる少数の人に多くの時間を費やしているかに見える。広く浅くつきあうか、狭く深くつきあうか、この二つの戦略に優劣はない。ただたんに、自分が求めるタイプのサポートを社会ネットワークから受けるための手段が異なるというだけだ。おそらく内向的な人は感情的なサポート（愚痴を聞いてくれる相手）を、外向的な人は広い世界についての情報を求めているのだ。つまりそれは、あなたがどの資源に価値を感じるかにかかっているというわけだ。

親類縁者

これまでのところ、私はフェイスブックのルールに従い、関係のある人全員を「友だち」と呼んできた。しかし私たちの社会ネットワークには、私たち（そしてフェイスブック）が気づかないふりをしてきた重要な存在がある。そう、家族だ。実際のところ、私たちの社会はまったく異なる二つのグループで構成されている。友人、そして家族――古い言葉で言えば親類縁者*――だ。私たちは家族をそこにいて当たり前の空気のような存在として扱い、友人のほうを重視しがちだ。だからフェイスブックもほかのSNSも「友だち」を強調するのだろう。たしかに多くの場合、私たちは親戚に会うより、友だちに会うことにエネルギーを注ぐが、家族や親せきは私たちの社会ネットワークを構成する重要な要素だ。私たちがイギリス人女性とベルギー人女性の社会ネットワークについて調べた研究では、社会的ネットワークを構成するメンバーの半数は家族や親せきだった。

人々の社会ネットワークにおける家族の存在を詳しく見ていくうち、社会ネットワークを構成するこの二つのグループはそれぞれがまったく異なる行動をとっていることがわかった。まるで私たちは、まったく別の二つの世界、それも普段はほぼ別々なのに時々しっかりと組み合わさる二つの世界を持っているかのようなのだ。だがどうやら、私たちは何かにつけて家族のほうを優先するらしい。実際、例の女性の社会ネットワークに関するデータでは、大家族出身の人はそうではない人と比べて友人が少なかった。私たちがこの調査を行うよりもずっと前、マット・スプールスと私は、人々の中核ネットワーク（一ヵ月に最低一回は連絡をする人の数）のサンプルを調べたが、このときもまったく同じ傾向があるのに気がついた。つまり、自分の社会ネットワーク内に家族が少ない人は家族以外の友だちが多く、家族が多い人は、友だちが少なかったのだ。そういえば、私があるサイエンス・フェスティバルで講演をした際、自分と夫はまさにこの典型だと言っていた女性がいた。大家族で生まれ育った彼女は、たくさんのいとこやおじさん、おばさんとのつきあいにほとんどの時間を取られていたため、真の友だちと言える友人はごく少数だったという。いっぽう彼女の夫は小さな家族で育ち、多くの友人を持っているとのことだった。

　これは、個人の社会ネットワークには最大で一五〇人前後の席しかないことが原因と思われる。私たちはまず親族全員をその席に座らせる。それでもまだ空席があれば、そこに親戚ではない友人たちを座

＊「親類（kith）」とは、古英語で友だちを意味する言葉だ。「Kith」はもともと「よく知られているもの（友好的なもの）」という意味で、自分が住む地域、つまりその地域に住む人々を指していた。ゆえに「Kith」は、家族ではないが、よく知っている近隣住民を指すようになった。その反対語が、よく知らないもの、「適切」ではないものを意味する「アンカウス」で、この言葉は今でもよく「粗野な」という意味で使われている（これは当然で、あなたの部族に属していない人は部族のしきたりを知らないから、あなたから見れば無作法で不適切、あるいは奇妙なふるまいをするように見える）。

らせるのだ。けれどこのような友人が登場したのは比較的最近のことで、家族の規模がこの二〇〇年で劇的に縮小した結果、特にヨーロッパと北アメリカで家族の規模が劇的に縮小した結果と思われる。というのも、避妊をしない集団（少なくても、現代医学が錠剤で提供するような効果的な避妊をしない集団）で、族外婚（同族集団の外部との結婚のことで、既知のほとんどの人類集団で見られる）で結ばれた夫婦を高祖父母に持つ子どもと両親、祖父母の三世代が全員存命なら、一族の数はだいたい一五〇人前後になるからだ。またこの規模までなら、誰が誰なのかを一族の最年長者が個人的な記憶として覚えており、全員の婚姻関係や血縁関係を正確に特定できるという点も興味深い。このサイズのコミュニティだと、全員が親戚で、最も遠くてもみいとこ（祖父母のいとこの孫）であり、大半はもっと近い親族だ。人類学者たちが繰り返し言うように、小規模社会の生活を規制する唯一最大の要素は親族関係だ。敬語の使い方から、冗談を言っていい相手、果たすべき義務、果ては結婚できる相手まで、そのすべては親族関係によって決定される。その影響が及ばぬところはなく、それが社会の――少なくとも村レベルの社会なら――骨組みとなり、特性となるのだ。

これを裏付けるのが、いとこよりも離れた親戚を呼ぶ名称が世界にはない、少なくとも世界の主要な六つの親戚名称システムには存在しないという事実だ。どうやらそれが人間の集団の元来の限度らしく、「いとこ」という魔法のサークルの外にいる人は取るに足らない他人ということらしい。したがってたいていの場合、伝統的な民族社会の一員になりたければ、形の上だけでも誰かの親戚になる必要がある。誰かの養子、または兄弟にしてもらうのだ。それをしない限り、そのコミュニティにあなたの居場所はない。しかしそうやって義理の関係を結びさえすれば、義理の親や兄弟の親族全員があなたの親戚になり、あなたは本物の親戚と同じ権利を得、相応の義務も負うことになる。私たちの社会でも養子に対してはこれと同様の扱いをするし、親しい友人に対しても同じで、血のつながりがまったくないにもかかわらず、子どもたちには彼らを「メアリーおばさん」、「ジムおじさん」と呼ばせている。親族関係は、小規模社会のまさに中核であり、人間社会の主要な組織原理の一つなのだ。

それをよく物語るのが、すべての条件が同じなら、私たちは友人より親族のほうを積極的に助けるという事実、すなわち「親族プレミアム」だ。たとえば、見知らぬ人が突然あなたの前に現れ、自分はあなたのみいとこ、つまり高祖母（ひいひいおばあさん）が同じだ、と言われたらどうするか。たぶんあなたは、ことの真偽を確かめようといくつか質問するはずだ。だが、いったんそれが事実だとわかったら、うちに一晩あるいはもうしばらく泊まっていかないかと勧めるだろう。しかしその人物が、自分はあなたの友だちの友だちの友だちだと言ったら、どうだろうか。たぶんあなたの反応はまったく違うものになるだろう。社交辞令のあいさつをし、この先にある〈デイズ・イン・ホテル〉で空き室があるか聞いてみたらどうかと提案し――今度お茶でもしましょう、と言うぐらいが関の山だ。

親族プレミアムは、進化生物学の最も基本的な原理の一つ、血縁淘汰説に由来しているようだ。つまり、近縁の親戚と遠縁の親戚を比べた場合、私たちは近縁の親戚に対してはより利他的に行動し、利己的に行動する可能性は低い。また遠縁の親戚と赤の他人を比べた場合、遠縁の親戚に対してはより利他的に行動し、利己的に行動する可能性は低い。これはハミルトンの法則とも呼ばれ、ニュージーランドの進化生物学者、ウィリアム・ハミルトンがまだ大学院生だったときに発見した法則だ。この法則は動物のすべての種に（じつは植物にさえも）あてはまる一般的な組織原理で、トーマス・ポレットは、ドイツ人学生とオランダ人学生を対象にした研究でこれを見事に証明した。彼は学生たちに、最後に親戚を訪ねたのはいつか、その相手はどういう関係の親戚か、その親戚とどのぐらい離れて住んでいるかを尋ねた。彼が知りたかったのは、学生たちはハミルトンの法則どおり、遠い親戚よりも近い親戚と頻繁に会おうとするのか、だった。その結果はハミルトンの法則どおりで、彼らは近縁の親戚と会うためなら遠縁の親戚と会うときよりずっと遠くまで出かけていた。近縁の親戚に会うためなら、余分に旅をするのも苦にならないというわけだ。

　リック・オゴーマンとルース・ロバーツは、よく知られている社会心理学のテスト（潜在的連想テスト、すなわちＩＡＴ）を用いて家族と友だちの違いを探った。これは、物や人の心的表象のあいだの潜在的な関連性の強さを測るテストで、潜在的な偏見や固定概念を調べるために利用される。このテストの結果、人々は友人にはより肯定的な態度をとり、相手も自分に対して同様の態度をとると考えているが、家族（遠戚ではない家族）のことは友人よりも、自分の「リアルなコミュニティ」を代表する存在として見ていることがわかった。

　家族と友人の関係が異なるもう一つの点は、友だち関係は家族関係よりも維持するのに手間がかかるということだ。私たちの女性のネットワークに関する調査データはこの一般的な原則をよく反映しており、人々は一般に、親しい友だちよりも親しい家族に多くの時間を割いていたが、それほど親しくない友人には、それほど親しくない親族よりも多くの時間を割いていた。遠い親族なら、たまに声をかけておけば関係は維持できるが、友だちの場合はたとえ短い期間でもそれなりの頻度で声をかけないと関係はすぐに消滅してしまうからだ。その結果は、大学進学で故郷を離れた高校生を対象にした縦断的研究でも明らかで、定期的に顔を見せなくなった友人はあっという間に（ものの数ヵ月で）友だちのリストからはずされてしまった。わずか二年で、友人からたんなる知り合い――以前、知っていた人――に格下げされてしまうのだ。いっぽう家族については、関係維持に必要な労力がはるかに少なく、一八ヵ月の調査期間中、家族に対する感情的な親近感はほとんど変化がなかった、というより感情的な親近感は少し高まっていた。離れていたことで、むしろ愛情は高まったのだ（だが、これは家族に限る）。家族であれば、長期の不在から戻ったときも諸手を挙げて迎えてくれるし、本当に困ったときは、山を越えて救援にくる騎兵隊のごとく駆けつけてくれるのだ。

そして家族と友人のあいだに位置するのが、義理の親族だ（結婚によって親族となった人たち、人類学では姻族と呼ぶ）。彼らは生物学的な親族ではないが、赤の他人である友人とも違う。また、好むと好まざるとにかかわらず、私たちの人生に関わってくるという点では、彼らもまた家族と同じだ。マックス・バートンは、例のイギリス人とベルギー人女性の社会ネットワークのデータベースを用いて、私たちが血縁のある家族、義理の親族、友人と関わるときの違いを探った。その結果、私たちが接触する頻度は友人と家族では明確に違うが、義理の親族と家族は変わらないことがわかった。もちろん、私たちが自分自身のネットワークに義理の親族全員を加えることはまずなく、ふつうは配偶者の両親と祖父母、きょうだいぐらいで、自分のきょうだいの義理の親族まで自分のネットワークに加えることはしない。また、私たちは義理の親族を自分の血のつながった家族より一段下の存在として見る傾向があり、たとえば義理の姉は姉というよりはむしろいとこのように見ている。近い存在だが、それほど近くない、といった微妙な距離感だ。大事なのは、それでも私たちは彼らを友だちではなく家族として接していることとだ。義理の親族とは、社会的儀式（結婚）の結果、突然、親族のカテゴリーに入ってきた人たちだ。だがここが大事なのだが、たとえ血のつながりはなくとも、彼らとあなた、そしてあなたの肉親には共通の関心事がある。そう、あなたの子どもたちだ。したがって、今は亡きオースティン・ヒューズが数学的には非常に難解な名著『進化とヒトの親族関係（Evolution and Human Kinship）』で明らかにしたように、義理の親族も生物学的には親族に位置付けられるのだ。

また、私たちのネットワーク内にいるのは友人と家族だけではないということも忘れてはいけない。社会ネットワークを構成するのは、必ずしも存命中の人間だけではない。社会ネットワークとは結局は結びつきであり、相手が特定の種類の存在である必要はない。したがって自分の社会ネットワークに、亡くなったばかりの親族を含めてもいっこうに差支えないのだ。私たちはその人の墓参りをし、誕生日や命日を思い出す。実際、はるか昔に亡くなった先祖に思いをはせる社会もある。たとえばメキシコのポムチュに住む九〇〇〇人の人々は、毎年「死者の日」（十一月一日、二日）に先祖の墓を訪れ、祖父母や曾祖父母の遺骨を取り出してきれいにし、新しい衣装を着せて墓に戻す。これこそがご先祖様との絆を保ち続ける手段、と彼らは考えているのだ。また、ニューギニアには、先祖の頭蓋骨を紐で吊って携帯している部族もいる。

要するに、大切に思う人であれば、それが好きな聖人でも、聖母マリアでも、神様でも自分の社会ネットワークに入れてかまわないのだ。あなたがすごく入れ込んでいるテレビドラマの登場人物だってかまわない。もちろん猫や犬、馬、鶏といったペットもオーケーだ。いやそれどころか、もし特別に親密な感情を抱いているのなら、彼らをネットワークの中心にいる五人の層に入れることだってできるのだ。

生身の人間との友だち関係であれば、私たちは相応の互恵関係を期待する。けれど相手が生身の人間でないのなら、その存在が話しかけてくれているとあなたが思うだけで、相手をネットワーク内に入れることができる。これはペットを飼う人にも当然言えることで（ほとんどの人は、ペットが自分に話しかけているとわかっている）、信仰心の厚い人の多くにも言えることだろう（彼らは祈りを通じて聖人たちはおろか神とも直接会話している）。この恩恵を存分に享受しているのが犬たちだ。一雌一雄制のオオカミの子孫である彼らは、もともと愛情表現が豊かということもあるが、大昔に人間がオオカミの仔を自宅に招き入れて以来、彼らが愛情深く見えるように私たちが飼育してきたことも大きいだろう。このようにペットと人の心の距離が近いことは、ペットを見る飼い主の目がつねにひいき目であることからもよくわかる。罪もない他人に襲いかかった犬でさえ、飼い主の目には無実の当事者にしか見えないのだ。

三章　脳が友だちを作る

友だちの数の上限である一五〇という数字は、どこからともなく出てきたというわけではない。実はこの数字は、サルや霊長類の社会集団のサイズと脳の大きさの関係を分析して予測した数字だ。とはいってもこの数字にたどり着いたのはまったくの偶然で、そのころ私は自分でもそれほど重要とは思っていなかった問題、群れのサイズの上限とはまったく無関係な問題に取り組んでいた。物理学者や化学者といったガチガチの科学者たちと違い、行動科学者が重大な予測をする機会に恵まれることはめったになく、たいていの場合、行動科学者や社会科学者が予測する事柄は些細で自明なものが多い。したがってヒトの集団の上限は一五〇人などという予測は、まさに雲をつかむような話で、真に受けるような人はまずいそうになかった。だがとりあえず、なぜ私がこの数字にたどり着いたのかを説明しよう。

ブレインストーミング

一九九〇年代初頭、私は取るに足りないことだが、以前から非常に気になっていたこと、すなわち霊長類がなぜあれほど長い時間毛づくろいをしあうのかを調べることにした。当時、毛づくろいはたんに衛生上の行為であり、毛についた木くずや草を取りのぞいて地肌を清潔かつ健やかに保つことが目的と考えられていた。たしかにそれはそうなのだが、長年、野生のサルを観察していた私は彼らが、衛生目的では説明できないほど長時間、互いに毛づくろいし合っていることに気がついた。それはどう見ても、非常に社会的で相手を喜ばせるための行為だったからだ。

もちろん毛づくろいが毛を清潔に保つのは事実だし、もともとはその目的で始まったのだろう。しかし霊長類（および社会性が極めて高いウマ科の動物や鳥の一部も）が進化する過程で、それはより明確な社会的機能を果たす目的で取り入れられたように見えた。社会性が非常に高いサルのなかには、一日の五分の一を費やして毛づくろいをし合うものもあり、彼らが衛生のためだけにこれをしているとはとても思えなかったからだ。身体のサイズはほぼ同じでも、一日の時間の一、二パーセントしか毛づくろいに費やさないほかの種を見ればなおさらだ。問題は、この二つの仮説をどのように検証するか、だった。

そこで、さまざまな種が毛づくろいに費やす時間を比較し、それが群れのサイズと相関しているのか（毛づくろいに社会的機能があるか）、身体のサイズ（きれいにする毛の量）と相関しているのかを調べるという方法を思いついた。その結果、毛づくろいの時間と相関しているのは身体のサイズではなく群れのサイズだということがわかった。このとき私が感じたのは、「やっぱり」という思いだった。というのもその一、二年前、スコットランドにあるセント・アンドルーズ大学のアンディ・ホワイテンとディック・バーンが、サルや類人猿の脳がほかの哺乳類より大きいのは、彼らがより複雑な社会集団で生活しているからだ、という説を発表していたからだ。バーンたちはこれを中世のイタリア人政治哲学者、ニッコロ・マキャベリにちなみ「マキャベリ的知性仮説」と名づけていた。もしこの説が正しいなら、毛づくろいの時間と群れのサイズ、そして脳のサイズのすべてに相関関係があることになる。大きな群れには小さな群れよりたくさんの二者関係（友好関係にあるペア）が存在する。したがって大きな群れをつくる動物は、そのような複雑な関係に対処できる大きな脳が必要であり、より多くの時間を毛づくろいにかけることで群れを強く結びつけなければならないのではないかと私は考えた。そしてたしかに、霊長類の脳のサイズも毛づくろいの時間も、群れのサイズに比例して増えていることがわかった。

この関連性を突き止めた私は、脳のサイズと群れのサイズが相関するなら、ヒトの集団の「自然な」サイズはどのくらいだろうかと考えた。霊長類の脳のデータベースにはヒトの脳のデータも含まれていたので、あとは社会脳の計算式にヒトの脳のサイズ（正確には大脳の新皮質のサイズ）を入れるだけだ。だがここで一つ注意すべきことがあった。図1でもわかるように、社会脳仮説には集団のサイズと脳のサイズ（ここでは新皮質の相対的なサイズ）の関係に基づいて四つのグレードがあり、どのグレードでも集団のサイズが大きくなるにつれて認識能力は向上していく。類人猿はグレード4にあたるため、私たちもこのグレード4の関係性を使う必要がある。そこでこの社会脳の計算式に人間の新皮質のサイズを入れると、答えは一四八、すなわち約一五〇という数字になった。

これは本当だろうか。人間は本当にこのサイズの集団で暮らしているのだろうか。現代の私たちは、何百万人もが住む巨大都市や大都市圏に住んでいる。しかし都市どころか町でさえ、その歴史は非常に浅い。五〇〇〇年も歴史をさかのぼれば、人口が数千人を超えるような町などほとんど存在しなかった。実際、人口数百人の最古の集落でさえ、誕生したのはわずか一万年ほど前だ。それより数百万年前、進化のもやの中にいたころの私たちは、現代の部族民たち同様、狩猟採集民として暮らしていた。ちなみに世界のどの狩猟採集民にも一つ大きな共通点がある。彼らは、テリトリー内に散らばった三つか四つの小さなキャンプ集団（野営集団）またはバンドでコミュニティを形成し、そのコミュニティがいくつ

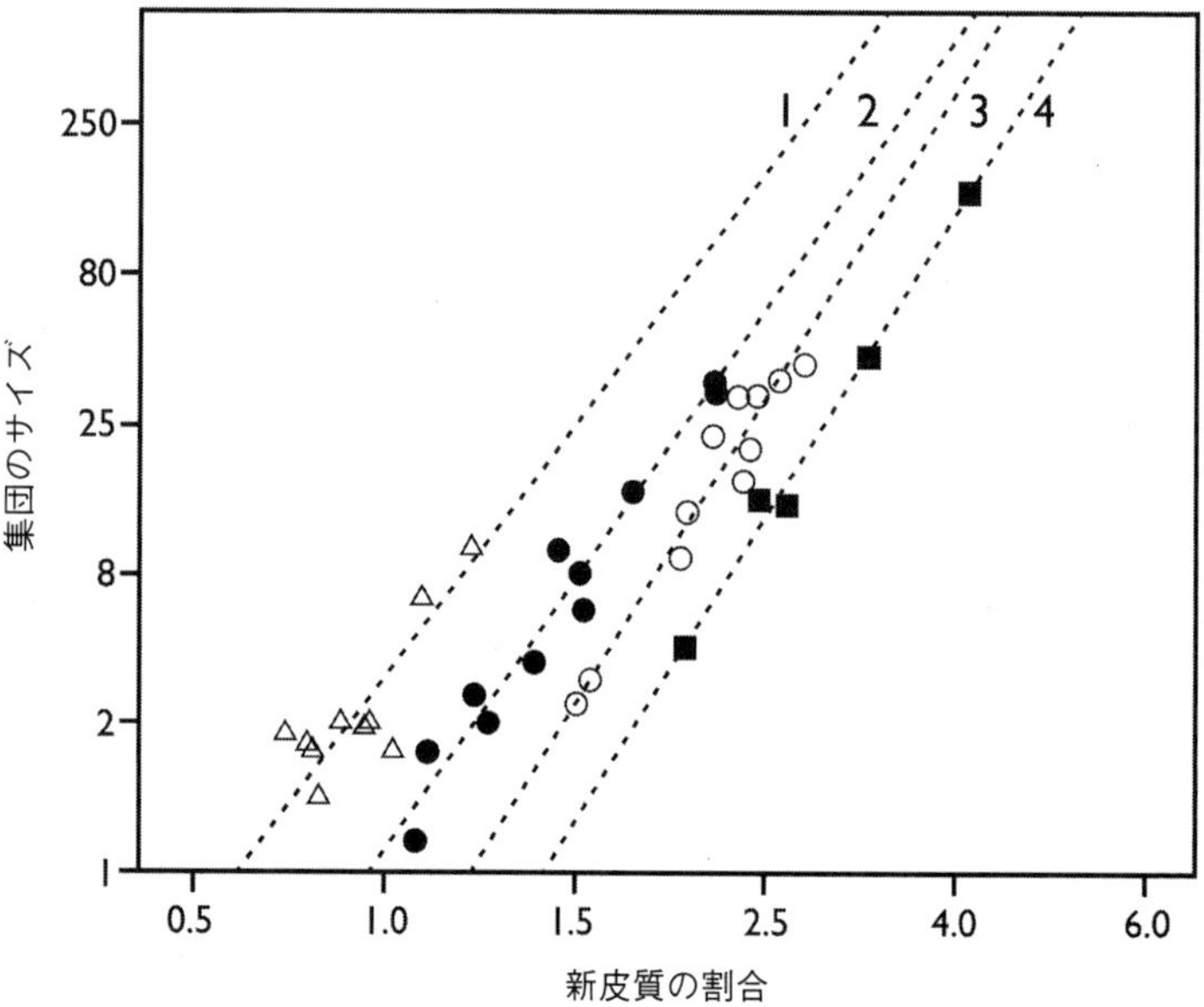

図1　社会脳仮説。霊長類の平均的な集団サイズと大脳新皮質の割合（脳全体における新皮質の割合）**の関係を表にしたもの。新皮質とは古代の脊椎動物の脳の外側を覆う薄い組織で**（主に肉体と精神を結び付けている部位）**、合理的で分析的な思考や言語機能をつかさどっている。統計分析によって、社会脳の相関には四つのグレードがあることがわかっており、この表では半独居性の原猿**（△）**、社会性の低いサルと社会性の高い原猿**（●）**、社会性の高いサル**（○）**、類人猿**（◆）**で表されている。ヒトを示すのは、右端の一番上の四角だ。グレードには1から4の番号が振られている。**

か集まってメガバンドと呼ばれる集団を作り、そのメガバンドが集まって部族（トライブ）を作っている。ほとんどの場合、人々は自身のコミュニティのメンバーとだけ暮らしているが、その気になればコミュニティ内の別のキャンプ集団に移ることもできる。また、メガバンド内の別のキャンプ集団を訪問することもあり（だがおそらく、そこに腰を落ち着けることはない）、部族のほかのメンバーと物々交換をしたり贈り物をしたりすることもある。つまり社会のさまざまな層ごとに、独自の人間関係が存在するのだ。

当時の私は、このように層を成している集団のどれを人間の「自然な」集団サイズとみなせばいいかわからなかったし、それについて話したがる人類学者もいなかった。けれどもし質問していればおそらく、自然な集団サイズはキャンプ集団またはバンドと彼らは答えただろう。しかしキャンプ集団は生態学的集団だ。彼らが一緒に夜を過ごす一番の目的は外敵から身を守るためで、そのサイズも季節や緯度、生態系によって違うため、正確な意味での社会的集団とは言えない。そこで私はこの疑問を逆に考え、これらの集団のなかで人数が一五〇に近いものがあるかを調べることにし、北極のイヌイットからオーストラリアのアボリジニ、ベネズエラのヤノマミ族、中央アフリカの森に住むピグミーまで、世界の二一の社会のデータを検討した。その結果、四つの集団レベルのうち、「コミュニティ」のサイズが最も一五〇に近かった。民族誌学界における集団の呼称定義は比較的あいまいだが、「コミュニティ」またはは「氏族（クラン）」は、共通のテリトリーで狩りをし、成人式や結婚式などの儀式で一年か二年ごとに集まる集団をさす。これがもっと正式な氏族になると（オーストラリアや北アメリカの原住民の氏族など）、通常は共通の祖先を持つ者たち同士で結束し、結婚は異族結婚を実践している（たいていは、コミュニティの外の相手と結婚する）。この集団のサイズはおよそ一〇〇人から二〇〇人と幅があるが、平均は一四八・四で、予測値の一四七・八に極めて近い数字となった。

社会脳はみんなのもの

社会脳仮説を最初に思いついたとき、これはすべての哺乳類にあてはまるはずだと私は考えた。そこで食虫動物（トガリネズミや野ネズミなど最も原始的な哺乳類を指す、かなり寄せ集め的な分類だ）や肉食動物についても分析してみた。食虫動物、肉食動物ともに、集団のサイズと脳のサイズにはある程度の相関性があったが、相関性があると断言できるほどではなく、霊長類ほどの明確な関係性は見られなかった。その何年も後、スザンヌ・シュルツはもう一度、今度は本腰を入れた分析を行い、有蹄類（ひづめのある動物）、肉食動物、コウモリ、鳥について分析した。するとやはり、霊長類には集団サイズと脳のサイズに明確な相関関係があったが、そのほかの動物にはそれがあてはまらないことがわかった。だがいっぽうで鳥、コウモリ、肉食動物、有蹄類のすべてに、質的な社会脳効果がはっきりと見られた。一雌一雄制の種は、単独で生きる種や小さなハーレム的集団で生きる種、または大きくてまとまりのない群れで生きる種と比べて脳が大きかったのだ。また鳥類と一口に言っても相手と死ぬまで添いとげる種（オウム、カラス、猛禽）と、繁殖期のたびに相手を変える種（庭に来る小鳥のほとんど）は大きく違い、前者の脳は後者の脳よりはるかに大きいが、後者の脳も無差別につがう種の脳よりは大きかった。一度決めた相手と死ぬまで添いとげるカラスの、身体のわりに大きくて重たそうな頭と、図体は大きいが頭は非常に小さい浮気性のクジャクを思い浮かべればその違いはよくわかるだろう。

のちにスザンヌは、地質学的な時間の経過とともに起こったさまざまな哺乳類目の脳の増大は、絆で結ばれた社会集団を形成する現生種の割合と相関していることを証明した。脳が劇的に大きくなったのは類人の霊長類（サルや類人猿）やラクダ科（南アメリカのグアナコやヴィクーニャ、アジアのラクダ）、イルカ、ゾウ、ウマ科の動物（馬、ロバ、シマウマ）などで、その現生種はどれも結びつきの強い社会集団を築いている。原猿類（キツネザル、ガラゴやその仲間）は、このグループではるか後方にいて、そのすぐ後ろにいるのは脳がわずかしか大きくならなかった犬（イヌ科はすべて一雌一雄制だ）、そしてしんがりにいるのが過去二〇〇〇万年にわたって脳がほとんど大きくならなかった猫、シカ、レイヨウ（ほとんどは単独、または特別な絆がない群れで生きている）だ。さらにその後、スザンヌとブリティッシュコロンビア大学のキーラン・フォックスは、クジラとイルカのデータも分析したが、どちらの脳の大きさも集団の結びつきが強い種にふさわしく、社会集団のサイズ（小群のサイズ）と採餌スタイルの両方に相関していた。

これらのデータから私たちは、本当に重要なのは集団のサイズではなく絆のある社会的関係だということに気がついた。霊長類の社会集団と、一雌一雄制の肉食動物や有蹄動物、コウモリ、鳥科の生き物の集団に共通するのは、どの集団も個体間の関係性に大きく依存しているということ、個体それぞれが信頼や相互依存、義務感で結びついているということだ。それは私たちの言葉で言えば、いわゆる友情だ。

とはいっても、類人の霊長類の社会性と肉食動物や有蹄類の社会性には違いがあるように見えた。そこで私とスザンヌ、そしてハビエル・ペレス・バルベリアはこの三つのグループの系統発生史を調べ、それぞれが社会性を身につけた時期と脳が大きくなった時期の相関性を探ってみた。その相関関係が最もはっきりしていたのが霊長類で、なんとこの二つの変化がほぼ同時に起きていた。つまり、片方が変わるともう一方も同時に変化する、非常に緊密な共進化関係にあったのだ。これとは対照的に、肉食動物と有蹄類はどちらも変化は不規則で、片方が変化しても、もう片方はしばらく変化なしといった具合だった。さらに、肉食動物や有蹄類は変化が逆行することも多く、脳が小さく単独で生きていた動物が社会性のある脳の大きな動物に変わり、そのあとでまた元に戻るというケースもあった。いっぽう霊長類には、こういったことはまったく起きなかった。つまり、霊長類はほかの哺乳類より社会性と脳のサイズの共進化関係が強いということだ。それは、すべての霊長類は絆の強い社会関係を持っているが、有蹄類や肉食動物のほとんどはそのような関係性を持っていないからだ。そしてこの絆はほとんどの場合、一雌一雄制と関係している。

これらを総合すると、霊長類社会の関係性は極めて特別で、ほかに同様の関係性を結べる哺乳類はほとんどないということになる。では、霊長類の何が違うのか。それは絆の強さと、繁殖相手以外の仲間ともそのような絆を結べるところだ。多くの哺乳類や鳥類にとっては、一雌一雄制が彼らの社会性の頂点だが（鳥類の九〇パーセントが一雌一雄制だ）、霊長類にとって一雌一雄制は最も無理のない社会システムのようだ。

この関係性については驚くほど多くの誤解が生じているため、話を先に進める前にいくつか説明しておきたい。社会脳仮説は、霊長類の脳が大きく進化した理由を説明する生態学的仮説（脳は食べ物をうまく見つけるために大きくなったという観点での仮説）に代わるものとみなされることも多い。しかし実際には、社会脳仮説は生態学的仮説だ。対立仮説をいうのであれば、脳が大きくなったのは社会性のせいか、それとも食べ物集めのせいかを論じるのではなく、動物は生態学的問題を個々の試行錯誤によって解決するのか（社会集団が生まれるのは、たんに食べ物が豊富な場所に動物が集まるからにすぎない）、それとも問題を社会的に解決するために集団で生活するのかを論じなければならない。

安定した恒久的な集団で生活するには、他者と密接に関わって生活することで生じるストレスや悩みを緩和する高度な駆け引きや社会的スキルが必要だ（これは誰もが日々、身にしみているはずだ）。だが、そのようなストレスを緩和できない場合、私たちのような哺乳類は免疫システムに大きなダメージを負う。また、女性の場合は月経周期に関わる内分泌が乱れ、不妊などの深刻な影響が出ることもある。したがって、そういったストレスが続けば、その個体は集団を離れてよりストレスが少ない小さな集団を新たに見つけることになり、最終的には自分一人で生きることになるのだ。

強い絆で結ばれた関係と、そのような関係の基盤となる洗練された認知能力は、霊長類が社会集団を維持するために進化させてきた重要な解決策だ。たとえば、強い絆で結ばれた社会集団では、あなたがふらふらとそこから離れてしまっても、友だちはあなたのことを気にかけ寄り添ってくれる。また、霊長類やつがいで暮らすレイヨウもつねに最も親しい友が今どこにいるかをたえず確認している。しかし群れを形成する種（たとえば私が研究していた野生のヤギ）は、そんなことはほとんどしない。つまり社会脳仮説は二段階で理解すべき仮説で、霊長類は集団で生活することで生態学的問題を解決し、大きな脳を持つことで集団生活のストレスを解決しているというわけだ。

この二つの考え方のもう一つの違いは、何を生態学的原動力と捉えるかにある。脳が大きくなった理由を生態学的理由だけで説明する人は、脳は食べ物を探すために大きくなったと主張する。いっぽう社会脳仮説を唱える人は、脳が大きくなったのは捕食動物から身を守るためだという。だがここで考えるべきは、特定の生息環境で繁栄しようとする霊長類にとっての一番の障害は何か、ではないだろうか。実際のところ食料、少なくとも植物性の食糧が大きな問題になることはほとんどない。むしろ彼らにとっては捕食者に食べられるリスクのほうがずっと深刻で、霊長類が理想的な生息環境で生きていくには、捕食者の存在が非常に大きな障害となる。この点が理解されないのは、結びつきの強い社会（私たちの社会もその一つだ）の社会的関係がいかに複雑かを、多くの研究者がわかっていないからだろう。捕食されるリスクと比べれば、あの木の根っこを食べるか、こちらの実を食べるかといった問題など些細なことだ。重要なのは、ダイナミックで絶え間なく変化する私たちの社会はこの世で最も複雑な社会であり、この社会をつねに把握し切り抜けていくのは、膨大な量の情報処理が求められる大仕事だということだ。

脳から探る友だちの数

ではここで大きな質問を一つ。社会脳仮説で異なる種の違いを説明できるなら、同一の種内の違いも同様に説明できるだろうか？　すなわちあなたの脳のサイズを見れば、あなたの友だちの輪がどのぐらいの規模かわかるだろうか？　進化生物学的に言えば答えはイエスだ。なぜなら、形質が変異することで進化が進み、新たな種が生まれるからだ。そもそも個体間に違いがなかったら、種と種のあいだの違いも生まれはしない。

昔は、人間の脳のサイズなど、死んだあとに脳を取り出してみない限りわからなかった。それにもし脳を取り出しても、その人に友人が何人いたかを正確に把握することはできない。私たちが知りたいのはその人の人生の絶頂期の友人の数であって、老いて孤独になってからの友人の数ではないからだ。しかし脳画像診断技術が登場したこの二、三〇年で、事態は一変した。今では生きている人の脳をほぼ苦痛なしにスキャンし、脳のサイズや構造を知ることができる。なかでも最も一般的なのが、現在、診断の現場で広く利用されている磁気共鳴映像法（ＭＲＩ）だ。これは非常に強力な磁石で脳内の水素分子または酸素分子の位置を追跡するもので、極めて詳細な脳の画像を作成することができる。

そこで二〇〇六年ごろより、私は何人かの仲間たちとこの技術の利用を検討しはじめた。これに興味を示したのが、リヴァプール大学の若き講師で（当時は私もこの大学に在籍していた）、現在はカーディフ大学の教授、ペニー・ルイスだ。研究の方法は、まず被験者たちに友人や家族のリストを作ってもらい、その後、脳スキャナーで彼らの脳のサイズを測るというものだった。それまでの経験から、家族や友だちすべてのリスト作りは大仕事だと学んだので、被験者には前の月に接触した友人と家族の人数だけを尋ねることにした。その結果、脳のサイズは被験者の社会ネットワーク全体のサイズと緊密に相関することがわかった。この理由については、次の章で紹介する。

脳をスキャンする実験はたいへん時間がかかる。スキャナーには一度に一人しか入れないし、一回のスキャンに一時間近くはかかるからだ。また、被験者たちは事前に自分の社会ネットワークに関するアンケートにも答えなければならないのだから大変だ。そんな何時間にも及ぶ大仕事の末に、私たちは被験者の脳のスキャン画像と、各人の社会ネットワークに関するアンケート票を手に入れた。あとは、友だちの数の多い人の脳はどの部分が大きいかを見るだけだ。ペニーはその脳を直径数ミリ単位のパーツに細かく分け、それぞれのパーツを認知体系ごとにまとめていった。いっぽうジョアン・パウエル（今はリヴァプール・ホープ大学の講師だ）は、前頭前皮質（脳の前部、額のすぐ後ろにあり、認知・実行機能を担っている部分）と各部の容量を計測するというさらに骨の折れる分析を行った。

この二つのまったく異なるアプローチ——広範囲だがきめの細かい分析と、焦点を絞ってはいるがき

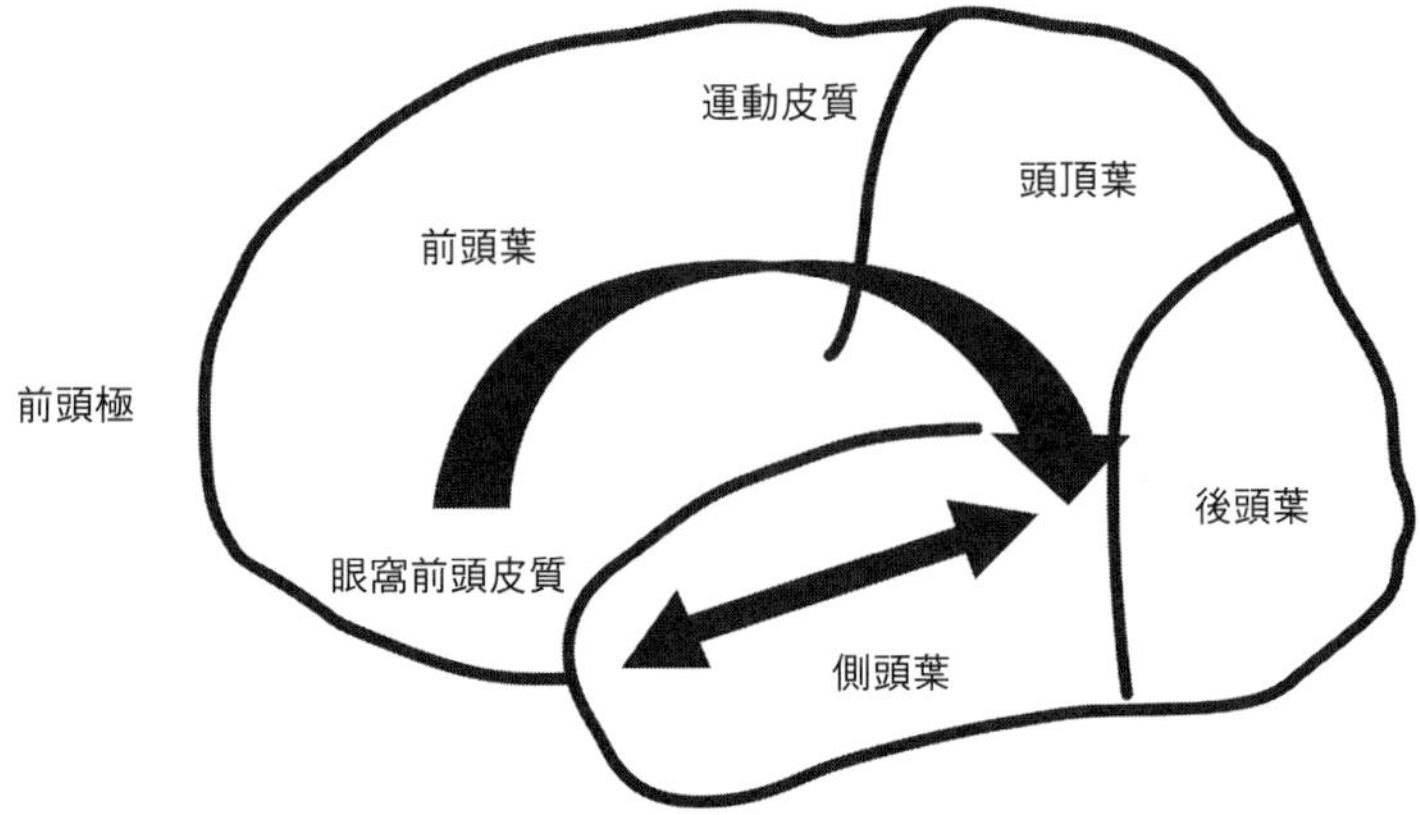

図2　脳のおもな領域。矢印は、メンタライジングのネットワーク。

めの粗い分析――は、ほぼ同じ結果となった。友だちが多い人の脳は、社会的スキルに関係すると言われる部位、すなわち前頭前皮質（脳の約四分の一を占める）と側頭葉（耳の横あたり）、そして耳の後ろで側頭葉が頭頂葉と接合する側頭頭頂接合部（略してＴＰＪ）が大きかったのだ（図2）。友だちが多い人は、これらの領域すべてが大きかったが、その相関関係が特に顕著だったのが前頭前皮質の領域だった。六章でも触れるが、脳のなかで社会的関係の処理に最も密接に関わっているのがこの領域だ。だが今は、社会生活で利用する脳の主な部位の大きさと友人の数には相関関係がある、ということだけ覚えておいてもらえば十分だ。

　科学の世界では、新発見があればほかの研究室がその実験を繰り返し、結果がたんなる偶然ではないことを確かめる。したがってこのあとの数年で、友人関係の基準や画像診断技術を変えた一〇を超える研究が、この仮説を検証した。なかには被験者に友人や家族を一五〇人以上挙げてもらった研究もあれば、フェイスブックの友だちの数を利用した研究も、被験者を支えている人たちの数を使った研究もあり、友だちの数ではなく社交性の度合いを基準にした研究さえあった。しかしそのすべてで、社会ネットワークのサイズ（その計測方法に関係なく）と脳領域の容量には相関関係が認められた。このような研究のなかには、扁桃体や大脳辺縁系の役割が大きいとするものもあれば、前頭葉や側頭葉（心の理論で知られる脳領域で、最近では脳のデフォルト・モード・ネットワークとも呼ばれる）を重視するものもあった。だが重要なのは、どの研究も私たちの研究結果を概ね認めていること、すなわち友だちの数と、社会性に関係する脳の部位のサイズには相関関係があるとしている点だった。

だが多くの意味で、一番の功労者はセイユル・クワク率いる韓国の研究チームだろう。彼らはある町に暮らす成人全員、約六〇〇人に、精神的に頼っている相手は誰かを尋ね、コミュニティ全体の社会ネットワーク図を作り上げた。そしてこのネットワーク図をベースに、頼る相手として一番多く名前が挙がっている人（人気者のしるしだ）をリストにし、その人たちの脳をスキャンした。この調査は、その人がほかの人からどう思われているかがわかるという点で特に重要だ。なぜなら、調査対象者が友だちと「思っている」人の数（私たちの研究でも、ほかの大半の研究でもこの人数を尋ねていた）ではなく、その人の「実際の」友だち（相手もその人を友だちと考えている）の数をつかめるからだ。つまり、彼らの研究はそれまでのほとんどの研究より客観的だった。この調査により、友だちの数と最も相関関係が強いのは、背内側前頭前皮質と舌状回（眼窩前頭皮質のすぐ上にあり、高度な視覚処理をすることもあるが、物事の論理的構造にも関係する領域）であることがわかった。

金井良太が中心となった脳スキャンの研究では、友だち（彼らはフェイスブックの友だちの数を利用した）が少ない人は脳が小さいことが確認された。さらに彼は、自分は孤独だと思っている人と、孤独ではないと思っている人の脳の構造は違うのではないかと考え、それも調べた。その結果、孤独な人は上側頭溝いわゆるＳＴＳ（脳の側面、耳の横にある側頭葉の一部）の灰白質が少ないことがわかった。ＳＴＳは、脳スキャンを利用して行われる心の理論やメンタライジングの研究で必ず取り上げられる領域の一つだ。側頭葉は記憶の保存（言葉の意味なども含まれる）にも深く関わっているため、この種の研究で使われるヴィネット調査でさまざまな出来事記憶を比較できるのも、側頭葉がメンタライジングに果たしている役割のおかげだろう。さらに金井たちの研究は、孤独感は、社会的信号（場の空気）を読み取る能力の低さだけでなく、社会ネットワークが小さい、不安感が強い、共感性が低いなど、そのほかの心理的要因が関連していることも確認した。しかし、側頭葉の容量と孤独感の関連を説明する要素は、社会的知覚のスキルだけのようだった。

いくつかの研究で、扁桃体が登場していることは興味深い。扁桃体は辺縁系の一部で、恐怖など、私たちが危険な状況に陥ることを防ぐ情緒的シグナルの処理に関わっている。扁桃体は脳の古い部分にある新皮質の内側面にあるが、脳の前部の眼窩前頭皮質とは直結している。眼窩前頭皮質は情緒的なシグナルの解釈に関連しており、たとえ扁桃体がパニック状態の反応を示しても、それが間違いだと判断すれば、扁桃体の反応を抑制するらしい。すべての人間関係、特によく知らない相手と関わるときはつねにリスクがあるため（相手の行動が完全には読めないため）、最初は誰もが本能的に逃げ出したい気持ちに襲われる。しかし逃げる必要がないときは、眼窩前頭皮質が逃げようと慌てる扁桃体を抑え込む。こういった働きは、求愛や交尾の際に特に重要だろう。このような例を見ても、複雑な状況下で私たちが効率的に機能できるのは、脳のさまざまな領域が作用しあってバランスをとってくれているおかげであることがよくわかる。

もう一つ、それを実感させてくれるのが、オックスフォード大学での私の同僚マリアン・ヌーアンの研究だ。彼女は脳の白質に注目し、白質の容量も友だちの輪のサイズと相関していることを明らかにした。脳は白質と灰白質という、まったく異なるタイプの細胞でできている。灰白質は実際にはただの神経細胞で、難しい計算仕事のすべてを担当する脳の計算エンジンだ。いっぽう白質は、基本的には脳内の別の場所にある灰白質同士を結ぶ配線で、色が白いのは、ミエリン（髄鞘）と呼ばれる脂肪質の物質に覆われているからだ。このミエリンは電線を覆うプラスチックの絶縁体と同じ役割を果たし、関連のある二つの機能を持っている。一つ目は、神経が別の神経を刺激するのを防ぐ機能（別の神経を刺激すれば、神経のメッセージが別の場所に伝わってしまう）。二つ目は、神経が電気信号を伝える速度を速め、脳の異なる領域が効率よくやり取りできるようにする機能だ。マリアンは、白質の容量と社会的なネットワークのサイズとの相関性が特に高いことを突き止めた。私たちが当初の社会脳の分析で行ったように、新皮質全体を一つのユニット（灰白質と白質の両方を含むユニット）として扱うことでうまくいくのは、おそらくこのせいだろう。たとえば、ジムが不正をしたか否かを判断する、といった特定の機能は、脳のどこか一カ所の機能ではない。脳の多くの領域がメッセージをやり取りした結果の機能なのだ。

従来、こういった分析は概ね右利きの人を対象に行われてきた。左利きの人の脳のほとんどは（全員ではないのが厄介なところだ）右利きの人の脳と逆、すなわち反転しているため、面倒を回避するために、右利きの人を対象に調査するのが脳スキャニングの研究では標準的な方法だ。右利きの人の場合、私たちの実験で友だちの数と相関関係があったのは脳の前の部分（専門的には目のすぐ上の眼窩前頭皮質、またはそこに隣接した内側前頭皮質と呼ばれる部位）だった。ここは感情の経験と制御に関わる領域で、人間関係に関する情報を半自動的に、というより意識下で処理していると思われる。そこでジョアン・パウエルはさらに、左利きの人を対象にした画像解析も行った。すると結果は右利きの人の場合とほぼ同じだったものの、友だちの数と最も相関する前頭葉の部位だけが違っていた。左利きの人は、背外側前頭前皮質、すなわち脳の上面にある眼窩前頭皮質から一歩後ろに下がった部位が、友だちの数と相関関係が強かったのだ。この脳領域は一般に、理性的な思考や論理的思考に関連する場所だ。ということは、左利きの人は右利きの人より人間関係を意識的に考えているのだろうか？　もしかしたら右利きの人と左利きの人では人間関係の処理の仕方が異なり、一方はより感情的に、もう一方はより理性的に処理しているのかもしれない。

その後の研究により、脳が社会的情報を処理する方法は非常に複雑で、その時の社会状況に大きく依存することがわかった。シルヴィア・モレリと彼女の共同研究者たちは、大学の二つの学生寮の学生全員に、友情、共感、サポートを与えてくれる人として一番大切な人は誰かと尋ね、彼らの社会ネットワーク・マップを作成した。このマップにより、モレリたちは学生のネットワークの中心的存在（人気者）が誰かを知ることができた。さらに彼らは、何人かの学生にほかの学生たちの写真を見せながらその脳をスキャンした。その結果、ネットワークの中心部にいる学生（人気者の学生）の写真を見ると、メンタライジングに関わるとされる脳領域（特に内側前頭前皮質と、側頭葉および楔前部の一部）と価値の情報処理に関わる領域（腹側線条体）の活動が活発になることがわかった。また、この傾向はネットワークの中心にいる学生との個人的関係を考慮して調整してもなお、変わらなかった。

同様の結果は、ノーム・ゼルバヴェルとケヴィン・オクスナーが、それぞれ一四人の学生からなる二つの小規模クラブを対象に行った研究でも確認された。二人はまず、クラブのメンバー全員にメンバー一人ひとりの好感度を評価してもらい、その後、彼らにメンバーの写真を順番に見せながら、その脳をスキャンしていった。するとモレリの実験と同様、人気のあるメンバーの写真を見た学生の脳は、メンタライジングに関わる領域と評価に関わる領域（眼窩前頭皮質、扁桃体、楔前部など）の活動が活発になった。しかしこの研究が興味深いのは、評価領域の活動が活発になったのは、ほかのメンバーから好感度が高いと評価された人たちだけだった点だ。好感度がさほど高くない人たちの脳は、誰の写真を見てもその領域の活性化に違いが出ることはなかったが、好感度が高い人たちの場合は、これらの脳領域全体で高度な活性化が認められたのだ。つまり、人気がそれほどない人たちは全員にまんべんなく注意を払うが、人気のある人は最も人気が高い人たち（コミュニティのリーダー）だけに関心を払っているらしかった。

三つ目の研究は、キャロリン・パーキンソンと彼女の共同研究者たちがＭＢＡを目指す大学院生のクラスを対象に行ったもので、ここでも脳の同じ領域で同様のパターンの活動が確認された。この研究ではまずクラスの全員に、クラスメイト一人ひとりについて、その人と一緒に過ごした余暇時間を尋ねた。その後、彼らのうち二〇人のボランティアにほかのクラスメイトたちのビデオを見てもらい、その脳をスキャンした。すると今回も、ビデオを見ている人の脳、それも評価とメンタライジングに関連する領域が最も強く反応したのは、人気のある学生、特にその友人もまた人気者と評価されている学生を見たときだった。つまりメンタライジングと評価のネットワークは、たんにビデオを見ている人とそのビデオに出ている人の個人的な関係に反応するだけでなく、ビデオに出ている人と他者との関係性にも反応していたのだ。言い換えれば、フラミンガム研究が示したように、友だちの友だちもまた、友だちと同様に重要ということだ。

しかし最近、もっと面白いことがわかった。社会性の高い旧世界ザルの種（マカクやヒヒ）について行われた二つの研究により、サルも人間と同じで、共に暮らすサルの数は、側頭葉内の関連部位と前頭前皮質、そして扁桃体のサイズと相関していることがわかったのだ。つまり「社会脳仮説」は、種と種の間だけでなく、同じ種内、サルとヒト両方の個体レベルにもあてはまると考えられるのだ。まさにすばらしい発見だ。またこれは、社会脳には進化的根拠があることも物語っている。

もちろん、これまでに述べたことはすべて、脳のサイズのスナップショットに基づいたもので、脳のサイズが友人の数を決めるのかも、友人の数が脳のサイズを決めるのかもわからない。しかし部分的にではあっても、後者が真実と思えるだけの根拠はある。現在では、脳は私たちがこれまで思っていた以上に環境に対して柔軟に反応することがわかっている。のちの章でも述べるが、社会脳効果を仲介する社会的スキルは非常に複雑で、人間が社会的スキルを身に付けるには二〇年以上かかる。したがってその間に、社会的スキルが脳の成長に大きく影響する可能性も十分考えられる。また、前頭前皮質や社会脳に関わるそのほかの脳領域を利用することで、そのサイズが大きくなる可能性もあるが、その傾向が続くのはおそらく二〇代半ばまでだろう。だとすればおそらく、成人期に入った頃には脳のサイズはほぼ決まってしまい、その後は何をしても、ちょっとした調整にしかならないのだ。

性別と社会脳

私たちは社会ネットワークに関するさまざまな研究をするなかで、友だちの数はつねに女性のほうが男性より少しだけ多いと感じてきた。たとえその差がごくわずかでも、男女の違いは厳然と存在した。これは、友人関係に関わる脳が男女で違うということだろうか。男女の脳が脳全体の容量だけでなく（男性は体が大きいので脳も大きい）、脳のいくつかの領域のサイズ（特に女性は男性より白質と前頭前皮質が多い）も違うことは、もうずっと前からわかっている。

間接的ではあるが、これらの発見はケンブリッジ大学の著名な脳科学者、バリー・ケヴァーヌの以前の研究結果とも一致している。一九八〇年代、彼はゲノム刷り込みとして話題になっていたテーマに興味を持った。簡単に言えばゲノム刷り込みとは、子の遺伝子に両親のどちらから受け継いだ遺伝子かが記憶される現象だ。それによって一方の遺伝子が積極的に抑制されるため、抑制された遺伝子が子の発達に影響を与えることはない。このような遺伝子のほとんどは脳の発達に関わっているようなのだが、ケヴァーヌは二つのことに気がついた。一つは、父親の新皮質遺伝子は発達の段階で抑え込まれるため、子の新皮質は母親側の遺伝子で決まるということ。もう一つは、私たちの辺縁系（感情をつかさどる脳領域）の遺伝子は、父親側から受け継いでいる（母親側の遺伝子は抑えられている）ということだ。

一見すると奇妙なこのプロセスも、生殖に関する男女の戦略という視点で見れば、理にかなっていると言える。たいていの場合、哺乳類のメス、特に霊長類のメスが子を産み育てるうえで何よりも重要なのは、社会でうまくやっていくことだ。いっぽう哺乳類のオスにとっては、競争に勝つことこそが繁殖成功の鍵であり、勝つためにはカッと頭に血を上らせて戦うのが一番だ。「どうぞお先に！　ご自由にどうぞ！」などとお上品なことを言っていたら、子孫をたくさん残すことなどできはしない。それとは対照的に、少なくとも霊長類のメスに関しては、社交性こそが繁殖成功の鍵となる。たくさんの友だちがいるメスは、オスが荒れ狂ったときでもストレスが低く、たくさんの子を持つ可能性も、生まれた子が大人になるまで生き延びる可能性も高いうえ、そのメス自身も寿命が長い（同様の結果は、野生の馬でも報告されている）。したがって、友情を育むのに必要な社会的スキルが進化において選択される可能性は高く、そのようなスキルをサポートする脳の部位も優先される。そしてこれまで見てきたように、そのような脳部位が前頭葉の新皮質なのだ。

しかし、こういったことがわかってはいても、脳の男女差、特に脳のサイズ差問題については、誰も手を出そうとせず棚上げ状態になっていた。なぜなら、この話題の特定の領域はある意味、有害なものになってしまったからだ。だが二〇一八年、私のもとに突然、非常に興味深い電子メールが届いた。差出人はダニーロ・ブストーク。ドイツのアーヘン工科大学に籍を置く、物言いの穏やかな若き研究者だった。彼はイギリス人顔負けの控えめさで、じつは社会脳仮説を裏付けると思える研究結果があるのですが、お目にかかってお話しできないでしょうかと申し入れてきた。興味をひかれた私は二つ返事で承諾し、その数カ月後、ちょうど学会でロンドンにいた私は滞在していたホテルのバーで、帰国するためヒースロー空港に向かう途中の彼と落ち合い、ビールを飲みながら彼のデータを見せてもらった。

ダニーロと彼の研究グループはＵＫバイオバンクのデータベースのデータを分析していた。このデータベースは二〇〇〇年代初頭、五〇〇万人のイギリス人に健康データといくつかの心理学的、生理学的評価データを提供してもらって構築されたものだ。それだけでなく、彼らはバイオバンクから、一万人分以上の脳のスキャン画像と各画像に関連した生理学的、心理学的、社会学的データという膨大なサンプルの提供も受けていた。おかげでダニーロたちは、男女の脳のさまざまな領域の容量と個人の社会的データの関連性を詳しく調査することができた。特に男女の差が大きかったのが、辺縁系（扁桃体）および前頭前皮質の一部のサイズと、社会的接触の頻度および濃密さの相関関係だった。彼らの研究によれば、世帯の構成人数が多い女性のほうが、構成人数が少ない女性よりも扁桃体は大きかったが、男性では世帯サイズと扁桃体のサイズにはまったく関連性がなかったという。いっぽう大人数の世帯に住む男性の眼窩前頭皮質は大きかったが、女性にはそのような相関関係はなく、むしろ感情的に密な関係を築く機会が多い女性は眼窩前頭皮質が小さかった。また、自分の人間関係に非常に満足していると証言し、他者を信頼して秘密を打ち明けることが多いと語る女性のほうが、そうではない女性よりもこの二つの脳の領域の容量は大きかった。

男女間の差というデリケートな問題については一三章で改めて触れるが、ここにはいくつか重要なメッセージがあることを言っておきたい。まず、社会の（ゆえに脳の）進化は主に、女性たちの利益のために推進されているらしいということ。第二に、それが、社会性を支える神経系の構成に連鎖的な影響を与えているらしいということ。そして第三に、神経系の構成の違いが、男女の考え方と行動に微妙な、けれど重要な影響を及ぼしている可能性が高いということだ。

*

私はここまで、社会ネットワークはあたかも均質——ソーシャルメディアが喧伝してきたように友だちはみな同じように友だち——であるかのように語ってきた。だが同時に、友人関係には親密なものもあれば、それほどでもないものまでさまざまな種類があるともほのめかしてきた。また、人には通常、五人の親しい友がいると言い、友だちと呼ぶほどには親しくない知人もいるとも言った。次の章では、そのあたりについて詳しく述べてみたい。

四章　友だちの同心円

次に挙げるものの共通点は何だろうか？　陪審員、ほとんどのチームスポーツ、ほとんどの政府の内閣、一二使徒、現代の軍隊の最小構成単位（一般には分隊）、もしも明日死なれたら、あなたが大きな衝撃を受ける人の数。その答えは「人数がほぼ同じ」だ。それぞれの人数は一二人、一一人から一五人、一二人から一五人、一二人、一一人から一六人、一一人から一五人。どうやら一二は、人間の心理上、特別な数字らしく、人が密接に関わるあらゆる状況で繰り返し登場する。私がそれに最初に気づいたのは、一九九〇年の初め、人間集団の本来のサイズ（自然なサイズ）を裏付けるエビデンスを探していたときのことだ。たまたま二人のアメリカ人社会心理学者、クリスチャン・バイズとケネス・ラーセンの論文を読んだ私は、彼らがこの小集団を「シンパシー・グループ」と名づけているのを知った。彼らはまた、調査対象者に「もし死なれたら、すごく悲しい人」をリストにしてもらうことで、この小集団のサイズに関するデータを集めた最初の科学者でもあった。彼らによれば、私たちが同情（シンパシー）を感じる相手の人数には上限があり、その人数が、密接な心理的交流が必要な集団の上限だというのだ。

その好例が、アメリカン・フットボールのチームだ。強いチームとは、できるだけ多くのゴールを決めようと一一人の選手が勝手にフィールドを駆け回るのではなく、一一人が連携して得点をあげていくチームだ。[*]フォワードとバックでは役割が違うから、それぞれの選手はボールを追ってフィールド中を駆け回るのではなく、しっかりと自分の仕事だけに集中しなければならない。だから真に強いチームは、選手一人ひとりがチーム・メンバー全員と完全に調和し、チームメイトたちがフィールドのどこにいるかをしっかり把握している。ボールを持っている味方がどこにボールをキックするかも予め承知しているため、ボールが飛んでくるより先にそのポジションに向かって走り、そこでボールを待ち受けることができるのだ。そんな芸当をやってのけるには、仲間が何を考えているかを完全に理解している必要がある。

一九九〇年代初頭、私たちが初めて実施したシンパシー・グループのサイズの調査は、大学院生のマット・スプールズ（のちに彼は生物の教師になった）によるアンケート調査だった。この調査で私たちは、シンパシー・グループがたしかに存在することを確認したが、シンパシー・グループ内には五人ほどで構成されるさらに小さな集団があることもわかった。この小集団はサポートや支援を惜しみなく与えてくれる人たちなので、私たちはこれを、サポートを提供してくれる小集団、「サポート・クリーク」と名づけた。どうやら社会ネットワークには、それまで考えられていたよりずっと多くの層があるらしかった。また、その構造は驚くほど一貫しており、すべての人の社会ネットワークが同様のパターンを示しているようだった。そしてこれが、私たちを取り巻く一五〇人の友だちの輪が、じつは幾重もの層で構成されていることに気づいたきっかけだった。

友だちの輪

小規模社会のサイズに関するデータを分析していた私は、社会はそれぞれ約五〇人、一五〇人、五〇〇人、一五〇〇人の層が入れ子状態となった階層構造で構成されているらしいと気がついた。その後、例のクリスマスカードのデータにも、五、一五、一五〇という同様のパターンがあり（各層のあいだに、また別の層が存在している気配もあった）、これが先の同心円状の階層の内側の層にぴたりとはまることに気がついた。さて、これをどう掘り下げていくべきかと考えていたところ、突然、フランスの物理学者、ディディエ・ソネットから電子メールを受け取った。彼は、地震予知の研究をするうち、地震同様に予測がつきにくい株式市場や金融バブルなどの現象に興味を持つに至った人物だ。狩猟採集民の集団サイズに関する私の論文を読んだ彼は、このデータが示すパターンに気がついているかと私に尋ね、もしよければデータを解析してパターンを明らかにしたいと申し入れてきた。そこで私がデータを送ると、彼は若き中国人研究者、周炜星（現在は上海にある華東理工大学の教授）に依頼し、このデータを高度な数学的分析にかけてもらった。データ内に繰り返し現れるパターンを探す、フラクタル理論を使った分析だ。その結果彼は、両方のデータセットに同じパターン、すなわち人間関係は一連の同心円、つまり層**で構成されており、どの層の大きさもそのすぐ内側にある層の三倍、という一貫したパターンがあることを発見した。そのパターンを表しているのが図3だ（中心部にもう一つ、一・五の層があるが、これについてはあとで触れる）。これらの層は入れ子構造で、一五人の円はその内側の円内にいる五人全員

＊　ラグビーは一五人制じゃないか、という声もあるだろうが、ラグビーにはさまざまなバージョンがあり、ラグビーリーグは一三人制だ（オーストラリアン・フットボールは一八人制）。しかし注意すべきは、どの場合もチームは役割がまったく違う二つの小グループ（オーストラリアのラグビーでは三つの小グループ）に分かれているという点で、それぞれの選手が関わるのは主に自分の小グループのメンバーだ。
＊＊　これについては、層または円という言葉を同じ意味で使っている。

を含み、五〇人の円は五人の円と一五人の円内にいる全員が含まれている。つまり、一五人の層には、あなたが頻繁に会う五人の友だちに加え、そこまで頻繁には会わない五人の友だちグループが二グループ含まれているらしいのだ。

これらの同心円をもう少し具体的に感じたいなら、それぞれの層を最も親しい友だち（五人）、親友（一五人）、良好な関係の友だち（五〇人）そしてただの友だち（一五〇人）と言い換えるといいだろう。内側のこれらの層については、日常の経験で感覚的にわかるはずだ。しかし一五〇人以上の外側の二つの層は、いささかわかりにくいかもしれない。私はこれらの層を、知り合い（一緒に働いたことがある程度の知り合いで、約五〇〇人）と、名前と顔が一致する人（一五〇〇人）だろうと考えた。けれどそう考えたのは、私たちが顔と名前を一致させることができる人数の上限は約二〇〇〇人という研究が一九七〇年代初めにあったからで、それ以上のことはわからなかった。

しかしヨーク大学のロブ・ジェンキンズの最近の研究によって、これら外側の層についてもう少しはっきりとしたことがわかるようになった。彼は、顔認識タスク（顔が認識できれば、名前がわからなくても構わない）を利用し、人は何人の顔を認識できるかを調査していた。まず被験者たちに大量の顔写真を見せてから、知っている顔と、見たことのある顔を答えてもらうという方法だ。このデータによると、私たちが個人的に知っているのは約五〇〇人（この調査では主に友人、家族、同僚だった）、顔を見て誰かがわかる人は（必ずしも名前を知っている必要はない）約五〇〇〇人だった。このようなデータに基づくと、一五〇〇人の層はおそらく顔を見て名前がわかる人たち（たいていの人はここに、女王やドナルド・トランプ、陸上選手のモハメド・ファラーなども入れるだろう）、そしてロブ・ジェンキンズが特定した

友だちの同心円

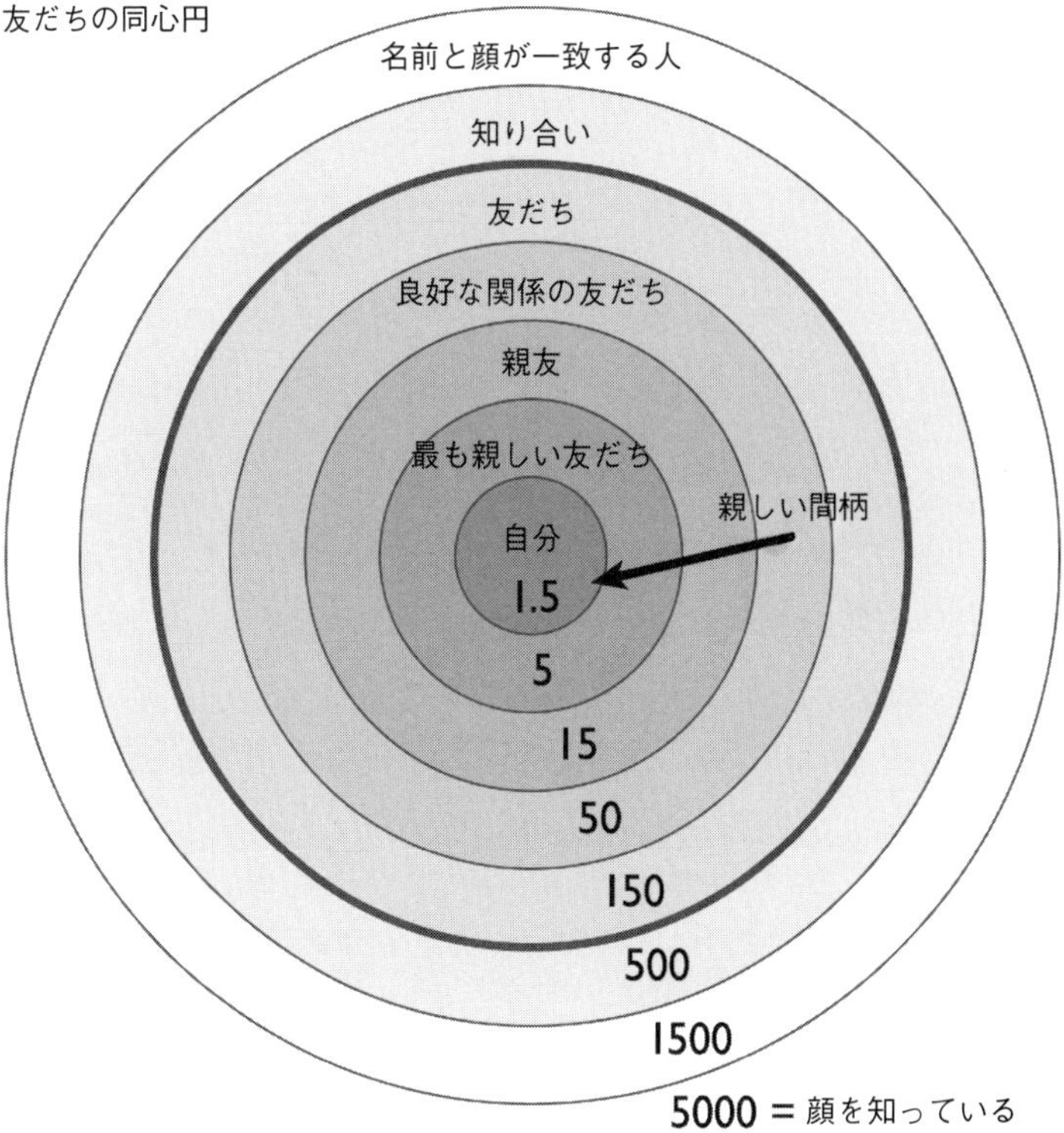

図3　友だちの輪。それぞれの円の人数には、その内側の円の人数が含まれている。円は入れ子構造で、それぞれ三の倍数で大きくなっている。

五〇〇〇人の層は、たとえ名前はわからなくても、前に見たことがある（または見たことがない）人として認識できる顔の数だ。いずれの場合も、あなたとこの外側の二層の人たちとのあいだに「個人的な」関係はない。つまり、道で見かけたとき、あなたは相手がわかっても、相手はあなたのことをまったく知らないという人たちだ。五〇〇人の層の人たちは、いわば知り合いといったところで、そのうちの多くは職場が一緒だったり、社交的な集まりでの知り合いだったり、通勤途中に毎朝、その人からコーヒーを買っているといった程度の知り合いだ。一五〇〇人の層にいるセレブや実質的にほとんど面識のない人たちと違い、五〇〇人の層の人たちは、こちらのことを知っている人たちだ。仕事のあと一緒にビールは飲むことはあっても、大きなお祝いのパーティに招くことはない人たち、あなたの葬式に参列することもまずない人たちだ。ちなみに、ロブ・ジェンキンズはこのような層の存在を証明することには関心がなかった。彼は顔認証の仕組みを研究する視覚科学の研究者で、人は何人の顔を認識できるかが知りたかっただけだ。いずれにせよ、彼の調査結果と私たちの調査結果がぴったりあてはまったことは明るいニュースだ。

だが私たちが驚いたのは、連続する層が三の倍数で拡大していくこと、すなわち層間の比率（いわゆる「換算係数」）がほぼ三だったことだ。なぜこれが二でもなければ四でもなく三なのか、その理由はまったくわからなかった。そこで私たちは同様のパターンがほかのデータセットにもないか探すことにした。そうやって見ていったデータの一つが、あの大きなサンプル、二五〇人の女性の社会ネットワークのサンプルだ。そして案の定、そこにも同じパターンがちゃんと存在した。このサンプルでは、社会ネットワークの層は人々が友人と接触する頻度ならびに感情面での結びつきに基づいて形成されていた。一五人の層にいる人たちは、少なくても毎週一回は会い、感情面での結びつきも極めて強い人たち。一五〇人の層にいるのは、最低でも毎月一回は会っているけれど、感情的にはそこまで近くない人たち、五〇人の層は少なくても半年に一度会う人たち、そして一五〇人の層は一年に一度は会うが、近しいと感じる気持ちが最も薄い人たちだった。

アリスター・サトクリフとイェンス・バインダーが、マンチェスター大学の研究者および学生のネットワークサイズとその構造を調査したところ、サポート集団のサイズは平均六人、シンパシー・グループは平均二一人、ネットワーク全体の人数は一七五人と、これも先述の五人、一五人、一五〇人とかなり近かった。その後、私の研究グループにいたアイルランド人のポスドクでマンドリンが上手なパドレイグ・マッキャロンは、フィンランドの協力者を通じて入手したヨーロッパの携帯電話の巨大データベースを検証した。じつは当初、彼はそのような階層構造の存在には懐疑的だった。もっと正確に言えば、彼は各層の換算係数がつねに三であることに懐疑的で、人や層によって、比率は違うはずと考えていた。しかし、誰が誰にどのような頻度で電話をしたかを解析した結果、やはりネットワークにはちゃんと層が存在し、それぞれの層を構成する人数の累加平均値は四人、一一人、三一人、そして一三〇人だった。じかに顔を見て交流する社会ネットワークでの各層の構成人数よりは気持ち少ないが、それでも層構造は存在し、その換算係数は三・三だった。同様のパターンは、電話をかける頻度ではなく、通話の長さを分析したときにも現れた。その後、周炜星とディディエ・ソネットは、ある中国の携帯電話ネットワークに加入する四〇〇〇万人の通信記録、一兆件以上を分析した。その結果、ここでも累加平均人数が二人、七人、二〇人、五四人、一四一人、換算係数二・九の層の存在が確認され、まさにこれ以上望めない結果となった。

いっぽう、以前に私が共同研究をしたことのあるピサの優秀なイタリア人コンピュータ科学者たちも、ほかのデータセットでこのパターンを探しはじめた。そしてヴァレリオ・アルナバルディ（当時は大学院生だった）と彼のスーパーバイザーだったアンドレア・パサレラとマルコ・コンティは、おいしい食事とイタリアン・ワインの宴を重ねながら、フェイスブックの大小二つのデータベースを見つけてきた

（もちろんこれは公的に入手可能なデータだ）。さらに彼らは、ツイッターのトラフィックの大規模なサンプルもダウンロードした（これも完全に合法で、やり方さえ知っていれば誰でも簡単にできる）。このデータベースは名前付きの投稿だけで構成されており、例の携帯電話のデータと同様、わかるのは投稿者と投稿先の相手だけで、投稿内容はわからない。これらのデジタル界のデータセットにおけるパターンを分析した結果、なんと私たちが対面の社会ネットワークや電話のデータセットで見つけたのとほぼ同サイズの円（層）が確認された。さらに驚いたことに、それぞれの円内の人同士が互いに接触した頻度は、この四つのデータセット（対面、電話、フェイスブック、ツイッターのツイート）すべてでほぼ同じだった。

個人的には、このツイッターのデータにはぎょっとした。フェイスブックのネットワークが対面のネットワークとよく似ているのは理解できる。フェイスブックの友だちリストに名を連ねる人々の大半は、私たちが日常の生活で顔を合わせる人たちで、オンラインでメッセージを送ったり、近況を知らせあったりする相手だからだ。しかし、ツイッターでやり取りする相手は、見ず知らずの人の可能性が高い。それなのにツイッターのネットワークのパターンと実際に顔を合わせるリアルなネットワークのパターンがほぼ同じで、違う点といえば、ツイッターのネットワークには内側の三層（五人、一五人、五〇人の円）しかないというだけなのだ！　この人たちは対面での交流をほとんどすることなく、社会生活のすべてをオンラインで送っているのだろうか？　もちろんそれは完全に可能だし、それこそがオンライン世代の若者たちの特徴なのかもしれない。いや、それは年配の男性たちの特徴でもあるかもしれない。時間がたっぷりあるわりには、限られた社会生活しか営んでいない彼らは、ツイッター民のなかでも最もアクティブな人たちだ。だがもしそうだとしたら、それは私が考えたこともなかったレベルの社会的孤立であり、それはそれで心配な問題だ。

ヴァレリオは三〇万人を超える科学者たちの共著ネットワークも分析した。学者たちは共同研究をすれば当然、共著で論文を書く。したがって論文の共著者の数を見れば、自分がほかの人とどのぐらい一緒に仕事をしたかを簡単に知ることができる。一本の論文の共著者数は平均六人（つまり、自分と五人の友人）だったが、学問分野によって実際の数字にはばらつきがあった。最も評価の高い著者（論文の引用回数――論文の影響力を示す基準とされている――が最も多い著者）は一般に、それほど評価されていない著者よりも共著者の数が多かった。そこでそれぞれの共著者と著した論文の頻度を分析した結果、ある階層構造が見えてきた。物理からコンピュータ科学や生物学までの科学の六分野で見た場合、各層の平均人数は二人、六人、一五人、三八人、一一七人で、すぐ隣の層との換算係数の平均は二・八だった。これは、日常的な対面のネットワーク（図3）やオンラインでの社会ネットワークとほぼ同じだ。また、層が外側にいくにつれ共著の頻度が下がるところも、外側の層に行くにつれて関係が薄くなるリアルな社会ネットワークの人間関係と同じだった。外側の層が思ったよりも少し小さいのを見て、友人や家族が入る余地があるとほっとするかもしれないが、その余地はごくわずかだ！

このような同心円状の階層を見ていくと、一番内側に必ず一から二の数字がある。まさか五人の層の内側にもう一つ層があるとは考えてもいなかったため、このパターンの一貫性には私たちも驚いた。いや、考えていないこともなかったが、それはたんなるジョークでしかなかった。この同心円について講義をするとき、私はよく図3の五人、一五人、五〇人、一五〇人、五〇〇人、一五〇〇人の円と、その換算係数が不動の三であることを話したあと、円が一つ抜けていると思わないか、と問いかけていた。

さらに、一五〇〇人の層から逆算していくとどうなるかと尋ね、そう、一・五人の層があるはずだ、たぶんこの層は極めて親密な友人、たとえば恋人のようなごくごく親しい間柄の相手だろうね、と続ける。するとたいていは、でも〇・五人の恋人なんてありえますか、という質問がくる。だがその答えは簡単だ。人々の半数にはそういった特別の友人が二人いて、残りの半数は一人しかいないのだ。この半数が誰かは、あえて考えるまでもないだろう。女性にはそういう親友が二人いる（恋人と〝永遠の大親友〟、ちなみにたいていの場合この大親友は女性だ）。いっぽう男性には特別な友は一人だけだ（恋人または飲み友だちで、この飲み友だちは明らかに男性だ）。なぜなら、男たちはいっぺんに二人の特別な友だちとうまくつきあうことができないからだ。では、妻と愛人がいる男性、または夫と愛人がいる女性はどうだろうか。これは、一二章で紹介する研究結果でも強く示唆されているが、婚外の恋愛が生じる場合、もともとのパートナーはなんと二人の層どころか、五人の層にさえ含まれていないのが普通なのだ。

だがまさか、本当にそんな層があるとは私も思っていなかった。こういった特別の友人は、一番内側の円、すなわち五人の友だちの層の一部だと思っていたからだ。しかしピサの研究チームが実施したデジタル・データベースの分析結果には、まぎれもなく一・五人の層が存在していた。一・五人なのは、自分の社会ネットワークの中心にいる特別な友人が一人だけの人（主に男性）もいれば、二人いる人（主に女性）もいるからだ。では、そのもう一人の友だちとは誰なのか。そのほとんどは私が予想したとおり「永遠の大親友」であり、ほぼ例外なく、同性の大親友だった。けれど永遠の大親友がいるのは概ね女性に限られ、永遠の大親友がいる男性はまずいない。アンナ・マチンが入手した親友のサンプルによれば、女性の九八パーセントは永遠の大親友がいると回答し、その八五パーセントは女性だと答えている。このサンプルでは、男性の八五パーセントも誰かしらを親友として挙げているが（その七六パーセントは男性だ）、それはたんに誰かの名を挙げるように求められたからにすぎず、女性たちの永遠の大親友とはまったくの別次元の親友だ。女性にとっての永遠の大親友とは、秘密を打ち明けたり、アドバイスをもらったりする極めて親しい間柄の友だち、いっぽう男性にとっての親友とは、パブで一緒に一杯やる相手であり、女性たちとはまったく違う種類の関係だ。これは、親友（一緒に飲みに行く相手）がいる割合が、独身男性のほうが既婚男性の四倍（独身男性は六三パーセント、既婚男性は一五パーセント）という数字を見てもよくわかる。

どうやらこの数字のパターンと三の換算係数は、動物とヒトの別なく、すべての複雑な社会に共通する特徴らしい。最初に私たちがこのパターンに気づいたのは、狩猟採集民の社会構造だった。通常、このような社会は階層が入れ子状になっており、それぞれの層を構成するのは、その下の層のいくつかの集団だ。つまり、数家族がキャンプ集団を形成し、そのキャンプ集団がいくつか集まってコミュニティを形成し、コミュニティがいくつか集まってメガバンドとなり、メガバンドがいくつか集まって部族となっているのだ。二つの異なる狩猟採集民社会のデータベース、すなわち私が集めた民族誌学的データセットでも、ニューメキシコ大学のマーカス・ハミルトンとロブ・ウォーカーが入手したデータベースでも、極めてよく似た結果が出た。私のほうのサンプルでは各層の平均的サイズがそれぞれ四二人、一二七人、五六七人、一七二八人で、換算係数は三・五。いっぽうマーカスのサンプルは、一五人、五四人、一六五人、八三九人で、換算係数は三・九だった。この八三九人という数字は、外側の五〇〇人の層と一五〇〇人の層を合わせたかのように見えないでもない。もしそうなら、その換算係数は三・

三となり、私のサンプルの換算係数とほぼ同じになる。

　このような層の存在を示すほかの二例は、ちょっと変わった場所でも見つかった。マット・グローヴは、アイルランドの青銅器時代、およそ紀元前三〇〇〇年から紀元前一二〇〇年に建てられたとされるいくつかのストーンサークルのサイズに注目した。イングランド南部にあるあのストーンヘンジほど壮大でも有名でもないが、それでもここには全部で一四〇のサークルがあり、その規模も小さなものから非常に大きなものまでバラエティに富んでいる。考古学者たちはこのようなストーンサークルを、何らかの儀式が執り行われた場所、住民が宗教的または政治的儀式のために集まるコミュニティの中心だったと考えてきた。もしそのストーンサークルに、住民全員が集まっていたとすれば、サークルのサイズからコミュニティの規模が割り出せるはずだ。そう考えたマットは、一人が快適に立っていられるスペースを二・六平方メートルとし、サークルの半分に住民たちが集まり、残り半分のスペースで世話役たちが宗教儀式を執り行っていたとすれば、コミュニティの住民数は一人から一五六人のあいだだったはずと推測した。ある綿密な統計学的分析では、コミュニティは四つの異なる層で構成され、各層の中央値は四人、一一人、三八人、一四八人、換算係数は三・四だったとしている。中間の層の人数は少々少なめだが、目立って少ないのは五〇人のはずが三八人しかいない層だけだ。しかしこのデータの性質から考えれば、例の個人の社会ネットワークを構成する五人－一五人－五〇人－一五〇人の層と驚くほどよく適合している。

　私たちがこのパターンを見つけた数年後、私はドイツの学生、トビアス・コーズマイヤーから、ドイツの居住用キャンプ場のサイズを調べてみないかと持ちかけられた。ドイツでは二〇年ほど前から、高齢者が街なかの自宅を売却してトレーラーハウスを購入し、静かな湖のほとりなどにあるトレーラーパークに移り住むライフスタルが流行していた。従来のキャンプ場の一部を定住者用に確保しているところもあれば、キャンプ場全体が定住者用のところもあるが、いずれのケースも現在では、税務上正式な住宅と認められ、人々はそこで小規模な共同体を作って暮らしている。コーズマイヤーは、このようなキャンプ場も、個人の社会ネットワークと同様のフラクタルパターンを示すのではと考えたのだ。正直なところ、私はいささか懐疑的だった。キャンプ場のオーナーたちがわざわざ、ダンバー数を念頭に置いてキャンプ場をレイアウトするとは思えなかったからだ。そもそも、彼らは科学誌に定期的に目を通すタイプの人たちでもなく、ダンバー数やその層を構成する同心円のことなど知るはずもない。しかし驚いたことに、キャンプ場のサイズもまた明確なパターンを示していた。居住者の数は概ね一六人、五六人、一四〇人、三五〇人、六七七人で換算係数は二・六と社会ネットワークの層のサイズに近く、特に大きいほうの二つの数字は五〇〇人の層をまたいでいた。キャンプ場の設計者が意図的にこんなレイアウトを考えたはずはなく、このような数字を利用する財政上の理由も建築上の理由もない。どうやらこれが、キャンプ場のオーナーたちがトレーラーハウスの配置を考えたとき頭にあった、自然な集団のサイズだったらしいのだ。これはまさに驚きだった。

そしてこのパターンはなにも人間に限ったものというわけでもないらしく、複雑な社会を営むほかの種も同様の集団パターンを示している。最も複雑な社会に住むいくつかの哺乳類――チンパンジー、バブーン、ゾウ、シャチ――について調べたラッセル・ヒル（あのクリスマスカードの調査をした人物）とアレックス・ベントレー（物理学者出身の考古学者）も、まったく同じパターンを発見した（とはいえ、五〇頭以上の層はなかった）。頭数も換算係数も同じで、それぞれの円のサイズはその内側の円の三倍だ。じつは一〇年近く前、日本の霊長類学者の宮藤浩子と私は、旧世界ザルや類人猿の多くの種には換算係数三の毛づくろいネットワークがあることを明らかにしていた。しかし当時の私たちは、その重要性がよくわかっていなかった。その後、約三の換算係数は、ガラパゴスアシカ、コロンビアジリスでも報告され、どうやらこの換算係数は、いたるところにあるらしかった。

その後、私とパドレイグ・マッキャロンそしてスザンヌ・シュルツは、霊長類の種全体の平均的な集団サイズの分布を調べ、まったく同様のフラクタルパターンを発見した。それぞれの集団サイズのピークは、一・五（ほぼ単独で行動する種）、五（主に一雌一雄の種で、一対のつがいとその子ども）、一五（主にハーレムを形成する種で、典型的にはオス一頭と数頭のメスおよびその子ども）、そして五〇（大きな社会集団で生活し、数頭の大人のオスと大人のメス）だ（霊長類は、一五〇頭の大集団は作らないため、データにこの層はなかった）。

ここでもやはり、換算係数はあの魔法の数字、三だ。どうやら彼らは、環境に対応して集団サイズを拡大する必要が生じると、集団を統合することでより大きな集団を作っているらしい。集団の分割や分裂を防ぎ、小集団がそのままでいられる手段をとっているのだ。このように集団が拡大した場合、集団が安定するのは特定のサイズに限られるようだ。

そしてここでも、平均の集団サイズは図3で示したヒトのネットワーク層のサイズと同じだった。各層の数字には多少のばらつきがあり、その差は内側の層で小さく、外側の層で大きいが、これは層のサイズが違うからにすぎない。また、同じ層内でもやはり男女差は多少あり（「五人の層」の友だちは、一貫して女性のほうが男性より多い)、男女とも内側層の人数は、若いときは年齢とともに増え、歳をとると減っていく。さらに第二章で友だちの総数について見たように、性格もまた層のサイズに影響する。トーマス・ポレットとサム・ロバーツは、外向的な性格がオランダ人学生のネットワークにどのような影響を与えているかを検証し、どの層でも外向的な人は内向的な人より友だちの数が多く、友だちの総数も多いことを明らかにした。また予想どおり、外向的な人はどの層においても、他者との感情的なつながりがそれほど強くなく、その傾向はネットワークのサイズを考慮しても変わらなかった。いっぽうで、外向的な人は内向的な人より社会的スキルが高いことが報告されているため、彼らの人間関係の質が低いのは、社会的スキルが低いからではなく、つきあう人数が多いせいで一人ひとりに割ける時間が少ない(ゆえに、割り振る情的資本も少ない)からだろう。別のデータセットを細かく分析したキャサリン・モルホは、外向的で、サポート・ネットワークが大きい(支えてくれる人が多い)人は、新しい経験に前向き(新しいチャレンジを好む)で、感情も豊かだと報告している。いっぽうで、シンパシー・グループのサイズは、誠実さと謙虚さに相関していた。

三者関係が基本

私たちの研究では社会ネットワークを、あなたを中心にした一連の階層構造、すなわち一連の同心円——あなたの視点から見た世界——として捉えている。しかし社会心理学の世界では古くから、社会的関係をトライアド(三者関係)の集合——さまざまな質の関係性や組み合わせで結びついた三者の集まり——として捉える伝統がある。「ハイダーのバランス理論」と呼ばれるこの理論は、オーストリアの心理学者フリッツ・ハイダーが一九五八年に著書『対人関係の心理学』で提唱したものだ。その基本概念は、「三人の個人はさまざまな関係性で関連しあう」というもので、三者全員がお互いを好き、三人のうちの二人は互いを好きだがもう一人のことは嫌い、AはBが好きでBはCを好きだがその逆はない、三者全員がお互いを大嫌い、とその関係性はさまざまだ。この理論が影響力を持つようになったのは、二人のアメリカ人数学者、ドーウィン・カートライトとフランク・ハラリーが、三者の関係をベースにした社会ネットワークの数学的理論を打ち立ててからだ。いまやこの概念は社会ネットワークの研究に深く根付いており、ある有名なインターネット企業で働く高名な研究者は、私たちが提唱する同心円状の友だちネットワークの話を聞くと、そんなことあるはずがない、社会が三者関係で構成されていることは誰もが知る常識だと切り捨てた（と、私は人づてに聞いた）。そこで、ここでいったん話を中断し、バランス理論が私たちのあの同心円の世界とどう関係するのかを考えてみたい。

まず、バランス理論における三者関係は友だち関係ではない、ということを覚えておく必要がある。三者関係とはたんに、ネットワーク・グラフ（好意的か否かに関係なく、コミュニティ内の個人のつながりを示すクモの巣状の図）内の三つのつながりの集合だ。そのような三者関係のうち安定的なのはどのタイプで、不安定なのはどのタイプかを明確に予測するのがバランス理論だ。たとえば、三者同士の好悪の符号（好きはプラス、嫌いはマイナス）がすべて同じ三者は（三者全員がお互いを好き、または三者全員がお互いを嫌い）、符号にばらつきがある三者（私はジムが好きだが、あなたとジムはお互いが嫌い）よりも、その関係は安定している可能性が高い。たしかに後者の三人が集まっても、楽しいディナーパーティにはなりそうにはない。またそのような関係には一定のストレスが生じる可能性があり、あなたはジムと私のどちらかを選ぶ必要に迫られることも考えられる。別の三者関係（たとえば、私とあなたはお互いが好きだが、二人ともジムのことは嫌い）も安定する可能性は高いが、それ以外のほとんどは不安定な関係になりがちだ。

ネットワークとはこのような三者関係の集まりであり、一人ひとりが近くにあるいくつかの三者関係の一角を占めていると考えることができる。大事なことは、ネットワーク全体が本当に安定するのは、すべての関係性の符号がプラスのときだけということだ。しかしネットワークの一体性や結束は、全員がお互いを好きでなくとも、隣同士の三者関係をつなぐ人たち（ブリッジと呼ばれている）がいることで生まれるときもある。つまり両方の三角形に一人ずつ、お互いを好きな人がいることで、二つの三角形が八の字型に結びつき、ネットワークができるのだ。要するにバランス理論は、社会的コミュニティ（たとえば一五〇人の友だちが構成するネットワーク）を、このようにしてつながった無数の三者関係（おそらく五〇組！）で構成されていると仮定しているのだ。その場合、一番内側の層を構成する三者関係は安定したものである可能性が高い。そうでないと、ネットワーク自体が崩壊してしまうからだ。だが、一番外側の一五〇人の層のメンバーに関しては、そのつながりすべてが好意的な関係、すなわちプラスの関係である必要はあまりない。たとえばあなたがジェマイナを嫌いでも、またいとこの彼女をネットワークからはずせばおばあちゃんに叱られるからはずさないでおく、といったかんじだ。

そう考えると、換算係数が三なのは社会関係が三者関係に基づいて作られていることから自然に生まれてきたということができる。フリッツ・ハイダーは、近しい友だちが多すぎると、友だち同士で争いがおこるリスクが高まるため、親しい友人の数にはおのずから上限が決まっていると論じた。さらに、友だちに対しては責任や義務が生じるので、義務が多すぎれば重荷になるし、親しい友だちそれぞれへの義務が相反してしまった場合、友だちの敵と友だちになるわけにはいかないため、さらに厄介なことになる、とも言っていた。したがってハイダーの主張を簡単にまとめれば、大きな責任や義務が伴う友だちは数人しか持てないが、そのような負担があまりない友だちならたくさん持てるということになる。後者はいわばそれほど義理のない友だちで、彼らがあなたの友だちネットワークにいるのは、彼らが友だちの友だちだからだ。これは、私たちのあの同心円状の層とよく似ている。何年か前、ノースカロライナ大学のジョセフ・ウィトマイヤーはハイダーのバランス理論に基づいてこの数理モデルを作り、最も親しい友人の数の上限は五人と結論づけた。彼はその結果を多くのデータベースでも確認している。つまり五人の層が一種の基盤となって、そこに私たちが提唱するネットワーク層がハイダー風の方法で構築されているという説も成り立つと思われる。

ここで話をハイダーの三者関係に戻すと、プラスまたはマイナスの関係で結ばれた三者関係のうち、安定性が高く、それゆえ最も一般的と言える主な結びつきは四つある。そのうちの二つはバランスの取れた極めて安定した関係、あとの二つはバランスが悪く、それほど安定していない関係だ。しかしピーター・クリメックとシュテファン・サーナーが、オーストリアのオンライン・ゲーム〈Pardus〉のヴァーチャルな世界で四カ月間、約七万八〇〇〇組の三者関係を検証した結果、一般的なのはこの四タイプのうちの二タイプだけであることがわかった。その二タイプとは、プラスの友人関係三つで構成された三者関係（本来予想される数のほぼ三倍あった）と、仲のいい二人と共通の敵一人の三者関係（本来予想される数の三分の一だった）だ。いっぽう安定性が低い二つの三者関係（互いに嫌いあっている三人と、仲のいい二人が二組いるが各組の一人が互いに嫌い合っている三人）の数は少なかった（三者関係全体のわずか五パーセントから一〇パーセント）。言い換えれば、全員の仲がいい三者関係は安定しているだけでなく、その数が異常なほど多く、どうやら社会ネットワークの基盤は、この三者関係と単純な二者関係（仲のいい二人と共通の敵一人）でできているらしいのだ。

人間や動物の高レベルなネットワークで見られる換算係数が三である理由も、この理論で説明がつくかもしれない。お互いに「好き」な三人の小集団が集まった社会集団なら、構造に安定性があり、外敵に攻撃されても復元力を発揮できるためネットワークとしては最強なのだ。ちなみに、ヒトはもちろんサルや類人猿の多くの種でも、最も重要な社会的パートナーの数は五が一般的だ。少なくてもサルの主要な社会的パートナーが五頭なのは、どのサルも友情を育んだり、いざというとき助けてもらったりする関係づくりに使える時間が五頭分しかないからだ。では、友情を築くうえで時間はどのような意味を持ち、どのような役割を果たすのだろうか。

時間は有限

時間とは限りある資源だ。私たちが社会的交流に使える時間はいわゆるゼロサムゲームで、一人の友だちに時間を割けば、その時間を他の友だちに割くことはできない。私たちはサルとヒトの両方を研究するなかで、友情の質とその友だちに費やした時間とのあいだには直接的な相関関係があることを学んできた。一九七〇年代に私たちがエチオピアで研究したゲラダヒヒの場合、成熟したメスが別のメスを助ける可能性は、その二頭が毛づくろいをしあう時間と正比例していた。いっぽうマックス・バートンも、ヒトが相手の助けを期待する度合いと、その相手に自分が割いた時間の間には直接的な関連があると指摘している。私たちは自分にとって誰が重要かを考え、その価値に応じた時間を相手に割いているのだ。

これは、例のイギリスとベルギーの女性のデータセットを利用した図4を見れば明らかだ。ここには、女性が自分の社会ネットワークのそれぞれの層の友だちと接触した頻度の平均が示されている。接触する頻度は、相手がどの層の友だちかで劇的に違う。平均的な接触時間にその層の人数を掛けると、私たちが社交時間のほぼ四〇パーセントを一番内側の層の五人に割いていることがわかる。さらに二〇パーセントをそのすぐ外側にある一五人の層の残りの一〇人に割いている。つまり私たちは、社交に費やす時間の六〇パーセントを、この一五人に割いているのだ。あとの一三五人については、残った時間でやりくりするしかないため、一人にかけられる時間は社交時間の〇・三パーセントを下回る。なんと、一日当たり三〇秒という短さだ。

時間が有限だということは、当時、バルセロナの大手通信企業テレフォニカの研究部門にいたジョヴァンナ・ミリテロとエスタバン・モロの一連の分析からもよくわかる。そして偶然にも、サム・ロバーツが彼らのグループのメンバーと学会で顔を合わせたことをきっかけに、私たちは彼らと共同研究をすることになった。彼らはテレフォニカで、スペインのネットワーク加入者、二〇〇〇万人の顧客の通話パターンを調査し（七カ月間のおよそ九〇億通話）、たくさんの人に電話をかけるからといって、その人が電話に長い時間を割いているわけではないことを明らかにした。そのような人たちは、電話をかける相手が少ない人よりも一回の通話時間が短いのだ。これこそまさに、時間には限りがあるという問題を

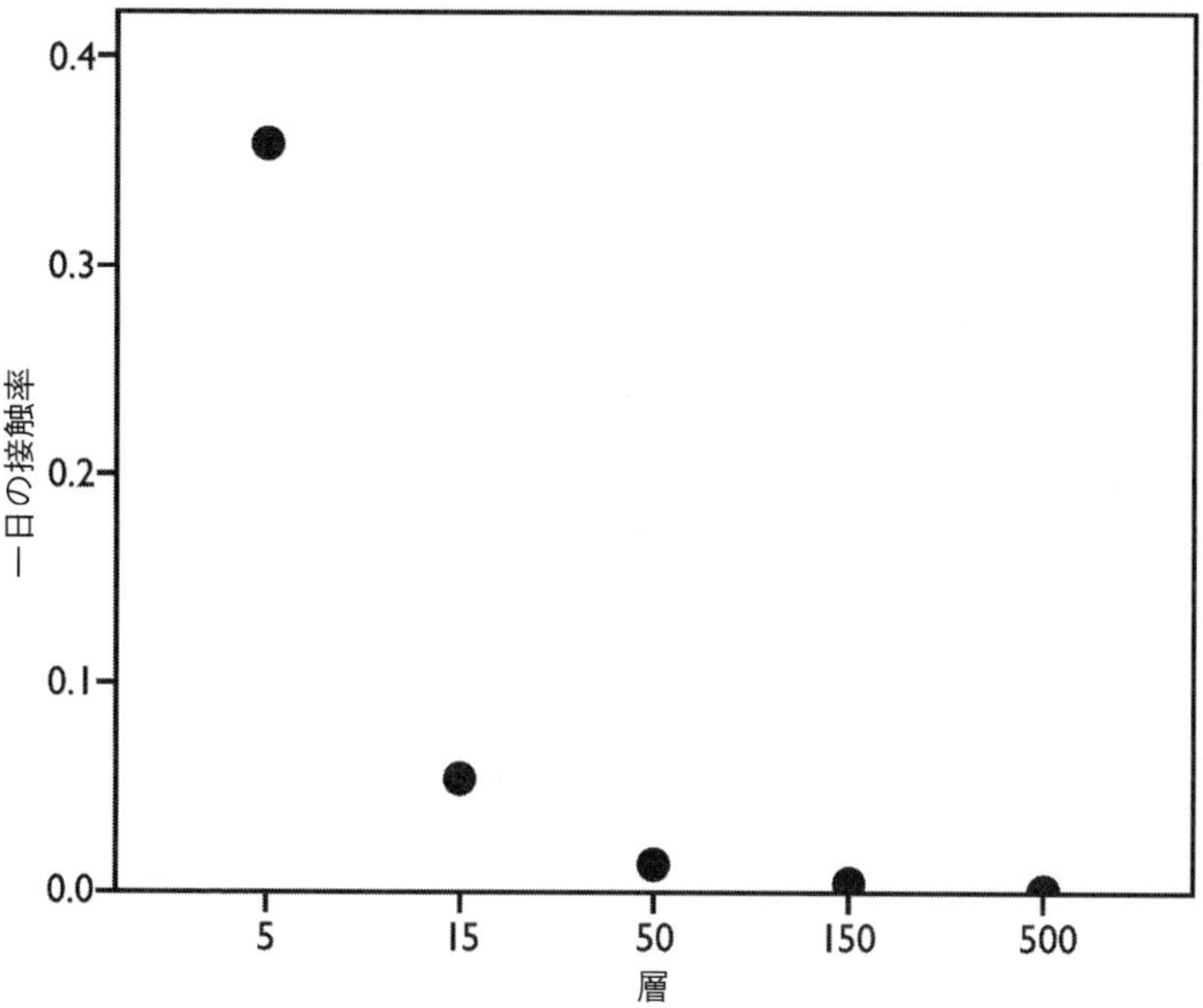

図4　社会ネットワークの各層の人々と一日に接触する平均的な頻度。女性250人の社会ネットワークのデータを使用。

誰もが抱えている証だ。また、最適な友人数もほぼ一五〇人だった。もし彼らがもっと多くの人に電話をしたいのなら、あとはほかの人への電話の時間を削るしかないのだ。

高野雅典と福田一郎は、主に日本のソーシャル・ネットワーキング・サイト六つを分析し、SNS上の友だちが多ければ多いほど友だちそれぞれへの投稿数は減少し、その結果、友だち一人ひとりとの絆の平均的強度も低下することを明らかにした。これは、オンラインでさえ、時間の制約が友だちと結びつくうえでの阻害要因になっていることを示している。また彼らは、友だちのなかでもそれぞれに割く時間に違いがあることにも気づいた。密接に関わる少数の友だちと、それほど密接には関わらない大勢の友だちがいるのだ。これを見れば、ネットワークには階層構造があること、そしてその階層で友だちへの時間配分が決まるという傾向が、アジアとヨーロッパというまったく違う二つの文化両方にあてはまることがわかる。

私たちは、時間がどのようにして社会ネットワークの階層構造を構築しているのかを理解するために、二つの試みを行った。どちらも非常に複雑な数理モデルを利用したため、詳細を説明する代わりに、主な結果の要点を簡単に述べてみたい。

最初のモデルを作ったのはマサチューセッツ大学のビジネススクールに籍を多くアリスター・サトクリフだ。彼と私は、大学院生だった一九七〇年代からの知り合いで、二人とも霊長類の行動を研究していた。そんな私たちが博士課程を終えたのは不運にも、経済の崩壊により雇用状況、特に研究者の雇用状況が急激に悪化していた時期だった。私はなんとかこの世界にとどまったが、彼は急成長を始めていたコンピュータ科学の分野で自らの専門知識を活かすことにし、その後は連絡も途絶えていた。それから二五年の歳月が流れたのち、再び私の前に姿を現した彼は、ネットワークの階層構造のモデル化は面白い研究テーマになると思う、と持ち掛けてきた。

アリスターと彼の共同研究者のダイアン・ワンはこの問題に取り組むのに、エージェント・ベースド・モデルと呼ばれるコンピュータ・モデリングの一種を利用した。これは、多くの仮想エージェントがその行動を規定する一連のルールに則って、ランダムに相互作用を繰り返すというものだ。その目的は、異なるルールで行動する膨大な数のエージェントが相互に作用したときに何が起こるかを見ることにある。これは、問題が複雑すぎて分析的に解決できない場合に広く用いられる手法で、多くの事柄

（または個人）が相互に、同時に作用し合うときによく使われる。もちろん、モデル化しようとしている世界が実際にどう機能しているかは、きちんと理解しておく必要がある。さもないと、結果は業界用語で言うところのＧＩＧＯ（ごみからはごみしか出てこない）となってしまうからだ。モデルの中で実際に何が起こっているのかはわからないため（どのみちすべてはコンピュータの中だ）、なぜモデルがそのような振る舞いをするのかはわからない。その場合、モデルで起こることすべてが現実世界のシミュレーションだと考えるのは危険だ。だが能力が低い人はこの賢明な助言を無視し、わかった気になってしまうのだ。そうならないために必要なのが、モデルが予測した結果と比較することができる、現実世界の明確なベンチマークを用意しておくことだ。言い換えれば、そのモデルは私たちが現実世界で目にしていることを正確に予測できるのか、もしできるとしたらその正確な結果だけを予測するモデルパラメーター値は何なのか、を考えるのだ。これはリバース・エンジニアリングと呼ばれるもので、現実世界で起こることとまったく同じ結果をモデルで得るために、モデル内の規則やパラメーター値を調整することを指す。では、その具体的な値は、現実社会のメカニズムについてどんなことを教えてくれるのだろうか？

そこで私たちは、生物が食物を得る効率性と、社会的関係を維持するための投資のトレードオフを、これらの行動に必要な時間的コストとそこから得られる利益の関数として注目することにした。いずれにせよサルも類人猿も、持てる時間の大半をこの二つの行動に費やしているからだ。基本的にこのモデルでは、多数の個体が食糧を探したり社会生活を営んだりして日常生活を送り、食糧や社会的関係が彼らの生物学的適性に異なる影響を与えるときは、彼らの社会的選好に別の一連のルールが適用された

（生物の世界で言う生物学的適性とはつねに「成功裏に繁殖する能力」のことだ）。ここで私たちが知りたかったのは、どのような行動規則とパラメーター値を組み合わせれば、階層構造、それも私たちが人間の社会ネットワークや社会集団で発見したのと同じサイズの階層構造を持つ共同体を作ることができるか、だった。この作業を少し容易にするために、私たちは五人、一五人、一五〇人の三つの階層構造に焦点をあてることにし、各層を関係性が強い、関係性が中程度、関係性が弱いと定義した。つまり私たちのモデルは、これらの数字を正確に再現しなければならなかったのだ。

その結果、人間のネットワークで私たちが発見した階層構造、すなわち各層の人数がほぼ五人、一五人、一五〇人の階層構造は、非常に限定的な状況下でしか生まれないことがわかった。つまり、自然界ではこのような階層構造はめったにないということだ（たしかに、この種の社会システムを持っているのは、人間をはじめとするごく少数の哺乳類だけだ）。このような社会システムが生まれるのは、それが幸福度や同盟形成の面で重要なメリットがあり、高度な社会的相互作用が存在するときだけだ。食糧探しのほとんどの選択肢と社会的選好は、最終的には組織化されていない群れのような集団（内部構造がほとんどない大きな集団）か、小さなハーレムタイプの集団が集まった、大きくて緩やかな共同体（ただし、その両者のあいだの層はない）を作り出す。つまり、社会的な小集団を形成することに大きなメリットがない限り、私たち人間も大半の哺乳類や鳥類と同様のタイプの社会集団、すなわちハーレムかたんなる群れを作るだけだ。明確に階層化され、高度に構造化された社会システムは、社会的関係からは大きなメリットが得られるという強い選択圧があって初めて生まれるのだ。

このモデルを開発して発表したところ、私はバルセロナにいたスペイン人の統計物理学者、アンショー・サンチェスが行っていた社会および経済のモデルに関する大型研究プロジェクトに関わり始めていた。このプロジェクトには、イグナチオ・タマリットという大学院生も参加していた。物理学者でプロのクラシックギタリストという一種の天才である彼は、人間がどうしてあのような階層を作るのかは、古典的な統計物理学の方程式で分析的に説明できるのではないかと提案してきた。アリスター・サトクリフとダイアン・ワン、そして私が膨大な時間と労力を費やしてプログラミングした複雑なエージェント・ベースド・モデルの実験を、純粋な数学的理論でやろうと言うのだ。当初私たちが大仰なコンピュータモデリングを採用することにしたのは、この問題は複雑すぎて数学だけでは解けないと考えたからだ。けれど物理学者のイグナチオは、私たちよりも大規模な数学用ツールキットを使うことができたのだ。こうして彼が開発したモデルでは、個人は異なる種類の利益を得るために、異なる種類の人間関係にどのように労力や時間を配分するかを考えなければいけない存在とされ、ただしそのために利用できる時間は限られており、所定の利益を得るためにかける時間は最低限に抑えるという制約がかけられた。これらの条件をすべて満たせば、たしかに人間の社会ネットワークで観測されたのとぴったり同じ人数で構成された階層構造ができあがる。

このモデルが特に興味深かったのは、数学的には最適解が「二つ」あったことで、一つは私たちが見つけた階層構造（少数のごく近しい友人関係とたくさんの弱い人間関係）、もう一つはその逆だった（たくさんのごく近しい友人関係と、少数の弱い人間関係）。どうやら特定の条件下では、まったく反対の世界が生まれるらしい。最初のうち私たちはこれが腑に落ちず、数学的に何らかの間違いをやらかしたのかもしれないと考えた。だがその後、これは私たちが友人を見つける母集団の規模に関係していると気がついた。もしあなたが大きなコミュニティにいるのなら、社会ネットワークは標準的なパターンになるだろう。しかしそのコミュニティが小さければ、絆の弱い相手を見つけるほうが難しい。したがってあなたは、余っている時間を使ってより多くの近しい友人を作ろうとするだろう。と考えたところで、これこそまさに移民たちが置かれている環境だと気がついた。アウトサイダーの彼らは、関係性の弱い友人の供給源となる大きなコミュニティへのアクセスがない。ゆえに友だちは、自分が属している小さな移民のコミュニティ内で探すしかない。そして多くの場合、それは非常にサイズが限られたコミュニティだ。

こういったコミュニティのバルカン化やゲットー化は、現実社会でも一般的なようだ。だが今ここで重要なのは、このモデルが意外な逆予測をしたことだ。そこで私たちはその予測を検証するデータを探しはじめた。イグナチオは、スペインの移民コミュニティのネットワーク構造に関するデータをいくつか見つけてきたが、案の定そこには通常とは逆のパターンのネットワークが存在した。だがそれだけではない。移民のネットワークデータと一般的なスペイン社会のネットワークデータの両方を詳細に調べたところ、どちらの社会にも出現頻度は違うが、両方のパターンが確認されたのだ。移民コミュニティでも何人かは換算係数が三の標準的なネットワークを持っていたが、そういう人のネットワークは規模が平均よりも大きかった。いっぽうスペイン人コミュニティにも、通常と逆パターンのネットワークを持つ人が少数いたが、彼らのネットワークは平均よりも小さかった。私たちはつねに平均的パターンに注目しているため、ルールにあてはまらない人たちの存在に気づけなかったのだ。だがもし気づいていたとしても、たぶん私たちはそれを現実世界のデータにつきものの自然なばらつきの一部とみなし、それ以上深くは考えなかっただろう。モデルによってこの存在に気づいた私たちは、これをきっかけになぜこのような違いがあるのかを考えることになった。

十人十色

社会ネットワーク内のこのような階層の存在は極めて重要な問題を提起する。それは、それぞれの層が提供するメリットは違うのか、という問題だ。もちろんアリスター・サトクリフのエージェント・ベースド・モデルやイグナチオの数理モデルは、異なるメリットがあることを示唆しているが、私たちはそのようなメリットについてよく知らなかったし、階層によって関連するメリットが異なるのかどうかもわからなかった。じつはカナダの社会ネットワーク研究の第一人者、バリー・ウェルマンは一九九〇年に『十人十色（Different strokes from different folks）』と題した論文を発表している。彼は長年にわたり、イーストヨークのコミュニティの調査を行ってきた。イーストヨークは、カナダで最も人口の多い都市、トロントの郊外にある人口約一〇万人の住宅街で、その社会ネットワークの構造を仔細に調査していた彼は、種類の異なる関係性にはそれぞれどのような機能があるのかに注目した。そして調査の結果、人間関係はさまざまなメリットをもたらすが、ある特定の関係性がすべてのメリットを提供するわけではないという結論に達した。これもまた、多くの種類の友人が必要だと言われる所以だろう。もし強い絆で結ばれた相手なら、精神的な支えになってくれるだけでなく、家財道具を貸してくれ、家事を手伝ってくれ、話し相手にもなってくれる。両親や成人した子どもがまさにそういう存在で、親子は財政的、精神的に支えとなり、修理仕事や子守り、介護などさまざまな手助けをして助け合う。いっぽう、弱い絆で結ばれた相手との関係からは、情報交換などのちょっとしたメリットを得ることができる。

その何年も後に社会ネットワークの階層構造を見つけた私たちは、ウェルマンの説とこの階層構造はどう関係するのだろうかと考えた。いずれにせよ、相手がネットワーク内のどの階層にいるかによって友人関係の質は大きく異なる。だとすれば、層の異なる友人は異なる種類のメリットをもたらすのもごく当然に思えた。一五人の層はシンパシー・グループとしてすでに説明した。その内側の五人の層は、精神的、肉体的、財政的な支援とアドバイスを惜しみなく与えてくれる小集団、サポート・クリークだ。私は、この階層の友人をよく「泣きたいときに肩を貸してくれる友だち」と呼んでいる。いっぽう一五人の層はたぶん、あなたが日常的に一緒に過ごしている仲間の大半が属している層で、自宅の食事会に招いたり、夜にパブや劇場に一緒に行ったりする友だちだ。五〇人の層は、週末のバーベキューパーティや誕生日パーティ、記念日の集まりに招待するパーティ友だち、そして一五〇人の層は、結婚式や、バル・ミツバー（ユダヤ教の少年の成人式）や葬式に招待する友だち、一生に一度の大きな行事に参加してくれる人たちだ。そしてこの層にはおそらく、親友の子どもの大半も含まれる。また、私たちが調査した女性のネットワークデータでは、この層を構成するのは主に親戚、すなわち血縁という絆で結ばれているので、定期的に関係性の補強をする必要のない人たちだった。

一番内側の層の機能を示すエビデンスは、イェンス・バインダーとサム・ロバーツの研究によって明らかになった。彼らは三〇〇人余の調査対象者に、自分のサポート・クリークとシンパシー・グループに属する人すべてをリストアップしてもらった。すると二つの層のサイズ（サポート・クリークは六人未満、シンパシー・グループが一六人未満）は、私たちがほかのサンプルで確認した五人と一五人という数と非常に近く、やはりここでも同様のサイズ層が存在することが示された。さらに彼らは調査対象者たちに、この二つの層に属する人をそれぞれ一人ずつ選んでもらい、リストに記された二〇の行為について、その人と一緒にしたいかどうか評価してもらった。この二〇の行為は、友だち関係を維持する行為という観点から、次の四つにまとめられた。ポジティブな行為（一緒に笑う、感謝を表現する）、支援的行為（苦しいときに支える、相手のありのままを受け入れる）、開放的行為（知的意欲を掻き立てる会話、心に思っていることを話す）、共同活動（一緒に過ごす時間を作る、互いの家を訪ねる）の四つだ。これに加えて調査対象者たちは、八つの社会的メリット（話し相手、愛情、指導／アドバイス、価値を認めて安心させてくれる、秘密の告白、重要な支援、精神的サポート、信頼性の高い同盟関係）をその人たちが与えてくれるかどうかについても評価した。その結果、友だち関係を維持するための四つの行為と八つの社会的メリットのすべてで、サポート・クリークに属する人のほうがシンパシー・グループに属する人より評価が高かった。基本的に、社交のニーズはシンパシー・グループ（親友たち）によって満たされていたが、親密なつきあいのニーズを満たしていたのはサポート・クリーク（最も親しい友だち）だった。

また彼らは全員に、孤独感についても尋ねた。すると孤独感は、この二つの層にいる友だちの数とも、家族の数とも負の相関関係にあることがわかった。つまり、友だちや家族が多ければ多いほど、孤独感は低かったのだ。最も親しいこの二つの層にいる人たちは、誰の目にも明らかなメリットを私たちに提供してくれるだけでなく、私たちが孤独を感じるのを防ぎ、孤独から生じるさまざまな悪影響から私たちを守ってくれるのだ。

私は一章で、オリヴァー・カリーの利他主義に関する実験について触れたが、その結果はここでも非常に重要だ。カリーは被験者たちに三つの主要な層（五人、一五人、一五〇人の層）それぞれから特定の個人を挙げてもらい、もし頼まれたら（A）その人にお金を貸す、（B）腎臓を一つ提供する、のどちらかを選ばせることで、その人のためにどこまでの犠牲なら払えるかを調査した。その結果、外側の層にいくにつれて、相手のために犠牲を払う気持ちは確実に弱くなることがわかった。私たちが最も利他主義を発揮するのは一番内側の層にいる人たちに対してで、層が外側にいくほどその気持ちは弱くなる。しかし、一五〇人の層を境に、私たちの利他的な気持ちはがらりと変化するらしい。まるでこの層を境に、「私たち」と「彼ら」の世界がきっぱり分かれるかのように、社会性のある行動をとろうとする私たちの気持ちは大きく低下するのだ。

＊

ここまでの三章で、いくつか重要なことがわかった。第一に、有意義なつながりのある友だちの数は全体としては驚くほど少なく、そこに個人や文化による差はほとんどないということ。第二に、私たちの社会は一連の同心円または階層によって高度に構造化されており、層のサイズも、接触の頻度、感情的な近さ、支援する気持ちの度合いもそれぞれの層で決まっているということ。この階層は五人の層、一五人の層、一五〇人の層とあるが、その外側にさらに三層、ずっとつながりの弱い層が存在し、この三層の人々に対しては、利他的に行動したいという私たちの気持ちが大きく変わる。つまり、助けてあげたいという気持ちが格段に低くなり、もし助けるとしてもその関係は完全に互恵的なものになる。今回は助けるから、次の時には助けてくださいね、といった関係だ。いっぽう、一五〇人の層に属する友だちを助けるとき、私たちは必ずしもお返しを期待しないし（もちろん、お返しがあればうれしいが）、親しい友だちであればお返しなどまったく期待しない。第三は、私たちのネットワークの構造には親族が重要な意味を持っているということ。これは伝統的な文化圏ほどには家族を重視しなくなった西側諸国であっても変わらない。家族なんて、と私たちは時に口にするが、それでもやはり家族は依然として非常に重要な存在なのだ。

社会ネットワークの階層構造の規則性を見ると、なぜそのような規則性があるのか、その理由を考えずにはいられなくなる。私たちのモデルはいくつかのヒントを与えてくれたが、モデルは高度な説明でしかない。私たちはこれらの知見を、その背景にある心理学的、行動学的メカニズムと関連付ける必要がある。この後に続く四つの章では、私たち人間がなぜ上限のない社交の輪を持てないのかについて、そのメカニズムを検討し、理由を解説する。

五章　あなたの社交上の指紋（ソーシャル・フィンガープリント）

電話は驚くほど多くのことを教えてくれる情報の宝庫だ。私たちが最初にそれに気づいたのは、高校生たちを調査したときのことだ。なんと調査した三人の高校生が一日に送信した携帯メールは平均一〇〇通以上、それも調査期間の一八カ月間ずっとこの調子だったのだ。そう、あなたが数字を見間違えているわけではない。一日一〇〇通、それも一日の平均値であって、最高値ではないのだ！　平日は毎日学校に行き、家でパパやママと食事をし、夜は大学入学に向けて試験勉強をしていたはずなのに、それでも彼らはほぼ一一分に一通のペースで携帯メールを送信していたというわけだ。いやはや、なんとも驚きだ。彼らが何時に起きて、何時に寝たのかだって、朝一番の携帯メールと夜最後の携帯メールを見れば正確にわかる。ちなみに調査対象となった生徒三人のうち二人は男子だ。携帯メールの頻度と試験の点数に（負の）相関関係があったかを調べるために、彼らの試験結果を聞いておかなかったことがかえすがえすも悔やまれる。それを聞いておけば、おおいに参考になったことだろう。

友だちづきあいの魅力は、ときに抗いがたいほど大きい。同僚から聞いた話だが、子どもが小さかったころ、彼の家にはオペア（主に外国語の勉強のために、家事手伝いをしながら外国の家庭に住まわせてもらう制度）で滞在していた南米の女子学生がいたのだが、その子にはかなり驚かされたという。なんと彼女は、外出してロンドンの文化を楽しむでもなければ、新しい友人を作るでもなく、ずっと自分の部屋にこもって故郷ブラジルの友人とインターネットで「しゃべっていた」のだそうだ。そんなことならなぜ、はるばるロンドンまで来たのだろうか、と同僚は首をかしげていた。もちろん、その土地の文化や遊びに行く場所がわからなければ、新たな出会いのチャンスがない、という問題はある。だがそれでも、だ。

じつはこの二つの例は、友人関係のパターンと、友人関係を維持していく努力の両方について、いくつか重要な問題を提起している。特に友人関係は（家族よりも）、その関係を維持するための努力が重要だ。なぜなら、友人という関係性は極めてもろく、そこに振り向ける時間の影響を大きく受けるからだ。一〇年ほど前、まだインターネットやソーシャルメディア、そして携帯電話が広く普及していなかった当時は、誰かが引っ越してしまえばそこで友人関係は消滅した。ほとんどの交流は対面で行われ、友だちであれ、家族であれ、通りやパブで偶然に会うのが基本だった。玄関に置かれた電話は、家族にとって便利だったし、社交上の連絡にもよく使われたが、今のように友人関係を維持するためのメディアではなかった。しかしフェイスブックやスカイプ、ズームが登場した今では、わざわざ外出するより、自室で故郷の旧友とおしゃべりするほうがいい、というのもわからないではない。だがそれでいいのだろうか？　古い友人関係を維持するほうが、新しい友を作るよりも重要なのだろうか？

私の個性

サム・ロバーツと共にある高校生のグループを対象にした縦断研究を始めたとき、私たちはこの調査でどのくらいのことが明らかになるか、よくわかっていなかった。研究の目的は、故郷を離れることが友人関係の質と社会ネットワークにどう作用するか、そしてそこに携帯電話がどのような影響を及ぼすかを調べることだった。私たちは四月の復活祭時に高校の最終学年だった一八歳の学生たちを、その後彼らが大学に入学して一年生を終えるまでの一八カ月間観察した。調査の条件は、彼らに一八カ月間無料で携帯電話を貸し出す代わりに、こちらで電話の毎月の請求書をダウンロードし、彼らが電話をかけた相手や携帯メールを送った相手を把握させてもらうというものだった。さらに彼らに対しては、調査の開始時と中間、そして最後にアンケートを行い、自身のネットワーク内の全員との関係性を報告してもらった。ネットワーク内の一人ひとりについて、その人物が誰で（親、兄弟、友人、恋人、知り合いなど）、感情的にどのぐらい近しいか、その人物と最後に接触した時期とその手段（対面、電話、携帯メール、電子メール、ソーシャルメディアなど）、さらには実際に会ったとき一緒に何をしたかまで報告するというのはなかなか面倒な作業で、私たちは彼らの協力にたいへん感謝している。

この研究で、学生たちは膨大なデータを提供してくれた。実は当時の私は、物理学者のグループとオンラインネットワークの共同研究を進めていたため、共同研究者の何人かにこの膨大なデータを分析する複雑な作業を手伝ってもらった。そのうちの一人がフィンランドにあるアールト大学のヤリ・サラマキ、もう一人がメキシコ人の若きポスドク、エドゥアルド・ロペスだ。エドゥアルドは膨大な数の項目別明細書をデジタル化するという厄介な作業を引き受け、データを統計的に分析できるようにしてくれた。その後の分析を買って出てくれたのが、ヤリとエリザベス・ライヒト（彼女もポスドクだった）だ。

おそらくこの分析で一番驚いたのは、それぞれの学生が電話をかける相手とその頻度には明確なパターンがあり、そのパターンは調査期間の一八カ月間ずっと変わらなかったことだ。彼らのネットワークには五人、一五人、五〇人の層がはっきり存在していたが、最も頻繁に電話をかける相手、たとえば一番目、二番目、三番目の相手にかける電話の頻度といった細かい点が、各人でこれほど特徴的だとは思ってもいなかった。それはまさに、社交上の指紋（ソーシャル・フィンガープリント）だった。たとえば私は一カ月間にジェームズに三〇回、ジェマイマに一〇回電話をし、あなたは最も大切な友人たちにそれぞれ二〇回ずつ電話をしたとして、そのパターンは、調査の一八カ月間驚くほど一定だったのだ。理由はわからないが、あなたのソーシャル・フィンガープリントはまさにあなた特有のものらしい。

だがもう一つ、もっと驚く発見があった。電話をかけるパターンから、私たちが調査をしていた一八カ月のあいだに彼らの社会ネットワークのメンバーが約四〇パーセントも入れ替わっていたことがわかったのだ。これは予想をはるかに上回る多さだったが、一八歳から二〇歳の若者にはよくあることだとのちに判明した。このときの調査で友人の大規模な入れ替わりが生じたのは、彼らが故郷を離れて大学に入学したせいで、高校時代の友人が大学の友人にごっそり入れ替わったからだった。まあ、これは当然かもしれない。実家を出て大学に入れば、まったく新たな社会環境に放り込まれ、多くの初対面の学生と住居や食事、（ときには）寝室もシェアすることになる。そうやって毎日顔を合わせていれば、一緒に飲みに行こう、クラブに行こう、映画に行こう、パーティに行こうと誘われるようになる。好むと好まざるとにかかわらず、彼らは新しい仲間としょっちゅう顔を合わせるようになるのだ。

だがじつは、このように友人が劇的に入れ替わるのは大学進学で実家を離れた若者だけではない。大学に進学せず地元で就職した若者たちもやはり、高校卒業後の六カ月間に大きな友人の入れ替わりを経験する。もちろん高校の友人の多くが進学で地元を離れてしまったことも一因だが、一番の理由は彼らを取り巻く社会環境の変化で、職場や地元のクラブで新たな人たちと出会い、彼らとつきあうようになるからだ。いっぽう、ネットワーク内の家族に関しては、入れ替わりは極めて少ない。家族の場合、ネットワークの一つの層内の序列が変わることはあっても、概ねその位置は安定しており、少なくともネットワークから消えてしまうことはない。

驚いたのは、友だちが大きく入れ替わった後でも、友人との接触パターンにまったく変化がなかったことだ。どうやら、社会ネットワーク内の友人が入れ替わっても、新しい友人は古い友人がかつて占めていたネットワーク内の位置にすっぽり収まるだけらしい。したがって新しい友人とも、前にその位置にいた古い友人のときと同じ頻度で、会ったり、電話をしたりするのだ。つまりそれが、あなたが持って生まれた社交スタイルということらしい。

重要なのは時間

私たちは友人や家族との交流に、どのぐらいの時間を割いているだろうか？　何年か前、私たちはそれを突き止めようと、さまざまな文化や経済圏の時間収支データを集めた。その結果、人々がさまざまな活動――睡眠、食糧の収集と加工、料理、食事、畑作業、道具や衣服づくり、リラックス、社会的交流――に費やす時間を研究者が記録した調査データが半ダースほど集まった。調査対象者の様子を一〇分から一五分おきにチェックし（一晩中チェックしていたケースもあった）、その行動を細かく記録したものもあれば、調査対象者に日誌を渡し、行動とその所要時間を記してもらったものもあった。たとえば起きている時間だけを調べるのなら、午前一〇時にしていたこと、一〇時一五分にしていたこと、一〇時三〇分にしていたこと、といった具合に記録していくのだ。こうして私の手元には、スコットランドのダンディーに住む主婦や、東アフリカで遊牧をするマサイ族、ネパールの山岳地帯に住む農民、ニューギニアの園芸家、サハラ以南のアフリカに住む農業部族、そして南アフリカの狩猟採集民族サン人のデータが集まった。

このようなさまざまなデータを平均した結果、どうやら人は一日のうちで起きている時間、一八時間の約二〇パーセントを社会的交流にあてているらしいことがわかった。これを一週間平均でみると、一日あたり約三・五時間だ。ちなみにこれはパーティをしている時間ではなく、他の人と食事をしたり、社会的な行事に参加したり、人と話したりする時間だ。三時間半と聞くとかなり長いように聞こえるが、この時間を友人や家族一五〇人に割り振ると、一日で一人あたり一分四五秒ということになる。これでは「やあ、こんにちは、元気にしてる?」くらいしか言えず、返事を待つ時間すらない。けれど四章でも述べたように、私たちは友人との時間をこんなふうには割り振ってはいない。社交時間の四〇パーセントはネットワークの一番内側、五人から成るサポート・クリークに、二〇パーセントはそのすぐ外側、一五人のシンパシー・グループの残りの一〇人にあてている。平均すると私たちは毎日、サポート・クリークの五人それぞれに一七分三〇秒を割き、シンパシー・グループ層の残りの一〇人に四分三〇秒を割いている。とはいっても、彼ら全員に毎日会うわけではない。前にも触れたように、サポート・クリークの定義は一週間で最低一回は会う人であり、シンパシー・グループは一カ月に最低一回は会う人たちだ。一カ月の単位で見ると、サポート・クリークの各メンバーには、合計で約五二〇分(およそ八時間三〇分、事実上一日の労働時間だ)を割き(もちろん、これより長い人も短い人もいる)、会う回数はたぶん五、六回またはそれ以上といったところだろう。さらに、シンパシー・グループの残りのメンバー一〇人それぞれと、一三〇分を過ごしている（二時間ちょっと、または一晩中を二カ月に一度）。さらにその外側の二つの層にいる残りの一三五人に割く時間は、一人あたり一日平均できっかり三七秒、一カ月で二〇分未満だ。

社会ネットワークの研究では、「三〇分ルール」と呼ばれる不文律がある。もしその人があなたの家から三〇分以内の場所に住んでいれば、あなたはその人と会う努力をするし、その人を自分にとって重要な人と考える、というルールだ。ちなみにその三〇分が徒歩なのか、自転車または車かはあまり関係なく、心理的に重要な時間が三〇分なのだ。もしそうであれば、三〇分以上離れた場所に住んでいる相手でも、実際に会いに行けない埋め合わせを電話や携帯メールですればいいじゃないか、と思うかもしれない。だがどうやら、ことはそうはいかないらしい。ハン・ヒュン・ジョーの研究は、私たちが最も頻繁に電話をかけるのは近くに住んでいる友人であることを明らかにした。意外にも私たちが一番頻繁に電話をする相手は、一番頻繁に会っている相手なのだ。

カナダのイーストヨークのコミュニティに関する研究で、バリー・ウェルマンとダイアン・モクは、離れている距離が、友人や家族が実際に会う頻度にどう影響するかを調べた。その結果、八キロメートルの距離が一つの区切りになることがわかった。二人の住む距離が八キロメートル以上離れると、実際に顔を合わせる機会が明らかに少なくなり、八〇キロメートル（車で約一時間の距離）離れるとさらに一段、一六〇キロメートル（無理なく日帰りできる距離の上限――少なくてもカナダではそうだ！）離れるともう一段、顔を合わせる機会は減っていく。電話の頻度も、減少スピードは緩やかだが、やはり概ね同じパターンをたどり、約一六〇キロメートル離れたところでその頻度はガクンと下がる。ジョン・リーヴァイ・マーティンとキント・ヤンは一九六〇年代にヒッピーのコミューンにいた人たちの接触頻度を調べたが、彼らもまた同様の傾向を確認した。昔の友人と接触する頻度も、現在の相手との距離と負の相関関係にあったのだ。つまり、今住んでいる場所が離れていれば離れているほど、会う頻度は下がるということだ。

　引越しをして、頻繁に顔を合わせる機会がなくなれば、友だちとの縁は驚くほど急速に薄くなる。ピッツバーグに本部を置くカーネギーメロン大学のボブ・クラウトは自身の研究から、友人二人が離ればなれになった場合（ほかの市に引っ越すなど）、友人関係の質は毎年、一標準偏差ずつ下がると推定した。統計では、データの九九パーセントが平均値の三標準偏差以内にある。つまり三標準偏差下がるということは、強い絆で結ばれていた友人関係もわずか三年で、ただの知り合いレベルになるということだ。

　特に離ればなれになった最初の一年が友人関係の質に与える影響は、その後数年の影響よりずっと大きいらしい。少なくとも私たちが調査したイギリスの高校生の携帯電話サンプルではそうで、昔の友だちへの感情的な近さに関する彼らの評価を見ると、転居したのち六カ月以内で、社会ネットワーク層が一つ外側の層に移動していた。しかし友人関係の質の低下は最初の六カ月が圧倒的に大きく、あとは「ただの古い知り合い」へと静かに変わっていくらしく、その後の二度の六カ月間で関係の質はゆっくりと低下していた。

　ちなみにこの傾向は、家族にはあてはまらず、家族の関係は時を経ても驚くほど安定していた。それに比べると友人関係ははるかにもろく、その絆を維持するには絶えず補強作業が必要だった。だがそんなことは、誰もが知っていることだと思う。たとえば何年も前に高校や大学で一緒だった友人——かつてパーティや飲み会、スポーツやゲームをさんざん一緒に楽しんだ仲間たち——と久しぶりに会ったとき、相手との共通点がまったくないという場合も珍しくない。とりあえず三〇分ぐらいは近況報告でつぶせるが、それ以上はまったく話すことがないのだ。いやあ、久しぶりに会えてうれしかった、また会おうねなどと言いあっても、その後にまた会おうとすることは……まずない。あの頃の自分は、彼/彼女のどこが良くてつきあっていたのだろう、と思うことさえあるほどだ。

公平を期して言えば、どんなに長いあいだ会わなくても揺るがない友情だってないわけではない。アメリカのヒッピーのコミューンを分析したジョン・マーティンとキント・ヤンによれば、コミューンで多くの時間を共に過ごした人たちは、コミューンを出た一二年後もなお定期的に連絡をとりあっているケースが多いという。フェイスブックの膨大なデータセットを分析していたラーズ・バックストロムたちもこれと同様のことを言っている。メッセージをほとんど投稿しあわなかった人たちより、多くのメッセージを投稿しあった人たちのほうが、六カ月後も友だちでいる可能性が高かったのだ。しかしこのような特別な友人関係は非常に少なく、せいぜい三人か四人だろう。多くの場合、そういった特別な友だちは、非常に親しく、最も多くの時間を過ごした友人、大人になりたての頃に人生の浮き沈みやトラウマを共に経験した友人であり、ピンチに陥ったときにアドバイスを求める友人、深夜まで哲学的な深い問題を議論しあい、定期的にかならず一緒に飲みに行く友人だ。このようなごく少数の特別な友だちが、まるで私たちの魂に刻み込まれているかのように思えるのは、そういった強く心に残る交流が過去にあったからだ。そういう友だちなら、たとえ長年会わずにいても、再会した瞬間に以前の関係に戻ることができる。しかしそれ以外の友人関係は概ね気まぐれで、はかないものだ。友人関係の多くはたんに便宜上のものでしかなく、一緒に飲んで騒いだり、日帰り旅行に行ったりする相手、もっと親しい誰かがいないときの間に合わせにすぎない。

それほど親しくない友だちの多くは、この手の便宜上の友だちだ。彼らはたまたま連絡がつく（そしてたぶん私たちに時間を割いてくれる）友だち、またはたんなる社交相手というだけでなく、ほかの場面でもなんらかのメリットを私たちにもたらしてくれる友だちだ。その典型例が、私が「校門友だち」と呼ぶ友人関係、いわゆるママ（パパ）友だ。わが子を学校までお迎えに来た彼らは、校門で子どもたちを待つあいだに軽いおしゃべりをしあう友人関係だ。もし、互いの子ども同士が仲良しなら、あなたはその親たちと学校の外でも顔を合わせるようになる。誕生日パーティやお泊り会のお迎えで顔を合わせるうち、日曜日に一緒にバーベキューや夕食会をするようになり、そのうち休暇も共に過ごすようになる。だがやがて、非常に奇妙なことが起きる。子どもたちが疎遠になる、あるいは違う大学に進学すると、突然、親同士も会わなくなるのだ。子どもたちは新しい友人を見つけ、もはやお互いの動向も知らず、帰省の際に相手の家を訪ねることもない。そして親同士も、静かに離れていく。そのことについて何か言う人もいず、たんに誰もが、つきあい続ける努力をしなくなるだけだ。ときおりスーパーで偶然に会えば、「わあ、お久しぶり！　元気にしていた？　そのうち絶対遊びに来て！」と歓声を上げ、別れていくだけのことだ。その後も一年か二年は同じスーパーで同じやり取りが続くが、それでもどこかで会おうという話にはならない。これこそが便宜上の友人関係、子どもたちが友だちだからという理由で成り立っていた関係だ。だから子どもたちの友人関係が終われば、親たちの友人関係を維持する社会的な接着剤もなくなってしまう。まずは会う機会がなくなり、そのうちクリスマスカードも送らなくなる。こういう友人関係が、時を経てもなお継続する親しい関係になることは、めったにない。

友人関係は、お互いが十分な時間と努力を傾け、つねに調整をし続けない限り続かない。故意であれ、やむを得ない成り行きであれ、誰かと会う回数が間遠くなれば、その関係はどうしても徐々に消えていく。実際、私たちは連絡を取らずにいれば関係性が薄くなるとわかっているため、次に連絡をとるときは、離れていたあいだに生まれた隙間を埋めるかのようにじっくりと時間をかけてやり取りをする。アールトの携帯電話データベースで、通話時間を調査したクナル・バッタチャリヤとアシム・ゴーシュは、特別な友人同士の場合、最後にかけた電話から次の電話までの間隔の長さと、次の電話の通話時間には相関関係があること――だが、絆の弱い友人関係（電話の頻度の基準から判断）には、これはあてはまらない――を明らかにした。毎日または一日おきに電話をしていた友だち同士では、電話をしない日が一〇日から一五日続くと、次に電話をしたときの通話時間が劇的に増えていたのだ。

私たちはこれとよく似た現象を、エチオピアでゲラダヒヒを研究していたときに目撃していた。母ヒヒたちは、幼子が成長して授乳に時間がとられるようになると、日常的な社会的交流から徐々に遠ざかる。さらに彼女たちは、大切な社会的パートナー――永遠の大親友――の毛づくろいに費やす時間も減らしていく。友人の毛づくろいをする時間を節約し、友人関係を保つ作業をすべて友人に任せてしまうのだ。しかし子どもが乳離れを始め、授乳の負担が軽減すると、彼女たちはそれまでの借りを返すかのように、永遠の大親友への毛づくろいに力を入れはじめる。それも自分が毛づくろいしてもらうよりずっと多くの時間を大親友の毛づくろいに割くようになるのだ例の高校生の携帯電話調査では、調査期間中に安定的に長続きしていた友人関係もあり、私たちは、続いた友人関係と続かなかった友人関係の違いはなんだろうかと考えた。高校生たちには、接触した人全員について、その人と感情的にどのくらい親しいかを評価してもらったが、それ以外にも、その人と最後に接触した時期と接触方法（対面、電話、電子メールなど）や、リストにした二〇の活動のうち、その人と一緒にした活動についても答えてもらった。ちなみにこの二〇の活動とは、なんとなく一緒に過ごした、外出した、パーティまたはクラブに行った、引っ越しの手伝いをした、買い物に行った、一緒に休暇を過ごしたといった活動だ。その結果、男女にかかわらず、環境変化を乗り越えて続いた友人関係は、卒業した後も、卒業前の交流を上回る交流を双方が続けていたことがわかった。いっぽう友人関係の質が下がった人々の場合は、高校卒業後にその友人と過ごす時間が以前より減っていた。

　けれど一つ、男女で大きな違いがあった。女子の場合、友人関係の維持に最も効果的なのは対面であれ、電話であれ、とにかくおしゃべりをすることだった。いっぽう男子では、友人関係の維持におしゃべりが与える影響はまったく、そうみじんもなかった。男子の友人関係維持に最も効果があったのは、何かを一緒にすること、すなわちパブに行ったり、フットサルをしたり、登山をしたりと、それまでやっていたことをより頻繁にすることだった。いっぽう女子の場合、もちろん何かを一緒にすることも友人関係にはプラスだが、その効果の度合いは男子ほど高くなかった。それまで一緒にしていた活動に今まで以上の時間を割いたところで、それまでの友人関係が維持されるのが関の山で、一緒におしゃべりするほどには、あるいは男子同士が一緒に何かをするほどには、関係性の質は上がらなかった。男子の友人関係に重要なのは（おそらく相手が男女どちらでも）何かを一緒にすることであり、話すことではないのだ。冗談を言ったり、からかったり、自慢したりすることはあっても、彼らは女子同士のような親しいおしゃべりをしない。男子たちにとっては、それこそまさに未知の領域なのだ。男同士の友人と言われて私の頭に浮かぶのは、日差しが降り注ぐカフェのテラス席で向かい合わせに座る二人のギリシャ人男性だ。彼らはときおりコーヒーかパスティスをすするだけで、二人のあいだで言葉が交わされることはない。そう、これが男たちの友情の絆だ。

これこそが、男女における友人関係の維持または（車のたとえでいえば）メンテナンス方法の違いと言えそうだ。いっぽうは話すことで、もういっぽうは行動することで、関係の維持を図るのだ。男子の通話時間が女子のそれと比べてはるかに短い理由も明らかにここにありそうだ。女の子たちは、丸一日学校で一緒に過ごした後も、さらに電話でたっぷり一時間話すことができる。けれど男子の場合、たとえ先月から会っていない相手でも、五分も話がもてば御の字だ。とはいえ男性側に言わせれば、話すことなんて「じゃあ、パブで七時に会おう」くらいしかないのだ。高校生のサンプルでは、男子の通話時間は平均約一〇〇秒だった。電話の相手が誰であろうと、時間帯が朝であろうが夜であろうが通話時間は変わらなかった。いっぽう女子の場合、朝の通話時間の平均は約一五〇秒。さらに通話時間は一日を通して右肩上がりに長くなり、夜遅くや深夜零時直後の深夜帯には平均五〇〇秒にも達していた。けれど男子たちは、この時間帯でもやはり平均一〇〇秒なのだ。

これを、成人の加入者、三三〇〇万人、通話件数一九億件のアールトの携帯電話データベースで検証したところ、男性の通話時間はすべての年齢層で女性よりはるかに短かったが、それでもその差は青年期の男女ほど大きくはなかった。同様の結果は、ズビクニェフ・スモレダとクリスチャン・リコッペがフランスの三一七世帯の電話を分析した際にも、報告されている。電話が利用されている時間の三分の二は、女性による利用だったのだ（彼女たちがパートタイムまたはフルタイムで働いていても、一日中在宅でも関係なかった）。通話時間ではなく、通話回数でも、その世帯の女性は男性より二倍から三倍多く電話をしており、電話の相手で特に多かったのは、その女性の年齢や子どもの有無に関係なく家族だった。

早起き組と夜更かし組

すべてのサルや類人猿がそうであるように、私たちヒトも夜は寝て昼に活動する昼行性の種だ。実際、私たちは夜—昼のサイクル（概日リズム）に非常に大きな影響を受けており、他者との交流も、太陽のサイクルに合わせた生活パターンに微妙に影響されている。私たちが集めたあの高校生のデータセットで昼行性のパターンを調べていたターレイ・アリーダヴーは、電話をかけるのが昼間に多い生徒と夜に多い生徒がはっきり分かれていることに気がついた。さらに、そのパターンは調査期間の一八カ月間ずっと変わらず、例のソーシャル・フィンガープリントを髣髴とさせる一貫性を保っていた。調査を開始した当初に早起き組だった生徒たちは、一年半後もやはり早起き組、最初に夜更かし組だった生徒たちは最後まで夜更かし組で、このパターンは友だちが入れ替わっても変わらなかった。

その後、ターレイは、デンマークのコンピュータ科学者、スーネ・リーマンが集めたデンマーク人大学生一〇〇〇人分の携帯電話データも分析したが、ここでも彼女は早起き組と夜更かし組があることを確認した。こちらのサンプルは例の高校生のサンプルよりずっと多かったため、彼女は早起き組と夜更かし組の相対頻度をより詳しく調べることができた。その結果、学生の約二〇パーセントは朝の電話が多い筋金入りの早起き組で、社交という面では夜はほとんど存在感がないことがわかった。いっぽう学生の二〇パーセントは夜更かし組で、彼らは正午まではほとんど活動しないが、夕方から夜にかけては俄然、社交的になっていた。そして残りの学生たちは、早起き組でも、夜更かし組でもなかった。夜更かし組は早起き組に比べて社会ネットワークが大きかった（頻繁に電話をかける相手の数で比較した場合、その人数はそれぞれ三五人と二八人だった）が、夜更かし組がそれぞれの友人と電話で話す時間は早起き組より短く（平均で九四秒と一一二秒）、夜更かし組のネットワークは結束度も補強度も低かった。この学生たちが形成するコミュニティを見ると、夜更かし組は学生の社交ネットワークではより中心的な立場にいた。また、蝶のようにひらひらと移動する彼らの交流スタイルのおかげで、コミュニティがまとまり、社会情報も一方の側からもう一方の側へとスムーズに流れていた。もし彼らがネットワークからいなくなれば、そのネットワークはいくつかの小さなコミュニティに分裂し、コミュニティ間のコミュニケーションはなくなってしまうだろう。また、早起き組のほうは偏ることなく誰とでもつながるが、夜更かし組は夜更かし組とつながりたがる傾向があり、この点では極めて強いホモフィリーが認められた。その傾向を如実に反映するのが、夜更かし組たちのにぎやかな社交の世界で、最高のパーティに顔を出すメンバーのほとんどは夜更かし組であり、当然ながら、そういうパーティは夜、開かれる。

社交活動のスタイルとその時間帯の違いに関するこの議論は、以前ダニエル・モンシヴァイス（アールト大学の研究グループに参加していたメキシコ人の博士課程履修生）が行ったいささかふざけた分析を思い出させる。彼はアールト大学の携帯電話データベースを使って、ヒトの昼行性や季節が、人々の電話をかける行為にどう影響しているかを調べようと考えた。実は彼は、当該国の習慣である午後の早い時間のシエスタ（昼寝）の理由を知りたかったのだ。しかしデータの量があまりにも膨大だったため、これにはかなり大変な計算が必要だった。社交目的ではない通話を排除（少なくともできるだけ排除）し、一人ひとりの毎日の起床と就寝のタイミングも特定しなければならなかったからだ。私たちが探していたのは、電話がまったく使われない時間帯、すなわち電話の所有者が寝ていると思われる時間帯の直前と直後に通話が行われた時間だった。しかしサンプル数が一〇〇〇万人余となれば、さすがに手作業での計算は不可能だ——少なくとも、こちらもある程度の社交生活を送りたいというのであれば絶対に無理だ。だとすれば、計算を自動化するほかに手立てはない。そこで必要となったのが物理学者だった。それも統計スキルがあり、テラバイト規模のデータをふるいにかけて正しい種類のパターンを探すことができるプログラムを開発できる物理学者だ。また、データにはあちこちエラーがあるだろうし、電話が故障中だと思ったらじつは所有者が私的なミーティングをしていたとか、バッテリーが切れていたといったこともある。しかしこういったケースも、サンプル数が十分あれば統計上は問題とならなくなる。

その結果、睡眠時間とおぼしき時間帯は二つあることがわかった。一つは夜、そしてもう一つは午後の早い時間（伝統的なシエスタの時間）だ。データベースには、それぞれの電話が登録された住所の郵便番号が入っているから、電話の持ち主が住んでいるとされる都市はわかる。これによりダニエルは、南北緯度五・五度（約六〇〇キロメートル）の範囲で、この地中海沿岸の国の南側の住人は、北側の住人より昼間のシエスタが長いことを明らかにした。地域を緯度別に分けた場合、それぞれの緯度帯におけるシエスタの長さは年間を通じて気温で変わり、一年で最も暑い時期が最長（最南の都市だと約二時間）、最も寒い時期が最短（約一時間ほどまどろむだけ）だった。

気温が最も高く、出歩くには暑すぎる午後の早い時間に休息をとる、というスタイルは熱帯地方の狩猟採集民族ではごく一般的で、熱帯地方に住むすべての霊長類やそのほかの哺乳類の特徴でもある。つまり私たちのサンプル国の南部、すなわち熱帯地方の北端（北回帰線）に最も近い場所に住む人たちは、このパターンに忠実に従っているにすぎないのだ。日中の暑い時間帯は睡眠をとり、労働時間を涼しい夕方へとずらす。まさにそれが、彼らがやっていることなのだ。

もう一つの面白い発見は、夜の長さとシエスタの長さは逆の相関関係にあったことだ。北部に住む人々は夜の睡眠時間が長かったが、南部に住む人々は午後に長く寝ているため宵っ張りで、涼しくなった深夜になってようやく眠りについていた。北部の人も南部の人も毎日の睡眠時間は同じで、彼らは暑さに応じて眠る時間を調整していた。

日差しの強さへの私たちの敏感さは、ダニエルの別の分析にもよく表れていた。太陽は東から昇るため、どのタイムゾーンでも一日の始まりは東側のほうが西側よりわずかに早い。例の携帯電話データセットの国は、タイムゾーンは一つだが、東西の幅はかなり広いため（経度一〇度、約九〇〇キロメートル）、この国の一番東の都市と一番西の都市では日の出の時間がおよそ四三分違う。そこでダニエルは、同じ緯度上で東西に並ぶ五つの都市を調べ、東側の人のほうが西側の人より半時間早く起床して電話をかけ始めていることを突き止めた。東部と西部、どちら側の人も同じタイムゾーンで暮らし、同じ文化、同じライフスタイルで生活しているというのにだ！

＊

この章では、私たちがどのように友人関係を作るかについてわかった二つのことと、その影響について紹介した。一つ目は、どうやら私たちには持って生まれた独特の社交上の指紋、ソーシャル・フィンガープリントがあるらしいということ。ソーシャル・フィンガープリントとは、自分の社交活動を各友人に割り振る際の独特のパターンのことだ。このパターンには、私たちがどのぐらい社交的か、どのぐらい人間関係に慎重かといった性格的な要素も影響するらしい。また、社交スタイルのこのような側面が、人といつ、どのように交流するかについての私たちの好みにも影響し、それが友だち選びの際の決め手になる場合もある。たとえば、あなたが夜更かし組なら、友だちも夜更かし組である可能性が高い。なぜなら、深夜の二時に起きていそうなのは彼らだけだからだ。もう一つわかったのは、このような社交パターンは驚くほど一貫していて、友だちの層に誰がいようと、そのパターン自体は変わらないらしいということだ。実際、友だちがいさえすれば、それが誰かはあまり関係ないらしい。もちろん私たちはできるだけ気の合う友だちを選ぶが、この条件を満たしてさえいれば、まあだいたいは誰でもいいようだ。そのほうが、関係性を長期に維持していくプロセスが容易になるからだ。おそらくこれが、社会ネットワークやコミュニティの規模と構造にある程度の安定をもたらしているのだろう。なぜならこうやって一度コミュニティが形成されてしまえば、その枠組みはそれほど変化しないが、もし社交上の嗜好性がくるくる変わればそうはいかないからだ。

六章　心の中にいる友だち

自閉症を取り上げたBBCのドキュメンタリー番組で、ひどく心が痛む場面があった。アスペルガー症候群*の一一歳の少年が、母親にこう聞いたのだ。「ママ、お友だちってなに？　ぼくにも一人もらえる？」と。オモチャで遊んでいた彼は、ちょっと間を置いてからさらに尋ねた。「お友だちって、どうすればできるの？」。彼は周囲の子どもたちがお互いを友だちと呼んでいることはわかっていた。けれどそこには、彼にはどうしても理解できない不思議なプロセスがあるらしく、いったいどうすれば友だちをつくれるのだろうと彼は考えていた。友だちになってほしいとほかの子たちに頼んでみたが、うまくいかなかったらしい。でも、なぜうまくいかないのかがまったくわからず、少年は途方に暮れていた。

当惑するその姿は、私たちの誰もが味わったことがあるあの困惑の瞬間を思い出させる。友だちになってほしいという願いが拒絶されたときの戸惑い、なぜかわからないが友だちにひどいことをされたと

＊　アスペルガー症候群は一種の自閉症だ。自閉症にはいくつか特徴があるが、なかでも最大の特徴は、社会性をきちんと機能させるのに必要な認識能力（他者が考えていることを理解する能力で、メンタライジングまたは思考察知と呼ばれる）の欠如だ。深刻な例では、言葉が話せない、行動がうまく制御できない、大きな音や人ごみ、さらには身体的接触が非常に大きなストレスになるといったケースもある。自閉症は一つの症状というよりはむしろ、症状のスペクトラムだ。一般に、アスペルガー症候群の人は標準的な知性があり（標準以上の知性をもつ人も多い）、言語能力も正常だ。また、数学的能力やコンピュータのプログラムスキルが非常に高い人も多い。

きの困惑。そんなとき、私たちは友人関係の重要な側面を思い知る。そう、友だちをつくることも、その関係を維持することも決して容易ではないということを。友だちづくりにはそれなりの努力が必要だし、本物の友情が花開くには何カ月、ときには何年もかかることもある。だがそれ以上に重要なのは、社交生活を営む能力は人それぞれだということ。友だちがどういうものかもわからず途方に暮れている少年もいれば、生まれつき人づきあいがうまく、楽々と場を盛り上げ、相手のいいところを存分に引きだし、誰と誰ならそりが合うかを一瞬で把握できる人もいる。私たちの大半は、この両極端のあいだのどこかにいる。そしてこの人間関係という荒野で、こちらの地雷原からあちらの修羅場へとさまよいながら、なんとか生きているのだ。またときには、さまざまな事情で社交の場からすっかり切り離され、楽しそうに交流している人たちを恨めしく眺めるしかないこともある。

おそらく人間社会は、この宇宙で最も複雑な事象だろう——そう、星をつくり、惑星の軌道を決めるよりもずっと複雑だ。この世界をうまく渡っていくための社交のスキルは驚くほど高度で、そのようなスキルの基礎となる認知のメカニズムはまさに進化工学の奇跡だ。だが私たちはそれをごくあたりまえのこととして捉え、深く考えることはない。ピタゴラスやアルキメデスの単純な数学には悩んでも、社交の世界に必要なもっと複雑な計算は、深く考えることなく的確にやってのける。なぜなら私たちの心は進化の過程で、社交コンピュータになるようデザインされてきたからだ。社交にまつわる計算と比べれば、物理的な世界を生きるために私たちが日々行っている計算など、驚くほど単純だ。もちろん、大きな建築物やジェットエンジンの設計をしたり、火星に宇宙船を飛ばしたりするときは、計算も複雑になるが、それは日々の生活からはずっとはずれたところにあるもので、長い進化の歴史上、そんなものが出現したのはこのわずか数百年のことだ。

人間関係の複雑さに対処するには、特別なスキル——他者の心を読み、理解する能力——が必要だ。これは思考察知ともメンタライジングとも呼ばれるヒトだけが持つ能力だ。賢いサルや類人猿のなかにも、この能力の一部を示すものはいるし、私たち同様その能力の基礎となる神経回路をもつものもいる。しかし、言語をもち、物語を作り、宗教や科学の複雑さに対処できるレベルの思考察知力を目指せるのはヒトだけだ。この思考察知能力こそが、私たちの社交スキルを、そして最終的には私たちの自閉症(または軽度の自閉症、アスペルガー症候群)になるリスクを決定づけるのだ。

サリーとアン

小さな子ども向けのテストを一つ紹介しよう。これは心理学者たちが「サリーとアンのテスト」と呼ぶものだ。人形のサリーとアンはソファで一緒にビー玉遊びをしている。サリーはビー玉をソファの片側のクッションの下に隠すと、部屋を出る。アンはサリーがいなくなると、サリーが隠した場所からビー玉を取り出し、ソファの別の側のクッションの下にそれを隠す。あなたはこの状況を、二つの人形を使った寸劇で子どもに説明する。そしてこの後、サリーが部屋に戻ってくると、あなたは子どもたちに「さあ、サリーはビー玉がどこにあると思っているでしょう、サリーはどこでビー玉を探すと思いますか?」と尋ねる。

四歳の子どもであれば、アンがビー玉を隠した場所を指さすだろう。そこにビー玉があることをちゃんと知っているからだ。だが五歳の子どもは、サリーが部屋を出る前にビー玉を隠した場所を指す。これは大きな差だ。五歳前後（場合によっては五歳より少し前、またはあと）になると、子どもの心は大きな成長を遂げ、「心の理論」を持つようになる。四歳の子どもは、自分が知っていることと他者が知っていることの違いが区別できないので、自分が知っていることは、ほかの人も知っていると考える。しかし五歳になると、自分が知っていること（アンがビー玉を隠しなおしたので、ビー玉は実際には別の場所にある）と、他者が知っていること（サリーは、アンがビー玉を隠しなおしたことを知らないので、ビー玉は自分が隠した場所にあると思っている）を区別できるようになる。ここで鍵となるのが「誤信念」だ。これは、他者が信じていることが真実ではないとあなたが知っていることを指す。哲学者たちが言うように、それが「心の理論」を持つ、あるいは獲得するということだ。もっと平たく言えば、心の理論とは思考察知またはメンタライジング、すなわちほかの人が考えていることを理解する能力、あなたが世界をどう見ているかではなく、他者が世界をどう見ているかを理解する能力だ。

ヒトの社交性を理解するうえで鍵となるのが、この心の理論だ。心の理論があるからこそ、他者に共感できるし、人間関係や友人関係や確執といった、私たちの社会を構成する無限に複雑なネットワークにも対処できる。誰かと友だちになるということは、頭の中にその人用の場所を作ればいいということでも、その人が誰で、最後に会ったときにどうふるまったかを覚えておけばいい（たしかに大事なことだが、それは経済学者が考える友人関係だ）ということでもない。友だちづくりはもっと複雑なプロセスであり、その方法について考えるためには、サルや類人猿がどのように友だちをつくり、その関係を維持しているかまでさかのぼる必要がある。彼らが友だちをつくり、その関係を維持する方法は、ほかの種の哺乳類や鳥たちとは大きく違う。サルや類人猿（そしてヒト）同士の関係性は、本質的に永続的だ。

いっぽうそのほかの哺乳類や鳥同士の関係は、行きずりや、その日限りといった刹那的なスタイルが一般的だ。もちろん、つがいになる一雌一雄制の種や、強い絆を持つ象や馬などの例外もある。けれどその差は、自閉症の人と、神経学的機能が正常な人と心理学者たちが呼ぶ人——つまり自閉症以外の人——の差でしかない。

霊長類は、心理学者たちが言う「二重過程メカニズム」、すなわち互いに連絡し合って作用する二つのメカニズムで人間関係に対処する。一つ目のメカニズムは、人間関係の深いところにある感情的な部分に関わるもので、その大半は意識が探知できないところで行われる。ここに関与するのが主にエンドルフィンだ。霊長類は、エンドルフィンを放出することで、互いへの思いやりや好意的な気持を高め、それが深い精神薬理学的な基盤を提供する。そこからは、より明確に認知できる二つ目のメカニズムで、霊長類は内省のプロセスを通じて、信頼、義務、互恵性のある関係性を構築する。この二つ目のプロセスこそが、あの社会脳仮説の土台になっている。なぜなら、このプロセスは脳にかかる負担（計算コスト）が非常に高いため、身体機能を維持する以上の余力がある脳が必要になるからだ。本章では、この二つ目の（認知的）メカニズムについて述べ、最初のメカニズム（エンドルフィンをベースにした精神薬理学的メカニズム）については、次章で語ることにする。

脳のサイズによって友だちの数が制限されるのは事実だが、それはたんに脳が何らかの制限をしているから、と理解するのは単純化しすぎだろう。脳と多くの点で似ているコンピュータは、たしかにそのサイズで能力の上限が決まる。けれど、実際に仕事をするのはコンピュータそのものではなく、そこにインストールされたソフトウェアだ。そして脳にとってのソフトウェアと言えるのが、認知プロセスだ。

脳はこの認知プロセスを通じて、自分が置かれた状況で今何が起こっているか考え、自分の行動に人々がどう反応するかを予測する。けれど私たちは、その多くを一から学ばなければならない。

私がいつも困惑するのは、多くの人が「社会脳」のことを、ネットワーク内にいる人たちの名前や顔を覚えていることだと捉え、社会脳をたんなる記憶ゲームと考えているらしいことだ。社会脳に関する私たちの論文を読んでいないのは仕方がないとしても、多くの人がそんなふうに考えているのは、人間関係についての理解が十分ではない証左だろう。もちろん、自分の交流の輪の中にいる人の名前や顔を覚えておくことは必要だ。けれどそれだけでは友だちや家族で構成された大きなネットワークを維持することはできないし、たぶん会話をすることだって難しい。ほかの人の話を遮ることなく順番に話し、意味のある言葉を言い添え、新たな話題を持ち出すタイミングを判断する――このすべてをやってのけるには、他者の心を的確に読み取り、相手が興味を持ちそうな話題を予測し、相手の話と論理的に矛盾しない会話を続けるために言うべきことを理解し、相手を怒らせることなく自分の言いたいことと言う、といったスキルが必要だ。私たちはこの大仕事を軽々とこなしているように見えるが、ちょっと間違えば大変なことになるのは、経験上、誰もがよくわかっている。一つ間違えただけで、会話がぷつりと途切れることもあり、それが原因で友人関係が決裂することだってあるのだ。

本当に大切なのは、ものごとを自分と他者の関係性を通じて考えること、そしてその関係性がお互いの人間関係にどう影響するかを考えることだ。つまり、もしアンにこれを言ったらアンがどう反応するだろうか、と考えられるかが重要なのだ。いやたぶんもっと重要なのは、これをアンに言ったら、サリーがどう反応するかを考えられるかであり、さらに言えば、自分と話したあとにアンが言ったことでもしサリーが怒ったら、サリーのお母さんはなんと言うか、までを考えられるかだ。

「心の理論」を持つということは、他者の考えを推測する心の機能があるということであり、心の理論が重要なのは、それを持っているのがヒトとおそらく類人猿（チンパンジー、ゴリラ、オランウータン）だけだからだ。知覚を持つそれ以外の動物で「私は……を知っている」以上の意識を持つものはいない。彼らはヒトの四歳児と同じで、サリー同様、自分の状況とは異なる状況が存在することを理解できないのだ。いっぽう類人猿のほうは、「サリーとアンのテスト」をなんとかパスできるようなので、この点においては彼らもヒトの五、六歳児も、認知のはしごの同じ段にいると言える。そんな彼らも、認知のレベルでは、ヒトの成人の足元にも及ばない。認知のはしごで例えるなら、類人猿や五歳児がいるのは、成人の段のはるか下、下から二番目の段あたりでしかない。実際、高度なメンタライジング能力がない限り、あなたはこの本を読むことさえできないだろう。高いメンタライジング能力がなければ、このように多くの節で構成された、複雑で長い文章の構文は解析できないからだ。

言語に関してメンタライジング力が重要となるもう一つの理由、それは、人は誰もが思っていることすべてを言葉にするわけではないことにある。たいていの場合、話し手はすべてを言わなくても、自分の意図を相手がくみ取ってくれるだろうと期待する。それどころかあえて、文脈とは関係ない単語を使って洒落た物言いをすることもある。言葉を隠喩的に利用すれば――そうやって珍しい状況をほのめかしたり、まったく無関係なものや状況の類似性を引き出したりすれば――、会話は豊かで楽しいものになるからだ。だから、時間に空間的次元をもたせたり（四時前後、といった言い回し）、海や空が怒っていると表現したり、あの人は冷たい（友好的ではないという意）といった言い回しもする。叱られることを「Slap our wrist（手首をたたかれた）」と言うこともあれば、その人のおかげで幸せになったという意味で、「someone lit up our life（私たちの人生を輝かせてくれた）」と言うこともある。たとえずっと故郷に住み続けていても人生は「旅」と表現され、「悲しみの海に溺れる」、「ブルーな気分」といった比喩や隠喩もしょっちゅう使われる。

なんといってもすごいのは、たとえ初めて聞く隠喩やたとえ話でも、ほとんどの場合、私たちは誤解することなく一瞬でその意味を理解することだ。隠喩もたとえ話も日常の会話の一部なので、私たちはそれにすっかり慣れ、この言語の曲芸の複雑さをすっかり忘れている。しかし、隠喩はおろか、会話のなかの信号（シグナル）や社会的な信号さえ読み取れない人にとって、社会的交流がいかに難しいか、ちょっと想像してみてほしい。彼らにとっては、会話はまさに予測不能だろうし、たいていの人が瞬時に理解できる「友だち」という親密な関係を誰かと築くのも至難の業だろう。だがそれが自閉症スペクトラムの人々が住む世界だ。そしてそれは、非常にストレスの高い世界なのだ。

最後に大事なことを一つ付け加えると、私たちがもっともらしい嘘をつけるのもまた、心の理論があるおかげだ。人の行動に影響を与える嘘をつくためにはまず、その人が世界をどのように見ているか、またはどのように見ていそうかを知っていなければならない。それがわかって初めて、いかにも相手が信じそうな嘘をつくことができるのだ。動物もときに相手を騙すことがあるが、それは「もし自分がXをすれば、ほかの動物はYをする」と経験で学んでいるからにすぎない。彼らは、相手が**なぜ**そうするのかをわかっているわけではなく、こういうふうにすればたいていはうまくいく、と経験で知っているだけだ。しかし心の理論を持っている私たちは、行動の裏にある心の動きを理解できるし、彼らがYよりもXを信じる理由も理解できる。だから嘘はさらに巧妙になり、ごまかしのレベルも新たな高みに達するのだ。

小説や詩を豊かで魅力的なものにするのも心の理論だ。実際に住んでいる世界とはまったく違う別の世界を思い描くことができるのは、心の理論があるからにほかならない。また、科学を可能にするのも心の理論だ。心の理論があるから、私たちは自分が直接経験している世界とは別の世界を想像できるのだ。ほとんどの動物は、自分が経験している世界に近づきすぎ、そこに鼻先を突っ込みすぎているため、少し後ろに下がって「なぜ世界はこうなのか、別の秩序で成り立っている世界があるのではないか」と考えることができない。だがそうすることこそが、現実の世界を生理学や遺伝学、またはその基礎である化学や物理学の視点で説明するときに必要なことなのだ。

サリーがハリーに会い、ハリーがマリーに会ったとき……

メグ・ライアンとビリー・クリスタルが主演し、一九八九年に公開された映画『恋人たちの予感』(原題は『When Harry Met Sally……(ハリーがサリーに会ったとき)』)のなかで二人の主人公は、お互いの過去の恋愛遍歴を、そして自分たちの現在の恋人、ジェスとマリーとの関係までもを延々と語り合う。さらに二人の会話は、そもそもジェスとマリーが結婚するきっかけを作ったのは自分たちだ、ということにまで及ぶ。そう、事情はひどくこみ入っている。この映画のテーマは友情だが、その下に透けて見えるのは、セックスが介在しない男女の友情はあり得るのか、という永遠のテーマだ。サリーは、もちろん男女の友情は可能と考えているが、ハリーはそうは思っていない。ちなみに映画は二人が結婚するところで終わり、ハリーの意見が正しかったことをにおわせるエンディングになっている。

それはともかくとして、私たちがこの映画に興味を持ったのは、サリーとハリーが必死にお互いを理解しようとしていたこと、そして、自分たちの関係を、ほかの人との交友関係——当時、彼らの恋人だったジェスとマリーとの交友関係——を背景に見ていたことだった。人生は、それぞれが完全に孤立した二者関係（あなたとあなたのママ、あなたとあなたの娘、あなたとあなたの親友）だけで成り立っているわけではない。むしろすべての二者関係は複雑な人間関係のネットワークに埋め込まれており、一組の二者関係に何かが起これば、それはほかに飛び火して別の二者関係に影響を及ぼす。さらにこの映画でもそうだったように、ネットワーク内の人間関係は絶えず変化しているから、もし二人の友人関係が些細な争いで崩壊すれば、それは二人の共通の知り合いとの関係にも影響を及ぼす。三者関係、すなわちトライアドの関係性の符号が変わり、それまで三つのプラスの関係で安定していたトライアドが二つのプラスと一つのマイナスから成る不安定なものになることもある。もしそうなれば、誰もが浮足立ってくる。なぜなら関係性の崩壊は、社会ネットワークじゅうに広がり、全員に影響を及ぼすからだ。社会は複雑で、交互に入り混じり、絶えず変化を続けている。そんな社会をうまく渡っていくには、非常に高度なスキルと精神的な努力が求められる。

前の章では、メンタライジングとはたんに他者の心の中を理解することと説明した。しかし、「心の理論」という言葉を考案した哲学者たちが指摘したように、心の理論は元来、再帰的なものだ。もし「私は、あなたが何を考えているのかわかる」のなら、原則的には「私は、ジムがこう思っている、とあなたが考えていることがわかる」ということができ、そのあとはこの調子で何人でも人を追加していくことができる。だが実際には、ここにほかの人を入れる必要すらなく、再帰性は私とあなたのあいだだけでも十分に成り立つ。たとえば「あなたが私にしてほしいと思っているとがどんなことであろうと、かならず私はその逆をするつもりだ、とあなたが考えているのはなぜだろう、と私が不思議に思っている、とあなたが考えていると、私は思っている」といった具合だ。ここには少なくても六つの再帰があり、傍点を振った動詞はそれぞれ別の心的状態を示している。こういった心的状態はどれも意志があるという点で緩く関連しているため、哲学者たちはこれを志向性（intentionality）と呼んでいる。また彼らは、志向意識水準（orders of intentionality）というフレーズを使って、特定の発言に関わる再帰または心的状態の数に指標をつけている。先のように六つの再帰があるセンテンスは六次の志向意識水準の発言であり、もし誰かがそのようなセンテンスをうまく伝えることができれば、その人は六次の志向意識水準までを追うことができる、ということになる。

哲学者たちがこれを指摘したのは何十年も前だが、この手の再帰に上限があるかどうかを考えた心理学者はいなかった。その主な理由は、この話題に関心を持つのは、子どもが他者の心を理解するようになる時期を研究する発達心理学者か、自閉症を研究する心理学者だけだからだ。だが彼らが高レベルの再帰について考えることはない。なぜなら彼らの関心の対象である子どもや自閉症の人々が、単純な心の理論（二次の志向意識水準：私はあなたが［世の中のなんらかの事実］を信じている、と考えている）以上のレベルに達することはないからだ。けれど私たち全員がそうというわけではない（とはいっても、存在するのは基本的な心の理論だけだと主張する心理学者もいる）。私たちは複数の人の心的状態を同時に考えることができるし、それを定期的にやってもいる。だから、自分の行動がほかの人との友情にどのような影響を及ぼすかが気になるし、罪悪感も覚えるのだ。私たちが罪悪感を覚えるのは、概念上の規則を破ることに後ろめたさを感じるからだけではない。自分の行動が誰かを傷つけたり、怒らせたりするかもしれない、ほかの人から悪く思われるかもしれないと気にするから、罪悪感を覚えるのだ。

たしかに哲学者たちは、人は同時に二つ以上の心的状態に対処できると主張する。では、その上限はいくつなのか？　そこで私は臨床心理学者のリチャード・ベンタルとピーター・キンダーマンとともに、その上限を調べることにし、例のサリーとアンの物語のような、日常的な社会生活を舞台にした寸劇、ただしもっと多くの人が登場する単純な寸劇をいくつか書き、さらにはストーリーごとに、登場人物の誰が、誰について、何を考えているかを尋ねる質問も作成した。どの寸劇も誰かが何かをしようとしている場面を描いた二〇〇語ほどの短いもので、最寄りの郵便局への道順を調べる、デートの約束を取りつける、遊ぶ約束をする、上司と昇給の交渉をするといった社会的な要素を組み込んだ。また、どの寸劇も複数の人物が登場し、全員がほかの人が考えていることを推測する筋書きにした。最初に作ったストーリーのなかには、最高で九次の心的状態が登場するものもあった。その後、何度か修正と統一を重ねて出来上がったストーリーを、私たちはメンタライジング能力を評価する標準手段とし、これ以降、メンタライジングに関するすべての研究で使用している。私たちの最初の研究では、一般の成人のメンタライジング能力の生来の上限はいくつかを探り、平均五つの心的状態が上限という結果が出た。ちなみに五つの心的状態とは、物事を次のように考えられることを言う。「サリーがフレッドを愛しているかどうかを、ジェマイマがサリーに聞くことをジムは期待しているのだろうか、とあなたが思っていると私は考えている」。一般の人で、これ以上の心的状態を扱える人は、全体のわずか二〇パーセントだ。

その後、私たちは半ダースほどの調査を実施し、この結果を確認した。

私たちが会話で隠喩を使えるのはメンタライジングができるからだ。そしてジョークは、隠喩によるところが非常に大きい。だとすれば、メンタライジング能力はジョークの面白さを理解する能力にどう影響するのだろうか、と私たちは考えた。そこでジャック・ローネーとオリヴァー・カリー、そして私は、ジョーク集『史上最高のジョーク一〇〇選（The Hundred Best Jokes Ever）』に紹介されているジョークに、いくつの心的状態があるかを調べてみた。すると、ほとんどのジョークは三つから五つの心的状態で構成されており（心的状態の数は、観客とコメディアンでまず二つだ）、六つ、または七つの心的状態があるものはほとんどなかった。参考に、二つの例で説明しよう。一つは、アメリカ人コメディアン、ジョージ・ウォレスのジョークで、これを構成する心的状態は二つ（コメディアンと観客、で心的状態は二つと数える）だ。もう一つは、誰が最初に言ったかわからないほど何度も語られてきたジョークで、五つの心的状態で構成されている。心的状態が二つのジョークは「空港で、誰か知らない人から何か渡されませんでしたか、って聞かれたんですよ。でもね、知り合いだって、私には何もくれやしませんよ」というもの。いっぽう五つの心的状態があるジョークは少々長い。「床屋は少年が店に入ってくるのを見ると、客に『こいつは、世界で一番間抜けなガキでしてね。まあ、ちょっとご覧ください』と耳打ちし、片手に一ドル札を、もう一方の手に二つの二五セント硬貨を持って少年に尋ねた。『やあ坊や、どっちが欲しい？』。すると少年は、二五セント硬貨二つのほうを指さし、それをもらって店を出ていった。『ほら、言ったでしょう？』と床屋は言った。『あの坊主、何回やってもどっちが得かわからないんですよ』。その後、床屋を出た客は、ちょうどアイスクリーム屋から出てきた少年と鉢合わせした。『やあ、坊や！　一つ教えてくれないか。どうしてきみは一ドル札より二五セント硬貨二つのほうを選ぶんだね？』。少年は、アイスクリームをなめながら答えた。『だって一ドル札をもらっちゃったら、あの床屋のおじさん、二度とあのゲームをしなくなるじゃないか』」

ジョーク一〇〇選で紹介されたさまざまなジョークの面白さを調査対象者たちに評価してもらったところ、心的状態の数が増えるにつれて評価も上がっていった（複数の登場人物がいるほうが、登場人物が一人のジョークより面白かった）。だがそれも五つの心的状態が上限で、それ以上になると評価は急降下していった。どうやら、心的状態の数が五つを超えると、人々はジョークのポイントがわからなくなるらしいのだ。

ということで、一般に人が同時に対処できる心的状態の数は五つ（多少のばらつきはある）ということがわかった。では、何がその上限を決めるのだろうか？　また、その上限と私たちの友だちの数はどう関係しているのだろうか？

友だちの気持ちを想像する

三章でも述べたように、友人の数と脳の特定の部位のサイズには相関関係があり、その特定の脳の領域が形成する分散型ネットワークは、「心の理論のネットワーク」と呼ばれている。というのもこの部位は、人々が標準的な二人用の心の理論課題を解く際、つねに関わっているように見えるからだ。そこで、友人の数に脳のどの部位が相関しているかを調べる脳スキャンを行った際、私たちは被験者全員に例の寸劇を使ったメンタライジング課題に取り組んでもらい、ストーリーに登場する心の数が増えたときに、脳がどのような反応を見せるかを探った。

このデータを使って、前頭前皮質の構成要素を大規模に分析したジョアン・パウエルは、その人が対処できる心的状態の数に比例してサイズが大きくなるのは眼窩前頭皮質であることを突き止めた。これ自体、非常に興味深い発見だった。なぜなら、脳のこの部分は感情をつかさどる場所であり、感情的な信号を処理する扁桃体と直結しているからだ。ちなみに額のすぐ後ろにある背側前頭前皮質は一般に、論理的な思考に関係しているとされている。脳のこの部位はいくつかの心の理論の研究でも取り上げられているが、複数の心的状態について調査した私たちの研究では特別な重要性は見られなかった。なぜならこの研究は感情的な反応、すなわち友だちづきあいの特徴であり意識のずっと下にある〝生の感覚〟に対処しているらしい脳の部位の重要性を強調する傾向があるからだ。私たちは、自分が何を感じているかはわかっているが、なぜかそれを言葉では表現できないのだ。

しかし、物質界の因果関係（たとえば、ふくれあがっていく雲と雨の因果関係や、マッチを擦ることとマッチの先に火がつく因果関係）を考えるより、人との交流について考えるときのメンタライジングのほうが、脳への負担がずっと大きいことは確かだ。そこでエイミー・バーチ（当時は学生だったが、現在はインペリアル・カレッジ・ロンドンで脳を研究している）は、さまざまな数の心的状態が含まれるメンタライジングの質問に答えるときと、たんに物語の物理的要素に関する質問（ある人が何をしようとしたかではなく、何をしたかに関する質問）に答えるときとでは、どちらの脳の仕事量が多いかを比較することにした。そこで関連する命題の数を同じにして（それぞれの心的状態とは結局のところは一つの命題であり、「ジムが○○を考えている」は「ジムは○○をする」と同じ文法構造だ）比較したところ、メンタライジングの課題に答えるほうが、物理的な因果関係を解明するよりずっと難しく、心的状態の数が増えるとその難易度は不相応に高まることがわかった。

たぶん、私たちが他者の心について答える場合は、自分の心の仮想空間にその人の心的状態をモデル化しなければならないが、物理的な関係性（物理的な因果関係）について答える場合は、それがただ単純な事実の記憶として、自分の目の前にあるからだろう。心的状態が物理的な事象よりも現実から一歩離れたところにあるのは、ほかの人が考えていることを理解するには、いくつかの間接的なヒントが必要になるからだ。そのようなヒントの一つは、明らかに目に見えるもの（あなたの発言や表情）。もう一つは、目に見えている発言や表情と、その裏にある心的状態の質が違うときに、目に見えないその心情を推測するためのヒントだ。当然、後者のほうがその計算はずっと難しい。たとえば、痛みにゆがんだあなたの顔と、あなたが実際に経験している痛みは同じではない。その表情があなたの気持ちを表しているのは確かだが、私たちはさまざまな可能性とのバランスを見ながら、あなたの心的状態を推測しなければならない。ゆがめた顔は、純粋な痛みによるものもあれば、「ちょっと待ってよ、そんなことありえないでしょ……」といった皮肉まで、さまざまな可能性が考えられるからだ。

第三章では、脳内の心の理論ネットワークのサイズ（特に前頭前皮質のサイズ）と友人の数には相関関係があることを、ペニー・ルイスとジョアン・パウエルと私が明らかにしたことについて述べた。そして本章では、メンタライジング能力が、友だちの数と相関し、心の理論ネットワークの脳領域サイズとも相関していることを見てきた。では、この三つの要素のあいだにはどのような因果関係があるのだろうか？　脳のサイズがメンタライジングの能力に影響するのか、それとも友人の数が脳のサイズに影響するのだろうか？　ジョアン・パウエルはパス解析と呼ばれる統計技術を用いてその因果関係を探り、脳のサイズがメンタライジング能力を決定し、メンタライジング能力が友人の数を決定することを明らかにした。これは、社会脳仮説（大きな集団内で暮らすにはなぜ大きな脳が必要なのか）を説明すると同時に、ヒトが多くの友人関係を同時に維持する仕組みを理解するには、メンタライジングに関わる認知プロセスこそが鍵であることも教えてくれている。

オックスフォードでの私の同僚、ジェフ・バードは、頭につけた電極を通じて微弱な電流を流すことで、電極のすぐ下にある脳領域のスイッチを入れたり、切ったりする比較的新しい技術、経頭蓋磁気刺激（TMS）を活用して実験を行った。その結果、被験者の側頭頭頂接合部に正の刺激を与えると、他者の視点を理解する能力を測る「他者視点取得課題」の回答精度は上がり、抑制的な刺激（その脳領域を遮断する刺激）を与えると、回答精度は下がった。しかしその刺激が心理状態を自分や他者に割り当てる能力に影響することはなかった。側頭頭頂接合部がメンタライジングで果たす役割は、自身や他者の表象に関係しているようで、これは心理状態の処理とは少し違うが（心理状態の処理はむしろ前頭前皮質の機能だ）、その流れの一部とは言うことができる。

このようなメンタライジング能力の重要性は、サルの円滑な社交関係管理に深く関わる神経回路の研究によって裏付けられている。ジェローム・サレとロジャー・マースは、旧世界ザルは、ヒトの社会形成に関わる主な神経回路をすでに持っていることを明らかにした。脳の詳細な神経画像により、マカクザルの前頭前皮質の神経連結構造がヒトのそれとよく似ていること、特に社会的スキル（メンタライジングなどのスキル）に関連する神経連結がよく似ていることがわかったのだ。サルにはヒトのような完全なメンタライジング・スキルはないかもしれないが、前頭前皮質の組織構造の類似性を考えれば、ヒトと同じ一般的なタイプの認知スキル――私たちヒトが大規模に行えばメンタライジングに見えるタイプの認知スキル――はある、というのが彼らの主張だった。つまり認知能力の差は特定の脳領域の質的な差によるものではなく、量的な差によるものだ。さらに重要なのが、パリとローマのマリー・デヴェインのグループによる研究で、彼らは七種のサルと類人猿に、特別に考案したメンタライジング課題風のテストを行った。これはサルや類人猿が、さまざまなメンタライジング・レベルで行動するヒトと交流するテストで、マリー・デヴィンたちは、それぞれの種が課題を解決する能力と、彼らの脳の容積には相関関係があることを証明した。しかし想像力に富んだ画期的な研究を行う研究者たちの常で、彼らもなかなかこの論文を老舗の学術誌で発表することができず、結局はコンピュータ科学の学術誌という畑違いの場で発表することになってしまった。これもまた、知識の向上をもたらすのは科学であり、科学者や論文の質と重要度を保証するはずの査読システムではないことを示すあまたの例の一つだろう。

「ノー」を言うべきときを知る

社会生活を送るうえでメンタライジングの果たす役割は大きく、自分の行動が他者にどのような影響を与えるか、友だちがなぜそのような行動をするのかを理解することは、人間関係を維持していくうえで非常に重要だ。たとえば友だちが失礼な行動をとったとしても、その理由がわかれば、怒りにまかせて絶交することにはならないし、相手を許そうという気持ちも生まれるだろう。こういったことができるからこそ私たちは、なぜ先週自分があんなひどい行動をとったのか、なぜ彼らの行動が私たちを怒らせたのかを子どもに教えたり、大人に説明したりできるのだ。しかし、友人関係を維持していくには、これと同じぐらい重要なもう一つのメカニズムがある。それは心理学者たちが優勢反応の抑制と呼ぶもので、もっとわかりやすく言えばいわゆる意志の力だ。優勢反応とは人間が持って生まれた性質、たとえば皿の上にケーキがあれば、そのうちの一番大きいものを真っ先に取ろうとする性質を指す。また、誰かの行動にイラつき、とっさにキレてしまうといった「考えるより先に行動してしまう」性質も同様だ。このタイプの行動が問題なのは、人間関係はお互いの利益のバランスがとれていないとうまく機能しないからだ、もしあなたが人より多くのケーキを取ろうとし、誰かに邪魔されるたびに相手を激しく非難していたら、友人関係は揺らぎ始め、それをしょっちゅう繰り返せば、やがて友だちはだんだんあなたと距離を置くようになるだろう。

もちろん、特定の関係の相手に対しては、私たちはどんな不品行でも許す覚悟ができている（親はわが子を許し、恋人同士はお互いを許し、部下は上司を許す——少なくとも、たいていの場合は）。だがそれでも我慢の限界はある。もしあなたが私と会うとき、つねにケーキを独り占めし、私にビールをおごらせ、私を怒鳴りつけるようなら、どんなに親しい関係でも、いずれは亀裂ができるだろう。相手にちょっとお金を借すのと（その場合、相手は借りを返すためにあなたと一緒に出掛けたがる）、誰かの経済的奴隷になる（相手がすべての出費をあなたに押し付けようとする）のとではまったく別の話だ。

私たちが強欲すぎる行動や腹立たしい相手に暴力的な態度をとらないのは、自らの行動を抑制する力があるからだ。これがどのぐらい本能的なものかはよくわからない。私たちは子どもに、欲張ってはいけません、オモチャはお友だちと仲良く使いなさい、わがままを叱られてもかんしゃくを起こしてはいけません、ほかの人の迷惑な癖は我慢しなさいと根気強く教える。その結果、ほとんどの子どもはこういった社会的スキルを身につけて大人になる――なかにはどうしても身につけられない子もいるが、彼らについてはあとの章で触れる。このような社会的スキルは交渉術の基本であり、民主主義の基本、困難な状況を切り抜けてさらにもう一日生き延びるための基本だ。これにしくじったせいで人間関係が崩壊することも、諍いが大きくなって、致命的な争いに発展することもある。だからこの基本的なスキルは、決して見くびってはいけないのだ。このスキルがなかったらたいていの友人関係は一瞬にして崩壊し、人間社会も――いや霊長類の社会でさえ――成り立たなくなることは、誰もが知っている事実だ。

その理由は主に、霊長類の社会集団も、その集団を構成するすべての関係性も、暗黙の社会的契約に基づいているからにほかならない。一緒に暮らす、または友だちになるという無言の契約に合意しているからこそ、私たちは日常的な問題も、繁殖に関わる問題も、自分一人で対処するより効率的に解決できるのだ。だがここで問題となるのが、この無言の契約にはつねに、応分の負担を負いたくない、相手よりも多くの利益を得たいという誘惑がつきまとう点だ。そしてこの問題はコモンズ（共有地）の悲劇と呼ばれる事態を引き起こす。コモンズとは、中世および近世のイギリスの村で村人たちが牛や馬を放牧していた共有の牧草地だ。ここに放牧する家畜が多すぎれば、牧草は食べつくされ、最終的には家畜すべてが餓死してしまう。したがって村人は、共有地で放牧してもいい羊、牛、馬の一世帯当たりの頭数をあらかじめ決めていた。けれど、できれば割り当てよりあと一頭よけいに放牧したいと思うのが人情で、このバランスを保つのはなかなか難しい。もし誰かが一頭よけいに放牧すれば、その人は得をするが、そのぶん共有地の牧草は少なくなり、ほかの村人の不利益になる。そんなルール違反をする村人が一人だけなら、まあ何とかなるかもしれないが、全員がそれをすれば、村全体が依存する資源（牧草）は破壊されてしまう。友人関係のレベルから、漁業や森林の資源保護のレベルに至るまで、この問題は大昔から社会を悩ませてきた。このような事態を避けるには、お互いの関係性や共有資源を維持するための非公式の合意や期待を人々に守らせる何らかのメカニズムが必要だ。

つまりすべては、将来得られる大きな報酬（遅延報酬）のために、目の前の小さな報酬（即時報酬）をあきらめられるかどうかにかかっている。これは必然的にトレードオフの問題となる。現在の資源の価値のほうが、将来もたらされる価値より大きいとき、私たちはつい今の利益を選んでしまう。経済学者たちはこれを将来の軽視と呼ぶが、全体として私たちはこの判断があまりうまくない（少なくとも、森林伐採を進める私たちの姿勢を見る限りはそうだ）。だがそれは、近視眼的な見方のほうが実際には合理的という場合もあるからだ。未来は予測不能であり、もしかしたら未来など訪れない可能性だってある（自分が死んでしまう可能性もある）。だから、明日は死んでいるかもしれないリスクより、将来の利益のほうが大きいと確信できない限り、今、目の前にあるケーキをあきらめて待つという選択肢は選べないというわけだ。

ステファニー・カールソンとルイス・モーゼズたちの研究は、衝動を抑制する能力や、不適切な反応を抑制する能力は、子どもの社会的スキル、特に高度な心の理論の向上につながることを明らかにした。同様の結果は、ジャック・ローネーとエリー・ピアース、ラファエル・ウロダルスキーそしてジェームズ・カーニーのグループが成人を対象に行った研究でも報告されている。ワイル・コーネル医科大学、サックラー・インスティテュートのB・J・ケイシーたちは、優勢な反応を抑制する能力は、子ども時代から大人になるまでのあいだ驚くほど安定していることを確認した。この研究では、四〇歳の成人が標準的な行動抑制課題に取り組んだ際の成績と、彼らが四歳だったころに行った満足遅延耐性テストの成績を比較した（一般に満足遅延耐性は、テーブルの上のクッキーに触ってはいけない、と言われて部屋に一人残された子どもが、クッキーを食べたい衝動をどのぐらい我慢できるかで測る）。成人に用いた行動抑制課題は「ゴー・ノー・ゴー」課題と呼ばれるもので、見せられた視覚刺激が条件に合っていればボタンを押す、合っていなければボタンを押さないというテストだ。このテストの視覚刺激に明白な社交上のヒントが含まれていた場合（笑顔のマークを見せられたらボタンを押し、怖い顔のマークを見せられたらボタンを押さない、など）、被験者のこの課題の成績と四〇年前の彼らの満足遅延耐性には相関関係があった。いっぽう、視覚刺激に社交的ヒントがない場合は（見せられるマークが無表情）、相関関係は見られなかった。また、被験者たちがこの課題に取り組んでいるときにその脳をスキャンすると、満足遅延耐性が高い人と低い人では、右前頭葉の神経活動が大きく違い、その違いは反応を適切に抑制したときに特に大きかった。

行動を抑制する能力は、前頭極と呼ばれる脳の部位にも大きく依存している可能性が高い。前頭極は、脳の前方、ちょうと眉毛の上あたりにある部位だ（図2を参照）。ちなみにこの脳領域（専門的にはブロードマン領野一〇と呼ぶ）があるのはサルと類人猿とヒトだけで、原猿類をはじめとするそのほかの哺乳類にはない。また、前頭極は一般に実行機能と呼ばれる多くの重要な認知能力にも関係している。実行機能には、制御能力だけでなく、因果的推論や一試行学習（実例を何度も見て学ぶ、という動物のほとんどが実践する丸暗記スタイルと違い、一度観察しただけで原則を推測する学習スタイルを指す）、複数の結果を比較してベストなものを選ぶ能力なども含まれている。このようなより高度な認知能力は、動物がものごとを推測したり、行動を決定したりするときのスピードと効率に大きな影響を及ぼす。したがって前頭極が小さい人は、自身の行動を抑制する力も、物事を長期的視点で見る力も、自分を怒らせた友人を許す力も、さらには偶然の行動と意図的な行動を区別する力も弱い。つまり、衝動的行動を抑制する力と心の理論が組み合わされて初めて、私たちは社会生活と友人関係を円滑に営めるようになるのだ。行動を瞬時に決める能力は、食べ物を探す場面より、物事が素早く展開する社会的な場面でのほうが重要だ。少なくとも、ほぼ植物しか食べない霊長類の場合はその通りで、これを食べようかどうしようかと、ゆっくり考えることができる彼らにとっては、行動を瞬時に決定する能力はそれほど重要ではない。

モリー・クロケットとトバイアス・カレンシャーが磁気共鳴機能画像法（ｆＭＲＩ）を利用して行った研究では、目の前の小さな報酬と将来の大きな報酬のどちらを選ぶかを決める際、意志の力で衝動を抑えて決めるときにはどの脳領域が活性化し、誘惑に近づくことを最初から禁じるプリコミットメントという行動戦略で決めるときにはどの脳領域が活性化するかを調べた。（プリコミットメントの例には、自分は今後このように行動すると予め公言したり、誘惑にさらされる場所を避けたりすることなどがある）。その結果、被験者が意志の力を使って望ましくない選択（今の小さな報酬）を抑制するときは、背外側前頭前皮質と頭頂葉皮質のほかの領域が大きく関与していることがわかった。しかしプリコミットメントを用いて決断したときは、前頭極のほうがより活性化し、意志の力に関わる背外側前頭前皮質と頭頂用皮質の領域との連結性が高まった。これはこの種の意思決定には階層的な仕組みがあることを示している、というのがクロケットたちの主張だ。つまり私たちは、単純な決断を下すときは合理的な意思の力と背外側前頭前皮質を使うが、もっと難しい決断の場合は、プリコミットメントと前頭極を用いて背外側前頭前皮質の活動を抑えているというのだ。のちに彼らは経頭蓋磁気刺激を使ってこれを確認した。その結果、前頭極部分を刺激すると、プリコミットメントを利用する決定は向上したが、前頭極が関与しないとされている拘束力のない決定や意志の力、あるいは特定の報酬への好みが関わる課題については、前頭極を刺劇してもその影響はまったくないことがわかった。

*

本章では社会生活を送るうえで重要となる心理メカニズム、特に友人関係を維持するうえで重要となる二つの心理メカニズムを紹介した。一つはメンタライジングで、私たちはメンタライジングによって自分の行動がもたらす結果や他者の行動の理由を理解し、その結果、自らの行動が自分の社会ネットワーク内の人たちにどのような影響を及ぼすかも理解する。もちろんたいていの場合、私たちが考えるのは、自分の行動の影響を直接受ける友だちのことぐらいだ。しかしどのような行動でもその影響は友だちのそのまた友だちへと及ぶ。だからそれを理解するには、より高度なメンタライジング・スキルが必要になる。もう一つのメカニズムは抑制だ。私たちは抑制のメカニズムを通して、人間関係を揺るがしかねない本能的な行動を抑え込む。そして当然のことながら、この二つのメカニズムに欠かせない脳内のメンタライジング神経ネットワークは、私たちの友だちの数も予測する。これはまさに認知能力のお手玉のようなもので、認知能力が高ければ高いほど、より多くの心的状態を空中に投げ上げ、キャッチすることができる。つまり、より多くの友人が持てるというわけだ。

七章　時間とスキンシップの魔法

その人に自分がどう思われているか知りたいときは、相手が自分にどんなふうに触れるかをチェックするといい。それはほかのいかなる感覚よりも正直で、もちろん、相手が語る言葉よりもはるかに本音を伝えている。触れること、それは一〇〇〇の言葉にも匹敵するのだ。なぜならそこには、ほかの感覚にはない極めて親密なものがあるからだ。言葉はある意味、つかみどころがない。人は気持ちとは裏腹の言葉を口にすることがあるし、同じ言葉でも言い方で意味が変わることもある。また私たちは、その場しのぎの嘘も得意だし、相手によかれと思って嘘をつくことも（事実ではあっても、残酷すぎる内容で相手を怒らせたくない場合）、私利私欲のために嘘をつくこともある。だがそんな言葉とは対照的に、あなたの肩に置かれた手やあなたの腕をさする手は、相手があなたのことをどう思っているかを如実に物語る。なぜなら触れることには、ほかの感覚にはない親密さがあるからだ。味や匂いも触れることと同じくらい親密な感覚だが、この二つはあなたが誰かを伝えてはくれるが、あなたが私をどう思っているかまでは教えてくれない。

「触れること」こそが、人間関係という世界を回しているといっても過言ではない。触れること、いわゆるスキンシップに親密さを感じるのは、私たちが誰に、どんなふうに触れられるかに非常に敏感だからだ。そっと撫でられたり、揺すられたりすると、自然に喜びや安らぎがわき上がり、肩に重くのしかかっていた日常の心配事がゆっくりと流れ落ちていく。まさに日常の世界でマッサージ師がやってくれる仕事だ。だから私たちは赤ちゃんを優しく揺らしてあやし、揺らされた赤ちゃんはおとなしくなる。けれど同時に、スキンシップは反対の作用を及ぼすこともある。その理由もまた、触れることがごく親密な行為だからだろう。だからこそ、この人には触れられたいが、あの人に触れられるのは嫌、といった状況も生まれる。この両面性がときに頭痛の種となり、自分がどちらのカテゴリーにいるか、すなわち触ったら喜ばれるのか、嫌がられるのかの判断がつかずに困ることもある。自分は親しみを込めてあなたを撫でたいが、あなたは私に撫でられたくない、という状況も起こりえるのだ。したがって私たちは、そんな問題が生じないようにルールを作らなければならない。初対面の相手なら握手は構わないが、背中を撫でたりキスしたりはご法度、といったルールだ。私たちは、子ども時代と思春期のほとんどを費やしてこのルールを学ぶが、それでもやはりしくじることはあり、触れてもらいたいのにその思いが叶わない、あるいは嫌がられているのについ触れてしまうということは必ず起こる。

触れ合うことの親密さ

どうやらスキンシップには、文化を超えた普遍的なルールがあるらしい。フィンランド人の共同研究者、ジューリア・スヴィレトが中心となり、ヨーロッパの五カ国（フィンランド、ロシア、フランス、イタリア、イギリス）の人々を対象に実施した調査では、他者を触る場合、身体のどの部位なら抵抗を覚えないか、またどの部位なら触られても気にならないかを尋ねた。被験者たちは、近親者（パートナー、兄弟姉妹、恋人、親友）、それほど親しくない親族（おじ、おば、いとこ）、まったく親しくない人（ただの知り合い、まったく知らない人）のカテゴリーから、男女それぞれ具体的な人物を一人ずつ選び、それぞれの人について、コンピュータ画面に映し出された人体の輪郭を見ながら、触られてもかまわない身体部位を塗っていった。この調査には一三〇〇人余りが参加したが、その結果は文化を超えて一貫しており、関係性が親密であればあるほど、触られてもかまわない部位は広かった。見ず知らずの相手で触っていいのは手だけで、腹部や太ももは絶対に触れてはいけないエリアだった。だから私たちは初対面の相手とは熱烈なハグはせず、握手だけですますのだ。初対面の相手に熱烈なハグをされそうになってぎょっとするのもそのせいだ。いっぽう家族のあいだでは、触れる場所の制限はそれほどない。それでも、全身のどこを触わっても、あるいは触られてもかまわない相手は恋人だけだ。面白いことに男性より女性のほうが、触っても許される領域が広く、触り方についても許容される幅が広い。大事なことは、このようなパターンは性別に関係なく、その人が相手にどの程度、親密な感情を抱いているか、に強く関係していることだ。

もちろん、国によって多少の違いはあった。驚いたことにスキンシップが最も多いのはフィンランド人で（裸で楽しむサウナのせいだろうか?）、イギリス人が最も少なかった（これはまあ、それほど不思議ではない）。それでも、ざっくりとしたパターンはヨーロッパ全体で同じだった。のちにジューリアは日本人研究者と共同研究を行い、日本人の傾向はイギリス人に近いが、恋人同士の触れ合いは、ヨーロッパの人々よりずっと自由度が低いことがわかった――もちろん親戚よりは多いが。抑制が減ったヒッピー時代以降の西欧と比べればずっと少なかった。イギリスと日本で大きく違ったのは、近親者のお尻や下腿（ひざから足首までの部分）を触ることに対する意識で、日本人はイギリス人より不寛容だった。だが一番の驚きは、日本人にとって足は絶対に触ってはいけない場所だったことだ。もしわかる人がいたら、その理由をぜひ教えてもらいたい。

スキンシップは親近感を伝えることができ、これは一時、経営者へのアドバイスにも組み込まれていた。一九八〇年代、イギリス企業がボーリングのピンのごとくバタバタと倒れ、余剰人員の整理解雇が右肩上がりに増えていた当時、経営者たちはデスクを挟んで社員と向き合ったまま解雇を告げてはいけない、とアドバイスされていた。かならずデスクを回り込んで社員の傍らに立ち、その肩に手をのせて解雇を言い渡せ、というのがマネジメントの第一人者たちからのアドバイスだった。腕を何気なくさすったり、肩に手を置いたりして状況のつらさをやわらげれば、社員の怒りも緩和されるからだ。

人間関係においてなぜスキンシップがそこまで重要なのかというと、霊長類は触れ合うことをベースにお互いの関係性を構築、維持しているからで、彼らの社会生活はまさに毛づくろいを中心に回っている。定期的に毛づくろいをし合う同士なら、いっぽうが脅威や攻撃にさらされれば、助け合うことが多い。東アフリカのミドリザルを使って独創的な実験を行ったアメリカ人霊長類学者のロバート・セイファースとドロシー・チェイニーは、観察対象のミドリザルが授乳をしている近くにスピーカーを仕掛け、攻撃されたサルが助けを呼ぶ叫び声を流した。観察対象のサルは、その声の主が自分の毛づくろいの相手の場合は、授乳をやめ、何か起きたのかと藪をのぞきこんだ。しかしその声の主がほかのサルの毛づくろい相手なら、せいぜいスピーカーのほうをちらりと見るだけで、あとは助けを呼ぶ声を無視して授乳を続けていることが多かった。これは私がエチオピアで研究していたゲラダヒヒでも同じだった。互いに毛づくろいする頻度が高いメス同士の場合、いっぽうが別の群れのサルに脅されると、もういっぽうが助けに行くことが多かったのだ。この傾向は人間も同じで、長い時間交流を重ねた相手には、私たちはより利他的に行動しようとする。しかし先に紹介したマックス・バートンの研究が示すように、私たちのほうも彼らがより積極的にこちらを助けてくれることを期待する。

このすべてのベースとなっているのが、毛づくろいから生まれる親密な関係だ。誰かに毛づくろいをしてもらうという行為は、そこに信頼関係があること、たとえ油断していても、相手が嚙みついてこないという信頼関係があることを物語っている。毛づくろいされる場所が、頭や肩、背中、臀部、尻など、自分では毛づくろいできない場所だということを考えればなおさらだ。じつは手や足、手足の前部分、腹など自分で簡単に毛づくろいできる部分を他者に毛づくろいしてもらうことはほとんどない。

霊長類学者はよく、サルは相手から社会的なサポートを受けることと引き換えに、毛づくろいをしていると主張する。だがもしそうなら、それは必ずしも賢い取引とはいえないだろう。なぜなら、少なくとも友人同士のあいだでは、毛づくろいは相互的なものだからだ。サルたちは、午前中または夕方の社交の時間に、友だち同士が五分おきぐらいに役割を交代しながら毛づくろいをしあう。だから、社会的なサポートが必要になるよりも先に、借りは返されてしまうのだ。また、いっぽうだけが毛づくろいをしているような関係だと、有事の際に互いに助け合うこともまずしない。いっぽうだけが毛づくろいをしているのは、地位の低いサルが地位の高いサルのごきげんをとっているときか、社会的になんらかの違反行為をしたサルが、詫びを入れているときだからだ。これもまた、動物の実際の行動を注意深く見ていないために生じた、科学の誤解と言えるだろう。

実際のところ、サルや類人猿が毛づくろいをする本当の目的はそれとはまったく違い、毛づくろいで生まれた絆には、二つの重要な意味がある。まず、毛づくろいをするパートナー同士は絶対に相手から離れない。いっぽうが場所を移ればもういっぽうも必ずついていくのだ。サルたちは一日に何十回となく移動するため、そのような強い絆がないと、深い森や下生えのなかですぐにはぐれてしまい、集団でいることで捕食者から身を守るというメリットがなくなってしまう。また、毛づくろいのパートナー同士の絆には、同じ群れの仲間から攻撃されないようにする消極的な防衛同盟という意味もある。この消極的な防衛関係は、連合を組んだ積極的支援よりもずっと重要だ。友だちがいることを見せておけば、それは「もし自分にちょっかいを出したら、私の友だちともトラブルになるぞ」というアピールになるため、周囲の態度も慎重になる。したがって連合を組んだ積極的支援が必要になるのは、こういった消極的な防御が失敗した(あるいは、相手が怒りのあまり自分の行動を制御できず攻撃してきた)ときだけだ。

毛づくろいは信頼と義務を伴う関係性を作り出すが、その関係性を支えるのはパートナーといつも一緒にいたい、物理的に触れ合っていたいという思いだ。そのことは、サルと有蹄類の違いによく現れている。たとえば授乳中に同じ群れの仲間に目をやる頻度を、パートナーとの絆が強いゲラダヒヒ、一雄一雌制のイワトビカモシカ、そしてゆるい集団で暮らす社会性の低い野生ヤギと比較した場合、ゲラダヒヒとイワトビカモシカは、六分から八分に一度は群れの仲間に目をやっていたが、社交性の低い野生ヤギは四〇分に一度しか仲間を見ていなかった。つまり、絆の強いこの二つの種が自分の社会的パートナーを常にチェックしているのは、相手を警戒しているからではなく、見失わないためなのだ。これは、恋人や親友のそばにいたいと思う私たち人間と同じ感覚だ。

つまり毛づくろいをすることで、相手と一緒にいたいという心理が生まれるのだ。それは、パートナーと一緒にいたい、つねにその隣で身を寄せ合っていたいという強い思いだ。だからパートナーが助けを求めていれば、すぐに支援の手を差しのべ、攻撃されていれば助っ人として駆けつけ、五〇ポンド貸してほしいと言われればすぐに貸し、買い物や庭仕事を手伝いたくなるのだ。では毛づくろいは、どんなメカニズムであなたにそれをさせるのだろうか？

毛づくろいが生む催眠作用

これまで、私は脳が友人関係に果たす役割について語るなかで、友だちの数には上限があること、そしてその上限を決めるのは、私たちが友だちについて考え、彼らとの関係を評価する能力だといった意味のことを述べてきた。だが、脳の物語には、一般にあまり知られていない、もっと深く、もっと感情に関係する側面がある。それは脳の自前の鎮痛剤、一般にエンドルフィンと呼ばれている一連の分子に関するものだ。じつはこのエンドルフィンにはエンケファリン、ダイノルフィン、エンドルフィンの三つのファミリーがある。私たちがここで取り上げるのはこの最後のファミリーであるエンドルフィン、特にベータエンドルフィンだ。エンドルフィンは、神経伝達物質としての機能を果たすことも多い神経ペプチドだ。しかしその主要な役割は、痛みに関連していると思われる。化学的にはモルヒネ（アヘンケシの実の果汁に含まれる精神活性物質）とよく似ているエンドルフィンは、鎮痛剤として作用する。その効果を同じ重量で比較すると、痛み止めとしてのエンドルフィンの効果はモルヒネの六倍だ。

エンドルフィンはあらゆる痛みやストレスに反応して活性化する。心理的なストレスも生理的なストレスも、エンドルフィン系を活性化させるのだ。私たちがモルヒネやヘロインにいとも簡単に依存してしまうのも、モルヒネがエンドルフィンと化学的に非常によく似ているからだ。二一世紀のアメリカが、オキシコドン、ヒドロコドン、フェンタニルといった新たなオピオイド薬への依存症に大きく蝕まれたのも、そのためだ。二〇一七年、アメリカでは約一七〇〇万人が、処方箋がないと買えないオピオイド薬の依存症となり（ヘロイン常用者数の三倍以上だ）、この年、オピオイド薬の過剰摂取で命を落としたとされる人は四万七〇〇〇人を上回った。こういった人工のオピオイドとエンドルフィンの化学構造の違いはわずかだが、私たちを依存症にするかしないかという点ではその違いは極めて大きい。とはいえ、エンドルフィンに精神的に依存することはあり、それが、アルコールやセックス依存症の理由の一つになっている。なぜならアルコールもセックスも、エンドルフィン系を活性化させる非常に強力な引き金になるからだ。しかしエンドルフィンへの依存は、合成オピオイドやモルヒネ、アヘンなどが引き起こす破滅的なタイプの生理的依存症とは違う。

それでも現在では、エンドルフィン・レベルの異常が、多くの精神疾患の原因となる可能性を示唆する臨床的、薬理学的エビデンスが続々と出てきている。統合失調症やある種のうつ病、いくつかの自閉症スペクトラム障害などがそうで、これには「免疫表現型」に分類される自閉症スペクトラム障害――免疫系の異常が関連すると思われる症状で、炎症性サイトカイン（炎症に対する免疫システム反応の一部として産出されるタンパク質）の産生を伴うことも多い――も含まれている。たとえばエンドルフィンは身体の免疫反応に影響を与えることで、「神経炎症」反応に関与し、それがこれらの疾患やアヘン中毒者によく見られる抑うつの原因になっているという指摘もある。この指摘を裏付けるのが、そういった精神疾患に伴ういくつかの症状で、特にうつ病患者によく見られる社会的交流からの撤退は、アヘン中毒者の行動と非常によく似ている。

では、なぜエンドルフィンがそれほど重要なのか？

それは、ドーパミン系に促進、支援されているエンドルフィン系こそが、霊長類が社会的な絆を形成する際のプロセスの中核となっているからだ。哺乳類全般、特に霊長類のエンドルフィン系は社会的毛づくろいにより活性化されるが、これを可能にしているのが、高度に専門化された末梢神経系、すなわち求心性のC触覚神経だ。エンドルフィンが脳内に取り込まれると、麻薬を摂取したときに似たリラックス効果や鎮痛効果、そして機嫌よく誰とでも仲良くやれる気楽な気分が生じ、それが毛づくろいの相手とのあいだに強い絆と信頼関係を生み出すのだ。

毛づくろいは主に手で撫でる動きが中心で、この動きが毛包の根元にあるC触覚神経の受容体を刺激する。C触覚繊維はほかの末梢感覚繊維とは違い、髄鞘（ミエリン）と呼ばれる被膜に包まれていない無髄神経線維（したがって伝導速度は非常に遅い）で、反射的な運動ループ（痛みを感じる通常の神経なら、うっかり火に触わったとき、とっさに手を引っ込める運動ループ）がなく、たった一つの刺激にしか反応しない。その唯一の刺激が、一秒間にきっかり二・五センチメートルの速度で、軽く、ゆっくり動く刺激、そう、まさに毛づくろいの手の動きと同じ刺激なのだ。これを見事に証明したのが、フランシス・マッグローンと彼女の共同研究者たちが実施した、痛み（針刺し）に対する赤ちゃんの反応を調べた実験で、赤ちゃんは秒速三センチメートルで撫でられるとすぐにおとなしくなったが、秒速三〇センチメートルで撫でられてもおとなしくならなかった。正しい方法で刺激すれば、C触覚繊維は直接エンドルフィン・システムを刺激し、脳内に大量のエンドルフィンを放出させる。そうやって放出されたエンドルフィンが、脳の大部分に分布する特殊な受容体（μ受容体）に作用するのだ。

毛づくろいのこの作用も、そこにエンドルフィンが関わっていることも、すでに三〇年前には、ケンブリッジ大学の神経生物学者、バリー・ケヴァーヌによって明らかにされていた。彼は、集団で飼育されているサルにごく少量のモルヒネ、またはエンドルフィン遮断薬（ナロキソン）を与えてその違いを観察する実験を行った。ちなみにナロキソンは、脳内のエンドルフィン受容体にとりつくが、薬理学的にはニュートラルなため、これを与えられたサルはエンドルフィンの鎮静効果を得られない。その結果、ナロキソンを与えられたサルは、どんなに毛づくろいされても満足せず、ほかのサルたちに毛づくろいをせがみ続けた。いっぽうモルヒネを与えられたサル——モルヒネの量は血液検査でも検出できないほど少量——は、毛づくろいされることにすぐに興味を失った。モルヒネを摂取したせいで、毛づくろいがもたらす鎮静効果が必要なかったからだ（おそらく麻薬常用者たちが社会生活や社会的な交流に関心をなくす理由もこれで、麻薬を摂取した彼らは、人と接触することで同様の効果を得る必要がないのだろう）。

ヒトである私たちも、サルの毛づくろいと同じシステムを持っている。そして互いに交流することで、このシステムを活性化させている。脳がエンドルフィンを取り込むと、私たちはそれを親しい人とのスキンシップで生まれる温かな感覚として、また痛みが鎮まる穏やかな感覚、日々の精神的、肉体的苦しみが癒される感覚、そして明確な幸福感（関連するドーパミンの活性化による）として経験する。もしそれがどんな感じか知りたければ、ぜひジョギングをしてみてほしい。たいていは走りだして数十分もすれば、ランニングのつらさが突然消え、永遠に走り続けられるような感覚、いわゆる「ランナーズ・ハイ」を覚えるはずだ。また、人との交流でこれを感じると、心が安らぎ、相手に友好的になり、その人への信頼感が増す。トリステン・イナガキとナオミ・アイゼンバーガーは、私たちが友だちづきあいで感じる温かな感覚は、じつは温かい物質を手にしたときに感じる温かさと同じ感覚だということを、脳スキャンを利用して証明した。どちらの感覚も脳の同じ部位、すなわち痛みを感じたときや撫でられているときに活性化する腹側線条体と島皮質で処理されていたのだ。そして被験者たちは、冷たい物体を手にしたあとより温かい物体を手にしたあとのほうが、より「絆を感じた」という。

もし霊長類の毛づくろいと同様の現象をヒトで見たいなら、海辺の公園でくつろぐ子連れの母親を見るといいだろう。母親が幼子の髪（毛髪は私たちに残された唯一の毛だ）を梳くその動きはまさに、サルたちが毛づくろいでしている動きにほかならない。私たちは体毛のほとんどを失ったため（およそ二〇〇万年前のことだが、これについては私の著作『人類進化の謎を解き明かす』に詳しい）、従来通りの毛づくろいをする能力は限られてしまった。いまや私たちの体毛はかなり薄いが、それでも毛づくろいのメカニズムは残っており、その働きも健在だ。もし、信じられないというなら、鳥肌が立ったときに肌がきゅっとしまってブツブツになることを思い出してほしい。これは、危機に遭遇した犬や猫、サルが身体を大きく見せようと毛を逆立てるときに使う毛包の根元を囲む筋肉と同じ筋肉がなせる業だ。私たちの体毛が犬のように逆立つことはもうないが、それでも毛を逆立てる皮膚のメカニズムはいまだに残っているのである。私たちが「身の毛がよだつ」といった言い回しをするのもそのせいで、豊かな体毛は失っても、まだ皮膚の下にある仕組みはそのままなのだ。そしてそれは、C触覚のレセプターも同様だ。毛づくろいをするための体毛のほとんどを失った私たちは、それを毛づくろいと同様の効果がある動作、すなわち撫でたり、軽くたたいたり、優しく抱きしめたりといった動作に置き換えた。皮膚を撫でる動作がＣ触覚繊維を活性化させ、エンドルフィンを産生する脳内のニューロンへと信号を送るのだ。セックスの前に私たちが相手の皮膚を撫でたり、さすったりするのも、相手をリラックスさせ、その気にさせるためだ。

皮膚を撫でさすると、本当に脳内のエンドルフィン系が色めきたつのだろうか。当然私たちはそれを確認したいと考えたが、問題は、エンドルフィンは血液脳関門を通過できないことだった。したがって脳内のエンドルフィンを分析したくても、体内のほかの化学物質を調べるときのように採血して、その血液サンプルを分析することはできない。そんなエンドルフィンを分析する方法は二つだけで、一つは腰椎穿刺だ。これは痛みを伴う方法で、脊柱に穴をあけ、そこから脳と脳内の神経、そして脊髄を循環する脳脊髄液のサンプルを採取する。しかしこの手法だと、脳髄液の採取を二回行わなければならない。実験的操作によって循環するエンドルフィンの量が変化したかを調べるには、まず基準レベルを知っておく必要があるからだ。しかし、三〇分の実験で、痛みを伴う検査を二度もボランティアに強いることはできれば避けたいし、そもそも腰椎穿刺は頭痛や感染など、不快な影響が出ることも多い。脳の循環系、それもあえて自己完結型にされている循環系にわざわざ穴をあけ、外から得体のしれないものを突っ込むのだから当然と言えば当然だ。

この腰椎穿刺に代わるのが、脳撮像の一種であるＰＥＴ（ポジトロン断層撮影法）だ。ここで手がかりとなるのがポジトロンすなわち陽電子で、この亜原子粒子はある種の放射性崩壊を起こしている原子から放出される。こう聞いただけで、すでに嫌な予感がするはずだ。体内の代謝の過程をリアルタイムで見られるＰＥＴは、代謝の過程を観察したいときに利用される画像診断だ。血流に放射性トレーサーを注入し、認知的作業をしている脳の神経が血液と血中の酸素を燃料として取り込む様子を見るPETはおそらく、脳撮像技術のなかで最も不快な方法と言えるだろう。そのうえこのPETを私たちの実験で使うとなると、被験者はトレーサーの注射を二回受けることになる。彼らに行ってもらう認知的テストによって、エンドルフィンが増えたか減ったかを見る必要があるからだ。放射性物質を人体にたて続けに二度も注射することはできないという事実は別にしても、もし二度目の実験をするならまず、最初に注射したトレーサーが体内からなくなるのを待たなければならない。そうしないと、エンドルフィンが脳の受容体に取り込まれているかわからないからだ。つまり、ボランティアの被験者たちはその日の大半を研究室で過ごし、午前中に一度、そして午後の半ばにもう一度、脳をスキャンすることになる。これはかなりの負担だ。だがそれだけではない。このすべてのプロセスには、莫大な費用がかかるのだ。放射性トレーサーを作るだけでも多額の費用がかかるが、放射性物質を人体に注入するとなれば、被験者に何かあったとき（そういうことはきわめてまれだが）のために、救急蘇生チームも待機させておく必要がある。しかしほかに方法は思いつかない。PETの利用は決して理想的とは言えないものの、現実的には唯一の選択肢だった。

ヒトも、撫でさすられることでエンドルフィンが誘発されるかを確認するために、私たちは何度かPET実験の資金調達を試みたが、結局イギリスではできなかった。研究資金を提供する機関がどこも興味を示さなかったからだ。おそらく、資金の拠出を決める審査員も委員会も、この実験の重要性がわからず、いつも資金を提供しているありきたりな神経科学の研究のほうに金を出したかったのだろう。そこで私たちは、PET検査を利用している病院に話を持っていった。彼らは非常に乗り気だったが、残念ながら病院は私たちが使う特別な放射性トレーサーを作るキットを持っていなかった。そうなると、トレーサーをロンドンから運ぶことになるが、その輸送には一時間半はかかる。それも道がすいていればの話だ。混雑が激しいロンドンの交通事情を考えると、半減期が二時間半のトレーサーが到着するころには、その放射性物質は使い物にならないほど失われている可能性が高い。まさに、袋小路の状態だった。私はそんな状況を当時定期的に訪れていたアールト大学で、共同研究者のフィンランド人、ラウリ・ヌメンマーに愚痴った。すると彼は、じゃあその実験をフィンランドでやったらいい、費用もイギリスとは比べ物にならないほど安いから、と提案してきた。そして、彼がこの実験を引き受けてくれることになったのだ。

私たちは被験者を原則、男性に限ることにした。女性よりも社会性が低いとされる男性でこのメカニズムが機能するなら、その結果は男女両方にあてはまると言えるからだ。ヌメンマーは男性のボランティアにスキャナーに入ってもらうと、彼らの女性のパートナーたちに相手の胴体を優しく撫でてもらった。パートナーたちには、撫でる場所は肩から下、ベルトから上に限るようしっかり言い含めた。その後、スキャナーでの撮影が終わると、被験者たちには実験に対する心理的、感情的反応についてアンケートに答えてもらったが、性的な反応や興奮を報告した人はいなかった。しかし脳の断層画像を見ると、パートナーに撫でられたあとの彼らの脳は、もう大変なことになっていた。エンドルフィンが盛大に放出され、脳全体の受容体がむさぼるようにそれを取り込んでいたのだ。

また、バリー・ケヴァーヌがサルで行った実験のヒト版とも言える実験を実施したトリステン・イナガキとナオミ・アイゼンバーガーは、四日間ナルトレキソン（これもエンドルフィン阻害薬だ）を服用したあとの被験者は、四日間プラセボ（薬理学的にニュートラルな砂糖の錠剤）を服用したときと比べて、社会的なつながりに関する自己評価が低いことを明らかにした。つまりエンドルフィンは、社会とつながっている、と感じる私たちの感覚に直接影響を及ぼすのだ。

神経化学物質が作るクモの巣

この一〇年ほど、脳内化学物質が私たちの社会生活に果たす役割については、多くの研究報道が行われてきた。そのなかでも最も注目を集めたのが、大々的にメディアに取り上げられたオキシトシンだ。「愛情ホルモン」とも、「リキッド・トラスト」とも呼ばれるオキシトシンは、すべての脊椎動物がもつホルモン兵器の一つだ。当初、このホルモンは、魚が体内の水分バランスを維持するためのメカニズム——体内に海水が入りすぎないようにするメカニズム——として進化したらしい。だがその後、初期の魚が首尾よく陸に上がって両生類や爬虫類の祖先が生まれ、さらには鳥、哺乳類が誕生すると、彼らは魚とは逆の問題を抱えるようになった。乾燥した空気にさらされるせいで、身体が水分を失い、干からびるという問題だ。そこでオキシトシンは身体が干からびるのを防ぐ役目を担うようになり、現在もすべての哺乳類でその機能を果たしている。しかし哺乳類が授乳という新手の子育て戦略をとるようになると、オキシトシンは別の重要な機能も果たすようになった。授乳する母親の体内の水分バランスが乱れるのを防ぐという役割だ。さらにこのあとオキシトシンは、母親と乳児の絆を強める役割——授乳のために母が必ず子のもとに戻るためには強い絆が不可欠だ——も担うようになった。そのうち「つがい」の絆が進化すると、母と子の絆を強化するオキシトシンは、つがいの絆も強化するようになった。

そして一九九〇年代、まずはスー・カーターの神経科学研究室から、次にはラリー・ヤングと彼の研究室から、ハタネズミには一雌一雄制のものと雑婚のものがいるが、それにはどうやらオキシトシンが関わっているらしいというニュースが伝わってきた。おもに草食で地上の草木のあいだをチョロチョロ走り回る、ハツカネズミに似たハタネズミは、フクロウなどの猛禽類やコヨーテ、キツネたちの主要な食料源だ。彼らは巣穴で子を育てるが、この大きさでこの習性をもつほとんどの種と同様、妊娠期間は短く（約三週間）、授乳期間はさらに短い（二週間）。

じつは先述の二チームがそれぞれ研究対象とした二つの種――ヤマハタネズミとプレーリーハタネズミ――は、偶然にも交配様式がまったく違った。いっぽうは相手を選ばず繁殖するが、もういっぽうは一雌一雄制（少なくともその繁殖シーズン中は相手が変わらない）だったのだ。そして、それぞれが有するオキシトシンの遺伝子も違っていた。何年にもわたって研究を続けたこの二つの研究室は、雑婚のヤマハタネズミにオキシトシンを注射する、または一雌一雄制のプレーリーハタネズミのオキシトシン受容体遺伝子を注入すると、雑婚だった彼らがつがいを作る種に変わることを証明した。

この発見にメディアは飛びつき、当然ながら、多くの人がこの発見を人間にもあてはめようとした。オキシトシンは血液脳関門を通過する神経化学物質の一つらしかったので、スプレー式点鼻薬にすれば人間にも簡単に投与できるのではと考えたのだ。そこで、忍耐強い被験者の鼻孔にオキシトシンを噴霧し、その人がより信頼できる、より寛大な人物、より行いの正しい人物に変わるのか、という実験が数多く行われた。まあ、その効果は太鼓判を押せるほどのものではなかったと言うのが妥当だろう。いっぽうギデオン・ネイヴの最近の評価では、オキシトシンが人間の社会的行動に影響を及ぼすというエビデンスは、率直に言って疑わしいとしている。技術面が徹底されていない研究が多かったうえ、別グループによる再現実験で矛盾する結果が出た研究も多かったのだ。また、信頼関係にオキシトシンが及ぼす影響は、多少はあるようにも見えるが、実際にはほぼゼロというのが彼の結論だった。その後、オキシトシンは血液脳関門を通過しないかもしれないというエビデンスも出てきたので、それが多くの実験結果にばらつきがあった理由かもしれない。

だが、オキシトシンに関してはもっと基本的な問題がある。ハタネズミはげっ歯類だが、げっ歯類の社会的絆の持続期間はひいき目に言ってもかなり短く、最も絆が強い種でさえ関係が続くのはせいぜい繁殖期の数週間だ。したがってハタネズミ同士の絆と、生涯にわたって強く結ばれ、互いに深く関与し合う霊長類の社会的絆を同じ土俵で語ることには無理があるし、一雌一雄制のイワトビカモシカ——オスはパートナーに対する愛着が非常に強く、パートナーから数メートル以上離れることはまずない——とだって比べ物にはならない。さらに残念なことに、どうやらオキシトシンの効果は長続きしないらしく、ハムスターを使った実験では、ハムスターはオキシトシンの効果に数週間で慣れてしまった。だとすればこのような短い効果は、ハタネズミやハムスターの繁殖ニーズは満たすだろうが、霊長類の生涯を通じた絆に有効とは言えない。その後、オキシトシンの効果を疑う発見はさらに続いた。多くのハタネズミの種を比較分析した結果、一雌一雄制とオキシトシンの遺伝子のあいだには、最初の研究が想定していたほどの相関関係がなかったのだ。というのも、最初に研究対象となった二種のハタネズミの繁殖システムの違いは、それぞれが持つエンドルフィンの遺伝子で十分予測できるとわかったからだ。やれやれ、である。

さらに別の問題もある。オキシトシンを操作しようとした実験のほとんどが、その操作によって活性化する可能性のある神経化学物質を制御していなかったのだ。たとえば、被験者にストレスの高い課題（公の場でのスピーチなど）を課したある実験では、その課題に取り組む前に、一部の被験者にはパートナーからハグされることが許され、ほかの被験者にはそれが許されなかった。その結果、ハグをしてもらった被験者はスピーチをするときのストレスが低く、ハグされなかった被験者たちのストレスは高かった。だが先にも述べたように、ハグはエンドルフィン系も活性化させる。だとすれば、ストレスレベルが下がったのは、エンドルフィンのリラックス効果のせいとも考えられる。なぜならその実験では、エンドルフィンをまったく制御していなかったからだ。

おそらくオキシトシンの効果をめぐる最も深刻な問題は、オキシトシンは内因的にのみ作用するらしいところだ。適切なオキシトシン受容体遺伝子を持っていれば、オキシトンはあなたを友好的で人を簡単に信じるお人よしな人間にするかもしれない。しかしあなたが会う人全員が、あなたと同じとは限らない。なかには、人を信じる気持ちを弱めるように変異したオキシトシン受容体遺伝子を持っている人もいるだろう。もし社会でそんなハゲタカのような連中に遭遇すれば、彼らはあなたの無限の寛大さにつけこみ、あなたをカモにしようとするはずだ。そこで登場するのがエンドルフィンだ。相手に毛づくろいをしてやれば、あなたは相手のエンドルフィンを活性化できる。そう、毛づくろいすることでハゲタカを、お行儀のいい子犬に変えることができるのだ。だが、オキシトシンにそれはできない。社会的毛づくろいにエンドルフィンが関連しているらしいというエビデンスを見たバリー・ケヴァーヌは、哺乳類の世界一般で見れば、オキシトシンも社会的絆を育むホルモンの一つだが、霊長類の強く、生涯にわたって続く絆を維持するだけの効果はオキシトシンにはないと指摘した。そのためにはもっと強い効果を持つ物質が必要であり、それがエンドルフィンだというのだ。霊長類は進化の過程で、社会的な絆を維持するより強力な基盤としてエンドルフィン系を選んだのだ。

私の経験では、世界は二つの陣営、それもお互いに口もきかなければ、相手の論文さえ読まない二つの陣営にきっぱり分かれているように見える。親オキシトシン派（オキシトシンが大好きで、これですべてが説明できると思っている人たち）と親エンドルフィン派（エンドルフィンが大好きで、これですべてが説明できると思っている人たち）だ。後者は明らかに少数派で、親オキシトシン派たちからあきれられ、眉をひそめられているように見える。だが実際は、エンドルフィンのほうが世の中にはずっと古くから知られていたのだ。エンドルフィンが社会的絆を育む化学物質であることを最初に指摘したのは、マウスに関する研究でこの結論にたどり着いたエストニアの神経科学者、ヤーク・パンクセップだ。また、人間の依存症や夫婦関係について研究していた精神科医たちも同様のことを示唆していた。しかし精神科医たちの指摘は、実験で明らかになったエビデンスというよりはむしろ診察室での観察がベースになることが多いため、あまり相手にされてこなかった。何より一番の問題は、エンドルフィンは扱いが面倒で、試験するのも恐ろしく難しいところだった。それに比べれば、オキシトシンは簡単に実験に使うことができる。また、オキシトシンは新顔の化学物質だったため（残念ながら、科学もオートクチュールと同じで流行に弱い）、分不相応の注目を集め、またたく間にほかの物質を押しのけてしまったという事情もある。こんな風に、科学者の行動が科学を妨げるという事態も、ときに起こりうるのだ。

これに業を煮やした私たちは、現状を整理してもう少しきちんとこの問題を検討しようと、大規模な研究に着手した。そこでまず、これまでの研究の主な問題点を二つ特定した。一つは、ヒトの社会性に関与するオキシトシン以外の神経化学物質の影響を制御しなかったこと。そのような物質は少なくとも六種類あり、オキシトシン、エンドルフィン、テストステロン、バソプレッシン、セロトニン、そしてドーパミンもエンドルフィンと同様の働きをする可能性があった。二つ目は、オキシトシン研究のほとんどがなぜか二者関係、それもほとんどが恋人関係に焦点をあてていた点だ。ハタネズミの研究で、オキトキシンがそういった二者関係の文脈で扱われていた、ということもあるだろう。だが同時にこれは、社会性に対する行動科学者たちの見方が全般的に非常に貧弱だったことの表れでもあった。

その理由の一つに、この二〇年間、人間行動学の分野全般をミクロ経済学が支配してきたことが挙げられる。経済学者たちが考える社会生活は、いわゆる中古車のセールスマン的社会生活に限定されているように見える。つまり、車を買いたがっているあなたに、私は自分が持っているオンボロの中古車をできるだけ高値で売りつけたい（どうせあなたには車の価値なんてわからないでしょ）という関係性だ。中古車の売買は、現代社会のほとんどの取引と同様、見ず知らずの人同士のあいだで行われ、いったん取引が終われば、もうそのセールスマンと顔を合わせることは二度とない。けれど実際の社会は、そうはいかない。関わる人のほとんどは互いによく知っている相手であり、さまざまな理由から、お互いが相手に対する責任を負っている。そしてその責任の大半は人間関係のネットワークに深く根差したものなのだ。また、中古車セールスマンとの取引はおそらく一回限りだが、一般的な買い物や取引はほぼ毎日、それもよく知っている相手と行われる。いや、少なくともインターネット・オークションサイトが登場する前まではそうだった。

この重要性については、数年前に行われたある有名な大規模研究がさまざまな面から明らかにしている。多くの人類学者と経済学者によってさまざまな方法で行われたその研究では、世界各地の民族誌学的小規模社会の人々と、経済実験でつねに被験者となるおなじみのメンバーたち（アメリカの経済学部の学生）に、ものの売り買いをする古典的な経済ゲームをプレイしてもらった。数学的には、そのようなゲームには最善のプレイ方法というものが存在するのだが、それはプレイヤー同士がお互いのことを知らず、今後も二度と会わないことが前提だ（つまりあなたと中古車のセールスマンとの関係だ）。当然ながら、経済学部の学生たちはその数学的なプレイ方法で最善の結果を出した。だが民族誌学的社会の人々の大半はそうはしなかった。彼らは相場よりずっと安い値段を受け入れたり、相場よりずっと高い値段を主張したりしたのだ。問題は、学生たちが取引をしたのは見ず知らずの相手だったが、民族誌学的社会の人々が取引したのはもともと人間関係がある相手だったことだ。彼らの多くは、ここで贈り物を受け取れば、あとでお返しをしなければならないといった社会的な文脈のなかでゲームをしたため、安すぎる値段で物を買うことを嫌がったのだ。つまり現実の世界で生きている人々は、恩義を受ければ、それが長期的に影響を及ぼす社会ネットワークのなかで生きているのだ。

ここで思い出してほしいのが、社会ではそのやり取りの多くが二者関係で行われるということ（芝刈り機を貸してあげるから、リンゴの収穫時には手伝いに来てほしいという関係）、そしてその関係の大半はすでに出来上がっている関係であり、もっと大きなコミュニティに根差した関係だということだ。そういったコミュニティの人間関係には義務と責任が伴ううえ、監視のメカニズムも働く。すなわちコミュニティの社会道徳にはずれたことをすれば大きな犠牲を伴うので（そんなことをしたら、おばあちゃんに怒られるよ）、規律を守らざるをえないのだ。

このすべてを考慮した私たちは、社会性を三つのレベルで見る必要があるという結論に至った。社交スタイル（人とのつきあい方全般――あなたの自然な社交スタイル）、二者関係（おもに恋人との関係）、そして社会ネットワーク（あなたがコミュニティにどのぐらい深く根付いているか）の三つのレベルだ。そこで私たちは社会性に関するこの三つの領域のいずれか、またはすべてに作用する可能性がある六つの神経化学物質について調べることにした。エリー・ピアース、アンナ・マチン、ラファエル・ウロダルスキーは何週間もかけてイギリスじゅうの科学フェスティバルや科学博物館を巡り、多くの人にDNA分析用の唾液を提供してもらい、自身の社会生活に関するアンケートにも答えてもらった。この調査は、私が手掛けたなかでも最も大規模、最も費用のかかった調査となった。協力してくれた人の数は一〇〇〇人を上回り、彼らのDNAは、社会性に関わる六つの神経化学物質の受容体遺伝子について測定が行われた。ちなみに、唾液を入れてもらう試験管だけでもなんと二万ポンドもかかったのだ。

そして、疑いようのない明確な結果が出た。それまでは、恋愛関係の質（特に、浮気性の度合い）を予測するのに最も有効な判断材料は、その人が持つオキシトシン受容体の遺伝子とされていたが、エンドルフィン受容体遺伝子を操作すると、いくつかのケースでその強力な相関関係が低下したのだ。つまり、オキシトシンの効果と思われてきたものの一部は、エンドルフィンの効果だったようなのだ。いっぽうエンドルフィンの受容体遺伝子は、愛着スタイル（人間関係であなたがどのぐらい温かいか、冷たいか）や他者への共感性などの社会性に関する指標に圧倒的な影響を与えていたほか、恋愛関係にも有意な影響を与えていた。ドーパミンが最も強い効果を発揮したのは社会ネットワークのレベル（指標は親しい友人の数や地域のコミュニティへの関与度など）で、ここにはエンドルフィン系もドーパミンほどではないが影響を与えていた。そのほかの三つの神経化学物質（テストステロン、バソプレッシン、セロトニン）は、どのレベルにおいても大きな効果は見られなかった。つまり、私たちが実社会と向き合うときに中心的な役割を果たすのは、エンドルフィン-ドーパミン系らしく、オキシトシンが関与するのは恋人同士の関係だけということだ。

友情の痛み

痛みへの耐性、すなわち疼痛耐性のベースとなっているのはエンドルフィン系であり、エンドルフィンは友人関係を作り、維持するという営みにも深く関わっている。だとすれば、痛覚閾値が高い（脳内のエンドルフィン受容体の密度が高い）、すなわち痛みへの耐性が高い人は、より多くの友だちがいるのだろうか。はたしてエンドルフィンと友だちの数に、そこまでの直接的関係があるのだろうか。カタリーナ・ジョンソンはこれを調べようと考え、私たちは疼痛耐性の検査にあの悪名高き「ローマン・チェア」を利用することにした。足を床に、背中を壁にぴたりとつけたまま椅子に座るようにひざを曲げていき、太ももが壁と直角になったときの姿勢を保つ、あのローマン・チェアだ。自分の全体重を、太ももの筋肉だけで支えなければならないこの姿勢は、非常にきつい。どんな人でもこの姿勢を保てるのはせいぜい一分で、二分保てる人はまずいない。実験の結果カタリーナは、この姿勢を長く保てる人（よって痛覚閾値が高い、すなわちエンドルフィン受容体が多いと推定される人）のほうが、シンパシー・グループ（または社会ネットワークの一五人の層）の友人数が多いことを明らかにした。

愛撫に関するPET検査を実施する以前、ラウリ・ヌメンマーはエンドルフィンが果たす役割について、さまざまな社会状況を対象に実験を繰り返していた。その実験のアンケート(二回目のスキャンを待つボランティアの暇つぶしが主な理由だった)で彼が必ず尋ねていたのが、その人の精神的な愛着度を測る愛着スタイル尺度だった。愛着スタイル尺度とは、その人の社交スタイル、すなわちその人が他者と関わり合うときにどのぐらい温かいか、または冷たいかを測る尺度だ。これにはいくつかの下位尺度もあるが、基本的にはこの点数が高ければ、その人の社交スタイルはイタリア人タイプの大仰なもの——ハグやキスの嵐——であり、点数が低ければその人はどちらかと言えば冷たく、「触らないでね、私、イギリス人だから」タイプということになる。検査の結果、温かく感情表現が豊かな人は脳内、特に前頭前皮質にエンドルフィン受容体が高密度に存在していることがわかった。前頭前皮質は、友人関係の管理・維持に特別重要と思われる領域だ。いっぽう、愛着尺度の点数が低い人はエンドルフィン受容体の密度がずっと低かった。まるで身体的接触によって放出されたエンドルフィンを受け入れる穴が少ないせいで、社交的で感情表現豊かな人たちより、他者への興味や接触を求める気持ちが早く失せるかのようなのだ。

ここにはいくつか、自閉症の人の症状とよく似た点がある。六章でも述べたように、自閉症の人たちは、社会的関係に関わる主要な認知スキルが欠けている。だから彼らの大半は、友だちがほとんど、もしくはまったくいない。さらに彼らのなかには、身体的な接触を非常に不快に思い、苦痛とさえ感じる人たちもいる。そんな彼らはまるで愛着尺度の低いほうの一番端に座っているかのようで、エンドルフィン受容体の密度、特に前頭葉での密度も非常に低いように見える。最初に自閉症とエンドルフィン系は関係しているかもしれないという説を唱えたのは、ヤーク・パンクセップだが、当時、自閉症の専門家たちはこの説に懐疑的だった。だが最近では、自閉症にエンドルフィンが関連していることを示すエビデンスは増えてきているようだ。

最近ではルーシー・ペリシエたちもヤーク・パンクセップ同様、自閉症の背景にはエンドルフィン系の反応の低さがあるらしいと主張している。エンドルフィン受容体を持たないよう繁殖されたマウスの子は、母親と引き離されても普通の子マウスのように鳴くことをしない。また、成長してもメスの鳴き声に反応せず（普通のオスは必ず反応する）、社会的交流への関心も低い。さらに彼らには、自閉症の人の付随的特徴も数多く見られた。たとえば、攻撃性が高い、不安感が強い、動きがぎこちない、けいれんを起こしやすい、空間学習障害がある、痛覚閾値が低い、消化管の活動が乱れがち、といった特徴だ。もちろん、ヒトとマウスの行動の類似性を重視しすぎるのは危険だが、こういった特徴は自閉症の人の特徴と非常によく似ている。脳画像を利用した最近の研究では、自閉症の人に社会的刺激を加えると、彼らの前頭前皮質の眼窩前頭部と腹側部と背側部、即座核、そして島皮質の活動は大幅に減少するが（三章でも述べたように、これらの部位すべてが円滑な社会的関係の管理に関わっている）、扁桃体には過剰な反応が見られた（これは社会的な脅威への反応性が高いことを示唆している）。やはり、この議論で最後に笑うのはヤーク・パンクセップなのかもしれない。

時間が心を近づける

霊長類の社会的な絆を支えているのは毛づくろいだ。そしてこの事実はおそらく、毛づくろいにまつわる二番目に重要な側面も指摘している。サルや類人猿が何かを協力して達成するためには強い友人関係が必要だということ、そしてその友人関係を育むには十分なエンドルフィン効果が必要であり、そのような効果を得るにはパートナー同士が互いの毛づくろいに多くの時間を費やさなければならないということだ。例のクリスマスカード調査でも、女性のネットワーク調査でも、調査対象者たちには友人リストに記した友人それぞれと最後に会った日と、その人との感情面の絆について尋ねた。絆の強さについては、「普通（強くもなければ、弱くもない）」を一、「心から愛している」を一〇とする一から一〇までのスケールで示してもらった。感情面の絆を示すこの尺度は極めてシンプルで使いやすいうえ、社会心理学者や社会学者たちが長い年月をかけて編み出してきた人間関係の質を測る複雑な評価スケールすべてとも非常によく相関している。そして私たちが尋ねた二つの質問の答えも、相関性が極めて高いことがわかった。相手との感情面の絆が強ければ強いほど、会う頻度も高かったのだ。私たちのデータは、これが家族だけでなく友人にもあてはまることを明らかにした。

つまり、感情面での絆とその相手に割く時間は直接関連しているのだ。これについては八章で詳しく述べるが、とりあえず今は、四章で述べたように（図4を参照）友情をはぐくむには時間がかかるとわかっていれば十分だ。このことがいかに重要かを示す一番のエビデンスは、友情の心理学の第一人者、ジェフリー・ホールの研究だろう。大学生たちが友だちをつくる様子を観察して友だちづくりにかかる時間を調べたホールは、たんなる知り合いから時々顔を合わせる友だちになるまでには、出会ってから約四五時間を一緒に過ごす必要があると突きとめた。また、九週間で一緒に過ごした時間が三〇時間だけ（一日に一五分相当）なら、その二人は知り合いのままだった。時々顔を合わせる友だちから大切な友だちになるには、さらに三ヵ月間で五〇時間を一緒に過ごすことが必要で、そこから親友になるにはさらに一〇〇時間が必要だった。実際のところ、友だちのなかでも最も親密なカテゴリーに入るためには、かなりの長い期間、一日二時間近くを毎日その友だちと過ごす必要があった。そう、友だちづきあいはとにかく時間を食うのだ。

時間は友人関係の基盤だが、問題は、時間には限りがあるという点だ。そんなことあるだろうかと思う人もいるだろうが、恋をすればかならず、友だちを二人失うという事実を考えれば納得してもらえるはずだ。そう、友だちや恋人に割ける時間は決して無尽蔵にあるわけではないのだ。これまで述べてきたように、一般に私たちの社交の輪の内側の層には親密な友だちが五人いる。以前、この内側の層について調査したとき、私たちは回答者たちに現在、恋人がいるかを尋ねたことがあった。すると、ほかの調査サンプルではみな、この内側の層の友だちの数は平均五人だったが、恋人がいると答えた人たちだけはこの層の友だちが平均四人しかいなかった。これはどういうことか考えてみよう。まず、あなたがこの五人の層の誰かと恋に落ちることは絶対にないし、たぶん一五人の層の誰かと恋をすることもほとんどない。なんといっても、このうちの半数は身近な家族なのだから当然だ。したがって、あなたが恋に落ちる相手はほぼ決まって、あなたの社会ネットワークの外側の層にいる誰か、またはあなたの交友の輪のはるか遠くにいる人ということになる。そうなると、既存の五人の層に新たにもう一人が加わり、この層を構成するのは六人になる。それなのにこの層の人数が四人に減るとすれば、あなたは親しい友だちを二人、犠牲にしたことになる。だが、それも驚くにはあたらない。なぜなら、恋人は非常に時間がかかる存在で、あなたはこの層のどの友たちにも注いだことのないほど膨大な時間と関心を、その幸運な人物一人に注ぐからだ。

だとすれば、犠牲になるのは誰か？　通常、この五人の層は二人の家族と二人の友人（さらに、家族か友人がもう一人）で構成されているが、このうちの誰を犠牲にするべきか。これはまさにトレードオフの問題だ。家族は、どんなときでもあなたを長期的にサポートしてくれる唯一の人たちだ。いいときも、悪いときも、どんなことがあってもあなたの味方でいてくれる唯一の存在、それが家族だ。けれど恋人に振られたあなたが泣きながら家に帰ってきたとき、まったく役に立たないのも彼らだ。家族はあなたを励まそうと「心配するな、チャンスはまだいくらでもあるさ」などと言いがちで、「もともと私たちはあの人のことをそんなに好きじゃなかったし……」とまで言ってくる。だが、そのときあなたが求めているのは、そんな言葉ではない。ただ、黙ってハグしてほしい、そう、それだけだ。そしてそれをしてくれる唯一の存在が、友だちだ。ということで、友だちと家族、どちらを犠牲にするにしてもそれぞれメリットとデメリットはある。そしてこういう場合、家族か友だちのどちらかを二人ではなく、家族と友だち一人ずつを見捨てるのが、人の行動の機微を踏まえた選択だ。そう、私たちはつねに安全策を用意するのだ。

＊

単純な話、人間関係が促すエンドルフィン放出の回数を決めるのは時間だ。これは、霊長類の場合はわかりやすい。霊長類は友だちと共に過ごす時間の大半を、毛づくろいをしたり、されたりで費やしているため、毛づくろいをされているあいだじゅう、彼らの脳にはエンドルフィンが放出され続けている。

いっぽう私たちヒトの場合、エンドルフィンの放出を促すのは、愛撫される、軽くたたかれるなど、友人といるときに起こるさまざまな身体的接触だ。実際、その行動は極めて自発的で無意識なものなので、たいていの場合、私たちは自分がそれをしていることさえ気づかない。したがって私たちはこのような行為を、自分が意識している以上に頻繁にやっているのだ。しかし、それ以外にも、私たちがしている社会的行動のなかには、エンドルフィン系を活性化する行動がたくさんある。笑ったり、歌ったり、踊ったりすることも、物語を語ったり、宴会に参加したりすることもエンドルフィン系を刺激する。次の章では、このような行動が私たちの円滑な友人関係にどう役立っているかについて述べたいと思う。

八章　友情の絆を結ぶ

一五年ほど前、私は音楽的啓示を体験した。認知考古学者のスティーヴン・ミズンと作曲家のニック・バナンが主催した音楽の進化についてのワークショップに出席したときのことだ。その日は夕食のあと、南アフリカの経済的に恵まれないコミュニティで活動するスペイン人ミュージシャン、ペドロ・エスピ・サンチスの特別講演が行われた。講演の内容はまったく思い出せないのだが、彼がその要点を説明するために行ったデモンストレーションは、その夜そこにいた全員の記憶に今も鮮明に残っている。彼は出席者全員を講堂の前方に呼び寄せると、さまざまな長さに切ったプラスチックの水道管を一人ひとりに配った。そして、水道管の上部を好きなリズムで吹きながら、輪になって歩き回ってほしいと言った。パイプの長さが違えば音程もそれぞれ異なるので、二〇人ほどいた私たちが作り出す音は、まさにオーケストラさながらだった。彼曰く、ものの五分も続けていれば、全員の調子がそろって本物の多声音楽ができあがるというのだ。そして彼は、輪になって歩いていた私たちに、振りをつけはじめた。右足を踏み鳴らせとか、左右に少し体を揺らせとか、もう少しスピードアップを、と数分おきに新たな振りを加えていったのだ。するとやがて彼の言ったとおりのことが起こった。まるで魔法にでもかかったみたいに自然なリズムが生まれると、私たちが吹くプラスチック・パイプの音が一つに溶け合い、すべてが調和した音の風景ができあがった。意図的なものはなにもなく、ただ自然にそうなったのだ。まさに驚きの一言だった。

けれどこの経験に訪れる最も衝撃的な瞬間のことを、彼は私たちに伝えていなかった。いや、彼自身もそのすばらしさをよくわかっていなかったのかもしれない。その衝撃的瞬間が訪れるには一〇分ほどかかったと思う。だがその瞬間、私たちは感じたのだ。全員が一つとなった一体感、一つの調和した生命体として集団の中に溶け込んだ感覚、私たち一人ひとりが大きな集団の一部となった感覚を。ほとんど知らない同士が集まったこの集団がその瞬間、考えられないような不思議な力で結びついたのだ。それもほぼ一瞬で。それは、そこにいた全員が決して忘れられない体験だった。私はこの経験を通じて、音楽はヒトが進化し、コミュニティも進化していく過程で非常に重要な役割を担ったはずだと気がついた。それは深遠な音楽的理由からではない。音楽には、コミュニティの絆や友人関係にとって重要な心理的、生理的経験を、私たちの心の奥深いところにもたらす力があるからだ。

大きな友だちのネットワークを円滑に営み、そのネットワークを通じてさらに大きなコミュニティを営んでいくうえで最も重要なのがこの一体感、すなわち仲間意識だ。これまで見てきたように、霊長類は毛づくろいをすることで集団を結束させている。だが問題は、毛づくろいには時間がかかること、そして動物たちが毛づくろいにかけることができる時間には限りがあることだ。サルや類人猿の最も社交的な種でさえ、社会的毛づくろいに費やす時間は一日の時間のわずか二〇パーセントだ。そうなると彼らの社会集団の規模の上限はおのずから、約五〇頭と決まってくる。七章でも述べたように、友人それぞれにかけるべき最低限の時間は決まっているうえ、毛づくろいは一対一でしかできないからだ。いっぺんに複数の相手の毛づくろいができれば最高だが、あいにくそれは不可能だ。身体的接触は親近感を作り出すが、三者で互いに毛づくろいをしてもその親近感は生まれない。もし嘘だと思うなら、映画館の後ろの席で二人の友人とぴったり寄り添って座ってみるといい。その状態は絶対に長続きしないだろう。たいていどちらか一人が「あなたは自分に気を配ってくれない」と焼きもちを焼き、怒って出ていってしまうはずだ。

進化の後期、社会集団の規模を拡大しなければならなくなったヒトは、毛づくろいの輪を拡大する方法を編み出す必要に迫られた。しかしサルや類人猿同様、私たちの祖先にも（場合によっては私たちにも）毛づくろいに割く時間を増やすという選択肢はなかった。唯一考えられる現実的な方法は、時間をより効率的に使うことだったが、そのためにはいっぺんに複数の毛づくろいをするしかない。その結果ヒトは、多少離れていても実質的な毛づくろいができ、エンドルフィン系を活性化させることができる手段、つまりいっぺんに複数の相手の毛づくろいができる手段をいくつか見つけたらしい。それが笑いや歌、踊り、宴会、物語、そして宗教儀式だ。そしておそらく、これらが発見されたのも、たぶんこの順番どおりだろう。

笑いは一番の薬

社会的な絆を作る際に中心的な役割を果たすのが笑いだ、と私が気づいたのは、ロンドンの某有名会計事務所が実施した管理職ワークショップへの参加を依頼されたときだった。その日の早朝、私たちは果物とクロワッサンの朝食会に集まった。ほとんどの人は一人、または二人連れで、誰もが話し相手もないまま、クロワッサンとコーヒーを手に居心地悪そうに立っていた。やがて午前九時になると、私たちは別室に案内され、着席するよう促された。私たちは席に着き、さてこれから何が起きるのかと期待しながら待っていたが、なぜか何も起こらない。そのうち出席者たちはそわそわと足を組み替えたり、周囲の人を盗み見たりしはじめた。集まっていたのはてんでばらばらの面々で、カジュアルな服装の人もいれば、ロンドン風のクールな装いで決めている人も、さらには通りの先にある官庁街からうっかり迷い込んできたかのようなピンストライプのスーツを着た年配男性も二人いた。共通していたのは、誰もが困惑の表情を浮かべているということだけだ。すると突然、部屋の前方にいた一人が立ち上がり、「彼らは〇〇〇と思っている」（正確には覚えていないが、空は青いとかいったあたりさわりのない内容だった）と大きな声で言い、すぐに着席した。静寂。一分後、別の誰かが立ち上がり、またも同じことをした——今度は「彼らは地球が丸いと思っている」とかなんとか言っていた。室内に困惑の空気が漂う。官庁街風の例の紳士たちは明らかに逃げ出したがっていた。すると三人目の人物が立ち上がり、「彼らは〇〇〇と思っている」とまた別のことを言った。まさにすべてが奇妙の一言で、全員が困った顔で足元に目を落とした。すると部屋の後ろにいた人物がユーモアたっぷりに「私は、ここにいる全員がこの状況にぎょっとしている、と思っている」と大声で言った。最初の三人同様、この人物も主催者側が仕込んだ役者だったのかもしれないが、この言葉を聞いたとたん部屋にいた全員がどっと笑った。これで緊張が解けた私たちには、グループとしての結束が生まれ、その日のワークショップはスムーズに進んだ。みんな、お互いを何年も前から知っているような気分になっていたからだ。それはまさに、参加者の緊張を解きほぐす完璧な方法で、よくあるかしこまった自己紹介より一〇〇倍マシだった。順番に自分の名前やなぜここにいるのかを話したところで、どうせみんなすぐに忘れてしまう。知っておくべきは、相手の名前でもなければ所属する会社でもなく、みんな仲間だというただその一点だったのだ。

笑いは人間の共通言語だ。部族も文化も関係なく人はみな笑うし、笑う理由もほぼ同じで、ほかの人の失敗や、バナナの皮で滑ったといったちょっとしたアクシデント、ジョークなどだ。また、ほかの人の笑いにつられて笑うことだってある。笑いは無意識かつ本能的なものであるうえ、恐ろしく伝染しやすい。何人かで話しているときに誰かが笑えば、たとえそのジョークが聞こえていなくても、つい一緒に笑ってしまう。故ロバート・プロヴァインは、笑いの研究の第一人者で、ほかの誰よりも笑いという行為に科学的関心を注いでいたが、彼は何年も前から、私たちは一人でいるときより集団でいるときのほうが笑いやすい、と指摘していた。そこでそれを確認しようと、私たちは被験者たちにお笑いのビデオを一人で、または三、四人のグループで鑑賞してもらう実験を行った。すると同じビデオを見ていても、グループで見ているときのほうが一人で見ているときより、笑う可能性が四倍高かったのだ。これは非常に不思議だった。自然界でこれに一番近い例として思いつくのは、南米のホエザルが夜明けにいっせいに騒々しい声を上げるあの大合唱だ。一頭が鳴き声をあげ、次第にほかのホエザルたちも鳴きはじめるところは、まるで集団の笑いをスローモーションで見ているかのようだった。

笑うと呼吸は速くなり、口が開く。また、「口が丸く開いた（ROM）」顔と呼ばれる非常に特徴的な表情により、歯は唇に覆われる。じつはこの特徴的な表情も、息切れのような笑いも、旧世界ザルや類人猿がじゃれているときに見せる表情と声に由来している。彼らはその表情と声によって相手を遊びに誘い、これは遊びだからね、と相手に伝えているのだ。つまり「私が次に何をしても「キスをしても、噛みついても」真に受けないでね！　パニックになったり、噛みつき返したりしないでね！」と言っているのだ。しかし大型類人猿は笑いを、もう少しヒトに近い方法で使っているようで、ユーモアのセンスがあるらしい、とも言われている。ヒトとの違いは、彼らは独りで笑うが、私たちはほかの人たちと声をそろえて笑うところだ。

類人猿とヒトの笑いは少し違い、私たちヒトは発声方法をちょっと変えている。サルや類人猿の笑いはたんに呼気と吸気が連なるだけで、ハッアー……ハッアー……ハッアー……といった調子だ。いっぽう私たち人間はこれを少し変え、呼気の合間に吸気を挟まず、ハッ……ハッ……ハッ……といった感じで笑う。こうやって笑うと肺の中の息はすぐになくなってしまうため、「笑いすぎて死にそう」という状態になる。これは、腹の底から盛大に笑いすぎて、息が続かなくなるからだ。だがサルや類人猿にこういうことは起こらない。彼らの笑いはもっとおとなしく、しいて言えば私たちのお愛想笑いに近い。いっぽう私たちのような笑い方だと、肺から空気を追い出すときに横隔膜と胸膜がポンプのように激しく動くうえ、肺が空っぽになることで横隔膜と胸膜の筋肉に非常に大きな負担がかかる。そしてそのポンプのような動きと酸欠状態が、エンドルフィン系を活性化させるのだ。

笑いには心からの笑いと意識的な笑い（愛想笑い）があるが、この二つには重要な違いがある。心からの笑いは、それを最初に指摘した一九世紀の偉大な神経学者、ギョーム・デュシェンヌの名にちなんでデュシェンヌ・スマイルと呼ばれ、愛想笑いは非デュシェンヌ・スマイルと呼ばれている。非デュシェンヌ・スマイルとはいわゆる作り笑いで、面白くないジョークを聞かされたときや、相手の気分を損ねないようとりあえず笑うときの笑いだ。だがこの手の笑いだと、エンドルフィン系を活性化するだけの力はないだろう。いっぽう心からの笑い、すなわちデュシェンヌ・スマイルは、カラスの足跡と呼ばれるシワが目じりに寄ることでそれとわかる。笑ったときに目がきらきらと輝くのはこのシワのせいだ。じつはこのシワに関わる筋肉は意識的に動かせないので、故意にカラスの足跡を作ることはできない。それができるのは心から笑ったときだけで、非デュシェンヌ・スマイルでこのシワが現れることはない。だからもし、相手があなたのジョークを本当に面白いと思っているか知りたいのなら、このカラスの足跡をチェックするといい。

私たちは、短いビデオを見る前後に被験者の痛覚閾値の変化を調べる実験を繰り返し実施した。被験者の半分にはお笑いビデオを、残りの半分にはどちらかと言えば退屈なドキュメンタリーや教育ビデオを見てもらうという実験だ。レベッカ・バロンは、世界最大の芸術祭、エジンバラ・フェスティバル・フリンジでもこの実験を行い、ライブのお笑いや演劇を鑑賞した人を検査した。どの実験でも、お笑いを鑑賞して笑った人は痛覚閾値の上昇、つまりエンドルフィン系の活性化が見られた。いっぽう特に面白いというわけではないビデオを鑑賞して笑わなかった人たちの痛覚閾値は低下した――まるで過去の痛みを皮膚が思い出したかのように、痛覚閾値が下がったのだ。その後、サンドラ・マンニネンとラウリ・ヌメンマーはPETを使った脳の画像検査で、笑いは本当にエンドルフィン系を活性化させるのかを調べ、そのとおりであることを確認した。笑いによって、脳内にはエンドルフィンがどっと放出されたのだ。

笑うことで放出されたエンドルフィンでくつろぎや安らぎを覚えるのであれば、一緒に笑った人たち同士の絆は強まり、個人的なことを打ち明けたり、お互いに寛大になったりもするのではないだろうか。そう考えた私たちは、それを確かめるために一連の実験を行った。アラン・グレイは被験者たちにお笑いビデオを見せてひとしきり笑わせてから、見知らぬ人に個人情報を教えてもいいという気持ちが強くなったかを彼らに尋ねた。被験者自身は、笑ったことで個人情報開示に対する自分の気持ちが変わったとは思っていなかったが、独立した評価者から見ると、彼らの気持ちは明らかに変わっていた。おそらく、笑いによってエンドルフィンが放出されたせいで、被験者たちは一緒に笑った人たちに親しみを感じるようになり、警戒感が薄れたのだろう。また、アンナ・フランゴウ、エリー・ピアース、フェリックス・グレインジャーによる別の実験では、お笑いビデオを見て一緒に笑った被験者たちと、お笑いではないビデオを見て笑わなかった被験者たちとでは、お笑いビデオを見た人たちのほうが、お互いにすすんでお金を出し合うようになり、絆も強まったという。

さあ、一緒に踊ろう

今では歌と踊りは別々に行われることが多いが、伝統的な社会では歌と踊りはつねにワンセットで行われていた。そのような社会では主に男性が踊り、女性は手拍子や歌で音楽パートを担っていた。言葉がなくても歌は成り立つため、おそらく歌や踊りは言語より先に登場したと思われる。意味のない音の羅列であるジャズのスキャットやゲール人のプイルト・ア・ベウル（口で紡ぐ音楽）といった歌唱形式からもわかるように、私たちはハミングや詠唱だけでも完璧な音楽を作ることができるからだ。そこで歌や踊りが社会的な絆のメカニズムとしてどのような役割を果たすのかを調べようと考えた私たちは、今や私たちの標準フォーマットとなった比較実験を行った。まず痛覚閾値を調べ、アクティビティ（歌または踊り）を一五分間行い、そのあとでもう一度、痛覚閾値を調べるという実験だ。さらに被験者には、紙と鉛筆で絆の強さを記すシンプルな評価もしてもらった。絆の強さを示すために利用したのは心理的重なり尺度（ＩＯＳ）と呼ばれるもので、これは重なり具合が異なる二つの円（重なり具合は完全に離れているものから、完全に重なり合っているものまである）、七組で構成されている。被験者は、その七組の円のうち、自分と他者あるいは集団との絆を最も適切に表している組を選ぶのだ。これは、もともとは恋人との関係（相手にどのぐらいどっぷり浸かっているか）を表現するために開発された尺度だが、集団との関係（その集団にどのぐらいどっぷり浸かっているか）を表すのにも非常に有効だ。ダンスのプロジェクトは主にブロンウィン・ター（彼女は、私たちの研究グループのナミビア人ローズ奨学生で、自身もダンサーでありダンス教師だ）が担当し、歌のプロジェクトは私のポスドク二人、エリー・ピアースとジャック・ローネーが担当した。

歌とダンスに共通するのは、参加者全員の同期性が極めて高い点だ。じつは数年前、ボート競技の漕ぎ手を対象に実験を行ったときから、私たちは行動の同期性の重要さを感じていた。その実験はオックスフォード大学男子ボートクラブのクルーを対象に実施したものだが、ここで少し説明しておくと、ロンドンのテムズ川で毎年開催されるオックスフォード大学ボートクラブとケンブリッジ大学ボートクラブのレースは、おそらく世界で最も有名なボートレースで、全世界から選手が集まる、未来のオリンピック選手のインキュベーターでもある（彼らの多くはその年のレースの出場選手に選ばれるためだけにオックスフォードやケンブリッジに入学する）。この調査を言い出したのは、当時オックスフォード大学の大学院生だったロビン・エジモン・フレイだった。漕ぎ手たちの一糸乱れぬ動き、すなわち同期性はエンドルフィンの放出を高めるのか、それによって痛覚閾値も高まるのかを調べたいと言ってきたのだ。さらに彼は、もしその実験をするのなら、うちの大学のボートクラブのメンバーが最適のサンプルだと提案した。それを聞いた私が「そんなことは絶対に無理だ」と即座に言ったことは今でもよく覚えている。世界で最も有名なあのボートレースが開催される前の月に、一介の学生が選手たちと接触するなんて、コーチが許すはずがない……とにかく絶対に不可能としか思えなかった。私としても、怒り狂ったコーチから、よくもまあそんな馬鹿なことを思いついたもんだ、と電話で怒鳴られるのはごめんだった。だがロビンは「その心配は無用だと思います」とこともなげに言ってのけた。なんと彼はオックスフォード大学ボートクラブの部長で、彼が言えばメンバーはなんでもやってくれるというのだ。その言葉どおり、実験は実現した。じつは彼はボートクラブのその年の部長だっただけでなく、すでにダブル・ブルー（オックスフォード大学のチームでそれまでに二年、このボートレースに出場経験のある選手）でもあったのだ。

自身も毎日二回のハードなトレーニングメニューをこなしつつ、ロビンは選手たちがそれぞれローイングマシンを使って行う朝練の前後に、彼ら一人ひとりの痛覚閾値を記録した。さらにその一週間後にはそれと同じことを、選手全員のローイングマシンを接続して同時に練習するヴァーチャル・ボート・トレーニングでも行った。そして一週間後、彼はもう一度、このすべてを繰り返した。どちらの実験でも、選手が一人でマシンを漕ぐと、その身体活動により痛覚閾値は予想どおり上がり、筋肉にかかったストレスによってエンドルフィンが活性化したことが示された。しかし選手たちがヴァーチャルボートで同時にボートを漕ぐと、運動量は同じでも（運動量はローイングマシンのメーターでわかる）その効果は倍増した。同時にボートを漕いだことで、なぜかエンドルフィンの効果が大幅に増大したのだ。だがその理由は、今のところまったくわからない。

いっぽうダンス実験のほうは、「サイレント・ディスコ」形式で行った。人々が小さなグループで一緒に踊るとき（四人がスクエアになって向き合って踊るとき）に、同期性がどのぐらい重要かを見るためだ。サイレント・ディスコでは、被験者たちはイヤホンから聞こえてくる音楽に合わせて踊り、踊りの動きもイヤホンからの指示に従う。こうすれば、同じ音楽を聴いている四人の被験者たちに、まったく同じ動きをさせたり、違う動きをさせて同期性を乱したりできるからだ。私たちはこの実験をオックスフォードの研究室とブラジルの研究室の両方で何度か行ったが、ダンスの動きがエネルギッシュになり、メンバーたちの同期性が高まれば高まるほど、痛覚閾値の変化は大きくなり、グループ内の絆も強まった。ブラジルの実験では被験者たちに、一緒に踊った人たち（ほとんどは知り合いだが、友人ではない）との絆の強さと、その日そこにいなかった親友との絆の強さについて答えてもらった。すると絆が強まったのはその日一緒に踊った人たちとの絆だけで、そこにいなかった親友との絆にはなんの影響もなかった。つまり、その効果が及ぶのは、実際に一緒に踊った相手だけのようだった。

その後、この効果が本当にエンドルフィンによるものかを調べるために、ブロンウィンは被験者の半数にエンドルフィン阻害薬のナルトレキソンを投与した。その結果、ナルトレキソンを投与された被験者の痛覚閾値は下がり、絆もいくらか弱まった。つまり、作用していたのはたしかにエンドルフィンだということが示されたのだ。

では、踊りは私たちの「毛づくろい」集団のサイズを拡大するのだろうか？　踊りによってより多くの人にリーチできるようになり、その結果、コミュニティのサイズも大きくなるのだろうか？　そこでコール・ロバートソンとブロンウィン・ターは、ナイトクラブで観察研究を行った。すると観察期間中、自由に踊っている人は平均八人と踊っていたが、いっぺんに一緒に踊る人数の上限はつねに四人で、それ以上になることはなかった。おそらく、踊っている人たち（その多くは知らない同士だ）は、グループに参加している合図として互いに目線を合わせたり、動きを合わせたりしなければならないからだろう。そのような合図のひとつ、アイコンタクトは非常に重要だが、これも毛づくろいと同じで一度に目を合わせることができるのは一人だけだ。だがダンスは、会話よりもパートナーをスピーディに切り替えることができるので、より多くの人と「話す」ことができる。会話ではまず、進行中の話題に入っていかなければいけないが、ダンスならただそのとき、そこにいさえすればいい。「セット」ダンスが四ペア（八人）をワンセットとしているのも、一緒に踊れる人数の上限が八人だからだろう。セットダンスの例としてはイングランドやスコットランドのカントリーダンス、アメリカのスクエアダンスなどがあるが、鍵はこの「スクエア」という言葉で、どのダンスも四人でスクエアを作っている。

歌に関する私たちの研究は、ほとんど偶然の成り行きで誕生した。それまでも、歌うことが精神や身体の健康にもたらすメリットに関しては、医療従事者の一部から多大な関心が寄せられていた。私が、ちょっとしたきっかけで知り合った労働者教育協会（WEA）は、協会自体のためにも、人々の健康増進の手段としても、その研究にぜひ取り組んでみたいと協力を申し出てくれ、週一回の初心者向け歌の教室を四クラス、そしてその対照群として、趣味の教室三クラスを七カ月間実施してくれた。調査の結果、歌のクラスの参加者は趣味のクラスの参加者より、痛覚閾値もほどよく上昇し、絆の強さも強まった。また、参加者たちはクラスで新たな友人を作っただけでなく、クラス全体の結束力も高まったと感じており、それはクラスとの絆に関する参加者たちの評価からも、クラス内のネットワーク密度が増したことからも明らかだった。じつは、この効果があまりに一瞬で現れたため、私たちはこれを、アイス・ブレーカー効果と名づけたほどだ。歌のクラスと趣味のクラスのどちらも、身体的、精神的健康と生活への満足度を大きく向上させたが、この効果はクラス内で生まれた個人的な友情によってというよりはむしろ、クラスの一員であるという一体感によって生まれたらしかった。

私たちは別の歌のプロジェクトも実施し（ロンドンでは音楽学者のローレン・スチュワートと彼の弟子のダニエル・ワインスタイン、オランダのライデンではアンナ・ロトキルヒとマックス・ヴァン・ドゥイジンが行った）、やはり同様の結果が出たため、このような効果があるのは確実と言える。ライデンでの実験では、ライバル・グループと合唱するとグループ同士の絆は強まったが、競って歌うと絆は弱まった。ダニエル・ワインスタインが行ったロンドンの実験では、歌の効果とグループの規模の関係を調べることができた。サンプルは、ロンドンの大規模なアマチュア合唱団、総勢二三〇人の〈ポップクワイア〉で、普段は二〇人ほどの小さなグループで練習し、年末の公演では合唱団員全員で合唱するというそのスタイルを利用した。その結果、二〇〇人の大合唱団で歌うほうが、小さなグループで歌うときより強い絆が生まれることがわかった。つまり、集団の規模が大きいと、それによってさらなる結束感が加わったのだ。ちなみにこれは歌特有の現象らしく、絆を育むほかのいかなる行為でも、これと同様の現象を私たちは見たことがない。

私の考えでは、歌や踊りが最初に登場したのは旧人類（ハイデルベルク人と彼らのヨーロッパの子孫であるネアンデルタール人）が登場したおよそ五〇万年前ごろで、その結果彼らのコミュニティのサイズはそれまでの約七五人から、初期人類のコミュニティの典型的なサイズとされる一二〇人にまで増えたと思われる。おそらくこの段階ではまだ、歌に言葉はなく、ハミングかコーラスだったのだろう。なぜなら、発話能力を示す解剖学的証拠が最初に認められたのは旧人類だが、私たちの種であるホモサピエンスが現れた約二〇万年前より以前に完全な現代語（私たちが今わかるような言語）が発達していた可能性は低いからだ。発話のメカニズム（息の制御、明瞭な発音）も、笑いや歌（言葉のない歌）や会話を可能にするメカニズムと同じで、このすべては旧人類とともに登場した。しかし言語に必要な思考察知能力はその三〇万年後、ホモサピエンスが現れるまでは出現していない。したがって、たとえネアンデルタール人に言語があったとしても、それは私たちの言語のように高度なものではなかっただろう（これについては私の著書『人類進化の謎を解き明かす』で詳しく述べている）。

音楽づくり（特に歌を歌うこと）の歴史がじつは言語より古いかもしれない、という可能性を示唆したのは、スティーヴン・ブラウン、マーク・ストンキングたちが台湾で行った非常に独創的な研究だ。台湾には、島の各地に独自の方言と歌の伝統を持つ九つの先住民族が住んでいる。ブラウンたちは方言と歌の情報を先住民族の遺伝的特徴のデータと組み合わせ、この三つのあいだにある重要な相関関係を発見した。しかし相関関係が最も強かったのは音楽と遺伝子で、これは音楽の違いは言語の違いより歴史的起源がずっと古いことを示している。

最後にもう一つ、歌と結束力についての観察記録について触れておきたい。ハカは伝統的なマオリ族の戦いの踊りで、もともとは敵を嘲り、脅すためのものだ。だが今ではニュージーランドのナショナルチーム、オールブラックスが出場するラグビーのすべての国際試合で、ゲームの最初に披露されている。

オールブラックスの選手たちが、声とリズムに合わせて雄叫びをあげながら力強いポーズ（そして誇張した表情）を見せるそのパフォーマンスは、盛大に足を踏み鳴らす激しいダンスにほかならない。ここには正当な儀式の特徴すべてが揃っており、エンドルフィン系の引き金となるすべての要素も備わっている。まさに見ているだけで感動もののハカだが、ここで重要なのは、エンドルフィン・レベルが上昇したオールブラックスのメンバーたちは、その効果によって警戒心も冷静さも、痛覚閾値も高まった状態、すなわち普通なら耐えられない痛みも疲労も耐えられる状態で試合に臨むという点だ。世界で最も小さな国の一つ、ニュージーランドのチームでありながら、超一流のラグビーチームとしてほぼ一世紀にわたって国際的なラグビー・シーンをリードしてきたのも、ハカがあるからではなかろうか、と思わずにはいられない。

友だちづきあい、宴会そして共同体意識

これまで、絆を強めるさまざまな行為それぞれについて見てきたが、あと一つだけ、忘れていたものがあった。それは宴会だ。人間の社交生活の大きな特徴である宴会に、エンドルフィンが関わっていないなど、私にはとても考えられなかった。その思いをさらに強くしたのが、共同研究者のフィンランド人神経科学者から聞いた話で、彼は、アルコールは絶対にエンドルフィン系を刺激する、だからアルコール依存症を治療するクリニックはナロキソンなどのエンドルフィン阻害薬を使っているのだ、と言っていた。また、エンドルフィンが霊長類の毛づくろいに果たす役割について実験研究をしたバリー・ケヴァーヌ（彼のその研究が、私が本書を書くきっかけにもなった）は、食べることにもやはり毛づくろいと

同様の効果があるはずだと指摘していた。食べ物の摂取と消化で生まれる熱が、豪勢なお祝い料理がもたらす満腹感と組み合わさることでエンドルフィン系が刺激されるというのだ。その後、ジェトロ・トゥーラリとラウリ・ヌメンマーはPETスキャンを使った実験を行い、食事は脳内のエンドルフィン放出を促すが、そのときに食べたものがおいしいかどうかはまったく関係ないことを明らかにした。

食事も飲酒も社会性が極めて高く、宴会の中心となることの多い行為だ。したがって、どちらもエンドルフィン系を活性化させて共同体を結びつける手段の一つであることはほぼ間違いないように思えた。そもそも、近隣のコミュニティを招いて開かれる大規模な宴会は、人類学の格好のテーマとして世界中で研究されているではないか。だが、どうすればこの研究ができるだろうか。ただでさえ大学生は飲みすぎだと批判されているのだ。そんな彼らに酒を飲ませる研究をしたいと申請して、大学の倫理委員会がいい顔をするとは思えなかった。と、そのとき、私たちは科学が現実社会と交差する幸運な機会に恵まれた。なんと、由緒ある広告キャンペーン組織CAMRA(「キャンペーン・フォー・リアル・エール」、すなわち伝統のある英国のエールと昔ながらのパブを宣伝する組織)が私に、次のキャンペーンに協力してほしいと声をかけてきたのだ。

当時、CAMRAは、増加を続けるパブの閉店を食い止めるキャンペーンの一環として、パブ利用に関する大規模な電話調査をイギリス全土で実施したいと考えていた。協議の結果、彼らはその全国調査と同時にパブで実施する別の調査にも資金を提供してくれることになった。このとき私が知りたかったのは、いくつかの社会基準が互いにどう作用し合っているか、そしてそれがパブに行く頻度とどう関係しているかだった。この話がまとまった直後、今度は「ビッグ・ランチ・プロジェクト」がソーシャル・イーティング（交流を目的として開かれる初対面の人同士の食事会）に似たイベント、「ビッグ・ランチ」について相談したいと私に声をかけてきた。「ビッグ・ランチ」とは、近所に誰が住んでいるかもわからない最近の風潮への反省から生まれたイベントだ。私たち現代人は今や、見ず知らずの人たちに囲まれて暮らし、もう昔のように、小さな村で家族や友人に囲まれて暮らしてはいない。家族も友人も国中に、ときにはヨーロッパ大陸中に散らばっていることも多いのだ。その結果、近隣住民同士の関わりは薄れ、近所の人と接する態度も昔とはすっかり変わってしまった。礼儀正しさや親切心がなくなり、一緒に時間を過ごしたいという気持ちも薄くなっていったのだ。ビッグ・ランチ・プロジェクトが立ち上がったのは、お互いのことをよく知るために、夏の一日、自宅近くの通りの真ん中にテーブルを並べて近所の人たちとランチをしようという趣旨からだった。この数年で約六〇〇万人（イギリスの人口の一〇パーセント）が、通行止めにした通りに架台式テーブルを並べ、ご近所さんたちと昼食を共にした。なんとすばらしいアイデアだろう。「ビッグ・ランチ」の主催者たちは、翌年の夏も再びこのイベントを実施しようと呼びかける広告キャンペーンを企画していた。その一環として、人々がどのぐらいの頻度で会食をしているかを調べる全国調査を考えていたのだ。そこで私はその調査のアンケートに、私たちがCAMRAの調査で使ったのと同じ質問を加えてもらうことにした。もちろん、パブに行く頻度を聞く質問は、昼食や夕食を人と一緒に食べる頻度を聞く質問に差し替えた。

この二つの調査プロジェクトによって、それぞれ約二〇〇〇人を対象にした二つの大規模調査、それもイギリスの人口の年齢構成と性別構成、そしてイギリス諸島の人口分布を適切に反映した調査ができることになった。そのうえ、それを実施するのは一流の世論調査会社だ。どちらのアンケートも質問は同じで、違うのはそれぞれの調査が関心を寄せる特定の社会的行動の頻度（パブに行く頻度と会食の頻度）に関する質問だけだった。

そしてこの二つの調査の結果、親しい友だちの数は、地域のコミュニティへの関与意識や近所の人への信頼感、自分の人生を価値あるものと感じる度合い、そして幸福度と密接に関連していることがわかった。これらの変数のほとんどは、両方向に働く。つまり、コミュニティへの関与意識を上げれば、人生は価値があるという気持ちが高まるし、人生は価値があるという気持ちを高めれば、コミュニティへの関与意識も高まるという具合だ。しかしこれは、ほかの人と共にするのが食事か飲酒かでその影響は若干異なった。ソーシャル・イーティングが最もダイレクトに影響するのは親しい友人の数と人生への満足度だが、他者との飲酒が最もダイレクトに影響するのは、コミュニティへの関与意識とコミュニティのメンバーへの信頼感だ。だが最終的な結果は、どちらの場合もほぼ同じで、他者と一緒に食事や飲酒をすれば、自分は大きなコミュニティの一員だという意識が高まり、全般的な幸福度や人生への満足度は上がる。その結果、第一章で述べた理由から、私たちの健康度も上がるのだ。

CAMRAの調査では、アンケートと同じ質問を実際にパブでお酒を飲んでいる人たちに直接聞くこともできたうえ、酒気検査も実施することができた。（念のために言っておくと、被験者のなかでイギリスの酒気帯び基準ギリギリだった人は二人だけだった。つまり、彼らは全員、ほとんどシラフだった）。当然ながら、この調査に困惑する客はいたし、アンケートに答えてくれた人に進呈するささやかな謝礼をなかなか受け取ろうとしない人も少なからずいた。だが、この詳細な調査によって私たちは、友だちづきあいのさらなる側面を探ることができた。その一つが、パブの常連とふらりと訪れた客のあいだに違いはあるのか、という問題だ。そして調査の結果、私たちが注目する基準（親しい友人がたくさんいるか、人生に満足しているか、幸福か、人生は価値があると感じるか、コミュニティの人たちを信頼しているか）すべてにおいて、「地元」で飲んでいる人（つまりそのパブの常連）のほうが、ふらりとその店を訪れたお客よりもスコアが高かった。また、ふらりと来たお客も、お酒を飲まない人（そのパブには友人やパートナーと定期的に来ているが、アルコールは飲まない人）よりは、それぞれのスコアが高かった。

面白いことに、アルコール耐性は私たちとアフリカの大型類人猿（ゴリラやチンパンジー）に共通する特徴で、この共通点をもつのは唯一、私たちと彼らだけだ。その起源は、はるか昔に起こった酵素の変異にさかのぼるが、その変異により、私たちはアルコールを解毒し、それを利用可能な糖に戻せるようになった。たぶんその変異のおかげで、私たちヒトと大型類人猿共通の祖先は、森に落ちている腐った果物を食べられるようになったのだろう。腐った果物には最大で四パーセントのアルコールが含まれており、アルコール度数はほぼビールと同じだ（これについては、私とキム・ホッキングスが共同編集した『アルコールと人間：その歴史と社会とのかかわり（Alcohol and Humans: A Long and Social Affair）』に詳しい）。

すなわち他者との飲食は、絆を作るための重要なメカニズムを提供するのだ。そしてそのメカニズムは二つのレベルで機能する。身近な家族や友人との堅苦しくない食事や飲酒は彼らとの親密な絆を補強するが、特別な行事での大規模でよりフォーマルな宴会は多くの人が関与する大きなコミュニティ内での絆を作るのだ。そしてこのどちらも、違った意味で重要だ。家族や友人との飲食は、困ったときに頼れる親密な同盟関係を強化し、大きなコミュニティ内で暮らすときに生じるストレスから私たちを守ってくれる。だから、親しい友人との飲食は定期的に行わなければならないのだ。いっぽう大人数での宴会は、私たちを大きなコミュニティに組み込んでくれるが、その絆は弱いので、時々思い出すだけで維持することができる。

例のビッグ・ランチ調査では、親しい友人や親戚と最後に食事をしたのはいつかを被験者たちに思い出してもらい、その際、食事以外に何をしたのかを答えてもらった。その結果、そのような集まりで感じる満足度には四つの共通要素があることがわかった。それは、一緒に食事をした人数（多いほど良い）、笑い、思い出話、そして飲酒だ。食事の席で笑い声や、思い出話が出たときのほうが、そのどちらもないときよりも、参加者たちとの絆は強かった。

どうやら私たちヒトはより大きなコミュニティで暮らすために、霊長類の社会性を支えているのと同様の神経薬理学的・認知的メカニズムを作動させる新たな行動プロセスと文化プロセスを見つけたらしい。とはいっても、霊長類の毛づくろいメカニズムを放棄したわけではなく、それはそれでちゃんと存在している。私たちは最も親しい人たち――絆が最も強い人たち――には、親密な触れ合いがベースの、例の霊長類特有のプロセスを使い、さらに笑いや歌、ダンスなどの生物学的現象も追加的に利用しているのだろう。いっぽう宴会や物語（これについては次の章で述べる）などの新たな文化的プロセスは、コミュニティの外側の層を結びつけておく弱い絆を作るのに利用されている。しかし外側の層の結びつきは弱いので、こういった行為はたまにするだけで十分だ。

九章　友情の言語

友だちづきあいの本質は「生の感覚」、すなわち感情的な体験だが、それでも私たちは、友だちとの交流の多くを会話に費やす。もちろん、会話で中心的な役割を果たすのは言語であり、本当の意味で言語と呼べるものを操るのはヒトだけだ。ミツバチからチンパンジーまで、動物の言語能力についてはさまざまに言われているが、イルカや類人猿の「言語」がどれほど洗練されていようが、人間の言語能力とは比べ物にならない。イルカや類人猿がどんなに頑張っても、彼らの言語はせいぜい人間の三歳児レベル——心の理論を持つ寸前の種と同レベルだ。しかし、動物同士のやり取りと人間の会話には一つ、非常に大きな違いがある。ハチの「右側の三番目の花畑に花蜜があるよ」から、サルの「気をつけろ、頭上のタカがこっちを狙ってるぞ」まで、彼らが伝えるのは事実だけだ。いっぽう私たち人間の会話内容の多くは、自分が暮らす社会や、物質としては存在せず、人の心の中だけにある精神世界についてのものだ。また、動物たちがどれほど頻繁にやり取りしても、私たちがいつもやっているような集団での活発な会話は絶対にしない。

私たちの会話は言語に支配されているため、言語の守備範囲の下でどれほど多くのコミュニケーションがなされているかを私たちは忘れがちだ。けれど、発言内容と同じぐらい、その言い方が重要なことも少なくない。そうだとすれば、言語の特殊性とは何なのか。なぜ私たちは言語というすばらしい能力を持っているのか。なぜ私たちはサルのようにすべてのやり取りを、触れ合うという昔ながらの方法ですませないのだろうか。この章とその後の三章では、私たち人間が、このすばらしいコミュニケーション能力をどのように駆使して人間関係を作り、それを維持しているかを見ていきたいと思う。

言語の奇跡

現生人類の言語の鍵は、私たちのメンタライジング能力にある。会話とは、怒鳴り合いの喧嘩ではない。いや、まあそういうときもたまにはあるが、たとえ口論ではなくても、怒鳴るようなやり取りでは満足のいく人間関係は生まれない。なぜなら、怒鳴り合いで（たとえ悪気はなくても）お互いの気持ちが伝わることはまずないからだ。通常の会話では、話し手は自分の言いたいことを聞き手にわかってもらおうと、非常に複雑なやり取りをする。いっぽう聞き手のほうも、話し手が考えていることを理解しようと必死にならなければいけない。そのうえ、会話を続けることだって、多くの人が考えるよりずっと認知能力が必要な作業だ。相手が関心を示しそうな話題を知っておく必要があるし、場違いなことを口走って会話を途切れさせないよう気の利いたことも言わなければならない。考えてみればごく当たり前のことに思えるが、じつは私たちはこういったことをほとんど知らないのだ。会話という行動のこの側面について、これまで誰も調べたことがないからだ。

会話をうまく進めるには、非常に高度なメンタライジング・スキルが必要だ。それは相手の心の中にうまく入りこまなければならないからで、もしあなたがそれにしくじり、まったく的はずれな新しい話題を持ち出そうものなら、会話は途切れ、ほかの人たち全員をイラつかせることになる。また、話し手が何か複雑なことや腹立たしいことを説明しているときにそれをやれば、相手は話の腰を折られてムッとするだろう。さらにこれを何度も繰り返せば、周囲はあなたを避けるようになる。会話が成り立ちにくいあなたと話しても、満足感が得られないからだ。よい会話とは、「流れ」がある会話だ。お互いがごく自然に代わる代わる発言し、話の内容が段階を経て少しずつ構築されていく。メンタライジングの能力があるからこそ、私たちは自分が発言すべきタイミングをつかみ、話の展開にふさわしい内容を話すことができる。また、社交上の会話ではほかの人の行動や意図、精神状態などを話題にすることも多いが、そんなときはとっさにメンタライジングのレベルを上げて対応する。

肝心なのは、このような高レベルの認知能力がなかったら、今のような言語能力を、ヒトは持ちえなかったということだ。もちろんメンタライジング能力がここまで高くなくても言語を持つことはできる。しかしその場合、五次、ときには六次の志向意識水準まで表現できる私たちの言語のような複雑さや表現の微妙さは期待できない。脳のサイズで考えた場合、現生人類が登場するまでの五〇万年間を支配していたヨーロッパのネアンデルタール人やそのほかの旧人類は、四次の志向意識水準でしか話せなかったと私たちは考えている。志向意識水準が一次違うだけでも、話す内容の複雑さや会話に登場する人の数は私たちのそれとは劇的に違ったはずだ。

ここではとりあえず、私たちが豊かな言語を駆使して会話できるのはひとえにメンタライジング能力のおかげだということ、そしてメンタライジングには高度な認知能力が必要なため、その力を獲得するには実行機能を担う脳がネアンデルタール人やその仲間よりもずっと大きくなるように進化する必要があったということだけを強調しておきたい。会話は難しい認知作業で、それ相応の負担がかかるが、なぜかこの基本的事実に関しては考古学者も進化人類学者も、心理学者でさえも驚くほど無関心だ。おそらくそれは、私たち成人がそのハードな認知作業を無意識にこなしているからだろう。だがそれは私たちがこの高度な技術を、よちよち歩きのころから大人になるまで、時間をかけて学んできたからにほかならない。大人レベルの言語能力を身につけるには恐ろしく長い時間がかかるのだ。特に少年たちにとってそれは大仕事で、彼らは人生最初の二〇年の大半をその技術の習得に費やしている。

ネイト・オシュと私が行った実験は、多くの文節で構成された複雑な文章の読解には、その人のメンタライジング能力が大きく影響することを明らかにした。メンタライジング能力が限られている人（成人の正常範囲を下回る人）は、多くの従属節があるセンテンスを完全に理解することができないのだ。これが日々の生活でいかに重要かは、物語の語りに端的に表れる。なぜなら人は、いくつかの心的状態をいっぺんに処理する能力がないと物語を話せないからだ。それを浮き彫りにしたのが、私のグループの主任研究員、ジェームズ・カーニーの研究だ。彼は物語の面白さは、メンタライジング・レベルによって決まるのか、という問題に興味を持った。そこでいくつかの短い物語をそれぞれ、二つの異なるメンタライジング・レベル、すなわち三次までの志向意識水準バージョン（読者の心的状態も含む）と五次までの志向意識水準のバージョンで作成した。そしてそれぞれの物語の面白さや没頭できた度合いを、被験者たち――彼らそれぞれのメンタライジング能力は例の寸劇テスト（六章を参照）で確認済みだった――に評価してもらった。すると、生来のメンタライジング能力が三次の人は、心的状態が三つの物語を面白いと思い、生来のメンタライジング能力が五次の人は、心的状態が三つの物語は退屈だが、五つの物語は面白いと感じることがわかった。

大規模な集団を形成し、維持していくには、複雑なコミュニケーションができることが重要だ。これは霊長類全般に言えることだが、その種の社会集団の規模が大きくなればなるほど、発声も身振りも複雑さを増していく。これを最初に証明したのが、トッド・フリーバーグが行った野生のカロライナコガラ（北米に生息する、シジュウカラ科の小鳥）の研究で、彼は、たとえ種が同じでも大きな集団で暮らしているほうが、発声が複雑になることを明らかにした。「話す」相手の個体数が増えれば増えるほど、誰が誰に向かって話しているのかを明確に伝えなければならないため、言語は豊かになっていくのだ。ウガンダで野生のチンパンジーの現地調査を行ったアンナ・ロバーツとサム・ロバーツも、チンパンジーの身振りを通じたコミュニケーションの複雑さについて同様のことを言っている。タマス・デイヴィッド・バレットがコンピュータ・モデルで証明したように、コミュニケーションと集団の規模は互いに影響し合いながらラチェット効果で少しずつ増大していき、境界値を超えた時点ですべてが一気に加速するようだ。

集団の規模の拡大とともに人類の言語が進化した理由として考えられるものは二つある。一つは、ネットワーク内の情報を伝えるためというもの。状況を把握しておくべき人たちが増えれば一人ひとりに様子を聞くのは難しくなる。特に、メンバーが頻繁に会うことのない別のキャンプ集団にいればなおさらだ。だから偶然、誰かと会えば、私たちはその相手にジムやペニーの近況を尋ねる。そうやってほかの誰かを通じて友人知人の情報を更新しておけば、辛い別れを経験している相手にばったり会ったときに「どう？　楽しくやってる？」などと失礼なことを言ってしまう事態は避けられる。私の著書『言葉の起源：猿の毛づくろい、人のゴシップ』（一九九六）で述べた言語の進化に関するゴシップ理論の基本がこれだ。そしてもう一つ、同じぐらい可能性の高い理由が、物語のために言語が必要だった、というもの。物語や民話は私たちを一つのコミュニティとして結びつける。私たちが何者で、なぜお互いに対して責任があるのかを教えてくれるのが物語だ。民話やそのほかの物語は、大きなコミュニティを結束させる大切な基盤だ。私たちが一つにまとまっているのは、全員が同じ民話で育ち、同じものを面白いと思い、同じ倫理観を持ち、自分たちの起源を伝える同じ歴史を共有しているからだ。一〇章でも触れるが、こういったことが私たちを一つのコミュニティとしてまとめあげ、一致協力することを促すのだ。

この二つの理由のどちらが先だったかに関係なく、私たちの会話がほぼ社交に関する話題ばかりであることは多くの研究で明らかになっている。私たちの初期の研究では、ニール・ダンカンとアンナ・マリオットと私の三人が、カフェやそのほかの場所で自然に交わされていた人々の話をサンプルにし、会話の話題を一五秒ごとに一〇の種類（人間関係、個人的経験、文化／芸術／音楽、宗教／倫理／道徳、政治、仕事など）に分類した。すると男女とも、会話時間の三分の二を社交的な話題に費やしていた。男女の違いは二点だけ。まず男性は、男女混合の集団にいるときのほうが男性だけでいるときより個人的経験について話すことがずっと多かった。またその場に女性がいれば、ほかの人の話や専門的な話をすることもずっと多かった。いっぽう女性は、女性だけの集団にいようが、男女混合の集団にいようが、話題の種類はほぼ同じだった。その研究から何年ものち、私はイランの言語学者、マハディ・ダーマードと共同で現地のペルシャ語話者の研究を行った。このときは録音した会話を分析したため、それぞれの話題に費やされた単語の数を正確に計測することができた。するとここでもやはり会話の大半は社交関連の話題が占め、女性は会話時間の約八三パーセント、男性も七〇パーセントが社交関連の話だった。またイギリスのサンプル同様、こちらも女性のほうが、同性の集団にいるときと男女混合の集団でいるときの話題に差がなかった。

私たちの実験を、より高度なテクノロジーを利用した形で行ったのがアリゾナ大学のマサイアス・メール、シミネ・ヴァジレたちの実験だ。メールたちは七九人の学生に自動録音装置を装着し、彼らの会話を一時間に八回、三〇秒ずつ録音した。学生たちはこの装置を四日間装着していたため、研究者はその録音に基づき、彼らが会話をしているか否か、その会話は他愛のないものか（世間話）、それとも身が入った真剣なものかを判断することができた。その結果、一人でいる時間が少なく、有意義な会話（世間話ではなく）を多くしている学生ほど幸福度が高いことがわかった。その後、マサイアスはこれが成人にもあてはまることを証明した。通院している患者や、成人向け健康クリニックに通うボランティア、離婚経験者のグループを調査した結果、被験者が世間話に費やした時間と人生における満足度は相関関係がなかったが、有意義な会話に費やした時間は人生に対する満足度の高さに反映されていたのだ。

そこで私たちはこのような観察研究の追跡調査を、物語の内容に関する記憶を利用した実験研究で行い、言語能力がどのような役割を担っているかを探ることにした。つまり、もし言語が事実に関する情報を伝えるためのものなら、私たちは事実に関する事柄を一番よく覚えているはずだし、言語が社交的機能を果たすためのものなら、物語の社交的な内容、特にメンタライジングに関連する内容を覚えているはずだ。これを調べるために、アレックス・メスーディ（現在はエグゼター大学の教授）が一組の実験を、ジーナ・レッドヘッドがもう一組の実験を行った。するとどちらの実験でも、私たちは物語に出てくる事実よりも、社交的な内容、特に登場人物の精神状態に関連した内容をよく覚えていた。つまり、私はあなたが何をしたかよりも、あなたがそれをした理由のほうをよく覚えているのだ。あなたの行動の動機を覚えていれば、私はその行動を頭の中で再構築できるが、あなたの行動を覚えているからといって、その動機を頭で再構築することはできない。

ここでもやはり重要なのは、心的状態と行動の動機を理解することだ。実際、このプロセスこそが、記憶のプロセスの基盤になっているようだった。心理学者たちの研究によると、刑事裁判で証人たちが目撃したことを思い出すとき、彼らは頭の中で事件の状況をビデオのように再生するわけではないという。彼らは想定される動機など一般的な常識を思い出し、自分が考える動機に適合するよう事件を頭の中で再構築するのだ。同じ出来事を目撃しているはずの証人たちの証言が食い違うのも、そのせいだ。

自然な会話の内容を観察した私たちの研究では、批判的なコメント（よくないうわさ話）は比較的少なかった（会話時間の五パーセント以下）。だがそれは、私たちがカフェテリアなど公共の場での会話をサンプルにしたからかもしれない。普通、他人の批判は、ほかの人に聞こえないもっとプライベートな場所でするからだ。だが、よからぬうわさ話はじつは社会的には有益だ。その噂を知っていれば、自分の社会集団の誰かに食い物にされるリスクを減らすことができる。また、他の人に関するときたまの苦情も、悪しき行いの頻度を減らす可能性はある。たとえばボート競技の選手たちの会話を観察していたビンガムトン大学のケヴィン・クニフィンとデイヴィッド・スローン・ウィルソンによれば、怠けている選手に関する不平をほかの選手たちが言っていると、そのうち事態は好転し、怠けていた選手が頑張りはじめることが多かったという。

同様に、アムステルダム大学のビアンカ・ビアーズマとヘルバン・ヴァン・クリーフが行った実験研究でも、グループ活動に誰が貢献し、誰が貢献しなかったかを発表すると告げると、メンバー全員の貢献度が大きく上がったという。やはりうわさ話によって、メンバーたちの足並みは揃うらしい。社会神経科学を研究する女性研究者の第一人者、リサ・フェルドマン・バレットは、複数の無表情の顔写真それぞれに、その人の説明書きとして悪いうわさ話、良くも悪くもないうわさ話、良いうわさ話のどれかを添え、被験者たちに見せた。その後、同じ写真を中立的に被験者に見せると、被験者たちは良くも悪くもないうわさ話（「道で男性を通り過ぎた」）や良いうわさ話（「年配の女性の買い物袋を持ってあげた」）が添えられていた写真よりも、悪いうわさ話（「級友に椅子を投げつけた」）が添えられていた顔写真に注意を払う率が高かった。善人を見過ごすことより、騙されたり襲われたりすることのほうが失敗としては高くつく。だから私たちは、評判が悪い人に対してはより真剣に注意を払うのだ。その人がどういう人物かを記憶に残し、今後に備えようとするからだ。

たしかに私たちは人の悪口も言うが、それでも会話の大半は自らの社交に関する情報のやりとり（自分の好き嫌い）や、自分と第三者との関係についての話、社交イベントの準備、過去の社交イベントの思い出話などで占められている。これは小規模な伝統的社会にもあてはまるが、彼らはうわさ話を人々の行動の取り締まりにも利用している。ユタ大学の人類学者でアフリカ南部ボツワナのクン・ブッシュマン研究をライフワークとしているポリー・ヴィースナーは、彼らが夜に焚火を囲んで交わす会話と日中の会話を分析し、昼と夜とではその話題に大きな違いがあることを明らかにした。日中の会話は事実に基づく内容や経済に関連した話、さらには他者の行動に関する不満が多かったが、夜に焚火を囲んでする会話はおもに物語や民話だったのだ。日中の会話は、三四パーセントが不平不満で、物語に関係する会話はわずか六パーセントだったが、夜の会話は八五パーセントが物語や神話で、不平不満はわずか七パーセントだった。

何を言うかではなく、どう言うか

だがしょせん、言葉はコミュニケーションの一部でしかなく、特に社交に関する情報伝達では、言語はコミュニケーションのごく一部でしかない。私たちは言葉と一緒に発信されるさまざまな合図から、驚くほど多くの情報を受け取っている。たとえば表情（しかめ面、笑顔）、声音（声のトーン、抑揚）、身振り（肩をすくめる、手振り）といった合図だ。どのように言うかによって、口にする言葉の意味がまったく変わってしまうこともある。抑揚が違うだけでも、「どうもご親切に！」（「本当にありがとう」の意）と「どうもご親切に！」（「ずいぶんひどい扱いじゃない？」の意）ではまったく与える印象が違ってくる。

一九七〇年代、イラン出身のアメリカ人社会言語学者、アルバート・メラビアンはすばらしくシンプルないくつかの実験を行い、私たちの発するメッセージはその約九三パーセントが非言語コミュニケーションによって伝達され（三八パーセントは声のトーン、五五パーセントは表情）、言葉で伝わっているのはわずか七パーセントだと説いて世界中から脚光を浴びた。のちに多くの心理学者が彼の説を疑い、それを反証する実験が複数行われた。だがそのような実験もまた、それぞれに問題があった。一つは、感情がこもったさまざまな内容の発言をモデル化するのに俳優を利用したこと、もう一つは、そのような発言のほぼすべてが単一の単語または短いフレーズだったことだ。そもそも役者がセリフとして語るリアルな会話など、アニメのミッキーマウスが語る現実社会のようなもので、まったく参考にならない。会話とは通常、二人またはそれ以上の人たちによる長いやり取りで、そこには文脈上、言語上の複雑な情報が織り込まれているのだ。また、このような実験には、言語では一つの感情（「私は悲しい」）を表現し、非言語のメッセージではその反対の感情（「私は楽しい」）を表現するという刺激が使われる。だが、実験に参加した「俳優」たちが、そのような高度な演技を本当にできたのかどうかははなはだ疑問だ。また、矛盾するメッセージが被験者たちに与える混乱を考えても、このような実験の設計には疑問を抱かざるをえない。

しかし最近行われた二つの実験は、メラビアンの説が正しいかもしれないと思わせるいくつかの根拠を示している。一つは、グレゴリー・ブライアントが実施した大規模調査で、彼は部族民や西洋化した人々など全世界の二四の文化から集めた被験者たちに、二人のアメリカ人が一緒に笑っている音声を聞かせ、この二人は友人か見知らぬ者同士かをあてさせた。その結果、正解はあてずっぽうで答えるより（私たちは半々を予想していた）わずかに多かった（正解は五五から六五パーセントだった）。興味深いのは、笑っている二人が両方とも女性だと、二人が友人同士だと見抜かれる可能性がずっと高かったことだ（正解は七五から八五パーセント）。もう一つの実験は、アラン・カウエンと彼の共同研究者たちが実施したもので、アメリカ人とインド人の被験者に、俳優たちが語る感情を表現する言葉やフレーズをさまざまな言語で聞かせ、そこに込められた感情をあててもらうというものだった。その結果、基本的な一四の感情を聞き分ける正答率は、アメリカ人もインド人も同程度だった。このときも正答率はあてずっぽうで答えるよりは高かったが、それでも完璧な回答にはほど遠かった。

この二つの実験はなかなかよく考えられていたが、それでも実験計画や会話を扱っていないという点で、まだ改善の余地は多かった。そこで私はこの問題をもっと現実的な環境で調べようと考え、ケンブリッジを拠点に活動するアーティスト、エマ・スミスと音楽学者のイーアン・クロスの協力を仰ぎ、実験を行うことにした。ユーチューブで公開されている自然な会話を収録した八つの音声クリップを被験者たちに聞いてもらうという実験だ。音声クリップはそれぞれ異なる種類の人間関係（四つは険悪な人間関係、四つは良好な人間関係）を表現しているものを選んだ。被験者の半数には英語のクリップを、残りの半数にはスペイン語のクリップを聞いてもらったのだが、オリジナルの音声クリップを聞いたのち、今度は同じ音声クリップにフィルターをかけ、実際の言葉がわからないほど不明瞭にしたもの（だがイントネーションと声のトーンはわかる）、または音声信号を純粋にトーンだけ（音の高さだけ）に変換したものを聞いてもらった。ちなみにこの音声クリップは、チリ人の学生、フアン・パブロ・ロブレド・デル・カントが、何やらすごいソフトウェアを使って作ってくれた。私たちはすべてのクリップについて、その会話をしている人たちの人間関係を被験者たちに尋ね、事前に渡しておいた八種類の人間関係を記したリストの中から答えを選んでもらった。さらに最後の一ひねりとして、この実験を、イギリスに住むネイティブの英語話者に一回、そしてスペインに住むスペイン語話者に一回（スペインでの実験は、マドリード在住の研究仲間、イグナチオ・タマリットが担当してくれた）の都合二回実施した。

メラビアンの最初の実験（その人間関係が良好か険悪かだけを被験者に尋ねた）と同じ質問を私たちの被験者にしたところ、結果はメラビアンの被験者たちと同じで、会話内容が不明瞭な音声クリップでさえ、正答率は七五パーセントから九〇パーセントだった。また、聞いたやりとりの音声を八種類の人間関係のうちから選んでもらったときも、彼らの正答率は四五から五五パーセントで、あてずっぽうで答えた場合の正答率（およそ一二パーセント）の四倍だった。さらに重要なのが、英語話者とスペイン語話者のどちらも、互いの言語での正答率と母語での正答率が同じだった点だ。彼らのほとんどが、もう一方の言語はほとんどわからないと言っていたのにもかかわらずだ。このことからもわかるように、私たちは会話のなかでどのような口調で話し、どのように反応し合っているかを聞くだけでも、そこにある人間関係について多くの情報を得ているのだ。つまり、唸り声でさえ、言葉にほぼ匹敵するほど多くを物語っているのである。

あなたがほほ笑めば、世界もほほ笑む

もし、それがなければ会話も人間関係も死ぬほどつまらなくなる行為が一つあるとすれば、それは間違いなく笑顔だ。よく言われるように、笑顔は世界の共通言語だ。笑顔は興味を表現し、会話の継続を認め、交流が大歓迎であることを示し、謝罪や同情、そのほか多くの感情を表現する。ほとんどの人は、笑顔も笑いも同じと捉え、しいて言えば、笑顔とは笑い声をあげるには至らなかった笑いと考えている。しかし実際には、笑顔と笑いは大きく違う。これまで見てきたように、笑いはサルがじゃれ合うときの顔からきているが、笑顔はサルが服従を示すときの顔に由来している。サルたちの「歯をむき出した顔」は服従や譲歩を示す顔なのだ。笑顔は、笑ったときに口が丸く開くROM顔とは違い、サルが歯をむき出したときのように、食いしばった歯が見えるよう口角を横に引っ張り上げる。笑いも笑顔も友好

の情を示す表情ではあるが、いっぽうは絆を、もういっぽうは服従を表しているのだ。緊張したときや気まずいとき、見ず知らずの人や自分より地位が上の人に紹介されたとき、私たちがやたらと笑顔になるのもそのせいだ。つまり人間の場合、笑いも笑顔も同じと思われがちだが、それぞれの起源はまったく違い、その動機も正反対なのだ。笑いと同様に笑顔も、自発的なデュシェンヌ・スマイルは譲歩（承認も含む）を、意識的な非デュシェンヌ・スマイルは儀礼的な黙認を示す。また、デュシェンヌ・スマイルはさらなる交流を促すが、非デュシェンヌ・スマイルは不安や緊張を示している。

マーク・ミーフー（当時は私の研究室の研究生だったが、現在はオーストリアにあるウェブスター・ウィーン大学の助教授）は一連の観察研究と実験研究から、二人の人物が交流している最中に出るデュシェンヌ・スマイルの多くは寛容さの表れであることに気づいた。実際、笑顔は寛大さや外向性の表れと受け取られることが多く、特に男性の顔ではその傾向が強い。しかし笑顔の見え方は男女の違いが大きく、笑顔が寛容さの表れという評価が最も多かったのは、笑みを浮かべるのが女性、評価するのが男性の場合だった。ミーフーはまた、人々が自由に集うダンスクラブのような場所、それもその集団にさまざまな年齢層の人がいる場所では、若い男性のほうが年配の男性より非デュシェンヌ型の笑顔（つくり笑い）を見せることが多く、女性は年配の女性のほうが若い女性よりもつくり笑いをすることが多いことも明らかにした。

ややこれと似た結果が出たのが、ロバート・プロヴァインが大規模に実施した自然な状況下での笑いの観察研究だ。この研究で彼は、女性は女性の発言よりも男性の発言に対して笑うことが多く、男性は男女のどちらに対しても女性ほどには笑顔を見せないことに気づいた。彼は、女性のこの行動を一種の譲歩、特に男性に対しての譲歩を示す行動だが、同時にほかの女性に対しての譲歩を示す行動でもあると解釈した。服従の行動である笑顔は、私たちの他者に対する批判的な気持ちや猜疑心を和らげるのかもしれない。ローレンス・リードは、写真の人物に関する説明書きについて、もしその人物がデュシェンヌ・スマイルを浮かべていれば人々は説明書きの内容を信じやすく、非デュシェンヌ・スマイル、または抑えた笑顔（デュシェンヌ・スマイルになるのをこらえているような笑顔）を浮かべていれば、説明書きの内容を信じにくいことに気づいた。

これは余談だが、ここで私の個人的な見解も述べておきたい。長年にわたって人々の行動を観察してきた私は、女性のほうが男性より笑顔を見せることが多く、その笑顔自体も男性より自然だと感じている。男性の笑顔は女性の笑顔に比べて、作り笑いに見えるのだ。これはおそらく男女の顎の作りの違い、特におとがい（あごの先、二等分された顎が結合する部分）の大きさが違うせいだろう。男性のおとがいのほうが大きいうえ、あごは四角くて角度も鋭く、女性よりも突き出している。このあごの形のおかげで、笑ったときも口元の筋肉が唇を引っ張り上げにくいようなのだ。私の説が正しいかどうか、次に誰かと話すときにはぜひそのあたりを観察してもらいたい。

なぜ物語を語るのか

唸り方を変えるだけでほとんどの用事が足りるなら、なぜ私たちは言語を、言葉などというものを持っているのだろうか。その答えは、言葉があれば、時間や場所を特定でき、過去の出来事についても、未来に起こりそうな出来事についても話すことができるからだ。先週、あなたが狩りに出かけていたときに、ジムが何をし、何をしなかったかをあなたに報告することもできるし、来週、彼が何をするつもりかを伝えることもできる。それどころか、想像上の世界の出来事について話すことだってできるのだ。そう、言葉があれば、架空の物語を語ることができるのである。

歴史上のどの文化を見ても、人々は物語を聞くことが大好きだ。とりわけ、話上手な人が語る物語を聞くのは格別だ。そうやって語られる物語はつねに、その人やほかの人が何をしたかについていての物語で、ときにはその「人」が動物の姿をしていることさえある（たとえばベアトリクス・ポターのピーター・ラビットがそうだ）。また、旅の物語でさえ、ヒーローが出てくる。こういった物語と同様、私たちはほかの人についてのうわさ話も大好きだ。だが物語を語ることは、進化上はいささか異常な行為のようにも見える。畑仕事や狩りなど、やるべき仕事は山ほどあり、教えてもらわなければならない有益な技術もたくさんあるのに、なぜ私たちは焚火を囲んで何時間も物語や民話を聞きたがるのだろうか。だがなぜか、大人も子どもも、昔から聞かされてきたいつもの物語を嬉々として繰り返し楽しむのだ。また私たちは、もっと有益なことにお金を使うこともできるのに、なぜか同じ芝居や映画を見るために繰り返し劇場に足を運び、同じ本を繰り返し読む。それも毎回、最初のときと同じ興奮と情熱で劇場に足を運び、本のページをめくるのだ。

もちろん、私たちがお笑いを好きなのは道理にかなっている。お笑いで笑えば、それが引き金になってエンドルフィン系が活性化し、私たちを幸福感で満たしてくれるからだ。ではなぜ、胸が張り裂けるような悲劇に涙するために、何度も劇場に通うのか？　悲劇もエンドルフィン系を活性化させる引き金になる、とでも考えないと納得がいかない。たしかに脳は、身体的な痛みも精神的な痛みも同じ場所で感じる。だとすれば、感情を揺さぶる物語によってエンドルフィン系が活性化されるという可能性はある。身体的な痛みと精神的な痛みを、私たちが脳の同じ領域で感じることは、カリフォルニア大学ロサンゼルス校のナオミ・アイゼンバーガーたちの長期的な脳画像研究により、すでに明らかになっている。では、悲劇を観ることで生じる精神的苦痛によってエンドルフィン系が活性化し、それがほかの観客たちとの絆を強めることを証明できるだろうか？

その研究は、オックスフォード大学、モードリン・カレッジのカレウア・リサーチ・センターが実施した演劇の心理学プロジェクトがきっかけとなり、実現した。じつはこれはいささか変わったプロジェクトで、シェークスピア演劇の専門家二人（ローリー・マグワイアとソフィー・ダンカン）と古典ギリシャ劇の専門家二人（フェリックス・ブッデルマンとエバート・ヴァン・エンデ・ボアス）、そして英文学と神経科学両方の専門家であるベン・ティーズデール、そして私という畑違いの研究者が集まった共同研究だったが、「悲劇はエンドルフィン系を活性化させ、私たちの絆を強める」という仮説を調べるうえではまさに完璧な布陣だった。

研究の手法について話し合ううち、ベンがすばらしい方法を思いついた。テレビ用に制作された映画でベネディクト・カンバーバッチとトム・ハーディ（おそらく彼の世代では最高の性格俳優）が出演した『スチュアート：ア・ライフ・バックワーズ（Stuart: A life backwards）』を使うという案だ。この映画の原作となったのは、ケンブリッジ在住の作家、アレクサンダー・マスターズの小説で、路上生活者のスチュアート・ショーターとアレクサンダーが友情を育むさまが描かれた、実話に基づく物語だ。ストーリーは、スチュアートの人生と、彼がそのような境遇に陥った経緯を中心に進んでいく。身体に障害があり、子どものころに虐待を受け、路上生活者になり、ヤク中になり、刑務所を出たり入ったりする彼の人生の物語だ。そして話が進むうちに、物語は悲惨な結果に終わることがだんだん明らかになっていく。そして予想通り、またも実刑判決を受けそうになったスチュアートは、その現実に向き合うことができずに線路に身を投げる。まさに胸が張り裂そうな物語で、この映画を観た人たちはみな深く感銘を受けたし、数週間のうちにこの映画を何度も見なければいけなかった研究者たちは特にそうだった。

実験では、いつものように被験者たちの痛覚閾値を、映画を鑑賞する前と後に測定し、一緒に映画を観た見ず知らずの人たちとの絆に関するアンケートに答えてもらった。対照群には退屈なテレビのドキュメンタリー番組を見てもらったが、当然ながら彼らの痛覚閾値も絆の強さにも変化はなかった。だが当初、私たちは『スチュアート』を観たグループの結果に首を傾げた。たしかに正しい方向の効果は出ていたが、変化の大きさが予測したほどではなかったのだ。なぜだろうと思いながら数週間が過ぎたとき、私は被験者たちの反応がきっぱり二つのグループに分かれていることに気がついた。映画にまったく感動せず、痛覚閾値にも絆の強さにもまったく、またはほとんど変化がなかったグループと、映画に感動して痛覚閾値が上がり、一緒に映画を観た人たちとの絆も強まったグループの二つだ。

これは映画のジャンルの差ではないか、と私たちは考えた。人によって、感動する映画のジャンルが違うのかもしれない。そこでこれを確かめるための追跡実験を行い、二つの異なるジャンルの映画を観た被験者たちの反応を調べた。ディズニーのアニメーション映画『カールじいさんの空飛ぶ家』（夫婦の出会いから、年老いて死ぬまでの人生の物語）から抜粋したひどく悲しいシーンへの反応と、それと同じ長さのジェームズ・ボンド映画のアクションシーンへの反応を比較したのだ。ほとんどの被験者はどちらのシーンも楽しんだが、『スチュアート』での結果が示していたとおり、ジャンルによる好みは歴然と現れていた。ロマンチック・コメディが好きな人もいれば、悲劇が好きな人も、アクション映画が好きな人もいるのだ。思いきり泣けば気分が晴れるという人はいるが、それが誰にとっても有効な手段というわけではないのだろう。これには強い性差もあると私は思う。男の子だから泣かないようにしているのではなく、男の子は泣かないし、泣けないのだ。

私たちのこの結果は、ドイツにあるフライブルク大学のミリアム・レナンとアニャ・ゴリッツが行った同様の実験でも確認された。彼らは被験者たちを四人一組のグループにし、一つの映画を同じスクリーンで一緒に観てもらう、または同じ映画も違う映画も観られるようにそれぞれイヤホンを使って別々のスクリーンで観てもらった。こうすることで、グループで共有した情緒的な経験（観ていた映画は同じだが、イヤホンを着けていたのでほかの人の反応は聞こえなかった）を集団のなかで生じた情緒的な反応（同じ映画をグループで一緒に観たときの反応）と比較したのだ。このとき彼らが比較に利用した映画は、興奮度が高くマイナスな感情が喚起される映画、興奮度が高くポジティブな感情が喚起される映画、興奮度が低くネガティブな感情が喚起される映画、興奮度が低くポジティブな感情が喚起される映画の四タイプだった。その結果、映画を観て、非常に強いネガティブな興奮を経験した場合、グループの結束力はその興奮をグループで一緒に経験したときのほうが、グループ内で個々に経験した時よりも高かった。つまり、みんなで一緒に同じ感情を味わうことが重要なのだ。

どうやら感情が刺激されるような経験を共有することは、絆の強化に大きな役割を果たすらしい。そう考えれば、一見無関係に見えるいくつかの興味深い事象についても説明がつく。その一つが小規模な伝統的社会で行われる成人の儀式だ。儀式では、成人を迎える少年たちの集団が、普通は誰も行かない夜の森などの恐ろしい環境下で痛み（これにはつねに割礼が含まれる）や恐怖を経験させられる。このような恐怖を共に経験することで生じた感情によって少年たちのあいだには絆が生まれ、その絆は成人になった後も続き、彼らは永遠に助け合う。戦士となり、コミュニティを侵略者から守るとき（あるいは自分たちが侵略するとき）は特にそうだ。戦地で共に攻撃にさらされてきた兵士たちも、同様の絆を経験することが多い。軍事訓練のほとんどに苦痛や疲労、恐怖が伴うのも、そのような絆を育むことが目的だ。ちなみに消防士や大自然を案内するガイドは、燃え盛る建物や、暴れるバッファローから救出した女性たちに熱視線（ときにありがた迷惑な）を向けられることが多いというが、その理由もこれと同じだろう。

会話の境界線

会話力は友だちを作るうえで非常に重要な能力だが、意外にも言葉でできることには限界がある。たしかに感情を表現する媒体としては、言葉は非常に弱いように見える。だが言葉の一番の欠点は、多くの人とコミュニケーションができない点だ。これは、たくさんの人に話しかけることができないという意味ではなく、たくさんの人と同時に会話できないという意味だ。この二〇年間、私たちは会話グループの規模についての調査を六回以上重ねてきた。調査は、カフェやパブ、バー、公園、公共の場、そして日中や夜間も行った。ほとんどはイギリスでの調査だったが、アメリカでも一回、イランでも一回実施した。そして結果はどこも同じだった。会話をする人数が四人を超えると、ほとんどの会話が続かなくなったのだ。

一つの会話をする人数の上限は四人。この数字は、驚くほど変わらなかった。五人目が会話に加わると、会話グループは三〇秒と経たないうちに二つに分かれてしまうのだ。ある調査で私たちは、会話をしている集団の規模――パブのテーブルを囲んでいる人数――とそれぞれの会話に実際に参加している人数を調べてみた。すると、集団は人数が四の倍数に達するたびに分裂し、もう一つ別の会話グループができることがわかった。四人までなら一つの会話が成り立つが、五人以上になると会話は二つに分かれ、八人を超えれば会話グループは三つ、一二人以上になったら会話グループは四つになる。もちろん、会話グループが分裂した後も、同じグループにい続けなければいけないわけではない。会話は非常にダイナミックなもので、人は一つの会話グループから近くにある別の会話グループに入っていくこともあるし、その話題に飽きれば別の人と新しい話を始めることもある。

だがときに、会話グループの規模に上限などあるはずがない、と疑義を申し立ててくる人もいる。以前、私の論文を査読した一人が、会話グループの規模の上限が四人だなんて絶対にありえない、と言ってきたことがある。その証拠に、自分はしょっちゅう一二人を超える人たちと一緒に会話をしている、というのがその人物の弁だった。この「匿名」の査読者が誰かは察しがついたため、「まあ、あなたならそうかもしれませんね」と言い返そうかと思ったほどだ。というのも彼は大声でまくしたてるため、誰も口をはさめないことを知っていたからだ。そう、彼の場合、それは会話というよりは独演会なのだ。さすがに査読者に反論することは控えたが、これこそが私の言いたいことだった。人数が増えても「会話」を小グループに分裂させない唯一の方法は、会話を講演会にしてしまうこと、それもほかのメンバー全員が敬意のこもった沈黙を守り、話している人の邪魔をしないという社会的合意のあるルールに則った講演会にすることだ。けれどそのルールを取っ払い、司会者もいなくなれば、たちまちカオスが訪れる。ヤジを飛ばし、着席しなくなる者も出てくるだろう。大きな会議や堅苦しい講演会でも、司会者がちょっと席をはずせば、ものの一分としないうちに出席者は二人、三人、あるいは四人の小さなグループに分かれて話しはじめるはずだ。次にそういうイベントに行ったらぜひ、注意して観察してみるといいだろう。

大人数の会話が成り立たない理由の一つは、話す時間を平等に配分した場合、会話に一人加わるごとにほかの人が話す時間が短くなることだ。たとえば一〇人で会話をするとしよう。話す時間を平等に割れば、あなたが話をできるのは一〇分のうちの一分。あとの九分は、次の順番が回ってくるまでイライラしながら待たなければならない。なぜそうなるかというと、会話には、いついかなる時でもそのときに話をするのは一人だけという厳格な心理的ルールがあるからだ。このルールを破って大人数の人がいっぺんに話をしようものなら、その場は大混乱になる。だから、どんな会合にも司会者がいるのだ。話す順番を采配する人がいなければカオスとなり、皆、ほかの人が何を言っているのか聞こえなくなる。おそらくこれは、私たちが学ぶべき社会ルールの一つだ。私たちが子どもに「ほかの人がしゃべっているときはしゃべらない！」としょっちゅう注意しているのがその証拠だ。したがって私たちは一歩下がって聞き手になるか（私たちの初期の調査では、男女混合のグループでは女性が聞き手になる場合が多く、その理由は、女性の声は細く、喧騒にかき消されやすいからだろうとされていた）、分裂して自分たちの会話グループを作るのだ（一三章でも述べるが、それによって男女別々の会話グループができあがる）。

しかし会話グループの規模に上限がある一番の理由は、私たちのメンタライジング能力に限りがあるからだろう。会話を円滑に進めるには、その場にいる一人ひとりに注意を払い、それぞれの発言したい気持ちを慮る必要がある。それができなければ、自分が話すべきタイミングも、ほかの人に話させるタイミングも、今、何を言えば適切かも判断できないからだ。そこで重要になるのが、場を独占しそうになる自分の行動を抑制する力だ。会話全体を独り占めしたいという自らの欲望を抑えることができて初めて、皆が順番に話すバランスのいい会話が成り立つのだ。

抑制機能としてのメンタライジングの重要性がよくわかるのが、ジェイミー・クレムズ（以前はオックスフォードの大学院生だったが、現在はオクラホマ州立大学の講師だ）の研究だ。彼女はアメリカの大学のキャンパスでおしゃべりをしているグループを観察し、グループの人数を数えてから、彼らに近づき、今、誰のことを話していたのか、何について話していたのかを尋ねていった（なかなか厚かましい行為だ）。その結果、その場にいない第三者の心的状態に関する話をしていた会話グループの人数は三人以下だったが、その場にいる誰かの心的状態や事務的な内容（ランチをした場所や今終わった授業の話）を話していたグループの人数の上限は四人だった。どうやら私たちは話したい内容に合わせて、会話内で対応しなければならない心的状態の数を調整しているらしいのだ。

そして驚いたことに、会話同様に笑いにも人数の上限があることがわかった。パリの国立大学で博士課程を履修中に私たちと一年間一緒に研究をしていたギヨーム・デゼカシュは、オックスフォードとフランスのパブで、会話をしているグループと笑っているグループの調査を行った。その結果、その社交グループの人数、すなわち同じテーブルを囲んでいる人が何人であっても、実際に会話を交わしている人数の上限は四人、会話の中で一緒に笑っている人数の上限は約三人だった。だが考えてみれば、これは当然かもしれない。なぜなら一人がジョークを言い、他の人たちが笑うからだ。またこの人数の上限は、一緒に話している人が笑ったときは自分もつい笑うのに、部屋の反対側でしゃべっているグループがどっと笑うとイラッとくる、という興味深い事象の説明にもなる。イラッとするのは、部屋の反対側であがった笑い声に、自分たちのプライベートな社交空間を邪魔された気になるからだ。笑いが社交の手段として、また絆づくりのメカニズムとして機能するのは、実際に交流をしている少人数のグループだけに限られるのだ。

実際の会話を研究するだけでなく、ジェイミー・スティラーとジェイミー・クレムズは、一つの場面に登場する人数を会話グループの人数とみなし、シェークスピア劇と現代の映画を分析した。その結果、この会話グループの上限はきっちり四人で、この数字は一六世紀のシェークスピアの時代から二〇世紀のハリウッド映画まで一貫していることがわかった。ジェイミーは、二つのまったく異なる映画ジャンルも調べた。一つは女性が好きな映画（『高慢と偏見』、『ファースト・ワイフ・クラブ』、『プリティ・リーグ』など）、もう一つは日常的な交流の枠がとっぱらわれ、別の場所にいる人物や、同じ場所の違う時間軸にいる人物が相互に作用するハイパーリンク映画（『クラッシュ』や『バベル』など）だ。だがいずれの作品も、一場面に登場する人数の規模は変わらなかった。まるで「観客が理解できる会話は四人以下」という縛りでもあるかのようで、有能な劇作家は全員、それがよくわかっているようなのだ。

実際の会話を調査したときと同様、ジェイミーはシェークスピア劇の場面に登場する心的状態の数も分析した。すると、話題がその場にいない第三者の心的状態に関するものならその場面の登場人物の数は最高三人、話題が登場人物自身の心的状態やその場以外の場所で起こった出来事なら、登場人物の数は最高四人、と実生活の自然な会話を調べたときと同じ結果だった。実生活での会話でこんなことは考えたこともないが、私たちは自然にこれをやっているのだ。けれど人間観察の名手であるシェークスピアのような人たちはちゃんとそのルールがわかっていて、観客に負担をかけすぎないようそのルールに基づいて自分たちの戯曲を構成しているのだ。

　こういった会話グループの人数の上限は、伝統的なディナーパーティの人数はもちろん、ダイニングテーブルの大きさにも大きく影響している。四人という数字がパーフェクトなのは、四人なら一つの会話が成り立つからだ。六人から八人も、まあいいだろう。意見がバラエティ豊かになるし、一つのテーブルで二つか三つに分かれて会話をすることもできる。また、六人から八人がけのテーブルなら、こちらの会話からあちらの会話へと気分次第で移ることもできる。しかしそれを超える人数が着席するテーブルとなると、大きすぎて向かいの人との会話はまず不可能となり（向かいの人の声が聞こえない）、両隣の人としか話せない。そのうえ、二つの会話のあいだにはまりこみ、気がついたら話し相手が誰もいないという事態も頻繁に生じる。結婚式の披露宴やフォーマルなディナーのテーブルは一〇人がけや一二人がけが多いから、次にそのような場に招かれたときは、ぜひこれをチェックしてみてほしい。だがもちろん、このようなイベントの目的は会のあいだじゅう熱心に話し込むことではなく、それがこのような大きなテーブルを利用する——そして利用しても差支えがない——理由の一つでもある。そう、出席者はしゃべるのではなく、静かにスピーチに耳を傾けるのがマナーなのだ。

暗がりの魔法

会話行動に関する研究はいろいろあるが、その陰に隠れてあまり注目されていないのが、そういった行動を夜に行うことが持つ特別な意味だ。たとえば夜、チラチラ燃える焚火を前に語られる物語には、何やら魔術的なものがある。ストーリーに凄みが加わり、期待感やスリルが膨らんで、昼間に聞く以上の興奮や意味を感じさせる物語になるのだ。実際、私たちの社交活動はどれも夜にやったほうがおもしろい。パーティしかりディナーも宴会も、観劇、お話し会、歌の集い、ダンス、ビンゴでさえ薄暗い場所でのほうが不思議な魅力が加わるように思える。

そしてこれは社交行事のすべてで言えるようだ。例のビッグ・ランチ研究の調査では、女性は初対面の人とは昼食会で、古い友人や家族とは夕食会で会うのを好み、男性はどちらの相手とも夕食会で会う傾向が高かった。劇場での公演も、マチネよりは夜公演のほうがひき込まれるし、友人とパブで飲むなら夜のほうが日中よりずっと楽しい。ロマンチックなディナーも、真っ昼間よりは夜のほうが親密な気分を楽しめる。どうやら私たちにとって、夜の社交は特別な意味があるらしい。そう、暗闇には何か不思議な力があるようなのだ。

例の高校生の通話を調査したデータセットで一日の通話パターンに目を通していたタレイ・アレダヴードは、深夜の電話（午前零時過ぎの電話）は日中の電話よりも相手が特定の人物であることが多いと気づいた。個人差はあるものの、深夜の電話（特に午前零時過ぎの電話）のほぼ半数は、相手が特定の人物二人に限られていたのだ。この調査に協力してくれたボランティアたちには、電話の相手全員との関係性に関するアンケートにも答えてもらったため、深夜に電話をした相手が彼らにとって感情的に強いつながりのある人物だということも判明した。ちなみにその相手は、時間帯に関係なく、彼らが最も頻繁に電話をかけている相手でもあった。

この深夜の電話相手は、家族よりも圧倒的に友人のほうが多かった。男子がこの時間帯にかける電話の通話時間は、同じ時間帯に家族にかける電話の一一倍、女子が深夜に友人にかける電話の通話時間は、日中に家族にかける電話の三倍だった。女子が深夜にかける電話の相手は、親しい女友だちよりは男子であることのほうが多かった。また、通話時間もこちらのほうが長く、男子への深夜の電話は平均七〇〇秒近かったが、女友だちへの深夜の電話は平均四〇〇秒だった。いっぽう朝になると、このパターンは逆転し、女友だちへの電話の長さは平均二〇〇秒と、男子への電話の平均一〇〇秒の二倍になった。まあ、男子とは夜に長々と話したので、それほど話すことがないのかもしれない。いずれにせよ、これがどういうことかは誰が見ても明らかだ。一つ男子にアドバイスするなら「もし女の子が深夜に電話をかけてきたら、その子はきみに興味がある。もし、かけてこなかったら、別の子にアプローチをしたほうがいい」。

なぜ夜は、このような違いをもたらすのか。不思議なことにこれまで、この奇妙な現象について触れた人は誰もいず、その理由に疑問を持つ人もいなかった。私の推測では、事の始まりは私たちの祖先、旧人類が最初に火を使うことを覚えたころにさかのぼる。考古学上の記録によれば、五〇万年前だ。火を使えるようになったことで、人類には「昼間」の時間が四時間ほど増えた。とはいってもその昼間時間を楽しめるのは寝起きする場に限られていて、そこから出かけることも、狩りをすることもできない。

そこで人類は、その時間を食べることと社交に費やした。実際、こうして獲得した一日につき三時間半ほどの時間を、私たちは今も社会的交流に使っている。これに関しては、私の著書『人類進化の謎を解き明かす』で述べたので、ここではこれ以上詳しく述べることはしない。とりあえず今は、夜は私たちの社会的交流を特殊な方法で強化するらしいこと、そしてその起源はおそらく非常に古いらしい、ということだけを心に留めておいてほしい。

＊

私たちの友だちづきあいは、エンドルフィン系とドーパミン系が基盤となった半ば意識的な生の感覚に大きく依存しているが、言語もまたそれと同じぐらい重要な役割を担っている。会話では、私たちは友だちに話しているのではなく、友だちと話しているわけだが、では、私たちは何について話しているのだろうか。それが私たちのジグソーパズルを完成させる最後のピースである友情の七本柱だ。次の章では、これについて述べていきたい。

一〇章　ホモフィリーと〈友情の七本柱〉

　驚くべき事実を二つ紹介しよう。まず、あなたの友人があなたと共通の遺伝子を持っている確率は、無差別に選んだ近所の誰かとの確率の二倍だということ。これは、十代の学校の友だち五〇〇〇組の遺伝子をほかの生徒の遺伝子と比較したベンジャミン・ドミンゲのグループの調査結果だ。同様に、ジェームズ・ファウラーとニコラス・クリスタキスも、「青年の健康に関する全米での縦断研究」のデータから、友だち同士が同じドーパミン受容体D２（友人関係を維持するのに必要な二つの神経化学物質のうちの一つ）の遺伝子を持っている確率は高いが、同じCYP２A６遺伝子（ニコチンの酸化原因となる酵素を制御する遺伝子で、友人関係の維持にはまったく関係がない）を持っている確率は低いことを明らかにした。さらに彼らはこの二つの発見を、フラミンガム研究のデータセットでも確認している。もう一つの驚くべき事実は、キャロリン・パーキンソンたちのグループが発見したもので、同じクラスの大学生たちが映画を観ているときに彼らの脳をスキャンしたら、互いに友だちであることを認めていた学生たちのほうが、そうではないクラスメイトたちより、映画を観ているときの神経反応が似ていたという。特にその反応が顕著だったのが、脳の感情処理に関わる領域（扁桃体）、学習、情報を記憶に統合する領域（側座核、尾状核）、そしてメンタライジングのいくつかの側面に関わる領域（頭頂葉内の領域）だ。言い換えれば、あなたとあなたの友だちは同じ遺伝子を持っている可能性が高いだけでなく、同じように考える可能性も高いのだ。しかしそれは、友だちだから同じように考えるわけではない。同じように考えるから、あなたたちは互いに引きつけ合ったのだ。

だがこの二つの事実はあまりにも実感と違うため、すぐさま「はいそうですか」とは受け入れられない。いったい、どういうことなのか。私たちは自分の意志で友人を選ぶことさえできないのというのだろうか？　いや、そうではない。じつは私たちはちゃんと自分で友を選んでいるのだ。ただ、あなたが選ぶ友だちはつねに、そのときの状況下で最も自分と共通点の多い相手なのだ。似た者同士が集まるこの傾向はホモフィリー（同類性）と呼ばれるもので、私たちの友人関係における大きな特徴だ。この人と友だちになれるだろうか、と私たちはその都度判断するわけだが、そのときの基準を私は〈友情の七本柱（Seven Pillars of Friendship）〉と呼んでいる。これは七つの文化的側面がワンセットになった基準で、スーパーマーケットのバーコードのようにあなたのおでこに貼りついていると考えてもらえばいいだろう。ただバーコードと違うのは、そのすべてをあなた自身が自分の口でしゃべるという点だ。七本の柱には、実際のあなたの話し方（あなたの方言）や興味の対象、人生や社会全般に対する姿勢に関するものもある。つまりあなたが文化的にどういう人物かを示すのがこの〈七本柱〉であり、この七本の柱があなたの人となりを表し、どのような社会的状況、どのような社会層にいるのかを定義している。言い換えれば、友だちとしてのあなたと、大きなコミュニティの一員としてのあなたの両方を明確に物語るのがこの〈七本柱〉なのだ。

友情の七本柱

この七本の柱を見つけたのは、まさに偶然だった。当時、私はコンピュータ科学者のグループと共に、携帯電話を中間局として利用することで携帯電話のアンテナ塔をなくせないか、つまりハリファクスに住むジョアンおばさんに電話をかけるとき、あなたとおばさんのあいだにある携帯電話から携帯電話へと電波をつなぐことはできないかを検討するプロジェクトに取り組んでいた。これは、デジタル技術の世界でパーベイシブ・テクノロジーと呼ばれる技術で、いかにも可能なように聞こえるし、準備も簡単そうに見えるのだが、じつは問題が一つある。いや、複数の問題があると言ったほうが正しいだろう。その一つは、そんなことをしたら携帯電話のバッテリーの電気があっという間になくなってしまうという問題だ。だが技術畑の人たちは、バッテリーの新技術がすぐに出てくるから、それはあっという間に解決すると言うだろう。それよりもっと深刻なのは、なぜ見知らぬ相手に自分の電話へのアクセスを許さなければいけないのか、という問題だ。もし誰彼かまわずそんなことを許せば、悪意のある人が私の電話に入っている情報すべてをダウンロードすることも、私の写真を不正な目的で使うこともできてしまう。それどころか私の最も興味深い写真が友人や家族のみならず、新聞にまで送りつけられ、大変なトラブルに巻き込まれる可能性だってあるのだ。そう考えると、このアイデアが名案だとはまったく思えなくなる。

だがその解決策はシンプルだと私たちは考えた。人は相手が友人であれば信用する。だとすればそれを利用すればいいのだ。相手への信頼が厚ければ、電話を中間局として貸してほしいと頼まれたときに好意的に検討するはずだ。たいていの場合、そのような信頼は過去の知識に基づいている。たとえば幼稚園のころから一緒だったジムのことなら、彼をどのぐらい信頼していいかはわかっている。だが同時に、私たちはよく知らない相手について、信用できるかどうかを即座に判断することもある。たとえばよく知らない相手に老後の蓄えを貸したり、銀行口座の暗証番号を教えたりはしないが、バーで一緒に飲んだり、道端で困っているときにちょっと助けるぐらいはする。では、私たちはそのような判断をどうやってしているのか。それがわかれば、パーベイシブ・テクノロジーの問題の解決策になるはずだ。

そこで私たちは、自分の電話に好きな人と嫌いな人を登録しておけば、相手の電話に接続を許すかどうかを電話が判断できるのではないかと考えた（実際これは、私たちの共同研究者だった南フランス、ニース近郊の研究機関ユーレコムの研究者が開発したセキュリティ・ソフトウェア、セーフブックに実装された）。このプロジェクトに取り組んだ私のポスドク、オリヴァー・カリーは、大勢の調査対象者にほかの人と共有できそうな情報――信仰、考え方、趣味、興味――を記した長いリストを渡し、自分の社交の輪のなかの特定の人（社会ネットワークの各層から家族一名と、男女それぞれの友人一名ずつを選んでもらった）と共有しても構わない情報を答えてもらった。さらにその人への思いやりの指標として、この人がどうしても必要としているなら、「お金を貸してあげたい」あるいは「腎臓を提供してあげたい」とどのくらい思うかも尋ねた。

このデータを分析するとすぐに、同様の回答がされた質問は、いくつかのグループに分かれることがわかった。そしてグループとなった質問の種類を見ていくうち、そこには次のような要素が関わっていることに気がついた。

・言語（または方言）が同じ
・同じ場所で育った
・同じ教育を受け、同じ経験をしている（医者同士が互いに引きつけ合うことはよく知られているが、弁護士も同じだ）
・趣味や関心事が同じ
・世界観が同じ（道徳観、宗教観、政治観）
・ユーモアのセンスが同じ

その後、ジャック・ローネーと行った調査に基づき、私たちはさらに七つ目の要素も加えた。

・音楽の趣味が同じ

これらの項目のうちあてはまる項目が多ければ多いほど、あなたはその人に多くの時間を割きたいと考え、精神的にも近いものを感じるのだ。また、そのような人はあなたの社会ネットワークでも、より中心に近い層にいるはずだ。さらに、その人が困っていればあなたは積極的に助けたいと思うし、彼らもあなたを助けてくれる可能性が高い。まさに類は友を呼ぶのだ。人は自分と共通点が多い人に引きつけられるし、自分に最も似ている人を好きになる。じつは、社会ネットワークのそれぞれの層にいる人たちは、共有する「柱」の数が決まっている。たとえば、一番内側の五人の層なら共通する柱は六本か七本、いっぽう外側の一五〇人の層なら一本か二本だ。ちなみにどの柱を共有しているかは問題ではないらしく、柱はどれも代用可能だ。つまり柱のあいだに優劣はなく、重要性のヒエラルキーもない。三本の柱が共通する友人は、たとえどの柱をあなたと共有していようが、おしなべて柱三本の友人なのだ。

私たちが驚いたのは、このリストにユーモアのセンスが登場したことだった。道徳観や政治的信条といった重ための柱と比べ、ユーモアは些細なことに思えたからだ。そこでオリヴァー・カリーは、これについて詳しく調べることにした。彼は『史上最高のジョーク一〇〇選』から人々の受け止め方が最も異なるジョークを一八選び、被験者それぞれに、その面白さを評価してもらった。彼ら一人ひとりのユーモアセンスを示すこの評価表は、いわば被験者各人のユーモア・プロフィールだ。カリーはこの調査の一週間後、再び被験者一人ひとりに接触し、これはほかの被験者たちのユーモア・プロフィールだと言ってプロフィール集を見せ、この人たちとどの程度うまくつきあえそうか、もし会う機会があったら友だちとして好きになれそうかを尋ねた。だがじつは、被験者たちが見せられたのは、彼ら自身のプロフィールを調整したもので、それぞれ、彼ら自身のプロフィールと一致する割合を一〇パーセント、三三パーセント、六七パーセント、九〇パーセントに調整してあった。その結果、被験者はユーモア・プロフィールが自分のプロフィールに近ければ近いほど、その人物といい友だちになれそうだと回答した。そう、私たちは自分と同様のユーモアセンスがある人を好むのだ。また自分とユーモア・プロフィールが似ている相手ほど、助けたいと感じる傾向も強かった。

新しい友人を作るプロセスは概ね決まったパターンをたどる、というのが私の考えだ。新しい誰かと出会ったとき、あなたはその人物が〈七本柱〉のうちいくつを自分と共有しているかを評価するために、その人に多くの時間を割く（事実上、その人を自分の社会ネットワークの一番内側の層に放り込む）。この評価作業は時間がかかるが、いったん評価が終わったら、あとはその人物に割く時間を柱の数に相応するレベルにまで減らしていき、相手は柱の数に相応するネットワーク層へと静かに離れていく。つまり友人関係は生まれるものであって、作るものではなく、あなたはただ友だちを探せばいいだけだ。親友にふさわしい人を見つけるには何度もトライしなければならず、最も仲のいい五人からでさえ親友を見つけるのには時間がかかる。けれどあきらめることなく探しつづければ、最後には必ず親友を見つけられるはずだ。

実際のところ、ホモフィリーはこういった文化的な側面や関心事だけに限ったことではない。私たちは自分と考え方が似ている人が好きというだけでなく、性別や民族、年齢、そしてたぶん性格も自分と似ている人を好む。私たちの調査では、自分の一五〇人ほどの社会ネットワークを見渡すと、約七〇パーセントが自分と同性だという人がほとんどだ。男性は男性の、女性は女性の友人を持ちたがるというわけだ。ほかの多くの研究でも、このパターンが示されている。フェイスブックの大規模データセットを分析したラーズ・バックストロムとフェイスブックの共同研究者たちによると、女性が送ったダイレクトメッセージの六八パーセントは宛先が女性だったが、男性の場合、宛先にそれほどの偏りはなかったという。同様の結果は、スペインのソーシャル・ネットワーキング・サイト、ツエンティ（「スペインのフェイスブック」と呼ばれていたSNSで、二〇〇六年から二〇一六年まで運営されていた）の五〇〇万人近いデータを分析したデイヴィッド・ラニアドたちからも報告されている。それぞれのユーザーの投稿を分析した彼らによれば、女性の半数は一番の親友も二番目の親友も女性で、親友が二人とも男性という女性はわずか一二パーセントだったという（もし友人を無作為に選んでいるのなら、どちらもそれぞれ二五パーセントのはずだ）。いっぽう男性のほうは、ここでも女性ほど好みが偏っておらず、親友は一番目も二番目も男性という人は三分の一、どちらも女性という人は四分の一だった。女性の場合、最も頻繁に連絡を取る友人が女性である確率は七二パーセントだったが、一〇〇〇人目の友人（ここまで多くの友人がいる人の場合）が女性である確率は四〇パーセントまで下がった。男性のパターンはこの逆だったが、連絡を取る頻度の少ない友人が男性である確率はそこまで急激には下がらなかった。じつは女性の場合、友だちが女性である確率が五〇パーセント（無作為に選べば五〇パーセントのはずだ）を下回るのはほぼ一一〇人目あたりだが、男性だと友だちが男性である確率が五〇パーセントを下回るのはほぼ三〇〇人目あたりだ。

こんな風に同性同士で固まる理由には、女性は女性同士、男性は男性同士のほうが共通の関心事が多く、会話もうまく流れ、何を言うべきかに迷って話が途切れることも少ない、ということもあるだろう。また男女の会話は恋愛色を帯びやすいため、特に女性は、本音ではくつろぎたいのに相手が男性だと気取らなければならない、と感じやすい。さらに男性と女性では会話のスタイルも大きく違うので、男女の会話はストレスが生じやすい。男性は会話を支配する傾向にあり、声が優しい女性はその話に割り込みにくいのだ。もしそこに恋愛感情があれば、このような負担も女性は苦にしないが、そうでない場合は、会話するのにそこまでの負担を負うのは避けたいと思うのが自然だろう。

帰属のシグナル

このすべてをどう捉えるべきかと考えていた私は、この〈七本柱〉こそが、私たちが育ち、その集団の一員になる方法を身につけた小さなコミュニティを特定する目印かもしれない、と気がついた。自分のコミュニティのメンバーを見分ける方法さえ知っていれば、他者の人となりを知るために半生を費やすような面倒なことをしなくてもすむ。「あなたの最初の一言で、私の故郷の方言だとわかりましたよ」、「なんだ、きみはあの通りも、あのパブも知っているのか」、「きみのそのジョーク、私たちも昔、ビールを飲みながらよく言ってたんだ」、「私もその宗教を信仰しているんです」。このように、同じ歴史を共有していることがざっくりわかる共通点が見つかると、人はその相手を信用できる人物とみなすようになる。なぜなら、相手のものの考え方がわかるからだ。これらの共通点は、私たちが同じ故郷で育ち、同じ道徳観、同じ人生観、同じ世界観を持っていることを物語る。ジョークはわざわざ解説を加えずとも、言った瞬間にわかってもらえるし、場合によってはオチを言う必要さえない。自分と同じぐらいそのジョークを知っているうえ、そのジョークの成り立ちさえ知っているとなれば、もう最高だ。自分が生まれ育ったコミュニティを思い出させてくれる相手に無条件の信頼を覚えるのは、多くの人が「故郷」に特別の愛着を感じ、何十年も前に故郷を離れてもなお、特別の想いを抱いていることを物語っている。

この数千年は別としても、それ以前に私たち人類が暮らしてきた小規模社会は、およそ一五〇人が共に暮らす狩猟採集民のコミュニティだった。このような社会では、コミュニティのメンバーは全員が血縁または婚姻でつながる親戚で、いわばコミュニティそのものが拡大家族だった。したがって例の〈七本柱〉とは事実上、その大きな家族集団の目印、家族への忠誠心が強い絆となり、互いへの強い義務感が生まれる家族集団の目印なのだ。そう、「柱」は村の中央にそそり立つトーテムポールのように、そこに帰属している印として、私たち全員が自分の帽子をかけておく柱の機能を果たしているのだ。私たちは、そのコミュニティとコミュニティの幸福のために全力を尽くす。なぜなら自分もその一員だからだ。

事実、口を開いた最初の一言を聞くだけで、その人物に関する多くの情報を得ることができる。まずは出身地。そして少なくともイギリスでは、その人が属する社会階級もわかる。社会言語学者によれば、一九七〇年代は、英語を母国語とする人のアクセントと言葉遣いを聞くだけで、出身地を三五キロメートルの範囲内にまで絞り込むことができたほど方言の違いは大きく、きめ細かかったという。狩猟採集民の社会では、それは一五〇〇人の部族（トライブ）が住む広さだ。また、リヴァプール出身者の話し方は、それ以外の地域で生まれ育ったイギリス人にはみな同じに聞こえるが、市内の真ん中で南北真二つに分かれているこの町は南北で反目し合っており、アクセントもまったく違う。だから生粋のリヴァプールっ子なら、相手が南北どちらの出身かは一言話せばたちどころにわかるのだ（参考のために言っておくと、ビートルズのメンバー四人は全員が南側、より所得が高い地域の出身だった）。

方言に対する感性は幼児期、それも社会でさまざまな方言に触れるずっと前に、自然に芽生えるものらしい。キャサリン・キンズラーとエリザベス・スペルク（両者とも、この三〇年間の発達心理学の第一人者）は一連の研究のなかで、英語を母国語とするアメリカ人家庭の生後六カ月の乳児たちに、女性が英語(彼らが聞きなれている言語)で話しかけるビデオ、スペイン語で話しかけるビデオ、そして最初の英語のビデオを逆に再生したビデオを見せてから、次に両方のビデオの女性の写真を並べて見せ、その反応を調べた。すると乳児たちは、聞きなれている言語を話していた女性の写真のほうを長く見ていたという。プリマス大学のキャロライン・フロッチアとフランスにあるランス大学の研究者たちは、七歳の子どもに音声クリップを聞かせる実験を行った。音声クリップは、同じ英語の文章をイギリス南西部のイギリス人(話したのは地元プリマスの子どもの訛り)とアイルランド人、そしてフランス人が、それぞれの自然なアクセントで朗読しているもので、これを五歳と七歳の子どもに聞かせて、どれが自分たちのアクセントと違うかをあててもらった。五歳の子どもだとアクセントの違いはよくわからないようだったが、七歳の子どもは、外国のアクセントに気づく力のほうが、地元のアクセントが外国のアクセントではないと気づく力よりずっと優れていた。フランスのランス地方の五歳の子どもを対象にした並列実験でも結果は同様で、彼らも地元のアクセントよりも外国のアクセントに敏感に反応した。どうやら私たちは、話し方の小さな違いを幼いころに身につけ、それに敏感に気づくらしい。

したがって、相手が自分と異質かそうでないかの判断に、言語や方言が大きく関わっていてもそれほど意外ではないだろう。同じ言語を話さなければ、あなたは私のジョークがわからないし、会話の流れも滞る。しかし残りの六本の〈柱〉もまた重要だ。中年になってから新しい言語を学んでもネイティブのように話すことができない(特定の言葉を完全に発音できない、適切な言葉を使えないなど)のと同じで、その文化の中で育たないと、その文化に完全には同化できない。いわゆる「焚火」をともに囲んで、大人たちが語る物語を聞き、彼らが語るコミュニティの成り立ちを聞いて育つことで初めて、その文化の一員となれるのだ。私は東アフリカで育ったが、その経験はたいへん幸運だったと感じている。英語を完璧に話すより先に、地元のスワヒリ文化とインド文化にどっぷりつかったおかげで、大人になってから体験していたらわからなかったであろう、スワヒリ文化やインド文化への洞察や理解を身につけることができたからだ。

何年か前、私のところで博士課程を履修していたダニエル・ネットル（現在はニューカッスル大学の心理学教授だ）は、方言がフリーライダーを管理する機構の役割を果たしていることを見るためのコンピュータ・モデルを開発した。フリーライダーとは社会契約の恩恵は受けても対価は払わない者たちのことだが、社会契約を基本とする社会（人間社会はすべてがそうだ）では、その存在はコミュニティのほかのメンバーに対する信用を損ない、あっという間に社会の崩壊を招く。そうなればコミュニティはばらばらになり、私たちは本当に信頼できるメンバーだけのごく小さな集団に戻ってしまう。ネットルがこのコンピュータ・モデルを開発したのは、方言は、相手が自分のコミュニティのメンバーかどうか、すなわち相手が信用できる相手かどうかを判断する手っ取り早い目印になるのではないかと考えたからだ。

方言は、おでこに貼り付けられたバーコードのようなもので、私たちは誰かと出会うたびにそのバーコードをチェックし、互いのバーコードが一致するときだけ、人間関係をつくることに同意する。いっぽうフリーライダーは、よき市民を装いながら徐々にその土地の方言をまねることを覚えていくが、その間も、彼らは交流のある人たちをずっと利用しつづける。放っておけばあっという間に集団内の人々を圧倒していき、一〇世代ほどで、それまでその社会に貢献してきた人々を絶滅させてしまうのだ。しかし、このコンピュータ・モデルでは非常に興味深い発見があった。もしその集団が、一世代ごとに方言を変えれば、フリーライダーたちを抑制できるというのだ。彼らは方言が変化するスピードに対応できないため、その集団を乗っ取れないのだ。このモデルでは、フリーライダーに先んじるためには、世代が変わるごとに自分たちのバーコード（方言）の約五〇パーセントを入れ変えなければならず、それを下回ると彼らを抑制することはできなくなった。

方言が一〇年単位、世代単位でどんどん変わっていく理由も、ここにあるのかもしれない。子ども世代と親世代では話す言葉が違う。新しい言葉が流行り、古い言葉は死語になり、同じことを表現する別の言葉が現れ、古い言葉の発音は変わっていく。そしていつの時代も年寄りは、「近頃の若い者の話し方はなってない」と文句を言うというわけだ。だが考えてみればこれは少し妙だ。方言がコミュニティのメンバーを見分けるためのものなら、世代を超えて一定であるはずではないだろうか。しかし人口が増えれば、同じ方言を話す人たちもどんどん増え、やがては世界中が同じ言語を同じように話すようになっていく。もしそんなことになれば、自分の故郷のコミュニティ、一〇〇人から二〇〇人の小さな集団を識別することなどできなくなってしまう。その小さな集団を識別する唯一の手段が、世代ごとに方言を変化させ、その集団の固有の話し方や言葉の使い方を作り出していくことなのだ。実際のところ、人々は自分の個人的な集団を識別しているのであり、コミュニティ全体を識別しているのではないのだ。

ということで言語や方言は無数の子孫を生んでいき、何世代も経つうちにそれはすっかり別物となり、最後には新たな言語となる。近代英語はアングロサクソン語（これ自体はフリースランド訛りのオランダ語の変形）から進化したもので、最終的にはここから六つの正式な英語が誕生した。それが、英語（アメリカ英語も含む）、スコットランド低地方言、カリブ訛り、黒人英語（アメリカの主要都市に住むアフリカ系アメリカ人が話す英語）、クリオ語（シエラレオネ・クレオール語）、そしてピジン英語*（ニューギニアで話される英語）だ。

見ず知らずの人と友だちになる

見ず知らずの人と出会う、それは避けることができない人生の現実だ。私たちはそうやって新しい友だちを作っていく。しかし、その相手が例の〈友情の七本柱〉の柱それぞれにどうあてはまるかをいちいちチェックするのは面倒だ。そもそも新しい人と会うたびそんなことをしていたら、時間がいくらあっても足りはしない。でももし、その人を詳しく知るために時間と手間をかける価値があるかどうかを判断するシンプルな基準があれば、それは最高だろう。では、その判断に最適な基準とは何だろうか。そこでジャック・ローネーは、人々は見知らぬ人を評価するとき、どのように〈七本柱〉に照らして評価するのかを調査した。すると、人々が予想を大きく超えて重視していたのが民族、宗教、政治観、倫理観で、なかでも最も重視したのが音楽の好みだということがわかった。ここで音楽が出てきたのには驚いたが、たとえ見ず知らずの相手であっても、音楽の趣味が同じなら、友だち候補として見る可能性が高いということらしかった。

これに興味をひかれたジャックは、では「希少性」は友だち選びにどのような役割を果たすのだろうかと考えた。そこで彼は被験者たちに、あなたと架空のある人物には共通の特徴があると告げ、その特徴が被験者一六三二人全員に共通する特徴である場合と、一四人、または四人と共通する場合のそれぞれについて、その人物への好感度を尋ねた。じつはこの人数は、社会ネットワークの内側の二層（五人の層と一五人の層）と一番外側の層（一五〇〇人の層）の代表的な人数を意識したものだったが、その意図がばれないように調整した人数だ。すると被験者たちの好感度が最も高かったのは、希少な特徴を共有する人物、好感度が最も低かったのは一般的な特徴を共有する人物だった。やはりここでも、その人が自分のコミュニティ出身だとわかることが、ほかの何よりも重要らしかった。

好ましい特徴のリストに民族が挙がっていたことについても、コメントしておきたい。私たちの祖先の時代、民族は小さな地域社会に共通の起源をもっていることを意味していた。民族社会の一員として、社会的交流を円滑に行うための文化特性と行動特性一式を共有していれば、その人は信頼に足る人物（その社会の行動様式を規定する非公式の協定を守る可能性が高い人物）とみなされる。世界中どこを見ても、そのようなコミュニティはもっぱら民族を起源とし、たとえ歴史的にそれほど古くないコミュニティでも、そこに属する人の多くは結婚か血縁でつながっている。実際、それが狩猟採集民のコミュニティの特徴らしい。つまり〈七本柱〉は、小さな親族コミュニティのメンバーであることを示す目印なのだ。私たちの祖先の時代（この特性が進化した時代）は、こういった特性が同じ民族集団の一員であることを示していたのだろう。しかし、進化生物学における多くの効果がそうであるように、このような目印と現実には大きな違いがある。たしかにこのような目印は、個人的にも、集団的にも自分のコミュニティの特定に利用できる。だがいまやそれは必ずしも特別に密接に関係している人たちを示すものではなく

＊「ピジン」は、英語の「ビジネス」という言葉が一八世紀の中国で訛ったもので、ピジン英語はイギリス人貿易商たちが中国本土で取引をするときに使っていた言語。ニューギニアでは、英語を話す行政官や宣教師、商人たちと地元部族とのコミュニケーションに利用された。

なってしまった。むしろその点に関して言えば、宗教のほうが強力な目印となる。

歴史上、世界のほとんどの社会が、自分たちと見た目や話す言葉が違う人々に猜疑の目を向けてきた。この傾向は人間の心理に深く根差しており、その証拠にほとんどの言語は、自分たちと同じ言語を話す部族を「人」という意味の言葉で呼び、たまに出くわすそのほかの人間（彼らは、動物と同じ分類にされることが多い）と自分たち（「正当な人たち」）を区別している。たとえばイングランド人を意味する「イングリッシュ」という言葉は、五世紀、ローマ帝国が退いたグレートブリテン島に侵入したゲルマン系部族の一つで、英語を生み出し、この島の政治と社会を支配した部族の名前「アングル」が崩れたものだ。同様に、バントゥー族（アフリカ大陸の人口の約半分を占める、アフリカで最も人数が多く、最も広く分布する部族で、バントゥー語は彼らが話す言語の総称）として知られる言語集団の名であるバントゥーは、バ（「人」の意）とントゥー（「人間」の意）――文字通り人間の人だ――から来ており、六〇〇あまりあるバントゥー語族の言語のほとんどが「人」という意味の単語にこの言葉の変異型を使っている。また、マオリの人々も、自分たち以外を向こうの人（パケハ）、自分たちを普通の人（マオリ）と呼んでいる。

外見もまた、相手が自分たちの民族文化集団に属するか否かを見分けるおおざっぱな目印となる。外見やヘアスタイル、衣服、装飾品はすべて、その人の出身コミュニティを示しており、これは私たちの西洋文化にもあてはまる。一九世紀には、主要な人種を外見だけで区別することが習慣になった（そのベースには、聖書の時代にまでさかのぼる非公式な考え方があった）。ヨーロッパ出身の白人種、アフリカ出身の黒人種（ネグロ）（ネグロは「黒」を意味するスペイン語に由来）、東アジアと南北アメリカ大陸出身の蒙古人種、そしてオーストラリアとその近隣の島々出身のオーストラロイドだ。

問題は、文化や生物学的祖先を共有する人を選ぶ基準として、肌の色はあまり適切ではないという点だ。肌の色はたんに、その人の祖先が低緯度（熱帯）地域または高地にどのぐらい長く住んでいたかを示しているにすぎない。浅黒い肌（皮膚の表層にメラノサイトすなわち色素細胞が密集している）は、その下の皮膚や内臓を有害な宇宙線から守るので、日差しを浴びる機会が最も多い熱帯地方や高地に多い。いっぽう明るい色の肌は、高緯度地域に住んでいた歴史を示している。そのような場所は日差しが弱く、浅黒い肌ではビタミンDを十分に合成できないからだ。ビタミンDは、腸がカルシウム（骨のため）やマグネシウム、リン酸塩を吸収するうえで非常に重要な栄養素だ。そしてこれが足りずにカルシウム不足に陥れば、くる病（骨が軟化する病気で、O脚や発育不全を伴うことが多い）になり、くる病になってO脚になれば、捕食者――人間でも、動物でも――から逃げる際には不利になる。つまり肌の色が浅黒い人が緯度の高い地域に住むと、ビタミンD不足になるリスクが非常に高くなるため、高緯度地域に侵入した人々はメラノサイトの遺伝子を急速に失い、肌の色は明るく、髪もストレートで明るい色になったのだ。*

現世人類はアフリカで進化したので、私たちの祖先の肌の色はすべて浅黒いか赤銅色だった。明るい肌への進化は、アフリカを出た人々がヨーロッパやアジアの高緯度地域に定住し、数十万年も前からそこにいた肌の色の明るい旧人類（ヨーロッパのネアンデルタール人とアジアのデニソワ人）に取って代わることを可能にした適応策の一つだったのだ。実際には、現代のヨーロッパ人もアジア人もみな、新参者

* 浅黒い肌を作るメラノサイトの遺伝子は髪の色に影響を与えるほか、髪を縮らせる傾向もある。

なのだ。現生人類がアフリカを出て南アジアに移り住んだのはわずか七万年前、オーストラリアに到達したのはその約二万年後だ。そしてやっとヨーロッパの地（ネアンデルタール人の故郷）に足を踏み入れたのが今から四万年ほど前だ。ネアンデルタール人は、ウラル山脈に至るまでのヨーロッパ全土に三〇万年ほど居住していたが、現生人類がやってきて数千年で絶滅してしまった。たぶん新参の隣人たちの影響も多少はあったのだろう。

一九世紀の人種分類における問題点は、アフリカ人とひと口に言っても彼らは生物学的に（あるいは言語学的に）同質の集団ではないという点だ。現代のサハラ以南のアフリカ人は、明確に違う四つの遺伝群（および言語グループ）で構成されており、そのうちの一つにヨーロッパ人、アジア人、アメリカ先住民、そしてオーストラリア人のすべてが属している。したがって、もしどうしても人間を四つの人種に分けたいというのであればそれも可能だが、その場合は、そのうちの一つの人種にヨーロッパ人、アジア人、アメリカ先住民、オーストラリア人、そしてバントゥー族（アフリカの部族でなかでも圧倒的に肌の色が黒い）と彼らが同盟を結ぶ集団すべてが含まれることになる。そう、おそらく世界人口の三分の一がこの人種になるのだ。

同様に、共通の語族（インド・ヨーロッパ語族）と共通の遺伝的祖先で結ばれたヨーロッパ人（白色人種という意味ではない）という民族のサブカテゴリーを作ることもできる。このヨーロッパ人には、必ずしもすべてではないが現代のヨーロッパ人のほとんどが含まれるいっぽう、イラン人、アフガニスタン人、そして東は現代のパキスタンから西はベンガルまで広がるヒンドゥスターン平野に住む人々のほとんど（だが、すべてではない）も含まれる。しかしここにハンガリー人、エストニア人、フィンランド人は含まれない。なぜなら彼らの言語の祖先は、かつてその地に侵略してきたモンゴル人、またはスカンジナビア北部のラップ人（彼らの起源はシベリア系モンゴロイドだ）の言語だからだ。また、スペインや南フランスのバスク人もヨーロッパ人には含まれない。

バスク人は、六〇〇〇年ほど前にインド・ヨーロッパ語族がやってくる前から、ヨーロッパにいた人々で、彼らの言語（および遺伝子）は、シベリア東部の南の境までのどの地域の言語（そしてたぶん北アメリカの先住民の言語）ともまったく無関係だ。三万八〇〇〇年前にネアンデルタール人が消滅したのち唯一ヨーロッパで暮らしていたバスク人の祖先たちは、六〇〇〇年ほど前にロシアの大草原からヨーロッパに侵入してきたインド・ヨーロッパ語族に追い出されてしまった。わずかながらバスク人が生き残れたのは、彼らの祖先が人里離れたピレネー山脈にすばやく逃げ込んだからにほかならず、争う価値もない土地だったために、侵入者たちもそこまでは来なかったからだ。ヨーロッパのほかのどこを探してもバスク人の遺伝子の痕跡がないのは、残りのバスク人はヨーロッパから追い出されたか、大規模に殲滅されてしまったことを物語っている。

インド・ヨーロッパ語族が住む地域には、インド北部の不可触民（ダリット）など、彼らがやってくる前から住んでいた人々の子孫も暮らしている。ダリットたちの運命はバスク人の祖先がたどった運命よりはましで、侵入してきたインド・ヨーロッパ語族が支配する社会の底辺に追いやられはしたが、とりあえず生き延びた。このインド・ヨーロッパ語族社会の下位集団が、現代のヒンドゥー社会の四つのカーストだ。これまで、カーストの起源は純粋に文化的なものだと言われてきたが、最近インド北部の人々を対象に行われた遺伝子調査では、個人が持つヨーロッパ人（厳密にはインド・ヨーロッパ語族）の遺伝子の割合とカースト制度の階層には相関関係があることがわかっている。カーストの最高位で社会の頂点にいるバラモンは、最もヨーロッパ人の遺伝子が多く、社会の最下層を占める不可触民は、ヨーロッパ人の遺伝子が最も少なかったのだ。四〇〇〇年以上も共生してなお、これほどはっきりと違いがあるのは驚きだ。じつはカーストは、その人の名字を聞いただけでわかる。特定のカーストだけが持つ特定の名字があるからで、場合によってはさらに細分化された下位カーストまでわかることもある。では、カースト制度がこれほど確実に維持されてきたのはなぜだろうか？　もちろん、カーストの辺縁では所属カーストが異なる者同士の結婚も多少はあっただろうが、社会全体では長きにわたり厳しく同族結婚（自身のカースト内での結婚）が続けられてきたからだ。ほとんどの人は、自分が生まれたカーストのまま、自分自身も子も孫も死んでいく。当時、私の大学の学生だったシール・ジャガニがインド人の婚活ウェブサイトの分析を行ったところ、インドではいまだに結婚を決める際にカーストが圧倒的に重要な要素となっていた（イギリスなど海外に移住したヒンドゥー教徒のあいだでも、それは変わらなかった）。

民族の移動で生じたこのような影響はあらゆる場所で見られ、身近なところではイギリス諸島の歴史もそれをよく物語っている。たとえばイングランド南部の女性のミトコンドリアDNA（母親から子にのみ受け継がれる）は主に古代ケルト人（またはローマン・ブリテン時代のブリトン人）のものだが、男性のY染色体（父親からのみ受け継ぐ）は、明らかに東から西へと段階的に変異しており、東側（四一〇年にローマ帝国軍がいなくなったあと、大陸からやってきたアングル人とサクソン人が上陸した場所）ではアングロサクソン人の遺伝子が優勢、西側ではケルト人遺伝子が優勢なのだ。どうやら侵入者であるアングロサクソン人は、過激な人種差別政策で先住民であるケルト人の男たちを排除し、ケルト人女性をわがものにしたらしい。侵入者であるサクソン人はこの人種差別政策を法律で強化したため、ケルト先住民族は数世紀にわたって法律上いかなる権利も認められず、経済的にも法的にも不利な立場に置かれ続けた（二〇世紀後半に南アフリカのアパルトヘイト下で黒人たちが置かれていた状況とほぼ同じだ）。このような迫害は、三〇〇年後にアルフレッド大王が新たな法律を導入してすべての住民に平等な権利を認めたことで緩和された。このころには、民族間の結婚はもとより、アングロサクソンの文化的、言語的な支配もすっかり進み、民族を見分けられなくなっていたから、それもこの緩和の一因だろう。しかし古い文化的習慣というものは、そう簡単にはなくならない。この時代の名残の一つが、例の遺伝子の段階的変異の西端、現代のウエールズに住む人々を指す「ウェルシュ」という言葉だ。これは「外国人」または「奴隷」を意味するサクソン語の「wealas」からきているが、当時は外国人とみなされれば奴隷にされていたため、外国人も奴隷も事実上は同じ意味だった。

だが皮肉なことにこの五〇〇年後の一〇六六年、イングランドはノルマン人に征服され、アングロサクソン人もケルト人と同じ運命をたどることとなった。ノルマン人はサクソン人の貴族や高位の聖職者たちを組織的に殺害もしくは追放すると、ノルマン人をその地位につけて財産や土地を乗っ取り、残ったサクソン人の農民層を農奴にして、新たな主人が売り買いできるようにしたのだ（農奴とは、ヨーロッパ大陸から来たノルマン人によってイギリスに導入された奴隷制度の一形態で、大陸では一九世紀になってもなおこの制度がオーストリア帝国やロシア帝国で採用されていた）。一〇〇〇年の年月が経ってもなお、イギリス社会の上層のかなりの部分を占めているのがこのノルマン人たちで、それは彼らの名字がフランス風であることからもよくわかる。そして彼らの多くは今も、先祖が征服王ウィリアムから与えられた土地を所有している。産業革命前のイギリスの貴族には、サクソン人の名字を持つ一族は一つもなく、古代スカンディナヴィア人の名字さえなかった。その時代の痕跡は今もイギリスの肉の呼び方に残っている。たとえば、家畜のことは古いゲルマン語派のアングロサクソン語で羊（シープ）、牛（カウ）、豚（ピッグ）と呼ぶが、食卓に出す肉のことは、羊肉（マトン）、牛肉（ビーフ）、豚肉（ポーク）と言う。これはノルマン人が使っていたフランス語の羊肉（ムートン）、牛肉（ブフ）、豚肉（ポール）からきている。つまり、サクソン人の農奴は家畜の飼育も屠殺も母語のアングロサクソン語で行い、ノルマン人のご主人様にはフランス語で給仕をしたというわけだ。

　産業革命後の現代社会でも、私たちは自分と同じ民族の人々を好む傾向にある。だがそれは必ずしも人種差別、いわゆる肌の色に基づいた差別とは限らない。いや、むしろ私たちが求めているのは、自分と同じ文化的背景を持っている人たちらしい。育った文化が同じなら、友人関係もコミュニティの絆も作りやすいからだ。自分と肌の色が同じなら、同じコミュニティ出身の可能性（少なくとも、そう遠くない過去に同じコミュニティにいた可能性）は高く、同じ文化で育った可能性も高い。子どもを対象にしたエリザベス・スペルクの実験で、人種的特徴が同じ人と文化的特徴（言語など）が同じ人のどちらと友だちになりたいかを尋ねると、子どもたちは人種や民族より、文化的共通点のほうを明らかに優先していた。

　また、たとえ人種的起源が似ていても、出身コミュニティが違えば、やはり排除や虐待の対象になる可能性はあるようだ。一六〇三年にイングランドとスコットランドの王位が統一されたのち、イングランドの議会ではイングランドの市民権をスコットランド人にも与えることが検討された。しかし議会は、なにかと問題行動の多いスコットランド人の商人や行商人が過去二世紀にわたって大量に流れ込んだポーランドの例を指摘し、「我々も彼らに圧倒される」として市民権の授与を認めなかった。それから一世紀半後のロンドンの雑誌『パンチ』には、スコットランド人の粗暴さや集団で固まる傾向を揶揄する記事や、一七〇七年のイングランドとスコットランドの合併を機に彼らが大量に流れ込んできたことを口汚くののしる記事が山ほど掲載されている。今もそのころと何も変わっていない、とスコットランド人は言うだろう。だが実際には、イギリスはいまやスコットランド人だらけだ。それも何世代ものあいだに完全にイギリスに同化したため、マクドナルドのように頭に「Mac」が付くゲール語の名字でもない限り、その人がスコットランド系だということなど絶対にわからない。

名前の意味は？

名字は祖先から代々受け継ぐものなので、共通の祖先探しには格好の手がかりとなる。しかし、その人の起源を示すこういった目印がみなそうであるように、名字も完璧な目印とは言えない。なぜなら人々は新しい言語を採用するのと同様、新しい名前も採用するからだ。また、名前のなかには職業を示しているだけのものもある。たとえば英語では、ブッチャー（肉屋）、ベイカー（パン屋）、スミス（ブラックスミス、すなわち鍛冶屋）、フィッシャー（魚屋）、リーヴ（代官）、クーパー（桶屋）、ダイアー（染物屋）、ファーマー（農民）、サッチャー（屋根ふき職人）、メイソン（石工）、カーペンター（大工）といった名字がある。このような名字はごく一般的で、名字が同じでも、先祖が同じとは限らない。もしあなたがベイカーという名なら、地元のコミュニティにいるベイカー家の人たちとは親戚かもしれないが（特定の職業をその一族が独占していることは多い）、国の反対側に住むベイカー家とも親戚である可能性は極めて低い。それとは対照的に、名字のなかには地名だったり、一般には知られていないその地域だけの名字だったりと、極めて珍しいものもある。

何年か前、カナダの進化心理学者、マーゴット・ウィルソンはこれについて、非常に独創的な研究を行った。無作為に選んだ人々に宛てて、あるプロジェクトの手伝いを依頼する電子メールを、彼らが知らない第三者の名前で送ったのだ。じつはこの実験で彼女が知りたかったのは、電子メールを受け取った人がその依頼にイエスと答えるか、ノーと答えるかが、メールの送信者と自分の名前の相似度によって変わるかどうかだった。電子メールを送る際、彼女は米国の国勢調査で最も多かった一〇の名字と名前、そして最も少なかった一〇の名字と名前をそれぞれ組み合わせて架空の送信者名をでっち上げた。その結果、この架空の「送信者」の名前は、名前は珍しいが名字は一般的、名前は一般的だが名字は珍しい、姓名ともに一般的、姓名ともに珍しい、の四パターンができあがった。すると珍しい名字を持つ受信者は、送信者の名字が自分と同じだと依頼に対して「イエス」と答える可能性が高く、姓名ともに同じならその可能性はさらに高まった。後者の場合、受信者はその奇妙な偶然について何か言わずにはいられないようで、自分たちは親戚だろうかと訊いてくる人も多かった。

じつは私も、自分と名字が同じ人と遭遇すると、やはり同じように反応してしまう。ダンバーという名字は、スコットランドでも極めて珍しい名字なので、その名が出るたびに耳をそばだててしまうのだ。名字がダンバーという人ならほぼ確実に親戚、それも二五世代以内の親戚だからだ。というのも、ダンバーという名前が一般的（比較的に、と言う意味で）になったのは一四三四年より後、すなわちマーチ（スコットランドの国境に接するという意）伯爵とダンバー（彼らの城があった場所）伯爵が、紛争のたびに敵味方の立場を変えすぎるとしてスコットランド王に二度目の、そして最後の領地没収をくらった後だからだ。これとは対照的に、曽祖父から三世代にわたって受け継いできた私の二つ目の名字、マクドナルドはスコットランドで最も一般的な名字であるため、誰かがその名を口にしても、私は気づきさえしない。

移民が移民先の社会になじもうと名前を当地風に変えることが多いのも、この理由からだ。これは一九世紀初めのイギリスの国勢調査報告書を見れば明らかで、アイルランド移民でシェイマス（ジェイムズ）やパドレイグ（パトリック）など明らかにゲール人の名前を持つ親は、自分の子に自分の名と同じ意味の英語名をつけている。また、一九世紀後半にイタリアやドイツからアメリカに移民してきた人々も名前には英語名を使っていたし、一九世紀の半ばにパタゴニアに移民したウエールズ人の子孫はスペイン語の名前を使っていた。だからアルゼンチン南部の墓地の墓石に、フアン・トーマスやイグナチオ・ジョーンズという名前を見ることも珍しくない。それはわが子が、異邦人あるいは移民として目立つことなくその社会になじみ、友人を作ったり、配偶者を見つけたりできるようにするための重要な戦略だったのだ。

しかし侵入者集団が強力であれば、それが逆パターンになることも多い。つまり、元からそこにいた人たちが、彼らの名前を使うようになるのだ。ノルマン人に征服されたイングランドでは、彼らにおもねるアングロサクソン人たちがあっという間にフランス語の名前（ウイリアム、ヘンリー、アリス、マチルダ、アデラ）を使うようになり、それまで名前の大半を占めていたサクソン語の名前は、一世紀のあいだに完全に消えてしまった。だから今、エゼルベルトやエルフギフ、エゼルレッドといったサクソン語の名前を聞くことはほとんどない。権力を掌握した新たな支配層になじむこと、それは生き残りの問題であるとともに、経済的に成功を収めるためのパスポートでもあるのだ。

移民が新たなコミュニティになじむのは大変だが、それは人種的な理由というよりは文化的な理由が大きい。民族が違う同士が友人関係になるうえで文化が障害になることは、移民コミュニティの社会ネットワークを見ればよくわかる。新たにやってきた移民たちはまず、地元のコミュニティの端に自分自身を埋め込む。なぜなら、それ以外の選択肢がないからだ。彼らがアクセスできるコミュニティは小さいので、彼らの社会ネットワークもほぼ例外なく小さい。そう、彼らはアウトサイダーなのだ。そしてネットワークは小さいがゆえに、その構造もほかとはかなり違っている。第四章でも見たように、移民の社会ネットワークは、数人の近しい友人と、その外側を取り巻く親密度は低いが人数は多いいくつかの友人層、という一般的なパターンとは違う。移民たちのネットワークの構造は、親しい友人が多く(特に中間の層)、それほど親しくない友人が少ないのだ。おそらくこれは、現地人のコミュニティに問題があるわけではなく、自分のコミュニティ内で友人を作るほうが簡単だからだろう。同じ文化で育った同士なら共通点も多いし、生き抜いていくための不安も共通しているから、どこに行くべきか、何をすべきかといった有益な情報も交換しやすい。さらに重要なのが言葉で、自分の母語や方言で話すほうが、会話はずっと滑らかに進む。もちろん、地元の人々が異邦人に向ける不信のまなざしも、この傾向に拍車をかける。しかし問題は、移民コミュニティに入ってくる人が増えれば増えるほど、外に友人を求めようという意欲が下がることにある。ゲットーや社会的孤立が、自己成就的予言になってしまうのだ。それでも、二世代もすれば移民たちの子どもは移民先のコミュニティにしっかりと根を張り(そして自身の文化的伝統を熱心に守ろうとしなくなり）、より大きなコミュニティに完全に統合される。そもそもイギリスに住む人で自分の祖先がローマ・ケルト人なのか、アングロサクソン人なのか、ヴァイキングまたはノルマン人なのかを知っている人などいるだろうか。同様に、自分が一六八五年にナントの勅令が廃止されたあとロンドンに流れ込んだ何万人ものプロテスタントの子孫、あるいはユグノー派フランス人の子孫だと知っている人もいないだろう。

ここで覚えておくべきは、私たちが友人を選ぶときに大きく影響するのは、同じ考えを持った人を見つけたい、一緒にいて居心地のいい人、ジョークの意味を毎回説明しなくてもいい人、自分と同じように考え、同じように行動する人、無理をしなくても会話が自然にはずむ人を見つけたいという気持ちだ。つまり私たちは、何を考えているかがわかる、信用できる相手を探しているのだ。だから私たちは、自分と同じように考える人を手っ取り早く見つけるための目印、必ずとは言えないがだいたいは当たる目印を使うのだ。

新たに形成されるコミュニティでの友人関係

人々が群れてコミュニティとなるこのグループ性と、見ず知らずの間柄でも友人関係が生まれるそのスピードに興味を持った私たちは、そのプロセスを探ることにした。そこでさまざまな調査方法を模索したが、問題は、コミュニティを作るために集まる見ず知らずの人々の集団をどうやって見つけるか、だった。入隊した新兵が軍隊に組み込まれていくプロセスを見るという案が出て問い合わせてみたが、軍からの返答はなかった。だがそんなとき、偶然にも二つのプロジェクトが私たちの前に現れた。一つは、オランダの名門大学のフラタニティ・ハウス（学生の社交組織）に関するプロジェクトだった。これはオランダの大学院生、マックス・フォン・ダンとの共同研究とフィンランドのアンナ・ロトキルヒとの共同研究、という二つの共同研究から生まれたプロジェクトで、学部生時代にこのフラタニティ・ハウスのメンバーだったマックスは、新入生たちが毎年、どのようにして絆を作るのかを知りたいと考えていた。もう一つは、私の研究グループのメンバーで非常に熱心かつ勤勉な大学院生、メアリー・ケンプニックから提案されたプロジェクトだった。彼女は、見知らぬ同士が一緒に住むことになったとき、社会ネットワークがどのように生まれるかを探りたいと考えていた。そこで彼女は、オックスフォード大学のカレッジで、新入生を対象に調査したらどうかと提案してきた。

歴史と伝統あるオランダの大学、ライデン大学のフラタニティ・ハウスは、学生が運営する寮であり社交組織で、一七〇〇人のメンバーが暮らしている。マックスがいたフラタニティ・ハウスには毎年新たに三〇〇人から四〇〇人が入寮するのだが、入寮するとまず、同性の友人グループを作るよう奨励される。以後は、定期的にグループで食事をし、歌唱コンテストや、フラタニティのバーで週末に行われる非常に儀式色の強いコンテストに参加し、自分たちのグループのユニフォームや歌や伝統を作る。こういった活動を通じて、仲間意識と絆を育むのだ。この友人グループはごく自然に出来上がる。メンバーのそりが合うか（そりが合えばグループができる）、合わないか（その場合は解散して、メンバーはそれぞれほかのグループに移る）しかないからだ。三年間、こういったコンテストにグループで参加することでグループの絆は強化され、その関係は大学卒業後も末永く続く。卒業した後も、数年に一度は会っているというグループも少なくない。実際、メンバーの絆は非常に強いため、お互いの子どもの名付け親になることも多く、後年にはメンバーの葬儀にさえ出席する。

私たちは新たに入寮した学生の一群を一年間観察し、彼らにはその間に何度か、グループの活動やメンバー同士の関係に関するアンケートに答えてもらい、一年の終わりには一日がかりのテストにも参加してもらった。私たちが知りたかったのは、グループがうまくまとまるためには何が重要か、そしてメンバーたちになんらかのホモフィリー——特に性格やメンタライジング能力など、心理学的要素の同類性——が認められるか、だった。一般に心理学者は人の性格を「主要五因子モデル」、すなわち開放性、誠実性、外向性／内向性、協調性、神経症傾向の五つの側面で説明する。誠実性とは勤勉で信頼がおける傾向を指し、開放性は好奇心が強く、新しい経験に開放的な傾向、神経症的傾向は不安が強く神経質な傾向、そして協調性は友好的で思いやりのある傾向を指す。

私たちが調査した友人グループの平均サイズは一四人で、これは例の社会脳の円の一五人の層にかなり近かった。グループがうまくまとまっているかを測るには、二つの指標を使った。一つは、その一年に彼らが作った成果物の数（グループの歌やユニフォーム、課外活動など）、もう一つは仲間との絆に関する簡単な自己評価だ。この二つの指標はそれぞれ、グループの絆の異なる側面を示しているように見えたが、実際はどちらも、そのグループの同類性、すなわち男性グループの場合は性格の誠実さの相似度、女性グループの場合は性格の神経症傾向の相似度と強く相関していた。つまり、メンバーの特定の性格が似ていれば似ているほど、そのグループはうまくいき、メンバーも絆を強く感じるというわけだ。ここでも男女の差は大きく、男性と女性では友人関係の力学が大きく違うことを示唆していた。

その年の最後、私たちは各グループのメンバー四人に、全員がよく知っているフラタニティの歌を何曲か歌ってもらった。ただし、歌うときは自分の友人グループ内のほかの四人組と、または別の友人グループの四人組と一緒に、それも競うように歌う（二列になって向き合って歌う）か、または協力的に（全員で輪になって）歌ってもらった。歌が終わったら、例の痛覚閾値を調べる例のローマン・チェア・テストを行い、一緒に歌った二つの四人組それぞれとの絆を自己評価してもらった。すると、協力的に歌うより、競って歌ったほうが痛覚閾値は高く、特に相手が別グループの四人組であればその傾向はさらに高かった。またいずれの場合も、歌った学生は相手の四人組より自分の四人組に強い絆を感じていたが、競うように歌った四人組よりは、協力的に歌った四人組に親近感を感じていた。

いっぽうメアリー・ケンプニックは、オックスフォード大学のあるカレッジに入学した約一〇〇人の新入生を対象に調査を行った。オックスフォード（およびケンブリッジ）のカレッジはオランダの大学のフラタニティとは違い、学生が運営しているわけではない。また、その規模もずっと小さく（通常は約四〇〇人の学部生）、そこに大学院生（約二〇〇人）と学部生の教育を個人レベルで担当する教員（約五〇人）が加わる。カレッジとフラタニティは、集団での食事会（とはいえ比較的、形式ばっている）やカレッジ単位の社交、文化、スポーツのイベントがある点でよく似ており、カレッジは家族に似た機能を果たすので、学生は生涯を通じてカレッジや仲間に対して強い愛着を持つ。フラタニティとの違いは、カレッジの友人関係はもっとカジュアルで自由な点だが、それでもそんな友人関係のなかには生涯続くものもある。

メアリーは、それまで一面識もなかった学生たちが、カレッジに入学するとたちまちのうちに友人関係を作り上げているのに気がついた。特に興味深かったのは、三カ月が過ぎるころにはすでに非常に強い男女のホモフィリーが存在していたことだ。つまり、女子は圧倒的に女子と友人になることが多く、男子は圧倒的に男子と友人になることが多かったのだ。一年も半ばを過ぎると、この傾向は多少緩和されたがそれでもまだ強く残り、以後もその傾向は変わらなかった。全体的には、友人関係のきっかけは最初のうちは性別と民族、そして性格(外向性と協調性)だった。長期的には、ホモフィリーは性別と専攻分野(学徒の集団における共通の関心事)で強まったが、民族や性格に関してはスタート時点からずっとその重要度は変わらなかった。

絆のある人間関係は、恣意的に形成することもできる。それを証明したのが、のちにロバーズ・ケーブ実験(「蝿の王」実験とも呼ばれる)として知られるようになったある社会心理学の実験だ。一九五四年、マズファー・シェリフとキャロライン・シェリフは、互いに面識のない一一歳と一二歳の少年たち二二人を、オクラホマのロバーズ・ケーブ州立公園のサマー・キャンプに連れて行った。少年たちはあらかじめ二つのグループに分けて連れてこられたので、最初の一週間は、互いに数キロメートルほど離れたキャビンにいるもう一つのグループのことを知らずに過ごした。そしてそれぞれのグループ内で絆が形成されたころ、シェリフたちは二つのグループを引き合わせ、グループ対抗でさまざまなゲームを行った。グループ同士が競い合うこの段階、少年たちは相手グループに対して明らかに敵対的な態度や行動を見せるようになっていった。第三週目、今度は二つのグループ混合で協力するさまざまなゲームを行った。この最後の段階では、前の週に顕著だった互いへの敵意は消え、少年たちのあいだにはグループの垣根を越えた友情が生まれた。この何年もあと、ラフィ・ディアブは一〇歳と一一歳のレバノン人の少年グループ、それもイスラム教徒とキリスト教徒が混ざったグループで、この実験を行った。*

その結果は、前回の実験と同様だった。これは、たとえ宗教のような大きな違いがあっても、その垣根を乗り越える絆——それがいかに恣意的なものでも——を築くことができれば、その違いは乗り越えられる、ということを私たちに教えてくれている。

その後、子どもたちをグループに分けて敵対させるやり方は倫理的に間違っているとして、この類の実験は批判を集めるようになった。たしかにそれは、もっともな批判に聞こえる。けれどそんなことを言ったら、私たちがクラスや学校やクラブや教会で日常的に競い合っているスポーツ大会やスペリング・コンテスト、算数コンテストなどさまざまな活動はどうなるのだろう。私がその少年たちと同じ年ごろだった一九五〇年代、私たち男子は誰に言われるともなく(むしろ、大人たちからは止められていた)、ほぼ同人数の二つのグループに分かれて(プロテスタント対カトリックだ)、ときに負傷者がでるほどの大乱闘を繰り広げていた。あの頃の私たちが、キリスト教のこの二つの宗派の神学的、儀式的違いを理解していたとは思えないし、そもそもそんなことを知っていたのかどうかもわからない。当然、その政治的な起源の違いなど知りもしなかったはずだ。それでも、自分の家族がどちら側なのかはわかっており、私たちは毎週のように嬉々としてこの殴り合いに参加していた。けれど殴り合いが終われば、今度はみなで仲良く両宗派混合のグループを作り、さまざまな遊びに興じていた。これは少年たちが持って生まれた群れたがる性質、ほかのメンバーがどういう人物かに関係なく群れてグループを作りたがる性質をよく表しているように思える。これについては一三章で再度、触れていきたい。

＊

こういった研究を見ると、人間関係を形成するうえでホモフィリーがいかに重要な役割を果たすかがよくわかる。だがそれだけでなく、一緒に歌う、食事をする、グループ独自の文化的伝統（グループのユニフォームや歌）を作るといった活動が、友人コミュニティへの帰属感を育むうえで非常に重要だということもよくわかる。そのような活動は良くも悪くも、信頼関係を築くときの心理的な基礎を作り上げる。そして次の章でも取り上げるように、その信頼こそが、私たちの友情とコミュニティの両方を支える基盤になるのだ。

＊　この研究は論文としては発表されなかったが、デビッド・ベレビーが著書『Us and Them（私たちと彼ら）』（二〇〇六、Hutchinson）で言及している。

一一章　信頼と友情

四章で紹介したアリスター・サトクリフは以前から、社交的なつきあいを続けるうえで信頼がどのような役割を果たすのかに関心を抱いていた。二〇〇一年九月一一日の正午、私と彼は、四章で述べた例の社会ネットワークのモデルづくりについて話し合うミーティングを行っていた。午後いっぱいかかる予定だったミーティングが半ばにさしかかったころ、同僚の一人が驚愕の表情でオフィスに飛び込んでくると、ニューヨークにある世界貿易センタービルのツインタワーに二機の飛行機が突っ込んだのを知っているかと聞いてきた。もちろん何も知らなかった私たちがあっけにとられて首を振ると、彼は何やらつぶやき、そのまま部屋を飛び出していった。私とサトクリフは顔を見合わせて肩をすくめ、再び信頼についての話に戻った。私たちが飛行機に乗るとき、あるいは道路を横断したり、ショッピングモールに入ったり、誰かとあいさつをしたり、飲み物をおごったりするとき、その行動のベースには信頼がある。関係者全員が誠実かつ礼儀正しくふるまってくれるという信頼、比喩としても、言葉どおりの意味としても、相手がこちらを裏切り、背後から刺すようなことは絶対にしないという信頼に基づいて私たちは行動している。この日、同時多発テロで犠牲になった二九七七人の人々だって、いつも通りの一日を過ごせると思っていたはずだ。よもや一九人の人間が何機もの飛行機をハイジャックし、自分たちがいる建物に突っ込んでくるなどとは、夢にも思っていなかっただろう。

しかし同胞を信じない限り、友人関係は成り立たない。いや、社会そのものが成り立たないと言ってもいいだろう。あの同時多発テロによって、私たちは改めてこのジレンマを思い出すこととなった。信頼がなければ友人を作ることはできない。けれどすべての人を無条件に信じれば、私たちの信頼をいいように利用するフリーライダーたちに食い物にされてしまう。でもだからといって出会う人すべてを疑ってかかれば、その人が信用できるかどうかをいちいち確認するのに膨大な労力を割かなければならなくなる。このジレンマを私たちがどうやって解消しているか。この章では、それについて見ていきたい。

信頼とペテン

その日、アリスター・サトクリフとの打ち合わせで生まれたのが、信頼を中心に置いて社会をシミュレートする二番目のエージェント・ベースド・モデルだった。私たちは信頼を一つの心理量と考えた。それは、相手とのあいだに好意的な交流が生じるたびに一段ずつ積み上げられていき、相手に対する行いが悪ければ、その都度一段ずつ——その行いが度を越してひどければごっそりと——失われていく心理量だ。また私たちは、それぞれの人間関係に求められる信頼のレベルは、その関係性が位置する社会ネットワーク層に比例すると考えた。たとえば外側の一五〇人の層に位置する関係なら信頼のレベルもそこそこで構わないが、一五人の層であればずっと高いレベルの信頼性が求められる。またその人間関係における背信行為への耐性は、信頼度の関数と捉えた。つまり、相手への信頼度が高ければ高いほど、背信行為への耐性は高く、よほど大きく、頻繁な裏切り行為がない限りその関係性は崩れないということだ。それほど親しくない知り合いなら、ちょっとした背信行為をされただけでも私たちはその人との関係を切ってしまう（だが、謝罪や埋め合わせがあれば、すぐに元に戻る）。いっぽう相手が親しい友だちだと、相当ひどい裏切り行為を、それも何度も繰り返されない限り、関係性を断つことはしない。とはいえ、いったんそういう相手と縁を切れば、それは完全な破局であり、二度と元に戻ることはない。私たちは、現実世界におけるこのような微妙で複雑な人間関係の作用を反映したコンピュータ・モデルを作ろうと考えた。そして今回も、モデルのプログラミングはあの有能なダイアン・ワンに任せた。

その結果はこうだ。背信行為が信頼関係に及ぼす影響が非対称の場合（信じている側の信頼感のレベルだけが低下し、裏切った側の信頼レベルが変わらない場合）、背信行為の頻度が交流の一〇パーセント以下なら、友だちの平均人数はほとんど、あるいはまったく変わらない。背信行為の頻度が交流全体の一〇パーセントを超えると全体的な友人数には多少の影響が出はじめるが、減るのは主に強い絆および中程度の絆で結ばれた友人数だ。いっぽう裏切りの頻度が高くなれば、その影響も大きくなる。最終的に、背信行為の頻度が高くなりすぎると、絆が最も強い五人の友人層はまったく形成できなくなる。なぜなら、たとえ友人関係に必要なレベルの信頼が構築され始めても、その関係が出来上がるより先に背信行為がすべてを壊してしまうからだ。なかには、その背信行為がどちらの側にも同様の影響をもたらし、両者ともに相手を信頼する気持ちを失うこともある。その場合は、影響が非対称な場合より結果は深刻で、たとえ背信行為が交流に占める割合が五パーセントしかなくても、親しい友人の数は減ってしまう。

事実上、人間関係とはすごろくゲームのようなものだ。相手とのあいだに有意義な経験を繰り返していけば信頼は積み上がっていく。しかし相手に嫌なことをされれば、信頼感は下がり、すごろくのマスを何マスか後戻りすることになる。このことからも、人間関係において背信行為が非常に重要な問題であることはよくわかる。背信行為の頻度が高くなりすぎれば、親しい人間関係は生まれない。同時に、私たちも他者を信じることができなくなるため、人間関係の絆を弱いものに留めて、騙されるリスクや不正行為による被害を抑えるようになる。

では実際のところ、そのような不正行為や背信行為はどのぐらいの頻度で起こるのだろうか？　それをはっきりとした数字で言うことは難しい。何をもってそれを背信行為と呼ぶかが明確ではないため、データがあまりないからだ。だがじつは、人間関係に直接かかわるデータ（経済学者たちが大好きな経済取引にかかわるデータではない）が一つある。それは、嘘に関するデータだ。アメリカ人一〇〇〇人の成人を対象にした調査によれば、人は平均で一年に五五〇の嘘をついているという。なんと一日で一・五回以上の嘘をついている計算だ。しかし誰もがみな同じように行動するわけではなく、すべての嘘の四分の一は、調査対象者のわずか一パーセントによるものだった。つまり常習的に嘘をつく一パーセントの人は、一日四〇回以上も嘘をついているのだ。まあ、そのような嘘の大半はたいしたことのない軽い嘘だ。少なくともこのデータでは、常習的な嘘つきはかなり少なく、ほとんどの人は概ね正直だということがわかる。別の調査では、調査対象者の九二パーセントが恋人に嘘をついたことがあると答え、女性の六〇パーセント、男性の三四パーセントがセックスをするために嘘をついたことがあると答えている。もちろん、その嘘が何年に一度かのまれな嘘という場合もあるので、嘘をつく平均的な頻度は極めて低いかもしれない。だがそれでも、嘘をつきたいという衝動があることは事実だ。研究室で行う実験的なゲームでも、嘘をつくと得になるよう作られているゲームなら、プレイヤーが嘘をつく可能性は、普段の二倍、三倍に増える。たしかにたいていの人は概ね正直だが、なかにはごく少数、嘘をつかずにはいられない人もいるらしい。おそらくそういう常習の嘘つきは、話しているうちに自分の嘘を信じ込むようになるのだろう。

こうして嘘について考えるうち、新たな共同研究が誕生した。今回はメキシコ国立自治大学の二人の物理学者、ヘラルド・イニグエスと彼のスーパーバイザーのラファエル・バリオとの共同研究だったが、私をこの二人に紹介してくれたのがあのキモ・カスキで、これもまた例のキモ投石器(カタパルト)効果の一つだった。一九七〇年代後半にオックスフォードの大学院でともに学んだキモとラファエルは、以来、四〇年以上にわたって友人として、そして共同研究者としてつきあってきた。科学への燃えるような情熱と、それと同じぐらい熱い学生時代の友情が一生ものであることは二人を見ても明らかだ。このラファエルの頭に長いあいだ引っかかっていたのが、偽り、または嘘に関する問題だった。もし、他者に繰り返し騙され、搾取されたら、人は誰のことも信じられなくなり、心から信頼できる数人の人としかつきあわなくなるだろう。住民が互いに助け合い、支え合う一つの大きなコミュニティだった村も小さな派閥に分裂し、互いを信じることも、言葉を交わすことも、同じパーティに行くこともしなくなる。もちろん、わざわざ助けの手を差し伸べることもなくなるだろう。このようにコミュニティの結束を破壊する嘘や偽りが日常的に起こるはずがない、なぜなら進化がそんなことを許すはずがないから、というのがラファエルの主張だった。ではなぜ私たちは子どもに、正直でいること、嘘をついてはいけないことを教え込ま**な**け**れ**ば**な**ら**な**いのか。それは、放っておいても自然に嘘をつかない人間に育つ、とは思えないからだ。だが進化という観点から見れば、それはいささか妙ではないだろうか。嘘をつくことがそれほどまでに問題のある行動なら、自然淘汰によってそのような行為はなくなったはずだ。(自然淘汰がヒトの行動の進化に果たした役割については、私の著書『人類進化の謎を解き明かす』を参照してほしい)。

ラファエルは特に、利己的な嘘と向社会性の嘘(いわゆる「罪のない嘘」)の違いに関心を抱いていた。利己的な嘘とは、嘘をついた人がそれによって得をする嘘だ。いっぽう罪のない嘘は、相手の幸福を守ったり、相手との関係を維持したりするためにつく嘘で、嘘をついた人がそれで得をすることはない。たとえばフェイスブックで見た友だちの発言をそれほど面白いと思わなかったとしても、それを正直に言って相手の気分を害したくないので、とりあえず「いいね」を押しておくといったようなことだ。また、かっこよく見せようと頑張っている相手に、その努力が功を奏していないと正直に言えば相手を傷つけるので、「かっこいいね」と言っておくというのも罪のない嘘に入るだろう。残酷な真実をことさらに言い立てることもないので、あえて真実を言葉にしないことだってあるのだ。実際、私たちはこれを、比喩という形で日常的にやっている。たとえばヴィクトリア時代の人は誰かが死ぬと「眠りについた」と表現したし、最近では「旅立った」という言い方もする。

ヘラルド・イニグエスとラファエル・バリオが開発した数理モデルでは、人々が三人組(トライアド)(親しい友人三人組)のメンバーとの交流では絶対に嘘をつかないが、自分たちと間接的にしかつながりがない相手には罪のない嘘をつき、直接的にも間接的にも関わりのない相手には利己的な嘘をついた場合、社会ネットワークがどう進化するかを調べた。すると、興味深いことが二つわかった。一つ目は、そのコミュニティにいるのが利己的な嘘つきと正直者だけの場合、コミュニティはあっというまに小さな集団に分裂して親しい者同士が仲間内だけで交流するようになるが、もし全員が正直者なら、相互につながる一つの大きなコミュニティが形成されるということ。そして利己的な嘘つきの数が多ければ多いほどコミュニティは細分化され、全員が仲間同士でがっちりとかたまって、社会的交流もごく親しい友人としかしなくなるということ。そして二つ目は、このような社会に罪のない嘘を導入すると、分断の溝が埋まり、たとえ利己的な嘘つきがいても、コミュニティは比較的統合された状態を維持できるということ。面白いことにこれに関しては、その集団に罪のない嘘をつく人が何人いるかは関係ないようで、たとえその割合が極めて少なくても、コミュニティのまとまりは維持されるようだ。どうやら利己的な嘘と罪のない嘘を区別した私たちは正しかったらしい。なぜならこの二つの嘘は人間関係の性質に、いや、もっと広く言えばコミュニティの結束にまったく異なる影響を及ぼすからだ。実際、罪のない嘘は、コミュニティ全体を揺るがす騒動に発展しかねないメンバー同士の誤解を丸く収めるというメリットもある。

このモデルでは、正直な人も嘘つきも固定したタイプとされていた。しかし、このモデルの動的バージョンで、個人が行動を経験から学習できるようにすると、ほとんどの人が、ときどき罪のない嘘はついても基本的には正直で、利己的な嘘の数は極めて少ないという安定状態に向かって進化していった。そう、正直者が報われる世界だ。利己的な嘘をつく人が少ないのは、そういう人は村八分になるし、嘘を言ってもなかなか信じてもらえなくなるからだ。常習の嘘つきが人口のわずか一パーセントしかいないという例の調査結果も、おそらくはそういうことなのだろう。面白かったのがメキシコのモデルの動的バージョンの結果だった。人の行動が学びで変わっていくこのモデルでは、コミュニティは正直な人たちの小集団に分かれ、なんと嘘つきがそれぞれの小集団を結びつけて、一つのコミュニティにまとめ上げていたのだ。ちなみにこのようなモデルにおけるコミュニティのサイズは、狩猟採集民の社会やそのほかの小規模社会の一般的なサイズだ。したがって、現代の都市社会の規模にかならずしもあてはまるわけではないが、あなたの個人的ネットワークのレベルには十分あてはまるはずだ。

つまり、一般的には嘘は良くないこととされているが、その種類によっては嘘もコミュニティ内の交流を円滑にするという役割を果たす。友人関係や家族関係と同様に、信頼も社会を支える基盤だ。信頼関係を積み上げてきたからこそ、多少の逸脱行為があっても、その信頼が緩衝材となり、人間関係は守られる。なぜなら、どうしてその人がそういう行動をとったのか、その理由がわかるからだ（これは高度なメンタライジング・スキルを持つ私たち人間だけができることだ）。そのような行動の基準を定めるのが法律や道徳規範だ。つまり法律や道徳規範は、コミュニティによって合意されている行動の基準を定めているのだ。

モラルに関する厄介な問題

しかしこういったなかで一つ、すべての議論、すべてのモデルで見過ごされ、私たちの日常的な人間関係でも見過ごされていることがある。それは、たとえ深刻な逸脱行為があっても、それをしたのが自分と強い絆で結ばれている相手なら、見知らぬ人のときよりもつい寛容になってしまうという事実だ。これは倫理学者たちがモラル・パーシャリティと呼ぶもので、いわば道徳上のえこひいきだ。もし見知らぬ人が道徳上の規則を破れば、私たちはその人物を厳しく罰する。しかし友人や家族が同じことをした場合、私たちは彼らのために弁解し、かばおうとすることさえある。驚いたことに普段は道徳にうるさい人も、この矛盾は気にも留めず、それについて触れようともしない。まるで、ごくあたりまえのことと思っているかのようなのだ。

その矛盾に興味を覚えたアンナ・マチンと私は、この態度の違いを詳しく探ることにした。そこでアンナが考案したのが、家族と友人を私たちがどう区別しているかを調べる一連の実験だ。彼女は被験者のために次のようなテストを用意した。まず被験者たちに、自分の社会ネットワークの各層から特定の人を二人と家族を一人、そして友人を一人思い浮かべてもらい、もしその人たちが社会的に重大なルール違反（ドラッグの密売や未成年の少女に無理やり性的関係を迫るといったルール違反）をしていたら、警察に通報するかを答えてもらった。また、かつて私のポスドクだったクエンティン・アトキンソンの協力を得て、この実験を、サモア人学生を対象にニュージーランドのオークランド大学でも実施した。文化が大きく違う集団、特に私たちのような父系社会ではなく、母系社会のサモア社会でも同じ結果が出るかを知りたかったからだ。

私たちが知りたかったのは、道徳的な判断を下す場合、友人より親族に対してのほうが速やかに判断できるかどうかだった。効率的に判断を下す際、親族関係は手っ取り早いスキーマとして働くからだ。私たちが何かを判断するときはつねに、利益のバランスを考慮して判断を下す。その対象が家族であれば、「弟は有罪だが、彼が刑務所にいるのは見たくない」というだけのことだ。そう、家族への思いはすべてに優先されるのだ。いっぽう、それほど親しくない友だちに対する行動を決めるときは、「これまで自分は何度ジムに痛い目に合わされただろうか」、「彼に貸したお金を全部返してもらっただろうか」とその人物とのこれまでの関係を振り返る可能性が高い。それに時間がかかるため、友人に関する判断には時間がかかるだろうと思われた。

しかし、科学の世界ではよくあることだが、この実験結果も予想したほど単純なものではなかった。

社会ネットワークの一番内側にいる友人と家族に関しては、判断を下すスピードに違いはなく、私たちにとっては親密な友人も近しい家族と同じくらい大切な存在であることが示された。五〇人の層では、予想どおり友人より家族のほうが判断はずっと速かった。しかし、一五〇人の層およびそれより外側の層になるとその結果は微妙で、友人に関する判断のほうが遠い親戚に関する判断よりも速く、その判断によって自分の立場が難しくなる場合は特にそうだった。これは、外側の層になると個人的な関係というよりも、むしろ親族としての社会的な要求のほうが大きな意味を持つことを示している。つまり、私たちは遠い親族に対しては、それほど親しくない友人と同じぐらいにしかかばう必要性を感じていないが、もし通報すれば親族のネットワーク内に影響が生じるので悩むのだ。親族を助けなかったことが、あとあと自分に跳ね返ってくる可能性は高い。おばあちゃんのいとこを悲しませた、と怒られることだってある。いっぽうネットワークの外側の層の友人はそれほど重要な存在ではないから、私たちはあれこれ考えることなく倫理観だけで行動できるのだ。

その後、私たちはオーストラリア人のポスドク、ラファエル・ウロダルスキーに脳スキャナーの実験を頼み、こういった判断をするときの脳の処理スピードの違いを調べてもらった。このような判断は、脳の異なる領域で下されるからだ。いつものように、脳スキャン実験ではタスクを単純なものにしなければならない。そこで私たちは焦点を、思考察知能力または非思考察知能力に絞ることにし、「ジムはほかの人の感情を感じる、と私は思う」あるいは「ジムは抽象的な考えに興味がない、と私は思う」といった単純な文章を利用することにした。まず被験者たちに自分の社会ネットワーク内の同じ層にいる、同じ性別の家族と友人を選んでもらい、それぞれに対して上記の文章にあてはまるかどうかを四段階評価（まったくそう思わない、そう思わない、そう思う、まったくその通りだと思う）で答えてもらったのだ。その結果、友人について判断するときのほうが、その友人と同じ社会層にいる家族について判断するときより前頭前皮質が活発に反応することがわかった。この結果で興味深いのは、脳の活動が最も大きかったのが前頭前皮質のなかでも特に、能動的な合理的思考に関連している場所だったことだ。つまり、友人に関して判断するときは、脳のこの部位が活発に働くが、家族に関わる判断はもっと自動化されているらしく、私たちが予想したとおり、意識的にも半意識的にもほとんど考えずに瞬時に反応しているようだった。

もちろん、信頼こそがこのジレンマの解決策だ。この人は信じられるとわかったら、あとはその信頼を手がかりに、今後、その人がどのように行動するかを予測する。「彼なら絶対、私にひどいことはしないはず！」といった調子だ。けれど信頼を築くには時間がかかる。もし誰かとどうしても個人的に親密な関係、すなわち五人や一五人の層にいる人たちと同様の信頼関係を築く必要があれば、その人に対して膨大な時間を割かなければならない。そうやって多くの時間を一緒に過ごせば、相手を深く知ることができるし、エンドルフィンに基づいた感情的な絆も生まれ、自分も相手も互いに誠実に行動するようになる。しかし七章と八章でも見てきたように、私たちの時間は有限であり、そのような関係性を築けるだけの時間を割くのは難しい。だから私たちのネットワークは交流の質が異なる友人層で構成された階層構造となり、最も親密な人（五人の層にいる五人）は非常に少ないのだ。

では、それ以外の人たちのことはどうやって信頼すればいい？　自分の社会ネットワークの外側の層にいる人たち、めったに顔を合わせない人たちの信頼性がわかる近道はないのだろうか？　あるいは、毎日遭遇する初対面の人たちの信頼性が簡単にわかる手引きはないのだろうか？　これに関しては、私たちは主に二つの戦略をとっているらしい。一つは制裁、すなわち規則に従わなければ制裁を科すという戦略で、制裁は個人的に知っている相手なら自らの手で、親しくない相手なら社会が下すのが常道だ。こういった制裁があるからこそ私たちは、彼／彼女はこの社会に属しているのだから社会の規則や道徳規範に従うだろう、ととりあえず考えることができる。もう一つは、相手と接触する前にその人物が悪党かどうかを見分けるという戦略で、それにはその人の信頼性を物語る行動的、または身体的手がかりを利用することが多い。

嵐と少しばかりの圧力

騙されれば誰だって頭に血が上る。それはまさに、一九世紀のロマン派だったら疾風怒濤（シュトゥルム・ウント・ドラング）とでも表現したであろう怒りだ。私たちは騙されると激しく憤慨するが、それだけでなく、騙した相手のことも忘れられなくなることが多いらしい。進化心理学者のリンダ・ミーリーは実験で、白人男性の写真を複数、学生たちに見せた。それぞれの写真には、その人物の信頼性に関する情報（彼は拾った財布を持ち主に届けた）か、不正行為に関する情報（彼は横領で捕まった）、あるいは特にさしさわりのない情報が添えられていた。一週間後、その学生たちに再び同じ写真を見せると、ペテン師と説明された人物の顔のほうがずっとよく記憶されていた。評判というものは広まるのが速く、先に広がった評判によってその人の印象が出来上がってしまうことも多い――ゆえに、眉を顰めたくなるような行動をする相手のうわさをすることで、その人の印象を操作することも可能だ。そしてそういったうわさ話は、ほかの人たちへの注意喚起になると同時に、一種の社会的制裁にもなる。この社会的制裁の最たる手段の一つが、当該人物に面と向かって行う批判、またはコミュニティのほかのメンバーたちに向けて訴える社会的批判だ。

ポリー・ヴィースナーは、ナミビアの狩猟採集民サン人たちが誰かの批判をするとき、その理由は男女で明確に違うことに気がついた。男性の場合、その理由の九五パーセントは土地の所有権と政治に関するもので、その三分の二がトラブルメーカーに関するものだった。いっぽう女性は、批判の九五パーセントが持ち物に対する嫉妬に根差しており、その四分の三はその人物の吝嗇さや分け合う精神がないことへの批判、三分の二は不適切な性的行動や親族への不義理についての批判だった。コミュニティ活動への協力不足を批判されるのはつねに若者だったが、おそらく年長者たちには、獲物の肉の分け前を減らす、あるいは持ち込む縁談を減らすといった別の制裁があるからだろう。男性が女性の批判を避けるのは、その女性の配偶者と諍いになったり——誇張ではなく、実際にそういうことは多い——、将来訪れるかもしれないセックスのチャンスを逃がしたりする恐れがあるからだ。

制裁には、からかい（特に、狩猟採集社会で最も嫌われる自惚れた行動に対して行われる）や直接的な批判のほか、まれではあるが暴力が使われることもある。だがそれでも、明らかにそこに道徳上のえこひいきはあり、批判の矛先が自分の近しい家族や、コミュニティに肉をもたらす狩りの名人に向いたときは、誰もが批判に加わるのに慎重になる（後者は、狩人が怒って集団を離れてしまうと困るためだ）。人生のあらゆることがそうであるように、他者の欠点を我慢するかどうかも、常にコストと利益のトレードオフなのだ。

世界のどの狩猟採集社会でも、究極の制裁は追放だ。このような社会では、集団の助け合いなしに生きていくのはまず不可能なため、追放は事実上のなぶり殺しだ。ヴィーズナーがサン人のコミュニティで目撃した数少ない村八分の一つは、バントゥー族の男性たちと頻繁に性的関係を持っていた女性に対するものだった。そのような関係は決して珍しいものではないが、サン人に対するバントゥー人の態度が非常に差別的で、ときに意地悪でさえあったため、コミュニティの人々が彼女に向ける視線は冷ややかだった。そのプレッシャーに耐えかねた彼女は結局、キャンプ集団を離れ、その後、亡くなったという。近親相姦を疑われた男性が批判の集中砲火を浴びてコミュニティを離れたというケースもあった。しかし彼は腕のいい狩人だったうえ、家族も連れて出たため、別のコミュニティに加わりそこに落ち着いたという。三つ目のケースは、一家全員の追放だった。その家族の妻は、しょっちゅう酔っぱらい、バントゥー族の男たちとも見境なく性的関係を持っていた。さらに悪いことに、子どもたちも全員が手に負えないほど粗暴だったため、一家はコミュニティじゅうから非難を浴び、その集団を離れることになった。結局、この家族が戻ることを許されたのは、その女性が亡くなってからだった。

何年か前、エリノア・オストロム（経済学でノーベル賞を受賞した唯一の女性だ）は、非常に示唆に富む一連の実験を行った。いくつかの被験者グループに、それぞれ古典的な経済ゲームをしてもらうという実験だ。グループの各メンバーはオンラインで接続された状態でゲームをするが、ゲームの最初に全員が共有の壷にお金を入れ、ゲームが終わったら、壷のお金を全員に分配するというのが決まりだった。壷の中のお金は、ゲーム終了時に実験者側が合計金額を倍にしてから、分配することになっていた。したがって全員が持ち金を全額壷に入れれば、それが最善の戦略となる。壷の中のお金を最大化できるうえ、それぞれの分け前も最大化できるからだ。だがやはり、できるだけ自分のお金を出さずに得をしたいと考える者は現れる。少額しか壷に入れなかったプレイヤーは、残りの金を自分でキープできるうえ、ほかのプレイヤーたちが壷に入れた金の分け前にもあずかれるからだ。このフリーライダー的行為で得ができるとわかってくると、プレイヤーたちが壷に入れる金額はゲームが回を重ねるにつれ減っていった。公共の利益に関する実験では、これはよくあるケースだ。けれど、壷に少しのお金しか入れなかった人を罰する力をプレイヤーたちに与え、ズルをした人の分け前から罰金を差し引くようにしたら、壷に入れる金額の水準は一貫して高くなった。とはいえ、フリーライダーが出るのを防止するには金銭的制裁が最も効果的というわけではないようだった。この実験の別バージョンでは、ゲームが一回終了するごとにプレイヤーたちにコメントを言ってもらった。すると誰かが「金を入れなかったケチ野郎は誰だ？」と言うだけでも、フリーライダーたちは罪悪感を覚えたらしく、態度を改めたのだ。他者に影響を与えるズルい行為には罰を与える、それは人間界では普遍的な掟のようだ。ノッティンガム大学の行動経済学者、ベネディクト・ヘルマンとジーモン・ガヒターはヨーロッパと中東の一六の国で同様の実験をしたが、結果はやはり同様で、共有の壺に平均以下の金額しか入れない人物を罰するためなら、人々は喜んで手数料を払ったという。

社会的な契約を守ることは、個人間の信頼関係を維持するためにも、コミュニティ全体の結束を維持するためにも重要だ。だから私たちは、ルールを破った人に罰が下るのを見て快感を覚えるのだろう。この気持ちはドイツ語でシャーデンフロイデ（他人の不幸を喜ぶ気持ち）と呼ばれるものだ。数年前、タニア・シンガーは不正行為で罰されている人を見たときの人々の反応を探る脳画像研究を始めた。彼女はまず被験者たちに、経済ゲームを何ラウンドかプレイしてもらった。被験者が、自分で決めた金額を相手のプレイヤーに渡し、元手が三倍になったら、相手プレイヤーがそのなかから自分で決めた金額を被験者に返すというゲームだ。だが実は、被験者がゲームをする相手はつねにサクラで、彼らはあらかじめ、被験者に公平に対応する（出してもらった金額と同額を返す）か、不公平に対応する（もらった金額よりずっと少ない額を返し、相手に損をさせる）かを指示されていた。この両方のタイプのサクラとゲームをしたのち被験者は、対戦した公平な相手と不公平な相手を左右に座らせて、脳スキャナーに入る。その後、サクラの二人の手には代わる代わる痛みが伴う電気刺激が加えられ、それを見ている被験者の脳がスキャンされた。

公平なサクラに電気刺激を与えると、予想どおり、男女ともに被験者の脳は共感に関係する領域の活動が活性化した。だが驚いたのは、不公平なサクラに痛みを与えたときで、なんと活性化したのは、脳の快楽中枢だった。そのうえこの反応は、男女差が非常に大きかったのだ。悪事を働いた人物が罰を受けると、男性は特別な快感を覚えるらしいが、女性はそうではないようなのだ。またタニアは、他人の不幸を喜ぶシャーデンフロイデ反応の強さと、あらかじめ表明していた復讐願望とは相関していることも明らかにした。その後はほかの研究でも、ライバルチームの試合の勝敗を見たスポーツファンや、ライバル政党の党員が不運に見舞われたのを見た人が、同様の反応を見せることが明らかになっている。

タニアは、自分の実験では身体的な罰を利用したからあのような結果が出たが、ほかのタイプの罰であれば女性も強いシャーデンフロイデ反応を見せた可能性があると語っている。それは、男性と女性では人を罰する方法に違いがあるからで、男性は身体的な罰を用いる傾向が強いが、女性は心理的な罰に訴えることが多い――思春期の少女たちが特によく使う戦略だ。これはアン・キャンベルによるニューヨークの少女ギャングの研究や、女性のゴシップ利用に関する一連の実験的研究でも明らかになっている。どちらの研究でも、そのような行動を引き起こす最大の引き金は、恋愛を巡るライバル関係らしかった。ライバルを非難し、その性格を中傷する、それこそが彼女たちの標準的な仕返しなのだ。これは、女性は男性ほど体力がないため、身体的な報復行動に出ても男性ほどの効果がないからかもしれない。また、女性は男性よりも社会的スキルが高いので、心理的なプレッシャーをかけることに長けているとも考えられる。

信頼への近道

もちろん背信行為をした人を罰しても、それは馬が逃げたあとで納屋の扉を閉めるようなものだ。それよりは、被害にあう前に正直者と嘘つきを見分けられたほうが、多くの点でずっといい。その手段の一つが、相手の表情や行動に表れている手がかりを読むことだろう。「人柄は顔に表れる」とは古代インドや古代中国の時代からよく言われてきた言葉だ。中国の道教の面相、すなわち人相占いの起源は三〇〇〇年以上前に遡るが、これが高度に発達したのは北宋時代の紀元一一世紀だ（インターネットで調べれば、解説書は簡単に手に入る）。また、古代の哲学者のなかでも、自然界を観察する目の鋭さにかけてはその右に出る者がいないあのアリストテレスでさえ、見た目と性格の関係性に強い関心を示していた。見た目に性格が表れるという考え方が西洋で絶頂を迎えたのが、一九世紀初めの骨相学と、その後に遺伝学者で博学者のサー・フランシス・ゴルトン（チャールズ・ダーウィンの従弟で、指紋を発見した人物）が研究した人相学だ。骨相学も人相学も、いわゆる犯罪者顔は存在することを前提としていた。しかし二〇世紀後半になると、初期の一部の風変わりな研究者たちによる度を超えた主張があだとなり、この分野全体の信用は失墜した。

けれど一九九〇年代、このテーマは再度注目されるようになった。デジタル・テクノロジーの発達で顔の特徴をより明確に捉えられるようになったうえ、表情の力学も精査できるようになったからだ。最近のある研究では、カーメル・ソーファーとオランダ人の共同研究者たちが、デジタル技術を使って複数の顔を合成し、すべての顔の最も平均的な顔を作ったところ、平均的な顔は「最も信頼できるが、魅力に欠ける」と評価された。トニー・リトルが行った別の研究では、被験者たちの一団に、自分は協調性があるか、そうではないかをそれぞれ評価してもらい、彼らの写真をデジタル技術で合成して、協調性がある人と協調性がない人の平均的な顔写真を作った。さらにその合成写真を別のグループの人々に見せ、写真の人物が協調性のあるタイプに見えるか、そうではないタイプに見えるかを尋ねた。顔だけで協調性があるかないかを見分けるこの実験では、回答者の正答率は予想よりは高かったが、明確に見分けられるというほどの結果ではなかった（正答率は、偶然の確率より約一二パーセント高かっただけだ）。さらに分析した結果、自分は協調性が高いと自己評価した男性の顔はそれほど男っぽくなく（つまり女性的な顔だ）、協調性は笑顔の大きさに相関する傾向があることがわかった。これらの結果は、男性の場合、笑顔や感情表現は社会的優位性の低さ（しかし女性では社会的優位性の高さ）に関連しており、支配的な男性は大きな笑顔をあまり作らない（九章でも述べたように、たぶん顎が角ばって突き出しているから）という以前の研究結果を裏付けているように見える。また、より男性的な顔は、一般にあまり信用ができないと受け止められていた。

おそらく、信頼性の一番の手がかりとなるのはやはり親族関係だろう。なんといっても親戚なら、その後ろに家族のコミュニティが控えているわけだし、それが伝統的な小規模社会であればなおさらだ。その典型例が、一八、九世紀のスコットランド人社会だろう。スコットランド人は世界のどこに行こうが、人手が欲しいときは必ずと言っていいほど故郷の親族に、誰かよこしてくれと頼んでいた。カナダにあるマニトバの毛皮貿易企業、〈ハドソンズ・ベイ・カンパニー〉は、おそらく歴史上最も古く、最も経済的に成功した多国籍企業（一六七〇年創業の同社は、三五〇年たった現在も続いている）で、かつては働いていた人のほとんどが、スコットランドの北の端、オークニー諸島の出身者だった。なぜなら彼らは、過酷な労働環境でもよく働く、信頼できる人々と言われていたからだ。私の祖父も一八九〇年代、カーンプル（当時はカウンポールと呼ばれていた）にあったカウンポール毛織工場（この町に数多く存在したスコットランド人経営の工場の一つ）で働いていた従弟に仕事があると誘われ、インドに渡っている。祖父の故郷スコットランドのコミュニティは狭く、関係が密で、住民のほとんどが親戚だった。そんな家族の義理や責任に加え、何か不届きなことをすれば、スコットランド北東部の炉端で曾祖母に厳しくたしなめられるとなれば、たいていの者は周囲の期待を裏切るようなまねはしない。だがじつは、ダンバー一族のインバーネスの流れを汲む分家の末裔で、当時カウンポール工場の下っ端監督だった私の祖父、ジェイムズ・マクドナルド・ダンバーは、周囲の期待を裏切り続け、結局、故郷に送り返されてしまった。いずれにせよ名字のミドルネームは同じだが、彼は私たちの側のダンバー家ではないので、まあよしとしよう……。

私たちは、家族なら忠誠心や献身の気持ちがあるはずだ、と考える。これは、親族プレミアムやハミルトンの血縁淘汰説のせいでもあるが、互いに社会のなかで密に結びついているからでもある。それがよくわかるのが、フィンランドにあるアールト大学のマレイケ・バシャ・トラムスが道徳上のジレンマについて探った脳スキャン実験だ。彼女はまず、二人の被験者の脳の活動パターンをリアルタイムに比較するために、彼らをスキャナー内に横たわらせ、同じ映画を同時に観てもらった。映画は二〇〇九年の『私の中のあなた』で、被験者たちが視聴した二〇分間のクリップは、癌で瀕死の姉ケイトのために腎臓を提供するよう妹のアナは求められるが、それをアナは断り、ケイトが死亡するシーンだった。そのクリップでは、アナが臓器提供を拒否した理由は明かされておらず、被験者の半数にはあらかじめ二人が真の姉妹であると伝え、残りの半数には姉妹のうちの一人は養女で二人のあいだに血縁はないと伝えてあった。ここで焦点となったのは、アナの行動に対するショックが大きいのは、二人が実の姉妹だと思っている人のほうか、それとも二人に血のつながりがないと思っている人のほうか、だった。

被験者の九〇パーセントは、血縁関係があるかどうかは関係ない（血がつながっていなくても姉妹は姉妹）と答えていたが、脳スキャンの結果はまったく違っていた。被験者の脳活動は、姉妹の血がつながっていると思っていた二人のほうが姉妹に血縁関係はないと思っていた二人より、前頭前皮質、頭頂葉皮質、そして前帯状皮質（ACC）の一部——どれもメンタライジングと社会的関係の維持に関係している領域——で有意に相関していたのだ。血縁のない姉妹のお互いを助けたいという気持ちは、親しい友人同士のそれと同程度だが、血のつながりがあればなんとしても臓器を提供したいと思うのが普通だ。だから、血のつながった姉妹なのにアナがケイトを助けなかったと知った被験者たちは、アナの行動の理由がわからずぎょっとしたのだ。

もちろん、近しい親族だからといって必ずしもお互いに利他的に行動するとは限らない。けれどそういう場合はもともと、両者のタイプがまったく違い、ずっと険悪な関係だったという場合が大半だ。とはいえ第二章でも見たように、たいていの家族はお互いに助け合おうとする。実際、あなたが大変な状況に陥り、周囲の人全員に見捨てられても、身近な家族だけは味方になってくれるはずだ。何年か前、エレニー・マドセン（当時は大学院生だったが、現在はスウェーデンのルンド大学にいる）とリチャード・タニー（若きポスドクだった彼は今やアストン大学の心理学部のトップだ）は、心理学者のヘンリー・プロトキンと私がハミルトンの血縁淘汰説を検証するために考案した実験を実施した。これは何年も前、私たちの共同研究者、ジョージ・フィールドマンが大学院生だったころに思いついたもので、被験者たちにローマン・チェアの姿勢（七章を参照）を可能な限り維持してもらい、その持続時間に応じて報酬を払うという実験だ。この姿勢は、時間とともに苦痛が指数関数的に増していくので、被験者がその姿勢を続けた時間が、彼らが耐えてもいいと感じた苦痛の量と考えられる。ちなみにこの実験の特徴は、ローマン・チェアの姿勢を続けて獲得した報酬の受け取り手が毎回異なる点にあった（通常は、毎回、別の日に実験を行った）。つまり、自分のために苦痛を我慢するときもあれば、指定の家族や友人など他者のために我慢することもあるというわけだ。私たちは実験を五回行ったが（三回はイギリスで、二回は南アフリカの異なるズールー族の集団で行った）、どのケースでも、被験者が耐えてもいいと感じる苦痛と、その理由となる相手との関係性には相関関係があり、親友は従弟とほぼ同じ扱いだった（両親や兄弟、祖父母よりもずっと下だった）。持続時間が常に一番短かったのは、報酬の受け取り手が子どものための慈善団体、被験者たちが一番頑張ったのは、なんと自分が報酬を受け取るときだった。まあ、人間なんてこんなものだろう。

この実験結果を詳しく分析した結果、二つの興味深い事実がわかった。一つは、耐えた苦痛に対する被験者自身の評価と、彼らがその姿勢を維持した時間とは相関していたということ。つまり彼らは自分が何をしているかちゃんとわかっており、報酬の受け取り手次第で忍耐の度合いを変えていたのだ。次に、ホモフィリー効果を見るために、報酬の受け取り手との共通点も被験者に尋ねたが、相手との関係性の強さを最もよく表していたのは、両者が十代のころに共に過ごした時間だった。やはり、強い社会的絆を作るうえで重要なのは時間らしい。

強欲(シャーク)な人と狂戦士(ベルセルク)

フリーライダーや違反者たちを罰するルールに関する話はこのへんにしておこう。だがそもそも、この世界はどのぐらい危険なのか。食うや食われるかの殺伐とした世界、インチキなセールスマンや詐欺師ばかりの怖い世界なのだろうか。たしかに私たちのほとんどは、文明社会が策定した共同体のルールのおかげで、それほどひどい目に合わずにすんでいる。だが、規則違反にならないギリギリの行為をすることで得をしようと考える人々から完全に逃れられないのもまた事実だ。ギリギリの行為をしていても、賢い人たちは違法にならないところで踏みとどまる。だがなかには法を踏み越えてしまう人もいて、私たちはそういう人を反社会的な人物——極端なケースではサイコパスや社会病質者——とみなす。このような人たちはわずか一握りだが、あまりにもたちが悪いため、反社会的行動の原因を探る研究はこれまで無数に行われてきた。そしてそのような研究は、他者を無条件に信じてはいけない理由の一端を私たちに教えてくれる。

ケンブリッジ大学の犯罪学者、デイヴィッド・ファリントンは、ロンドンの男性四〇〇人を対象に八歳から六一歳まで追跡研究を行い、ティーンエイジャーのときに暴力的だった子どもは、その後の人生でも同様の行動をとりつづけていたことを明らかにした。また彼は、その子どもが長じて暴力犯罪を起こすことを予測させる、子ども時代の最も重要な危険因子も指摘した。その危険因子とは、危険を冒すことに抵抗がない、IQ（特に言語能力）が平均より低い、家庭が崩壊している、保護者のしつけが厳しい、活動過剰（ADHDなど）、そして実家が大家族、だ。こういった危険因子があればあるほど、その子どもがやがて暴力行為で刑務所行きになる可能性は高くなる。しかしファリントンによれば、このような要素があるだけでは、人は罪を犯さないという。通常、暴力行為が起こるときは、その前に退屈や怒り、飲酒、ストレス、仲間（男性）にけしかけられる、といった状況がある。こういう男性は、たとえ冷静になろう、悪いことはするまいと思っていても、怒りや飲酒またはその両方によって自制心が低下してしまうことが多いのだ。平和な社会にとって、衝動的行動を抑える能力がいかに大切かは、このことからもよくわかる。もちろん、暴力行為で有罪判決を受けた人は、たんに一度きりの不幸な出来事で躓いたわけではない。たいていの場合それは、好ましくない行動やちょっとした違反行為が日常茶飯事のライフスタイルを続けた結果なのだ。

反社会的行動に関するもう一つの代表的な研究は、研究者夫婦のテリー・モフィットとアブシャロム・カプシによるもので、彼らは男女両方の反社会的行動の素因を、ダニーデン研究*のデータを使って調査した。その結果、男性のほうが女性よりもずっと反社会的行動をとりやすいことが明らかになった。また、男女ともにそのような行動をとる人の特徴には、虐待された子ども時代に加え、社会的行動の調節に関わる三つの神経伝達物質、セロトニン、ドーパミン、ノルエピネフリンの生成物を分解する酵素を司る遺伝子、モノアミン酸化酵素A（MAOA）遺伝子の特定の対立遺伝子の存在があるようだった。この研究により彼らは、反社会的行動や行為障害は、ネガティブな情動性（すべてを否定的にとらえ、他者の動機を疑いがち……つまりメンタライジング能力の弱さ）と自制心（抑制）の弱さの組み合わせで最もよく説明できると明らかにした。二つの行動結果（反社会的行動と行動障害による行動）のそれぞれ九八パーセントと七八パーセントが、この二つの要素（どちらも遺伝性だ）によって説明できたのだ。だが、この二つの認知能力が反社会的行動の主要な要素として浮上したことも別に驚くにはあたらないだろう。六章でも見たように、これらの能力は社会的関係の維持に大きな役割を果たしているからだ。

追跡研究で、ダニーデン研究の被験者である成人、約三分の二の脳をスキャンすると、成人になっても反社会的な行動が続いた被験者は、成長とともに反社会的行動をとらなくなった、あるいはそのような行動をしたことのない被験者より、大脳皮質のほとんどの部分でその体積が少ないことがわかった。それも、脳組織が少ないように見える領域の多くが、前頭前皮質、側頭葉、側頭頭頂接合部のメンタライジング・ネットワークなど、社会的行動の制御に関連した場所だったのだ。特に、行動制御能力に関連する前頭極はとりわけ小さいように見えた。これは、遺伝性素因を示している可能性もあるが（残念ながら、このような被験者とその兄弟姉妹や近しい家族との比較研究はなされていない）、子ども時代の長期的な病気や怪我、社会経験の欠如といった脳の成長を妨げる発達上の問題によって脳が十分に発達できなかった結果という可能性もある。

反社会的人物の行動にどう対処するか。それは人間社会が長きにわたって抱えてきた問題だ。法廷や警察がない小規模社会ではつねに、そういった人物を厄介で対処の難しい存在として扱ってきた。歴史上の多くの小規模社会と同様、アイスランドのノース人（ヴァイキング）社会も、コミュニティ内の暴力行為には手を焼いており、彼らがベルセルクと呼んでいた人々は、常に人々を悩ます厄介者だった（ベルセルクは〝凶暴になる〟を意味する英語の〝to go berserk〟の語源だ）。ベルセルクとは、その凶暴性と戦場での武勇で広く知られた人々をさす言葉で、オオカミなどの野獣に変身する能力を持っていると言われることも多かった。短気で暴力的、そのうえもめれば命取りになりかねない凶暴さをもち、さらには徹底的な利己主義者、と社会病質者の特徴の多くを備えた彼らは、常に人々の恐怖の対象だった。アイスランドのサガ文学（一族の物語を描いた長編の物語）の一つで、エギル家の伝記を記した『エギルのサガ』の主人公、ダークヒーローのエギル・スカーラグリムスソンはまさにそんなベルセルクの一人だ。彼はコミュニティの人々から土地や資源を奪い取るために、テロ戦術としか言えないような見境のない暴力から殺人まで暴虐の限りを尽くした。ゆえに人々は彼のようなベルセルクを非常に恐れていた。

アイスランドのサガ文学に記録されている多くの殺人を分析すれば、それがよくわかる。ノース人の慣習法では、殺人事件の被害者家族には、加害者（または加害者の家族の一人）を殺して復讐を果たすか、

＊　ニュージーランドのダニーデン市で一九七二年から一九七三年に生まれた子ども一〇〇〇人を対象に実施されている縦断的研究。対象者たちには追跡調査が続けられ、数年おきに試験が行われている。

賠償金を請求する権利が認められていた。たいていの場合、被害者家族は相手を殺して復讐するほうを選んだが、相手が凶暴な人物のときは賠償金で話をつけることが多かった。復讐のためとはいえ、凶暴な相手を殺すには大きなリスクが伴うし、もしその家族を殺せばかならず報復があるからだ。また、そのような報復はすぐに半世紀、またはそれ以上続く大きな抗争へと発展し、罪のない多くの男たちが命を落とすことになる。そんな抗争の一つを描いたのが『ニャールのサガ』だ。この物語には一〇世紀後半にあるコミュニティで起こった確執に端を発した諍いにより、関係する二三家族の成人男性三分の一が命を落とした抗争（そのうち四家族は家族内の男性すべてが死亡した）が描かれている。

私たちはルンド大学でスウェーデンのヴァイキング時代を研究する歴史家、アンナ・ウォレットとともにサガ文学に記録されている血統を分析し、ベルセルクの暴力的な行動が子孫繁栄にとって有利に働いたかどうか（生物学的適応度の尺度だ）を調べた。するとたいていの場合、彼らの孫の数は、暴力的ではない人々の孫の数より多かった。その凶暴さに我慢できなくなったコミュニティの人々によって彼ら自身が殺されることはあっても、子孫は多く残っていたのだ。どうやら彼らが生きているあいだは、その威光によって親族の男性たちは守られ、コミュニティ内の誰かに殺されるリスクも抑えられていたらしい。ベルセルクたちの行動がいかに利己的なものでも、それは親族の生殖には優利に働いていたのだ。このプロセスは進化生物学では血縁淘汰として知られており、生物が自分の遺伝子のコピーを次の世代に残すには、自身が繁殖するか、同じ遺伝子を持つ親族の繁殖を支援するかのどちらかだという事実を示している。

ここからわかるのは、もしも得ができ、罰を逃れることができるなら、人は暴力を用いるということだ。そのように行動する素因を持っている人もいれば、幼いころに暴力の効果に気づき、それを用いつづける人もいる。私たちはそういう人のことも、恐ろしい悪党やいじめっ子のこともよく知っている。彼らは絶対にいい友人にはならないし、信頼することもできないが、それでも彼らと我慢してやっていかなければいけない場合は多い。

*

この章では、信頼は人間関係や社会を機能させるうえで非常に大きな役割を果たすことについて述べた。私たちは、ほとんどの人は誠実に行動する、という前提で物事を考えざるを得ない。なぜなら、会う人全員の信頼性をすべてチェックする暇はないからだ。だから私たちは、信頼につながるショートカットを使って、相手の信頼性をチェックする手間を省くが、それでもときには間違えることもある。次の章では信頼関係の特別なケース、すなわち恋愛関係について取り上げる。恋愛関係は、友人関係の力学について貴重な洞察を与えてくれる。なぜなら、恋愛関係は非常に情熱的な関係であるため、それにまつわることがらのすべてが誇張されているからだ。

一二章　友人関係のロマンス

私たちが他者と結ぶ関係性のなかで、恋愛ほど情熱的なものはない。それは得体の知れない、けれどすばらしいもので、すべての時代の詩人、哲学者、王や女王、そして市井の人々を虜にしてきた。どこからともなくやってきたその感情によって、身体は異変をきたし、頭はのぼせ、自らの運命の舵さえ失ってしまう。また、その兆しは傍目にも明らかだ。心ここにあらずのうわの空で、愛する人のそばにいたいとただひたすらこい願い、相手の気まぐれすべてに嬉々として応じ、その人以外のほぼすべてが目に入らなくなる。もちろん誰もがこれをフルコースで経験するわけではないが、それでも恋愛は、笑いや涙といった万人に共通する数少ない感情のうちの一つと言えるほど一般的（これに反論があることは認める）かつ、すべての文化に共通している。そして面白いことに、恋愛関係と友人関係はよく似ているのだ。どちらにも相手のことを見定める評価プロセスがあるうえ、信頼性の重要性も、失望したときの関係のもろさも同じ、それだけでなく、もっとふさわしい相手が現れれば捨てられてしまうところも同じだ。では恋愛は、友人関係について私たちに何を教えてくれるのだろうか。

交際の交渉

人間行動学者のカール・グラマーは、人間の配偶者選択について研究してきた、その分野の第一人者だ。彼によれば、交際期間はいわば断続的な評価プロセスの期間と考えるのが一番わかりやすいという。交際期間には決断を下すいくつかのタイミングがあり、それ以外は静止した期間、すなわちもっと親しい関係に進むか、これ以上親しくならずに撤退するかをじっくり考える期間だという。恋愛はまず、遠くから相手を評価することで始まり、ゆっくりと、しかし確実に近づいていき、より親密なレベルでの評価を行う。彼／彼女の見た目はどうか。身のこなし……ダンス……スポーツの腕前はどうか。そういった最初の試験をパスしたら、共に過ごす時間を増やして相手の話し方や匂い、趣味を評価し、最終的には本格的につきあうかどうかを決めるのだ。それぞれの段階で、私たちは立ち止まって相手を評価し、次のレベルへ進むか否かを決定する。

では、何を根拠にその決断を下すのか。実は男性と女性では関心の対象が違うため、相手のどこを見るかも男女で大きく異なる。もっと正確に言えば、男女とも関心を抱く一連の要素は同じだが、それぞれの重みが違うのだ。そこで私たちは、実験室という人工的な空間で被験者たちに異性の好みを聞く代わりに、恋人募集広告を使ってこの疑問を追求することにした。こういった募集広告を見れば、恋人を探す人たちが何を求めているか、一目でわかるからだ。それに広告を出すにはそれなりのお金もかかるので、広告を出すほうもいい加減な気持ちではないはずだ。この手の広告は通常、はっきり分かれた二つの要素で構成されている。広告主はまず自分の特徴を売り込み、それから、相手に求める要素を記す。たとえば典型的な広告はこんな感じだ。「楽しいことが好きで、コンサートや散歩が趣味の三〇歳女性。三〇歳から四五歳の誠実で信頼できる良きパートナーを求む。飲酒する人およびドラッグ使用者は不可」。これこそまさに理想的な広告だ。それぞれの要素について触れている語数を見れば、広告主が何を重視しているかもよくわかる。

私たちの研究グループで客員研究員だったボグスワフ・パウロウスキー（現在はヴロツワフ大学の教授で、ポーランドの進化人類学の第一人者）に、個人広告の分析は絶対に面白いプロジェクトになると持ち掛けたら、彼はすぐにとりかかってくれ、その分析結果からは次のことがわかった。まず、男性も女性も異性がパートナーに何を求めているかをよくわかっているということ。つまり、異性が一般的に求める要素を自分がちゃんと持っていることを広告の中で明示しているのだ。さらに彼らは恋愛市場における自分の年齢の相対的立場をわきまえているため、相手に対しては、自らに対する相対的需要にふさわしい要求をしている——唯一例外がいるとすればそれは、恋愛市場における自分の立場を高く見積もりすぎている四〇歳から五〇歳の男性だけだ。まあ、これについては何も言わないでおこう。

このような恋人募集広告のそのほかの特徴としては、女性は一般にあまり自分のことを語らず、相手に求める事柄について多く語っているということ。いっぽう男性の広告はその逆だ。女性たちのこの要求の厳しさは、動物の基本的な生態を思い起させる。有胎盤哺乳類は、一方の性だけが妊娠と授乳の負担を負う（有胎盤哺乳類における二つの決定的な特徴だ）という決断を進化プロセスのごく初期に下した。つまり、妊娠と授乳のプロセスにオスが果たす役割は極めて限定的かつ間接的ということだ。その結果、進化の原動力となる生物学的適応度（自分が残す子孫の数）を最大化する手段が、オスとメスでは異なったのだ。メスの哺乳類は鳥類と違い、必要以上の交尾をしても子の数が増えるわけではないから、とにかく最高の遺伝子と、子を育てるより良い環境を手に入れることに全力を尽くす。いっぽう子育てで手伝えることがほとんどないオスの哺乳類（イヌ科の動物だけは例外）が自身の生物学的適応度を上げる唯一の手段は、より多くのメスと交尾することだけだ。これは、質と量のトレードオフといったところだろう。その結果、オスとメスの両方が残す子の平均数は同じでなければないのに、各個体が残す子の数は、メスよりもオスのほうが、ばらつきが大きい。つまり生殖に失敗しているオスは多いが、たくさんの子孫を残しているオスも多いということだ。だが問題は、受胎がうまくいかなかった場合、失うものはメスのほうが大きいということだ。このことは哺乳類の配偶者探しに一つ重要な影響をもたらした。常にメスのほうがオスよりえり好みがうるさくなったのだ。そしてこの傾向は、どうやら人間も同じらしい。女性たちが配偶者候補に求めるのは、富と地位（指標となるのはいい仕事で、専門職についているか、たっぷりの預金がある男性が望ましい）、コミットメント（「愛情深い」、「ロマンチック」、「寛容」、「浮気をしない」）、そして文化的関心（音楽、ダンス、読書、旅行、趣味、政治観や宗教観）で、これは一〇章で見た〈友情の七本柱〉とよく似ている。いっぽう男性のほうはと言えば、自分はこういった要素を持っている、と女性に提示はするが、それを女性に求めることはほとんどない。男性が年齢（常に若いほうが人気だ）以外で必ず指定してくるのは身体的魅力だが、それについては、女性は必ず自分の広告の中で触れている（「小柄」、「魅力的」、「明るい」、「美人」、「おしゃれ」など）。驚いたことに、女性は男性の身体的魅力についてしょっちゅう口にしているにもかかわらず、広告ではそれを相手に求める特徴として記さない。

富と地位は、人間の生殖に重要な役割を果たす。なぜなら富と地位は、子育ての際に女性が利用できるリソースを提供してくれるからだ。世界のどの伝統的社会でも、より多くのリソースを利用できる女性のほうがそうでない女性よりも子どもの生存率が高く、生殖がうまくいく確率も高い。またその傾向は、一九世紀ヨーロッパの農民社会からアフリカの農業・遊牧社会までさまざまな社会で共通していた。じつは現代のイギリスでもこれはあてはまる。社会経済階級が上がるにつれて、子どもの死亡率は下がり、子どもの社会的、経済的な機会も増えるのだ。このように富は生殖にとって非常に重要な要素であるため、男性たちは富を蓄え、配偶者を探す際のセールスポイントにしようとする。だから、恋人募集広告でも、日常の行動でも、富をこれ見よがしに見せつけることが重要になる。とはいっても、自分が金持ちだとあからさまに言う男性はほとんどおらず、たいていは豊かであることを匂わせるヒントをほのめかすだけだ。高級時計やハンドメイドの高価な靴、仕立てのいいスーツや高級車で、自分はこういうものを買う財力があると示すのだ。農民が結婚の贈り物としてトラクターを贈ったという例もある。

短い期間ではあったが、携帯電話が富を示す象徴となっていた時期もあった。一九九〇年代の初め、列車での移動時間が多かった私は、男性たちが座席に腰を下ろすやいなや目の前のテーブルに携帯電話を置くことに気がついた。もちろん女性も携帯電話は持っていたが（呼び出し音が鳴れば、電話を取り出して応答していた）、たいていはハンドバッグの中にしまい、見えるところには置いていなかった。ちなみにこれはまだ携帯電話が高価な頃で、携帯電話を持っているということは富の証であると同時に、つねに連絡がつかなければならない重要な地位にいる人物の証でもあった。そしてこれは私が、いつか研究したいと頭の片隅に置いておいた何気ない観察の一つでもあった。そして数年後、その研究をする機会が訪れた。私がヒューレット・パッカード社のために携帯電話使用に関する研究をしていたときのことで、私は当時ポスドクだったジョン・ライセットに、夜のパブで何日間か客を観察してもらった。そのうえ、するとやはり、携帯電話をテーブルに置く確率は男性のほうが女性よりずっと高かったのだ。そのうえ、それをする確率——そして携帯電話をわざとらしく触ったり、電話をかけたりする確率——は、同席している女性の数が男性の数に対して少なければ少ないほど高かった。つまり、女性を巡る無言の競争が激しくなると（女性一人に対する男性の数が多いと）、男性たちはできるだけ女性の注意を自分の携帯電話に引きつけようとしたのだ。まさに彼らは、通りかかったメスのクジャクに盛大に羽を広げて見せるオスのクジャクと同じことをしていたのである。

年齢はおそらく、女性の身体的魅力を代表する一番の要素であり、男性は一様に特定の年齢層（二〇代半ば）の女性を求める。いっぽう女性は、自分より三歳から五歳上の男性を求めることが多い。年齢と身体的魅力、それは女性の生殖能力を示す最もわかりやすい手がかりだ。それとは対照的に、男性の生殖能力は年齢には関係ないが、彼らの富は年齢とともに着実に増えていく（イギリスの国家統計による）。ボグスワフ・パウロウスキーと私は、男性の女性に対する関心（特定の年齢層の女性で、恋人募集広告を出している人数と、男性が広告で求めているその年齢層の女性の数の比率に反映）は、女性の自然な妊娠能力とほぼ直線的に相関し、二〇代半ばでピークを迎えるとその後は着実に低下していくことを明らかにした。いっぽう女性が年配の男性を好むのは、男性が年齢を重ねながら蓄積した富と、年齢を重ねたことで上昇した死亡リスクの両方を考慮した結果の妥協点のように見える。そこでイギリスの人口統計で見てみると、たしかに女性たちは富と死亡リスクの最高のバランスを探しており、三〇代半ばから終わりの男性が最も好まれることがわかった。

もう一つ、女性たちが何気ない会話の中でも、統計上も重視しているのが身長で、男性は背が高いほうが人気がある。また、高身長の男性は日常生活でもうまくいくことが多い。ティモシー・ジャッジとダニエル・ケーブルは給料差に関する多くの研究に目を通し、年齢や雇用形態などほかの要素を一定にした場合、特に男性では身長が一インチ（二・五四センチメートル）高くなるごとに、幅広い職種で年収が八〇〇ドル近く上がると結論づけた（女性の場合、身長の影響はずっと小さい）。そこでボグスワフと私は、ポーランドの医療データベースを使って、身長が配偶者としての魅力に及ぼす影響を調べてみた。すると高身長の男性は低身長の男性より結婚する可能性がずっと高いこと、そして子どもの数も低身長の男性より多いことがわかった。この結論を発表すると、当然、メディアからは大きな注目が集まった。そして私は、東地中海のどこかに住む男性に「自分は身長こそ低いが、セックスの相手に不自由したことなど一度もない！」とたっぷり一時間、電話でののしられるはめとなった。私としては彼に（a）結婚しているか、（b）子どもはいるか、または（c）裕福かを聞きたかったのだが、私たちの研究にひどくプライドを傷つけられたらしい彼のあまりの剣幕に、あえてそれを聞くことはしなかった。怒りのあまり、大量破壊兵器をかついで私のオフィスに怒鳴り込んできかねない勢いだったからだ。だから私はただ「なるほど、なるほど」と受話器を持ったまま大きくうなずき、あなたがご成功を収めていらして、私としてもたいへんうれしい、と言うだけにとどめたのだった。

このポーランドの医療データで特に興味深かったのは、データの収集が第二次世界大戦の終戦直後から始まっていた点だ。ポーランドはこの戦争で膨大な数の男性国民を失った。その結果、戦争が終わると成人国民の男女比はひどく偏り、何百万人もの女性が夫を見つけられない可能性に直面した。医療データを一〇年ごとに分けて見ると、高身長の男性を好む傾向（既婚の可能性で示される）は、終戦直後はほぼ皆無だったが、戦後一〇年、二〇年と経ち、成人人口の男女比が徐々に正常に戻るにつれ、その傾向は着実に高まっていった。終戦直後の一〇年は、えり好みをする余裕など女性たちにはなく、背が高かろうが、低かろうが、とにかく手近な男性と結婚せざるをえなかった。しかし一九七〇年代になると、選択する余裕も生まれ、背の低い男性は積極的に差別されるようになった。ちなみにこの傾向は女性にはあてはまらず、むしろ背の高い女性は結婚競争では不利になる。ファッション業界では明らかにひょろりと背の高い女性がもてはやされるが、それでも男性たちは背の低い女性のほうが好きらしい。また、背の低い女性のほうが妊孕力が高く、子どもの数も多い傾向にある。

リスクを好む姿勢やスポーティーさも、女性たちが注目する要素の一つだ。特に若い男性は向こう見ずでリスクを好む。思春期の少年はあまりに危険な行動が多いため（車のスピードを出しすぎる、ドラッグを使う、危険なスポーツをする）、十代後半の少年は同年代の少女たちより死亡率がずっと高い。そしてこのリスクを好む行動が示すのは、どうやらその人物の遺伝子の質らしい。危ない行動をする彼らは「さあ、見てくれ、こんな危ないことだってできるのは、おれの遺伝子が優れているからだ」と主張しているのだ。配偶者としての質を示すためにあえて危険なことをするという行為は動物界でも共通で、この現象に最初に気づいたイスラエルの鳥類学者、アモツ・ザハヴィの名にちなんで〈ザハヴィのハンディキャップ理論〉と呼ばれている。その一例がクジャクだ。じつは目玉模様のあるあの大きな羽根は「ほら、こんなにきれいな俺サマを見て」と言っているわけではない。「俺サマはこんなに目立つハンディキャップを持ってるが、敵が来たら飛んで逃げることだってできるんだぜ」と言っているのだ。こういった主張は、本当に危険な行為をしない限り説得力がない。だから十代の少年のなかには、やりすぎたせいで辛い代償を払う者たちも出てくるというわけだ。

おそらく「不良」が、とりわけ魅力的に見えるのもそのせいだろう。この傾向を浮き彫りにしたのが、スーザン・ケリーの調査だ。これは非常に単純なヴィネット調査で、参加者たちはある人物に関する一連の説明を聞かされたのち、その人物は一夜限りの相手にふさわしいか、生涯の恋人にふさわしいかを評価した。その結果、女性たちは短期的につきあうのであれば、思いやりがあって危険を回避する男性より、勇敢で危ないことをしがちな男性のほうを断然好むことがわかった。しかし、長期的なパートナーとしては、思いやりのある男性のほうを選んだ。これはまさに予想どおりで、女性は高い能力を持つ男性から遺伝子をもらい、長い子育て期間は危険を冒さないやさしい人に守ってもらいたいのだ。問題は、パートナーに浮気される危険性を、後者の男性が甘受できるか、というところだろう。

要はパートナー選びに関しては、女性のほうが男性よりずっと複雑な決断を下しているのだ。男性の場合、相手なんて誰でもいいとまでは言わないが（でも、若いほうがいいのは確かだ）、相手選びの判断は女性よりずっと単純だ。なぜなら男性は女性より、皮相的な世界で生きているらしいからだ。だから一夫多妻制の社会では、男性が娶る女性はつねに一定年齢層の（すなわち若い）女性だ。いっぽう女性のほうは、相矛盾することも多いさまざまな要件のバランスを取ろうとするため、判断はどうしても複雑かつ不完全なものになる。したがって、彼女たちが完璧な配偶者を見つけられることは決してなく、つねに間に合わせの相手でなんとかせざるをえないのだ。

しかし、男女ともに意見が一致する要素が一つあった。それは、コミットメントの重要性で、事実上、これは友情の部分だ。恋人募集広告を調べた私たちの当初の研究では、男女ともに自分の広告では真剣交際を求めると頻繁に語っていたが、女性が真剣交際を求める可能性は男性の二倍だった。ジャスティン・モギルスキーと彼の共同研究者は被験者たちに、性格の異なる長期的または短期的パートナー候補たちの寸劇を見せ、評価してもらった。すると男女ともに最も評価が高かったのは誠実で謙虚な性格の人物で、長期的なパートナーとしては特にその評価が高かった。ここで誠実さの指標としたのは、その人物のこれまでの貞節度で、それをその人の信頼性とみなし、コミットメントの尺度とした。

一〇章でも見たように、友人関係はホモフィリーで出来上がっている。そう、「類は友を呼ぶ」のだ。いっぽう恋愛では、正反対の者同士がひかれあうとよく言われるが、これを証明するエビデンスがあるわけではない。一年以上、恋愛関係にあるカップルを対象にした研究でパトリックとシャーロット・マーキーは、その恋愛関係への満足度には、カップルの性格が似ているかどうかが大きく影響していると明らかにした。両者の優しさの度合いが同じ、というカップルの満足度が最も高かったからだ。だが同時に、カップルの満足度には、支配の補完性（一方が支配的で、もう一方が従属的）も一定の役割を果たしているとし、恋愛関係の力学は細部のニュアンスが重要で、両者が共に支配的なカップルはあまりうまくいかないとも指摘した。同様に、アメリカとオランダの両方で友人、交際中の恋人、夫婦を比較したキャスリーン・ボッシュとロイ・バウマイスターも、関係性への満足度（相手への寛容さ、安定した愛情、譲り合う気持ち、愛することへの健全で真剣な姿勢、日常での円滑なやり取り、諍いの有無、拒絶されているという感情の有無で計測）は、両者がともに高度な自制心を持っているかどうか（自己抑制ができるか否か）で左右されるとしている。どうやら、友人関係と同様に恋愛関係も、ホモフィリーに大きく支えられているらしい。

日常生活はつねに妥協の産物

恋人を見つけるのも友人を見つけるのも運によるところが大きく、妥協を迫られることも少なくない。自分のセールスポイントは一人ひとり違うし、そのセールスポイントによって、相手にどのぐらい強気な要求ができるかも決まってくる。女性がダーシー氏（ジェーン・オースティンの小説『高慢と偏見』に登場する独身の資産家）や彼の財産を拒むのは自由だが、結婚相手を選ぶのはダーシー氏側だ。だからもし彼に選ばれなければ、あとはジェーン・オースティンの作品によく出てくる未婚女性の一群に加わり、白馬の王子様が現れるのをむなしく待つだけとなる。もしそうなら、どこかの時点で妥協して牧師の求婚を受け入れ、この結婚レースを卒業するのが一番だ。結局のところ、どんなにさえない相手でも、いないよりはましというものだ——いやもちろん、さえない相手を選ぶぐらいなら、誰も選ばないほうがまし、という意見もごもっともだ。しかし理想の夫や妻を永遠に探し続けるわけにはいかない。生体時計は誰のことも待ってはくれないのだ。

エミリー・ストーンと彼女の共同研究者たちは、世界の三六の文化から集めた男性四五〇〇人、女性五三〇〇人に、配偶者を選ぶときの好みについて尋ねた。すると男性は、男女の人数の比率が男性側に偏れば（女性より男性のほうが多く、女性を獲得する競争が激しければ）、配偶者選択の基準を下げ、女性側に偏れば（男性が足りなければ）基準を上げることがわかった。さらに重要なのが、男性は少数派になると、よりカジュアルなセックスをするよう切り替わる点だ。女性は競って男性を獲得しなければならないため、男性に対して立場が弱くなるからだ。いっぽう女性の数が少ない場合、男性たちは女性を巡って争わなければならないため、彼らはより責任ある関係を結ぶようになった。

配偶者選びにおいては富と地位のある男性のほうがほかの男性よりも有利だが、じつは誰を配偶者に選ぶかを決める権利は女性のほうにある。これを示すいくつかの証拠は、なんとあの携帯電話のデータベースにあった。アールト大学でキモ・カスキの統計物理学のグループにいた若きウクライナ人大学院生、ワシル・パルチコフは、最も頻繁に電話をかける相手二人への電話を、男性と女性それぞれがどう配分しているかを調べた。彼が知りたかったのは、それぞれの年齢層における一番の「友だち」（その人が最も頻繁に電話をする相手）は男性か女性か、だった。これは事実上、その年齢層の男女それぞれが相対的に、異性と同性のどちらを好むかを示す指標になる。女性の場合、思春期初期の親友（その人が一番多く電話をかける相手）は女性が多いが、一八歳ごろになると徐々に男性に切り替わっていき、それが二〇代前半でピークを迎えると、その傾向は比較的安定したまま四〇歳まで続く。しかしその後は、親友が男性というケースは急速に減り、五五歳になるとついに女性が逆転し、その後は高齢になるまで親友は女性に偏った状態が続く。男性もほぼこれと同じだが、パターンは少し異なる。思春期のあいだは男性の親友が多いが、その後、電話を主にかける相手は女性が増えていき、その傾向は三〇歳でピークを迎える。だがそのピークは長くは続かず、あとは女性の親友の数は着実に下降線をたどり、女性の場合と同様、低レベルで落ち着くのだ。

これらのデータには二つの特徴があった。一つは、女性の曲線は男性よりも七年早くピークに達したこと（女性は二三歳、男性は三〇歳）。そして女性はこのピークが男性よりずっと長く続くことだ（女性は四五歳まで続くが、男性は三五歳だ）。つまり女性がパートナーや配偶者に集中している期間は男性の三倍、すなわち二一年間もあるが、男性は長くてもせいぜい七年なのだ。ここからは、恋愛関係に関して二つのことがわかる。一つは、女性は通常、相手の男性を早い時期に決め、どんなに鈍い相手でもそれと気づくほど電話をかけ続けて相手を陥落させるのだ。いっぽう男性がそれに気づくには――少なくともお互いに反応しあうようになるには――五年ほどかかるらしい。このことは、人間もほかの哺乳類同様、決定を下すのは女性のほうであることを示している。女性の注意を引こうといくら男性が頑張っても、最終的に誰を選ぶかを決めるのは女性なのだ。そしていったん関係性が出来上がると、男性は女性よりもずっと早く関心をなくすらしく、彼らが女性のパートナーに集中する時期はほんの数年で終わってしまう。その後、パートナーへの関心は着実に下降線をたどり、中年になるころには、形ばかりのレベルにまで落ちるというわけだ。電話だけで、ここまで人間のことがわかるのだから、まさに驚きだ。

恋愛における化学反応

恋愛とは、人間関係の中でもとりわけ強い関係性だ。だとすれば、恋愛を成立させる特別なメカニズムがあったとしてもそれほど驚くことではないだろう。七章でも触れたように、ペアボンディング、すなわちつがいの絆のように密接な関係にオキシトシンが果たす役割に関しては、これまでさんざん騒がれてきた。実際、私たちが行った大規模な遺伝子研究からも、オキシトシンがそのような絆づくりに関連していることは明らかだった。オキシトシン受容体の遺伝子と恋愛関係の質を示す指標、すなわち浮気性の素因を示すソシオセクシャリティ尺度（交際関係の外で性的出会いを求める可能性の度合い）などの指標は、強く相関していたのだ。また、少なくともいくつかのオキシトシン受容体遺伝子に関しては男女で重要な違いがあり、女性のほうがより強い影響を受けていた。適切なオキシトシン受容体遺伝子を持っていれば、パートナーへの親和性や信頼が高まる（女性の場合、エストロゲンがこの傾向を強化するらしい）が、エンドルフィンがあればその絆は長期的に安定したものになり、ドーパミンは恋愛関係、特に新たに結ばれた恋愛関係の高揚感を作り出す。したがって適切なオキシトシン受容体遺伝子を持っていれば、愛の告白はしやすいかもしれないが、その愛が受け入れられたあとの関係性を構築していくのは、残りの二つの神経伝達物質だ。

また認知レベルでは、ほかのことも進行しているらしい。何年か前、神経科学者のセミール・ゼキとアンドレアス・バルテルスは、大恋愛中の人に恋人の写真を見せると、脳の特定領域の活動が、ほかの人の写真を見たときよりも活発になると明らかにした。活性化したのは報酬系に関連する線条体や、帯状皮質、島（これはエンドルフィンやドーパミン、そのほか性的活動にも関連している）だが、扁桃体（特に恐怖や悲しみの反応に関連する場所）や側頭葉、前頭葉（メンタライジングや合理的指向に関連する場所）のように活動が減少した場所もあった。その後の研究でゼキたちは、赤ん坊の写真を見た母親にも同様の反応があることに気がついた。これは母親の愛も恋愛における愛も、神経学的基盤は同じである可能性を示している。特に前頭前皮質（意識的に物事を考える部分）の活動が抑制される点は興味深い。なぜならそれは、何かが、相手を批判的に考えるスイッチを切っていることを意味しているからだ。これは、宗教的信念が論理的推論課題を解く力を妨げる場合、前頭前皮質の活動が減少することを証明したヴィノード・ゴエルとレイ・ドーランの研究を彷彿とさせる。

考えてみれば、信仰心の厚い人たち、特に熱狂的な宗派に属している人たちが見せるあの表情、「この世界すべてがすばらしい」と言わんばかりのあのうっとりとした表情は、恋愛中の人たちの表情と実によく似ている。たいていの場合、そういう人たちの多くは実際に神に恋をしているのだ。これについては、私の著書『愛と裏切りの科学（The science of Love and Betrayal）』で述べたので、ここですべてを繰り返すことはしないが、どうやら恋に落ちたり、誰かに、あるいは何か（ペットの犬も含む）に夢中になると、私たちの論理的に考える脳機能はスイッチが切れ、ものを批判的、懐疑的に見られなくなるらしい。だからこそ私たちは、過剰に照れたり、おじけづいたり、相手の行動に批判的になったりすることなく、愛する相手に無条件に自らを捧げることができるのだ。要するに、相手を疑いすぎて、関係をやめてしまうことがないように、論理的に考える脳のスイッチをわざと切っているのだ。

これを裏付ける行動上のエビデンスを見つけたのが、サンドラ・マレーだ。彼女は既婚の若いカップルを対象にした研究を通じ、交際開始時に相手を美化すればするほど（現実を見るスイッチを切れば切るほど）、その関係への満足度は長続きすると明らかにした。また、お互いを美化し合えばし合うほど、その関係が長続きする可能性も高かった。しかしふと我に返ってパートナーの真の姿が見えてくると、満足度はゆっくりと、しかし着実に低下し、最終的に行きつくところは一つだ。だからパートナーの欠点がちゃんと見えないからといってそれが二人の関係に災難をもたらすというわけではなく、むしろそれこそが良い関係を築く鍵らしい。もちろん最終的には、すべてがトレードオフの問題であり、もうこれ以上我慢できないとなったらあとは関係を解消するだけだ。けれどももしあなたが安定した関係と穏やかな生活を望んでいるのなら、幻想は長く続けば続くほどベターということになる。

このように論理的に考える脳のスイッチを切る作用は、交際をスタートさせるうえでは非常に重要だ。

拒絶されるリスクをものともせずに自分の気持ちを伝えない限り、何も始まらないからだ。断られるのでは、というためらいを乗り越えるための何かがなければ、関係構築のプロセスを始めることはできない。そして自分の求める要件の大半を満たす相手を見つけたときは、男性よりも女性のほうがそのためらいを積極的に乗り越えるようだ。もちろんこのようなプロセスは、友だち作りにもあてはまる。友人関係もまた構築するものであり、そのためには誰かが思い切って行動を起こし、相手に興味があるということを示さなければいけないからだ。もし私があなたと友だちになりたい、または恋人関係になりたいと思っても、なんらかの行動でその気持ちを示さない限り、私の気持ちは永遠に気づいてもらえない。

原因はその指に

相性は、検討しておくべき点の一つだろう。なぜなら、もともとミスマッチな二人が交際を始めれば、のちに大惨事となる可能性が高いからだ。配偶システムの解剖学的指標には、哺乳類のほぼすべてにあてはまるものも少なくない。その一つが犬歯の相対的サイズだ（無差別に交尾し、メスとの交尾を独占するためにオス同士が争う種の犬歯はオスのほうが大きく、一雌一雄制の種はオスもメスも同じだ）。またオスの睾丸の相対的サイズもそうだ（無差別に交尾する種の睾丸は身体の大きさに対して大きく、一雌一雄制の種の睾丸は小さい）。睾丸の相対的サイズが違う理由は簡単で、交尾のためにオス同士が争う種は、メスに注入する精子が多ければ多いほど、メスの卵子を受精させる確率が上がるからだ。加えて、多くの場合オスが交尾できるほどの競争力を持っている期間は短いため、複数のメスと連続で交尾できるときに精子が品切れにならないよう精子を大量に備蓄しておく必要もある。じつはこの精子づくりは非常に負担が大きいのだが、つがいを作る種のオスはその負担があまりないため、そのぶんのんびり暮らすことができる。

しかし、なかにはもっと驚く解剖学的指標もある。それが人差し指と薬指の相対的な長さ、いわゆる2D：4D比（2Dは人差し指、4Dは薬指）だ。哺乳類では、テナガザルなど一雌一雄制の種はこの比率がほぼ一に近いが、チンパンジーのように無差別に交尾することの多い種では、この比が一よりずっと小さい（つまり、人差し指が薬指よりずっと短い）。進化心理学者は従来、女性は相手を一人に絞る傾向が高く、男性のほうが性に奔放な傾向があると考えてきたし、それを裏付けるエビデンスも山ほどある。男女の2D：4D比にもその傾向はよく表れていて、女性の指の比率はほぼ同じだが、男性は薬指に対して人差し指のほうが短い傾向にある。

ラファエル・ウロダルスキーは自身のプロジェクトの一部として、性的行動と性に対する姿勢に関する多くのデータを収集していたが、彼が使用したアンケートにはＳＯＩ（ソシオセクシャリティ尺度）、すなわち回答者が一雌一雄制と乱婚制のどちらを好むかを測る項目も含まれていた。また私たちの元同僚、ジョン・マニングのおかげで、2D：4D比のデータセットも入手することができた。この二つの指標を見た結果、全体的には従来の観測通り、男性のほうが性に奔放、女性のほうが相手を一人に絞る傾向にあった。だがすぐに、私たちは驚くべきことに気がついた。どちらの指標も、男女ともにまったく異なる二つのグループ――浮気性のグループとそうではないグループ――で構成されていたのだ。そのうえこの二つのタイプの割合は、男女ともにほぼ五〇：五〇だった（男性は五七：四三で性に奔放な人が若干多く、女性は四七：五三で性に奔放な人が若干少ない）。

これは大きなジレンマを引き起こす。もしあなたがパートナーを無作為に選ぶと、自分も相手も一夫一婦制を貫きたいと思っている（最高だ！）確率は約二五パーセント、自分と相手の両方が浮気性である確率（相手が何をしようと気にならないのであれば、これもまた別の形の〝最高〟だ）も約二五パーセントだ。しかし五〇パーセントは、片方が一夫一妻制志向であるにもかかわらず、もう一方が浮気性という組み合わせになり、これはもう修羅場の予感しかない。この状況を避ける方法の一つが相手を慎重に選ぶこと、つまりその人の性的嗜好がわかる手がかりをきちんと読みとるということだ。人差し指と薬指の長さの違いは、微妙すぎて一見しただけではわからないので（違いは数ミリだ）、これを判断の手がかりにするのは難しい。けれどその人の行動を見れば、さまざまなことがわかるはずだ。

2D：4D比が、胎児期に暴露されたテストステロンの影響によるものであることはかなり前から知られていた。妊娠中に母親のテストステロン値が高ければ高いほど、子どもの2D：4D比は低くなる。私たちの大規模遺伝子調査では、ラファエルが膨大な時間を費やして調査参加者の手のスキャン画像の2D：4D比を測り、それぞれのSOIスコアおよび遺伝子パターンと比較した。その結果、人々の2D：4D比と彼らのテストステロン、エンドルフィン、そしてバソプレッシンには強い関連性があり、特に女性でそれが強いことがわかった。それだけでなく、2D：4D比はその人の衝動性（先に行動し、結果を考えるのが後になる傾向）にも影響していた。つまり、男性的な女性（2D：4D比が低い女性）のほうが直情的かつ衝動的で、あと先考えずに行動する傾向にあった。また、特定のドーパミン受容体遺伝子との関係性も示されたが、これは婚外交渉にスリルを求める要素があることを意味している。

では、昨今、人気を集めているポリアモリー（交際相手を一人に限定しない恋愛関係）はどうなのか？

そもそも二つの恋愛関係を同時に維持することは可能なのか？　二人とも2D：4D比の低い浮気性タイプなら、嫉妬の心配のないオープンな関係を維持することができるのだろうか？　夫婦が互いに第三者と性的関係を持つことを認めるオープンマリッジに近い例は、歴史上もたくさんあった。たとえばフリードリヒ・エンゲルス（あのカール・マルクスの共著者）、哲学者のフリードリヒ・ニーチェ、作家のオルダス・ハクスリー、ヴィタ・サックヴィル＝ウエスト、そして物理学者のエルヴィン・シュレーディンガー（あの〝シュレーディンガーの猫〟で有名な彼だ）などもそうだ。だが、彼らが実践したいわゆる三人婚の三人目の当事者が、その関係にどのぐらい積極的だったかはわからない。よく知られているのは、モルモン教の創始者、ジョセフ・スミスのケースで、彼は神から二番目の妻を娶れと命じられたと主張することで、しぶる妻を納得させ、これがのちにモルモン教の一部で今も続いている一夫多妻制の基礎となった。民族誌的エビデンスは、同じ文化内での結婚では、一夫一妻の結婚より一夫多妻の結婚のほうが全般的に女性に不利だと示している。夫が所有するリソースや資金が複数の妻に分割されるうえ、女性同士のあいだに社会的、心理的ストレスが生じるからだ。

偶然にも、マックス・バートンが行った人間関係に関する調査が、この問いに対する思いがけない洞察を与えてくれた。彼の調査では、なんと回答者の九パーセントが正式なパートナーのほかにも、恋愛関係がある、または愛人がいると答えていた。この数字は、人間の推定非実父率（三パーセントから一三パーセント）、すなわち本当の父親は別にいる率と極めて近い。追加の恋愛関係を持てば精神的にも負担は大きいはずなのに、なぜか一夫多妻制を志向する集団の規模は縮小しないのだ。これは、正式なパートナー（配偶者）に対する感情がもはや以前ほどではなく、正式なパートナーは二の次になったことを示している。これはどうやらそのとおりらしく、愛人がいると回答した人で、例の五人の層に正式な配偶者と愛人の両方を入れた人はわずか一五パーセントしかおらず、それ以外の人は、配偶者をもっと外側の層に降格していた。これは、恋愛関係における感情は非常に強く、そのような関係を同時に複数維持するのは不可能なことを示している。もちろん、二人またはそれ以上の相手と同時に性的関係を持つことは可能だが、それは、すべての相手が同程度の感情的負担を求めてこないことが前提だ。

インターネットの教訓

インターネットが私たちを幸せにし、人生に満足を与えてくれるのかどうかはわからない。だが、プラスかマイナスかで言えばマイナス、それも大きくマイナスな点が一つある。それは、弱者や切羽つまった人を食い物にしようとする連中にとって、インターネットは格好の狩場になっているという点だ。ロマンス詐欺は今やビッグビジネスとなり、被害者のなかには蓄えをすべて奪われただけでなく、自尊心さえも奪われ、心に大きな傷を負った人も少なくない。二〇一一年、イギリスだけでも推定約二三万人がこの手の詐欺にあったといい、被害額は数十億ポンドにものぼるという。それ自体はじつに悲しいことだが、このような詐欺は私たちに恋愛関係、特に交際や関係形成のプロセスについて非常に貴重な洞察を与えてくれる。

オーストラリアの心理学者、モニカ・ウィッティは、ロマンス詐欺研究の第一人者であり、この非常に興味深い心理学的現象を私に教えてくれたのも彼女だ。いくつかの会議で彼女と同席したおかげで、この詐欺の仕組みを知ることができたことは、私にとっては大変幸運だった。では、その仕組みを説明しよう。

まず恋人がほしいあなたはマッチングサイトの広告をクリックし、登録者のプロフィールを見てよさそうな人と連絡を取る。あなたがこの最初のエサに食いつくのを見た詐欺師たちは、すぐさまゆっくりと、けれど確実にあなたをたぐりよせていく。詐欺師たちは、他愛のない電子メールのやり取りを何回か繰り返したのち、ぜひあなたのような人とおつきあいしたいと匂わせながら、個人情報をあれこれ聞きだしはじめる。彼らはマメに連絡をくれ、あなたへの愛を語り、ちょっとしたプレゼントや花束を送ってくる。また、毎日のように詩を捧げてくれ（たいていは盗作だ）熱心に口説いてくる。彼らは巧みにあなたの個人情報を聞き出すが、自分のことはあまり語らない。そして送られてくる彼らの写真は、まさにギリシャ神話に出てくる神か女神のような美形だ。それを見てあなたは自分の幸運に舞い上がる。これまでの長い人生、そんな美男美女に興味を示されたことなどただの一度もなかったが、そんなことは頭から吹き飛んでしまう。だがおそらく、その写真はどこかのサイトから拾ってきたモデルの写真を画像加工したものだ。

そうこうするうちにあなたは、その詐欺師が語ることすべてを信じるようになり、相手は、ちょっとした頼み事をしてくるようになる。高価な香水をプレゼントしてほしいとか、借金を返すために数百ポンド送ってもらえないかといったお願いだ。あなたに会いに行きたいから航空券を送ってほしいと言われることもあるだろう。だが残念ながら、チケット代を送っても相手は絶対に現れない。交通事故で大けがをして入院しただの、恐ろしい病気にかかっただのと言い、元の生活に戻るためにもう少しお金を都合してくれないかと頼んでくる。そしてここで、本格的な騙しが始まる。夢みたいな投資のチャンスがあるとか、自分の病気には高額な治療費がかかるなどと言ってくるのだ。しかしこのころにはもうあなたの理性はすっかりマヒし、いそいそと言われるままにお金を出してしまう。その後、あなたが大金を投じた投資は失敗した、あるいは治療の効果は出なかったという知らせが来る。だがそのころには、もうすべてが手遅れだ。

モニカ・ウィッティが最近発表した、被害にあいやすい人の特徴に関する研究によると、このような被害者の三分の二は女性だという。その多くは中年で、衝動性や刺激を求める傾向が強く、寛容さは低いが、人を信じやすく、性格は依存性の高い人（そのため相手を切り捨てにくい）が多いという。驚いたことに被害者たちは教育があり、被害者にならない人たちより生活レベルも高い。つまり、このような詐欺に騙されるのは、教育がないからでも、世間知らずだからでもないのだ。また、騙されたことを恥じ、なかなか警察に通報しない人も多い。

これは、詐欺師たちに狙われる人の二つの大きな特徴を示している。一つ目は、彼らが狙うのはお金を持っている人で、生活が苦しい相手には興味は示さないということ。だから相手に貯金がない、あるいは住んでいる家が持ち家ではない（持ち家でないと、ローンの担保にならない）とわかれば、『不思議の国のアリス』に登場するチェシャ猫さながら、一瞬で姿を消してしまう。二つ目は、彼らが狙うのは寂しい人たちだということ。離婚や死別で独身の人や、仕事一辺倒で独身を通したが、中年後半に差し掛かってふと、もう人生は残り少ないと気がついた人たちだ。誰かとつきあいたいと焦る気持ちが、彼らを騙されやすくするのだ。一言で言えばこれは、ジェーン・オースティンの小説に出てくる村の未婚女性の焦りだ。自分を夢中にさせてくれるダーシー氏はいないし、つまらない牧師でさえほかの女性のもとへ行ってしまった。こうなったら、どんな相手だろうと、誰もいないよりはまし、の境地だ。

恋愛関係も友人関係も、現実にはあえて目をつぶり、その相手を美化することで生まれる。だから小さなことをあまり気にしてはいけない。なぜなら私たちが恋に落ちる相手は人ではなく、自分の心の中に作り上げた仮想の人格だからだ。普通は、その人と一緒に過ごすうちに、相手の本当の姿がわかってくる。そしてその人が、自分が思っていたほど完ぺきな人物ではないとわかったとき、私たちは分別ある妥協をするのだ。けれど詐欺師たちは自分の本性がバレないよう細心の注意を払う。おかげで私たちは冷静な判断ができなくなり、心の中の仮想の人格だけがどんどん誇張されていくのだ。その結果、私たちはその仮想の人格とどっぷり恋に落ち、もはや仮想と現実の見分けがつかなくなる。

ここまでくるとすでに被害者は、相手のすべてを許す気持ちになっている。たとえ被害者が詐欺師と会うはこびとなり、相手の容貌が送られてきた写真と似ても似つかないものだったとしても、被害者は詐欺師の立場に立ち「私のことを本当に愛しているから、本物の写真を送って私に嫌われるのが怖かったんだわ」と庇ってしまうのだ。その惚れ込み状態はまさに想像を絶しているという。モニカ・ウィットニーによれば、被害者自身が警察に被害を相談し、騙された証拠もすべて見せて、今後は相手と一切の接触を断つと断言した人でも、数週間後には再び詐欺師と連絡を取り、またも金を巻き上げられるのだという。その理由を被害者に聞けば、言い訳は山ほど出てくる。本当の彼はとて
も
いい人で、ほんの少し助けてほしかっただけなのに、それが言い出せずに騙すことになってしまったと謝られた、などと話は続く。つまり、被害者は詐欺師を許し、二人の関係は新たなスタートを切ったというわけだ。要は、目の前にある証拠より、こうであってほしいという自分の願望を信じていたいだけなのだ。友人関係も同じように機能するが、友人の場合は恋人と違い、たとえ相手を見誤っても失うものは少なく、精神的

ダメージも少ない。

もちろん、インターネット上で友人や恋人を作ることなどできない、と言っているわけではない。モニカ・ウィッティの推定では、イギリス国内のインターネットユーザーの二三パーセントはオンライン上で出会いを経験しており、既婚者の六パーセントは現在の配偶者とネットで知り合っている。二〇一三年のピュー・リサーチ・センターの調査では、アメリカ人の一〇人に一人はマッチングサイトの利用経験があり、そのうちの三分の二がオンラインで出会った相手とデートし、そのうちの四分の一が長期的な関係を築いているという。マッチングサイトに登録している人のほとんどは誠実で、彼らもまた共に時間を過ごす人や愛する人を求めている。ただ、リスクも少なくはない。気をつけるべきは、残り五パーセントの詐欺師たちであり、重要なのは、食い物にされて身ぐるみを剥がされる前にどうやってその詐欺師を見分けるかだ。

*

恋愛関係は、相手と親密になりたいという感情で成り立っており、セックスは接着剤的要素（セックスはオキシトシン、エンドルフィン、ドーパミンを大量に放出する引き金となる）と生物学的機能（生殖）の両方を提供する。恋愛のほとんどは異性愛間のものだが、この本質はゲイのカップルでもレズビアンのカップルでも同じだ。いずれの場合も、関係性の力学は心理上、行動上の性差で決まる。次の章では、この厄介なテーマについて取り上げていく。

一三章　友人関係のジェンダー

次に披露宴かパーティに出席するときはぜひ、会話をしている同性の二人組を探して、彼らの立ち位置をチェックしてもらいたい。女性同士なら真正面で向き合って話していることが多いが、男性同士ならほぼ必ず、正面で相手の目を見なくてすむ一二〇度の角度で立っているはずだ。もちろん男性も真正面で向き合うことはできるし、話し相手が女性ならそうやって向き合っていることも多い。どうやら彼らは、ほかの男性の目を見つめるのが苦手なようだ。たぶん、彼らが相手の目をまっすぐ見るのは、相手を脅すときだけだからだろう。

最近では、性差などというものは育てられ方と悪しき家父長制度の産物であり、表面的なものにすぎないという考え方が主流だ。大人の男性が反社会的行動をとるのも、女性の子育てに対する姿勢も、すべては彼らを育てた親の責任ということだ。だからその気にさえなれば、男の子を女の子のように育てることも可能で、そうすれば世界はより良い場所になる、という話だ。その結果、男女の違いは直視せず、共通点ばかりに注目する傾向が顕著になった。攻撃性の権威であり進化心理学の第一人者であるジョン・アーチャーはこれを、「男女の違いはすべて無視して、二本の腕と二本の脚があるから男女の体は同じ作りだと言っているようなもの」と冗談交じりに語っている。たしかに、たとえ生殖関連の器官を無視したとしても、女性は男性ほど上半身がたくましくないし、男性ほど速くも走れない。けれどそイルの違いも最終的には、生殖生物学上の明確な差によるものなのだ。

男女で異なる社交の世界

ほとんどの社会は、女性に控えめな服装をするよう奨励し、多くは画一的な格好をすることを求める。キリスト教フッター派の女性の地味な身なりや、中東女性のブルカ（じつはイスラム教は女性に慎み深さを求めてはいるが、ブルカの着用は命じていないし、義務付けてもいない）などがその例だ。なかには、思春期になった女性を女性専用の場所――伝統的なイスラム世界のハーレムやゼナナ（婦人部屋）――に閉じ込めてしまう社会もあった。小規模な伝統的社会では、子どもが思春期になると、男子と女子を物理的に分けるところも多く、夜は男女別々の建物で寝ていたところもある。だがさすがに現代の世俗世界でこのように男女がはっきり分かれることはない、とあなたは思っているだろう。たしかに表面的にはそうだ。けれど現実にはまだそのような状況はあるし、見るべきところを見ればそれがはっきりわかるはずだ。

その一つが、私たちの人づきあいだ。社会ネットワークは、男女ともに同性同士で集まる割合が非常に高い。女性の社会ネットワークはその約七〇パーセントが女性で構成され、男性の社会ネットワークもその約七〇パーセントが男性で構成されている（ほとんどはそうだが、家族に異性が多い場合もあるのですべてではない）。クレア・メータとジョネル・ストローがアメリカ人の青少年に、家や学校で親しくしている友人をリストにしてもらったところ、友人の七二パーセントが同性だった。ヘイディ・リーダーがアメリカ人の成人を対象に行った調査でも、若い男性の友人の六五パーセント、若い女性の友人の八〇パーセントが同性だった。また、アメリカの高齢者用公営住宅で実施した友人関係に関する調査も、友人の七三パーセントが同性同士だった。

二〇代の若者を対象にしたスザンナ・ローズの調査によると、独身女性も既婚の男女も、同性の友人を好んでいた。その理由は、同性の友人のほうが異性の友人より協力的だし、絆も強いからだそうだ。また、既婚女性のほぼ半数、そして既婚男性の三分の一が、異性の友人は配偶者だけと答えていた。女性は、異性の友人からは同性の友人ほどの親密さや受容性、友情を得られないと考える傾向にあり、同性の友人のほうが異性の友人よりも受容性、思いやり、コミュニケーション、共通の関心、愛情の項目で得点が高かった。不吉なことに、異性の友人関係では性的魅力の得点が高く、ここでは男女間にセックスなしの友情はありえるかという古典的な問題が頭をもたげてくる。重要なのは、一般に女性の場合、相手の性的魅力が原因で異性と友人になることはないが、男性ではそれがあるということだ。まるでセックスは、女性にとっては友情の結果、男性にとっては友情の理由であるかのようだ。

驚いたことに、このような男女の分離は、私たちが会話をしているときにも表れる。九章でも述べたように、会話グループのサイズに興味を持った私たちは、通りやカフェ、ショッピングセンター、パーティ、パブ、町の公園でおしゃべりをしている人たちを観察し、誰が誰と話しているのかを記録した。そうやって集めた多くのデータを分析すると、会話をしているのが四人までのグループなら、その四人が同性同士または男女混合の確率は五分五分だった。しかし人数が五人以上になると、同性同士だけの会話に分かれていく確率が高まった。イランで調査したサンプルでも同じ傾向が見られたので、これは文化を超えた現象だった。また、会話グループがあっという間に男女別に分かれるその速さも驚きだった。次に大きなレセプションやパーティに行くときは、ぜひ注意して見てほしい。見るべきことがわかっていれば、すぐにそれに気づくはずだ。

実際、人々が男女で分かれるこの傾向は、親友を選ぶときにより強く表れる。アンナ・マチンが行った恋愛についての調査では、親友がいると答えた女性の八五パーセントがその親友は女性だと答え、親友がいると答えた男性の七八パーセントがその親友は男性だと答えた。タマス・デイヴィッド・バレットは無作為に選んだ二万人のフェイスブックのプロフィール写真を分析し、その写真に写っているのが同年代の人物二人なら、それは女性のアカウントの可能性が高く、一緒に写っているのが男性（恋人かパートナー）または別の女子（たいていは親友、または永遠の大親友）である確率は半々だと明らかにした。いっぽうプロフィール写真に三人以上が写っていれば、それは十中八九、男性のアカウントで、一緒に写っているのは金曜の夜に集まるフットサルチームのメンバーや、登山またはカヌーの仲間、パブに一緒に行くメンバーなど、一緒に何らかの活動をしている友人たちだ。どうやら女性は二者関係の親密さを好み、男性は集団でのつきあいを好むらしい。

このような男女差は、人間関係の捉え方や、その関係を維持する方法にも大きく表れる。五章でも触れた十代後半の若者を対象にした私たちの縦断的研究では、女子の場合、その友だちとの会話に多くの時間を費やせば、友情は続きやすかった。しかし男子は、話す時間と友情の持続にはまったく関連性がなかった。男子の友情を長続きさせるのに一番有効だったのは、一緒に「何かをする」（パブに行く、サッカーなどの試合をする、そのほか体を動かす活動をする）時間だった。イレイニー・マッドセンとリチャード・タニーが行ったハミルトンの法則を検証する実験は、被験者が痛みを我慢すれば、その我慢の度合いに応じて第三者が報酬を受け取るというものだったが、その結果、女性は同性の親友を姉妹同然に感じているのに対し、男性は同性の友人を従弟程度にしか感じていないことがわかった。つまり、女性にとっての親友は、男性が考える親友よりずっと密接な関係で、まさに恋人同士の関係に近い類のものなのだ。

ジェイコブ・ヴィジルは、十代後半の若者が親友とのおしゃべりに費やす時間（電話や対面でのおしゃべり）にも同様の男女差があることに気づいた。親友と話す時間は、女性は平均一七・五時間（その多くは内緒話だ）だったが、男性はわずか一二時間だったのだ。私たちの調査と同様に彼の調査でも、男性が好むのは会話より一緒に身体を使う活動だった。また、社会的ストレスにさらされた場合も、男性は周囲からの同情や慰めを避け、他者と距離をとって一人になろうとするが、女性はそれとは全く違い、泣くなどの行為で同情や慰めを集め、周囲の人に寄ってきてもらう行動をとる。さらに、危険に対する反応にも男女差があり、ほとんどの女性は悲鳴を上げるが、男性はその場で固まって声を出さないことが多く、もし声を出すとすればそれは「チクショウ」といった悪態だ。今度ジェットコースターに乗るとき、ぜひ注意して観察してみてほしい。

シラ・ガブリエルとウェンディ・ガードナーは成人の被験者たちに、自分自身についての一文（「私は……だ」）を大量に書いてもらった。すると、女性は他者との親密な関係を強調した文章が多かったが、男性は集団的側面（集団への帰属）を重視した文章が多かった。また、被験者たちに感動的な出来事について書かれた短い物語を読んでもらい、その後で詳細について尋ねると、女性は物語の人間関係に関する側面を思い出すことが多く、男性は集団的な側面を思い出すことが多かった。恋人や親友に対する思いに男女差があるかを調べたアンナ・マチンの調査では、恋人に対する思いは男女差がなかったが、親友に関しては女性のほうが男性よりも親密な感情を持っていた。親友との関係は、女性は両者の教育レベルやユーモア、信頼性、幸福度が似ていることと関係が深かったが、男性は、その友人関係の長さに加え、両者の財力や社交性、信頼性、社会的つながりが似ていることとの関係が深かった。これは、男性の人間関係における親密さには、女性のそれとはまったく別の力学が働いていることを示している。

このような友情のスタイルの違いは、人間の行動のもう一つの興味深い側面、すなわちクラブの形成にも影響を与えている。クラブは、人間の社会組織における非常に重要な特徴で、誰と誰が友だちになるかに大きな役割を果たしている。たしかにクラブは、そこに参加した人たちがほかの参加者と友だちになる環境を提供している。その点で言えば、親族（拡大家族）も一種のクラブだし、職業や宗教、趣味やスポーツのクラブ、食事会クラブ、ディベート・クラブもそうだろう。また、ロータリークラブから円卓会議、秘密結社、部族社会といったさまざまな利益団体もクラブだ。こういったクラブはすべて、何らかの仲間の集まりだ。なかには自分の意志で参加するものもあれば、親族やヒンドゥーのカーストのように、選択の余地なく、生まれながらにしてその一員というものもある。しかし、そのようなクラブへの関わり方は男女で大きく違い、男性はクラブを楽しみ、そこでより力を発揮しているように見える。アメリカの進化心理学者、ロブ・クルツバンによれば、集団の協力で仕事の成功（つまりは稼ぐ金）が決まる場合、女性より男性のほうが組織的な集団作りが速く、集団としてもうまく協力できるという。

クラブには、コミュニティ内の他の集団と自分達を差別化し、他とは違う特別感を作るための儀式やそのほかの道具立て（服装の規定や特別な食卓用食器類）があることが多い。そしてこのような特別感は、特に男性たちにしっくりくるらしい。一定の自己鍛錬や、司会者への配慮、沈黙を守る意志が必要な、堅苦しいスピーチや歌、乾杯、パレードといった儀式的な側面を彼らはおおいに楽しんでいるようで、その集団が男性オンリーの場合はなおさらだ。そういう集団では行事の途中、言葉を交わしてもかまわない場面でさえも、男性たちはただ黙って座っていることが多い。いっぽう女性はこういう雰囲気はあまり好みではないようで、すぐに少人数でおしゃべりを始める。これは、深夜のタクシーの運転手にとってはおなじみの光景だろう。夜遅くまで遊んだ男性グループが帰宅するタクシーに同乗すると、ほとんどの場合、車内の男性たちは全員が黙りこくっているが、女性のグループでは状況は全く違う。女性たちは早口でしゃべり続け、複数の会話が同時進行でにぎやかに交わされるのだ。もし、信じられないと言うなら、次にタクシーに乗ったときに運転手に聞いてみてほしい。これもまた、友だちづきあいのスタイルにおける男女差で、女性の友人関係は個人的かつ親密（個人の関係のほうが、集団での関係よりも重要）だが、男性の友人関係はあっさりしたもので、個人同士のつきあいというよりは集団を通じてのつきあい（そのグループの一員であることのほうが、メンバーである個人よりも重要）なのだ。

彼女自身の心

数年前にこの世を去ったアン・キャンベル（この章のタイトル（The gendering of friendship）は彼女の著書『A mind of her own（彼女自身の心）』にちなんでいる）は、イギリスの進化心理学の第一人者だった。女性の心理と行動に関心を寄せていた彼女は、フェミニズムは進化心理学を認めたがらないが、じつはフェミニズムと進化心理学の考え方は非常に近く、どちらも互いに、もう一方の主張を裏付けるエビデンスを提供していると語っていた。彼女の著書が取り上げている研究のほとんどは、彼女自身がアメリカにいた当時に行った、ニューヨークの女子ギャング――『ウエスト・サイド・ストーリー』のリアル版だ――に関する研究だ。そのときの重要な発見の一つが、女性も男性と同様に攻撃的だが、男性とは、その攻撃性の引き金となる状況や攻撃方法が違うというものだった。十代のギャングの攻撃性をかき立てる最大の要因は男女ともに「恋人との関係が脅かされること」だが、男性はおもに自分の地位が脅かされたとき、若い女性は恋人との関係が脅かされたときだ。女性たちにとって恋人は、彼女たちが求めるリソース（そして大人になれば母となる未来）を手に入れる手段だ。だから恋人を奪われそうになれば、彼女たちは男性と同様のどう猛さで戦う。ただし、つねに腕力で勝負する男性とは違い、女性は心理戦が多く、ライバルの男性関係にまつわる評判や自尊心を傷つける手段をとることが多い。

こういった民族誌的発見は、いくつもの実験的研究でも裏付けられている。タニア・レイノルズとロイ・バウマイスター（人間関係を研究する実験社会心理学者の第一人者だ）は一連の実験を通じて、自分の交友範囲に明らかな脅威が生じた際、女性がどう反応するかを調べた。その一つが、被験者たちに魅力的な女性の写真を見せる実験だ。写真には、「彼女はあなたの社交クラブに入会したばかり」（写真女性が脅威にならない状況）、または「彼女はあなたのボーイフレンドにベタベタしている」（写真女性が脅威になる状況）と記されたラベルが付いている。さらに被験者には、その写真の女性に関するさまざまな情報も伝えるが、その情報の半分は良い情報（「彼女はチャリティに寄付をしている」）、半分は悪い情報（「彼女は前の恋人との交際中に浮気をした」）だ。その後、被験者たちに、これらの断片情報を周囲の人に伝えるかどうか答えてもらった。すると女性たちは、その女性が脅威になる状況では悪い情報を、脅威にならない状況では良い情報をうわさ話として周囲に話す確率が高く、自分がライバイル的立場にいる場合は特にこの傾向が顕著だった。また、ライバル女性の見た目が魅力的だったり、服装が挑発的だったりすると、この傾向はさらに強まった。つまり女性は、恋敵が自分と恋人との関係を脅かしていると感じれば、悪い情報を戦略的に流そうとするのだ。

最近、男女の行動の違いについて包括的な再検証をしたジョン・アーチャーは、男性は女性よりも攻撃に暴力を使うことが多く、女性よりも目的重視で、一貫して性的指向が強いこと、いっぽう女性は男性よりつねに言語能力が高く、より社交的で共感的、そして配偶者の選択に慎重であることを明らかにした。また女性は、自制心や努力をする能力が高く、その傾向は特に若いときに顕著だ。この再検証で彼が引用したある研究は、利益を得るためにリスクをとるかとらないかについては、大きな男女差があることを指摘しており、利益のためにリスクをとる傾向は五三カ国で男性のほうが高く、東アフリカの狩猟採集民、ハヅァ族を対象にした実験研究でも、同様の男女差があることがわかった。

男性と身体的暴力の関連性は、ほぼ世界共通だ。もちろん女性が絶対に暴力的な喧嘩をしないわけではないし、暴力的な手段で殺人を犯さないわけでもない。けれど女性の上半身は男性ほどたくましくないため、女性が暴力を振るっても男性ほどには相手にダメージを与えることができない。一一章でも見たように、良くも悪くも暴力の使用、または暴力を匂わせて脅すという戦略は、男性がもめごとの初期段階で使えば、功を奏することが多い。また、体格が優れていたり、味方の人数が多かったりすればなおさら有効だ。しかし女性は、仲間の男性をそそのかして暴力を振るわせるといった、間接的な役割を果たすことが多い。

この男女差を鮮やかに描いているのが、中世アイスランドのヴァイキング一族を描いた伝説物語(サガ)だろう。そこで語られる多くの殺人は、ほとんどが男性の手によるものだが、多くの場合、裏で糸を引いているのは女性たちだ。たとえば『ヴォルスンガ・サガ』では、ブリュンヒルドが夫のグンナルに、自分をだました元恋人でグンナルの義兄弟のシグルドを殺すようそそのかしている。『ラックサー谷の人々のサガ』では、ソルゲルズとグズルーンが、ほかの一族から侮辱されたことへの仕返しをするよう一族の男たちを煽っている。グズルーンに至っては夫のボリに、彼の乳兄弟キャルタンを殺せと迫り、もしやらないなら離婚すると脅している。ノルウェー社会では、男子は同盟を結ぶ別の家族に預けられ、その家の息子と乳兄弟として育てられることが多かった。そうやって少年たちのあいだに一生涯の絆が生まれれば、成人したあともお互いに助け合う仲間が増えるからだ。したがってボリも女たちのもめごとに巻き込まれるのを嫌がったが、最終的には妻の求めに抗えなかった。友情より愛が勝った、というわけだ。

こういった伝説物語を読んでいると、男性はたとえそれが良くないこととわかっていても女性たちには抗えない、一方女性は男性より計算高く、復讐心が強いという印象を受ける（そしてサガは家族の歴史であり、創作ではない）。また、哲学者のアリストテレスも男女については、紀元前三五〇年に同じような結論を下している。人間の行動を緻密に観察した彼は、男性は衝動で行動しがちだが、女性は概ね冷静で、計算高いと語っているのだ。さらに王政復古期の詩人、ウィリアム・コングリーヴの詩には、次のような印象的な一説がある。

天国に、愛が憎悪に変わるほどの激しい怒りはなく
地獄にも、さげすまれた女のような激しい怒りはない

男性と女性では、何が嫉妬の引き金となるかも違う。進化心理学者のデイヴィッド・バスは、男性はパートナーの不貞に腹を立てる傾向にあり、女性はパートナーの精神的浮気に腹を立てる傾向にあると分析しており、これに同意する学者たちは多い。この男女の違いは、男性は妻の不貞によって血のつながらない子を育てる羽目になることを恐れ、女性は夫の限られたリソースが自分の子以外にも分け与えられるのを恐れているからだと言われている。このような嫉妬の違いは、女性の人間関係に対する感情の入れ込み方や独占欲の違いという形で、すでに幼いころから現れているのかもしれない。たとえば女の子は友だちがほかの子と親しくなると焼きもちを焼くが、男の子は去る者日々に疎しといった調子で、そういうことをあまり気にしない（これについては一五章で詳しく述べる）。

性的な嫉妬はともかく、社会的な嫉妬におけるこのような男女差はおそらく、男性よりも女性のほうが、社会的スキルがずっと高いところから来ているのだろう。女性は他者の精神状態の変化に敏感だし、その勘の良さに男性が舌を巻くことは多い。何かが違うと、女性はなんとなくわかるらしく、実際にその人がその場にいないのにわかることさえある。なぜわかるのか、どうしてそう思ったのか、と聞いても彼女たち自身うまく説明できないことが多い。それでも彼女たちはなんとなく察し、たいていその勘は当たっている。まるで男性にはない、第六感でもあるかのようなのだ。

じつは、男性より女性のほうが顔に表れている感情を読み取る精度が高いという実験結果はたくさんある。何年か前、ジュディス・ホールは非言語信号、すなわち言葉以外の合図（サイン）を読み取る能力の男女差を調べた七五の研究に目を通し、この能力は一貫して女性のほうが高いことを明らかにした。また女性は、視覚と聴覚のどちらか一方しか使えないときより両方使えるときのほうが、表情を読み取る能力が男性よりはるかに優れていた。これも、脳の白質の容量の男女差（三章を参照）を考えると非常に興味深い。脳の白質の容量が多い女性は、男性にはできない方法で、異なる情報源からの情報をうまく組み合わせることができるのだ。さらに最近、彼女とデイヴィッド・マツモトは、アメリカ人学生に白人と日本人両方の顔写真を見せ、その表情を読み取ってもらうという実験をした。その結果、たとえ写真を見たのがほんの一瞬でも、女性のほうが男性より表情を正確に読み取る精度は高いことがわかった。リサ・フェルドマン・バレットの研究室が行った研究では九〇〇人以上の被験者に、異なる二〇の社会的場面を提示し、それぞれの場面についてどのような感情を抱くか、さらに、その場面の登場人物はどのような感情を抱いたと思うかを答えてもらった。この結果を、独立した評価者に採点してもらうと、年齢や社会経済的地位、言語性知能（一般に女性のほうが高い）で調整してもなお、感情の認識とその深さは男性より女性のほうが一貫して点数は高かった。

他者の感情を推し量るこの能力は、メンタライジング能力と関連している可能性が高い。六章でも触れたように、メンタライジング能力はその人の社会ネットワークのサイズを決定する重要な要素の一つだ。私たちは人々のメンタライジング・スキルを計測する実験を、複数のレベルから成るメンタライジング・ヴィネット課題を使って五、六回行ったが、一つを除いたすべてのケースで、メンタライジング・スキルは女性の得点のほうが男性よりずっと高かった。また、例外となった一ケースも、傾向としては女性のほうが高めだった。もちろん、たいていの心理的、身体的特徴がそうであるように、なかには特定のパターンに合致しない人たちもいるが（男性でも女性よりメンタライジング・スキルが高い人はいる）、全体のパターンは非常に一貫していた。

ティナ・ストロムバックとトバイアス・カレンシャーは、報酬を自分の社会グループの仲間と分けるか、独り占めするかを被験者に尋ねるという実験を行った。彼らがここで知りたかったのは、何か別のことをしながらこの決断をするよう求められたときの被験者の対応だった。これは、心理学者たちが言うところの認知負荷を作り出すよう設計された実験で、一度に複数のことをする際、脳はリソースの一部をほかのタスクに振り向けなければならない。これは実生活で複数の作業を同時に行うときに起きる状況で、たとえば車を運転しながら誰かと話をしたり、ラジオを聞いたりすることもそうだ。いっぺんに複数のことをすれば、どうしても気が散って、やるべき作業に集中するのは難しくなる。この実験では、男性の決定を下す能力は、同時に別の作業を行ったことで（認知負荷がかかったことで）大きな影響を受けたが（報酬を分け合ったか否かは関係ない）、女性のほうは影響を受けなかった（それどころか、認知負荷があるほうが彼女たちの判断能力はわずかに向上した）。つまり、女性は同時に複数の作業をこなせるが、男性はその都度一つのことに集中するほうがうまくいくのだ。

このような社会性の男女差はごく幼いころから顔を出すものもあるため、どうやらその違いは文化や子育ての結果ではないらしい。ジェニファー・コネランとサイモン・バロン＝コーエンは一〇〇人の新生児に、ジェニファーの顔写真と、彼女の顔の主なパーツすべて（目、口、鼻など）がごちゃごちゃに並んだ携帯電話の画面を見せ、新生児がどちらに注目するかを調べた。新生児に写真と携帯電話を順番に見せ（半数には顔写真を最初に、残りの半数には携帯電話を最初に見せた）、彼らがそれを見ていた時間を測るという実験だ。すると新生児の約三分の一は、特にどちらかを長く見ることはなかったが、どちらか一方を長く見た新生児では、男児は携帯電話の画面を、女児は顔写真を長く見たほうが多く、どちらのケースもその比率は二：一だった。幼児を対象にした別の研究では、男の子より女の子のほうが世話をしてくれる人としっかりアイコンタクトをとり、社会的な作法もよく理解していた。大ざっぱに言えば、少年や男性よりも少女や女性のほうが自分の意見をはっきり言葉にできるし、言語能力も早い時期から効率的に発達する。また一般に、会話に割く時間も女性のほうが多い。両親が話しかけても唸るような一言しか返ってこない十代の少年、というおなじみの光景は、まさにこの典型と言えるだろう。これがサルにもあてはまることは、アカゲザルの発声の周波数を調べたナタリー・グリーノとスチュアート・センプルの研究で明らかになっている。どうやらサルもメスのほうがオスより社交的らしく、それはヒトやヒト独自の育児習慣が出現するはるか以前から、この特質が存在していたことを示している。

社交スタイルにおける性差

エリー・ピアースは私たちが実施した大規模な遺伝子研究のデータを用いて、恋愛関係の質を示す重要な指標（ソシオセクシャリティ尺度）と、より大きな社会ネットワークとの関与を反映する指標（五人の層内の親しい友人の数）にどのような要素が相関しているかを調べた。その結果、この二つの指標は全く異なる二つの心理学的システムがベースになっているらしいことがわかった。一つ目の指標は衝動性レベルおよび〈親密な対人関係体験尺度〉（その人の対人関係スタイルがどのぐらい温かい、または冷たいかを示す尺度）の関係不安の次元と相関し、もう一つの指標は愛着尺度（地元のコミュニティにどのぐらいなじみ、どのぐらい共感的かを示す尺度）の親密性回避の次元と相関していたのだ。これは男女両方にあてはまった。しかし男性ではこの二つのシステムは完全に別々だったが、女性では相互に接続し、共感性の尺度と衝動性の尺度がかなり強い相互作用を示していた。これは、女性は自分の恋愛関係が自身の社会ネットワークに与える影響を考慮するため、自分の恋愛と家族や友人の利益を男性よりも効果的に統合できることを示している。

親しい人間関係に関するアンナ・マチンの研究では、ホモフィリー、すなわち同類性は、恋人関係にとっても、同性の友人関係にとっても非常に重要だった。いっぽうユーモアのセンスは、女性の親友同士の親密度を予測するには重要な因子だったが、恋人同士の親密度に関しては男女ともにまったく関係なかった。同様に、身体的な魅力や運動神経も恋人同士の親密度には関係なかった。女性の場合、恋人同士の親密度に重要なのは、(親友同士とは違い)財力、社交性、信頼性、優しさだった。どうやら女性にとっては、性格、地位やリソースに関する特徴、相互援助、興味、共通の活動が何よりも大切らしい。しかし男性の場合、このような要素が恋人との親密度に影響することはまったくなく、唯一影響がありそうなのは、パートナー側の協調性ぐらいだった。男性の恋愛関係で、親密度に大きく影響していた唯一の要素は連絡をとる頻度だったが、これは男性の友人関係が概ね「去る者は日々に疎し」の精神に基づいた、あっさりしたものだからだろう。

興味深いことに、プレゼントを贈ることと、精神的な支援することに関しては、女性の人間関係の親密さにもたらす効果が正反対で、もらうプレゼントが多ければ多いほど、その関係性の親密度は低く、精神的な支援はその逆だった(受ける支援が多いほど、親密度は高かった)。二つ目のほうは理解できるが、プレゼントのほうは腑に落ちない。だがおそらく、プレゼントのやり取りは、関係性を育むプロセスの一環であり、すでに確立された人間関係の維持ではないからだろう。たぶん贈り物は、目的に向けた直接的行動なのだ。マーク・ダイブルは、クリスマスプレゼントに人々がどのようにお金を使うかを調べた。すると、近しい親戚や友人へのプレゼントにかける金額は男女に違いがなかったが、それほど親しくない親戚や友人のプレゼントにかける金額は大きく違い、女性のほうが男性よりずっと気前が良かった。また男性より女性のほうが、相手に適したプレゼントを選ぼうとあれこれ考え、多くの時間を費やしていた。

アンナ・マチンが行った友人関係についての研究を見た私たちは、男性と女性では注目する基準がまったく違うことに気がついた。女性の場合、親友関係を予測するうえで最も重要な要素は、同様の教育レベル、ユーモアセンス、信頼度、幸福度、共通の活動の数、相互の支援度で、特に女性同士の親友であればデジタル的手段（電話、フェイスブック、電子メールなど）での接触の頻度だった。面白いことに共通の過去があることは、このような関係における親密度にはマイナスに働いた。いっぽう男性の場合、親友関係にとって重要なのは、その友情の継続期間、共通の過去、相互支援の量、共通の活動の数、そして財政状況の相似度（パブで一杯やったり、社交行事に一緒に参加したりする際に重要）、社交性、信頼性、人脈の数だ。ちなみにこの結果は、その親友が男性であっても、女性であっても変わらなかった。

ここで気になるのが、この男女の違いだ。これは、男性の友人関係における親密度が、女性のそれとは大きく異なる力学に基づいていることを示している。特に気になるのが、共通の過去が親密さに及ぼす影響で、共通の過去を過ごしたことが男性の友人関係にはプラスの効果を持つのに対し、女性にとってはマイナス（共通の過去を強調すればするほど、親密度は下がる）と正反対なのだ。これは男性が集団的活動（集団的活動は共通の過去の基盤になりやすく、クラブもその一つだ）を好み、女性はより親密な二者関係（一対一の関係では、今のお互いのことを知っているほうが、共通の過去より重要だ）を好むことの表れかもしれない。

こういった人間関係における基本的な力学の男女差は、ジョイス・ベネンソンの研究からもよくわかる。彼女の専門は友人関係の性質だが、ここでは彼女が行った二つの研究が大きく関連してくる。一つは、同性の友人二人に短時間、一緒にのんびりと過ごしてもらってから、性差に偏りのないオンライン・ゲームをプレイしてもらうという実験だ。その結果、男性は女性よりも、ゲームをプレイする前に相手と近い距離でやり取りする時間が多く、ゲーム後も短時間の共同作業をする時間が多いことがわかった。ベネンソンによれば、男性の二人組がゲームで対戦する前後にあえて相手に親しみのある行動をとるのは、ゲームの勝敗を受け入れ、ゲーム後も協力する気持ちがあることを伝え合い、相手に先制攻撃されたり、報復されたりするリスクを抑えているからだという。そういわれて見れば、男性たちがあえて対戦前に交流している姿は、ゲームで競い合うことで問題が生じる可能性を予期し、このあと何が起こっても気分を害さないでほしいと伝えようとしているようにも見える。いっぽうこのサンプルに限って言えば、女性はそういうことがあまり得意ではなさそうだった。これは進化の過程において、社会集団とその利益を外敵から守るために機能的な同盟を形成するのが男性の役割だったからだろう、とベネソンたちは考えている。たしかに民族誌学で観察されてきたどの社会でも、それは例外なく男性の仕事であり義務だった。以前の研究でベネンソンは、人間関係で生じるストレスや緊張には男性のほうが、耐性があることを明らかにしている。次の章では、これが人間関係が壊れる理由や時期に影響する可能性について見ていこうと思う。

ベネソンのもう一つの研究では、同性の大人二人にコンピューターゲームで仮想の相手と対戦してもらうという実験を行った。被験者の二人には、自分だけの戦略で戦ってもいいし、同盟を組んで戦っても構わないが、ゲームの賞金は個人の得点で決定されることを伝えてから、ゲームをしてもらった。その結果、敵の二人が同盟を組んでいると告げると、自分たちも敵を排除するために一丸となって反撃しようとする確率は男性より女性のほうがずっと高かった。いっぽう、自分たちが排除される心配がない場合は、男性も女性も行動は同じだった。この結果は、ベネソンが以前、四歳の子どもで行った実験の結果とよく似ており、四歳の子どもでも、社会的な脅威に排他的な同盟を組んで対抗するのは女の子のほうがずっと多かった。

社会言語学者のジェニファー・コーツは、著書『女と男とことば：女性語の社会言語学的研究法』のなかで、男性と女性は会話のスタイルが大きく違うと述べている。女性たちの会話には明らかに協調性があり、話し手の言葉に「そうそう！」、「うん、うん！」、「そのとおりよ！」といった相槌をよく入れる。また話し手が言った最後のフレーズを聞き手が同時に繰り返して、その発言を締めるという手法もよく使う。しかし男性の会話はもっと競争的で、闘争的とさえ言える。彼らの会話は相手をからかうようなスタイルが多く、相槌などほとんど存在せず、話をかぶせていくスタイルは無作法以外の何物でもない。会話のスタイルがこれほど違えば、会話グループの人数が増えたとたんに男女別の小グループに分かれてしまうのも当然だろう。だがそうなると、恋人同士の二人の会話も、あっという間に衝突してしまうはずだ。それを私たちは、どうやって回避しているのだろうか。かつて私が教えていた大学院生で、今はスコットランド政府で統計専門家をしているサラ・グレインジャーは、カフェでカップルを観察し、男女のカップルがどうやって会話を維持しているかを調べた。その結果、たいていは、女性が会話のスタイルを男性に合わせていることがわかった。まあ、これを聞いても世の人の半分はまったく驚かないだろう。

危険を厭わない冒険好きという傾向も、男女で差がある行動側面の一つだ。十代の少年や若い男性のほとんどは冒険好きで、女子よりずっと危険なことをする。それがよくわかるのが、数年前に私がボグスワフ・パウロウスキーとラジンダー・アトワルとともに行った二つの調査の結果だ。一つ目の調査は、朝の通勤時間に、町の中心部に向かうバスに乗り遅れるかもしれないリスクをあえて冒す人がどのくらいいるか、という調査だった。バスがバス停を出る時間も、次のバスが遅れる可能性も予測は不可能だが、それでもバス停に時刻ギリギリにやってくる人を調べたのだ。ちなみにこの時期は冬だったため、バスに乗り遅れれば、時間をロスするだけでなく、寒い場所で次のバスを待つという苦行が待っていた。もう一つは、これよりもう少し深刻な危険が伴う調査で、成人が交通量の多い道路の横断歩道を渡るとき、どの程度の危険ならばあえて冒すかを調べた。その結果、どちらの調査でも、男性のほうが危険度の高い選択をすることがわかった。一つ目の調査の場合、バスに乗り遅れて、寒い中で次のバスを待つぐらいならそれほど苦ではないが、それでも男性のほうがつねに女性よりもギリギリにバス停に現れて乗り過ごし、寒さに震えながら長時間次のバスを待つ羽目になっていた。二つ目の調査では、信号を待たずに道を渡ろうとするのは年齢に関係なく男性が多かった。また、赤信号で道を渡る場合も、男性のほうが女性よりずっと危険な渡り方をしていた（危険性は、接近してくる車との距離を指標とした）。さらに注目すべきは、車が高速ですぐそこまで来ているのになお、男性が道を渡ろうとした場合だ。そんなときはたいてい、その横断歩道の前で女性が信号待ちをしていた。つまり、男性は女性が見ていると知ると、俄然、危険を冒したくなるようなのだ。それは、異性に対するアピールで「ほら、おれの遺伝子は最高なんだ、こんな危ないことをしたって大丈夫だぜ」と言っているらしい。

刺激を求める傾向も、男女で大きな違いがある。それを調べる古典的なテストが、ズッカーマンの刺激欲求尺度で、これには四つの下位尺度すなわち〈スリルと危険を求める傾向〉（TASと呼ばれ、スカイダイビングやマウンテンクライミングのような活動が指標となる）、〈抑制からの解放を求める傾向〉（DISと呼ばれ、指標はドラッグやアルコールの乱用、破壊行為、危険なセックスなど）、〈新奇な体験を求める傾向〉（ESと呼ばれ、指標は旅行や幻覚性の薬物や音楽）、〈退屈さや物足りなさを感じやすい傾向〉（BSと呼ばれ、指標は退屈しやすさや、映画館に行きたいといった欲求）で構成されている。ズッカーマンのこのテストの質問の多くは、今ではかなり時代遅れの感があるが、それでも一九七〇年代に考案されて以来、広く利用されてきた。そこでキャサリン・クロスとジリアン・ブランは、このテストが使われ始めてからの三五年のあいだに大きく変化した社会性の文化的側面に対応して、刺激を求める傾向の男女差も変化したかどうかを調べた。その結果、全体のスコアにおける男女差はまったく変わっていないことがわかった。特に、下位尺度のDISとBSのスコアは以前のままだった。じつはTASの男女差は一貫して小さくなっていたが（とはいってもその違いはまだ歴然と存在する）、その主な理由は、男性がリスクの高い行動をしなくなったからだった。要するに、リスクをとる傾向にはある程度の男女差があり、そこには生物学的な理由があるようだが、その男女差を簡単に修正できるかどうかはまったくわからないということだ。

最後の例は、「マザリーズ（母親言葉）」と呼ばれる話し方における、男女の大きな差だ。マザリーズとは、女性が赤ちゃんに話しかけるときに自然に口をつく、きわめて特徴的な話し方で、声の高低を大げさに変えながら、高い声で歌うように話す、繰り返しがとても多い話し方だ。このような話し方は、赤ちゃんに大きな安らぎを与える。マリリー・モノの研究によれば、母親からこのような口調で多く語りかけられた赤ちゃんは体重が増えるのが早く、発育も早いという。だが男性は、どんなに頑張ってもこれがうまくできない。一番の理由はその声で、男性は女性のような高い声が出せない。だから男性は、赤ちゃんを安心させる代わりに、おびえさせてしまうことのほうが多いのだ。だがこれは、最近行われた「マザリーズ（母親言葉）」から「ペアレンティーズ（親言葉）」への改称にとっては非常に残念な事実だ（善意からの改称ではあったが、非常に見当違いだったことは否定できない）。たとえ呼び方を変えても、男性の声が女性の声より一オクターブ低いのは隠しようもない事実だからだ。

認知における性差

意外と知られていない、男女の解剖学的な違いを二つ紹介しよう。たとえば、スーパーマーケットへシャワー用のジェルを買いに行き、陳列棚でお気に入りのジェルを探すと、石鹸やシャワー用ジェルは男女別に並んでいて、女性用の商品は男性用とはまったく違う（そしておそらく値段も高い）ことに気づくはずだ。なぜ、シャワー・ジェルに男性用と女性用があるのか考えたことがあるだろうか。もちろん、男女別にすれば女性に高い商品を売りつけられるといった理由からではない。何年か前、メーカーは、男性の肌はざらざらした肌触りに、女性の肌は滑らかな肌触りに敏感だと気づいた。そこで男性用のシャワー・ジェルは肌触りが粗いものを、女性用には滑らかなものを作るようになったのだ。残念ながら、誰もが喜ぶ性別不問の石鹸は存在しないのだ。

奇妙な男女差の二つ目は、たぶんもっと意外だろう。色覚は、目の後ろにある網膜上の三種類の受容細胞（または錐体細胞）によるものだ。それぞれの受容細胞が異なる波長の光に反応するため――およそ四三〇、五四五、五七〇ナノメーターの波長――、私たちにはそれが青、緑、赤に見える。緑と赤の錐体細胞の遺伝子はX染色体上にあり、青は第七染色体上にあるため、赤色覚異常（赤い色が見えない）が起こるのがほぼ男性だけなのもそのせいだ。男性はX染色体が一つしかないため、赤錐体の遺伝子が不良だと色覚異常が生じるが、女性はX染色体が二つあるので一つが不良でももう一つのほうでカバーできるからだ。また、赤錐体遺伝子が反応する波長は特にばらつきが大きいため、女性の中には微妙に異なる赤色――赤と赤に近い色――を見分けられる人も多い。それは彼女たちが、最大感度が少し異なる赤錐体の遺伝子（男性にはない）を受け継いでいるからだ。四色型色覚と呼ばれるこのような色覚は、一般に考えられているよりずっと一般的だ。推定はさまざまだが、おそらく女性の四人に一人ぐらいはそうだと言われている。もっと稀なのが五色型色覚で、そのような女性は五色――赤、赤に近い色、緑、緑に近い色、青――を見分けることができる。こういった色覚の男女差は、実はそれほど珍しいわけではない。旧世界ザルも類人猿もすべてが三色型色覚だが、新世界ザルの場合、メスの色覚は完璧に正常な三色型色覚だが、オスは三色のうち二色しか見分けられないものもいる（見分けられる二色がつねに同じというわけではない）。パートナーから「この服の色合わせ、おかしいわよね？」と尋ねられたとき、「いや、いい色合わせだと思うよ」と答えるたびに呆れられる男性がいるとしたら、その理由はこれかもしれない。だから男性諸君、次に色の組み合わせを聞かれたら、はっきり答えるのはやめておくのが賢明だ。

実際のところ、脳は男女差であふれている。まずは三つほど挙げてみよう。男性の脳は女性の脳よりも大きい（その差は約一〇パーセントで、身体の大きさの平均的な差とほぼ同じだ）。いっぽうで、女性のほうが脳の白質（脳の異なる領域を接続する配線の役割を果たす神経単位）が多く、前頭前皮質も大きい。また、社会的に成熟する年齢は男女で異なるが、脳も女性のほうが男性より早く大人になる。白質の量の違いは脳の各領域の処理を統合する能力にも影響するため、女性のマルチタスク対処能力が高い理由はそこにあるのかもしれない。また、女性のほうが異なる感覚がそれぞれ収集した情報をうまく統合できるのも、そのせいかもしれない。そういった情報は脳の異なる部位で処理されるからだ。だから女性は社会でも人を効果的に識別でき、配偶者を選ぶときも相矛盾する基準に折り合いをつけて何らかのバランスを見つけることができるのかもしれない。加えて、脳画像研究から、女性のほうが右側の前頭前皮質、特に眼窩前頭皮質の容量が大きいことがわかっている――どちらも社会的情動反応やメンタライジング、社会ネットワークのサイズに大きく関わっていると思われる脳領域だ（これは三章と六章で述べた）。

私たちの生物学上の性別を決定するのは、X染色体とY染色体だが、ときに配偶子（生殖細胞）の生成中にこれらが重複してしまい、通常とは異なる組み合わせになってしまうことがある。最も一般的なのがXXYまたはXXXY（クラインフェルター症候群と呼ばれ、発生率はそれぞれ出生した男児の一〇〇〇人に一人と五万人に一人）、XYY（XYY症候群と呼ばれ、発生率は出生した男児一〇〇〇人に一人）、X〇（ターナー症候群と呼ばれ、発生率は女性の五〇〇〇人に一人）の組み合わせだ。このような組み合わせを持つ人の多くには何らかの発達障害があり、なかには不妊症のケースもある。

哺乳類の場合、体制と脳の初期設定は女性だ。それが男性の表現型に切り替わるのは、胎児期にY染色体が男性ホルモンであるテストステロンの生成を促すからだ。実は、Y染色体の仕事はどうやらこれだけらしい。だがその仕事ができるかどうかは、一般に「男性になる競争」と呼ばれる環境的なきっかけに大きく依存している。Y染色体が働くのは、胎児の体に十分な量の脂肪細胞が蓄積されたときだけだ（男児の赤ちゃんが出生時に大きい理由の一つがこれだ）。しかし、発達の重要な時期に胎児の栄養が不足するなど、これがうまくいかないときもある。もし、女性から男性への切り替えが起こらなければ、胎児の発育過程で生殖腺から十分な量のテストステロンが分泌されないため、初期設定の女性脳が男性脳に切り替わらず、胎児は男性の体制を作ることもできない（だが思春期後に、男性的な体つきになることも、非常に優れた運動選手になることもある）。このような女性は、男性のXY性染色体は持っているが、解剖学的にも精神的にも女性だ。しかしたいていの場合、生殖腺は機能しないため不妊症だ――そもそも生殖腺が機能しなかったことがこの症状の原因なのだ。これはスワイヤー症候群と呼ばれ、出生した女児およそ一〇万人に一人の頻度で起こる。

おそらく最もわかりにくかったのが、一九四〇年代に女子二〇〇メートル走の世界記録保持者だったオランダ人選手、フォケ・ディレマのケースだろう。一九五〇年に遺伝学的な性別判定テストが導入された際、彼女はこれを受けることを拒否したが（このテストは、当時のスポーツ関係者たちに大きな不安を引き起こした）、その後のテストで、彼女は表現型的には女性だが、遺伝子的にはXX／XYのモザイクだとわかった（彼女は一部の細胞がXX、一部がXYだった）。モザイクにはさまざまな種類があり、動物界ではそれほど珍しくない（植物界では極めて一般的だ）。だが、このタイプの雄雌モザイク、特にヒトにおける雄雌モザイクは非常に珍しく、まさに動植物の生態に単純なものなど一つもないことを改めて思い知らされる。

こういった珍しい遺伝子の組み合わせは、男女の認知の差にX染色体とY染色体それぞれがどう関わっているかを示す自然実験でもある。ストックホルムにあるあのカロリンスカ研究所のイヴァンカ・サヴィッチは、XY男性とXXY男性（正常な男性とクラインフェルター症候群の男性）、そして正常なXX女性の脳をスキャンし、さらに血中の性ホルモンも計測した。するとX染色体の数が多いほど、その人の扁桃体、尾状核、側頭葉、島（これらの多くは情動反応に関連している）の容量は小さく、頭頂葉の容量と、眼窩前頭皮質に隣接する前頭葉の一部の容量が大きいことがわかった。いっぽうY染色体自体はなんの影響も及ぼさないようだった。またテストステロンのレベルがこのような違いに一部関与していることを示すエビデンスも見つかった。どうやら小脳や運動皮質の一部は、相当する遺伝子がY染色体にはないX染色体遺伝子に支配されているらしい。しかし扁桃体や海馬傍回などの辺縁系は、テストステロンと、Y染色体上に相当する遺伝子があるX染色体遺伝子の複合的な影響を受けているようだった。アムステルダムにあるフリー大学のジュディ・ファン・ヘンメンは、スワイヤー症候群（XY）の女性について同様の分析を行い、彼女たちは基本的には女性的な構造の脳を持っていることを明らかにした。やはりこれも、通常なら発達の初期に血中のテストステロンが女性脳を男性脳に切り替えるが、彼女たちの場合はそれが起こらなかったことを示している。これらの結果は、私たちの辺縁系（情動反応）は父方の遺伝子で、大脳新皮質（知的能力）は母方の遺伝子で決まる（三章を参照）というゲノム刷り込みの影響に対応しているように見える。

男性と女性の脳はパフォーマンスは変わらなくとも、タスクの処理方法が違うという可能性を示す証拠が増えてきている。カナダ中央部にあるアルバータ大学のエミリー・ベルたちは、男性と女性は三種類の認知課題、すなわち単語生成課題、空間的注意課題、そして記憶課題を脳のどこで処理しているか調べた。認知課題は、どう考えても社交的な性格のものではないため、男女間で差が出るとは考えられない。けれど実際には、この課題を処理する脳は男女で違っていた。単語生成課題では、男性は女性よりも前頭前皮質の活動がずっと多く（彼らがこの課題を真剣に考えなければいけなかったことを示唆）、頭頂葉と帯状皮質の活動もはるかに活発だった。また記憶課題では、頭頂葉と後頭葉の一部の活動が女性より活発だった。けれどどちらの課題も、課題の成績に男女の違いはなかった。

一般には、空間課題や地図作成課題は男性のほうが女性より得意だと言われている。だがこれは、その課題がどのような作業が必要かによって変わってくる。エミリー・ベルの研究では、空間的注意課題では男性のほうが成績は良かったが、脳がその課題を処理する方法に男女差はなかった。しかしオーストリアにあるインスブルック大学エリザベス・ワイスたちが空間的回転課題（空間で形状がどう変化するかを想像する力で、地図作成に重要な特性）について調べると、この課題を処理する脳の部位は男女で大きく違うことがわかった。男性は頭頂葉皮質の活動が活発だったが、女性は右前頭葉皮質（能動的な思考に関連する領域）の活動のほうがより活発だったのだ。このような男女差は子ども時代のごく早い時期に現れ、青年期や成人期を通して維持されているというエビデンスも、縦断的画像研究でいくつか示されている。

ミラノ大学のアリス・プロヴェルビオたちは、男女の被験者に人の写真と風景写真を見せ、彼らがそれを見ているときの脳の電気的活動を記録した。すると女性の脳は男性の脳より、社交的な場面の写真で大きく反応し、特に側頭葉と帯状皮質の反応が大きかった。つまり、女性は生来、社会への反応が男性より大きいらしい。UKバイオバンク（三章を参照）のデータを分析したダニーロ・ブストークは、脳の報酬回路（特に側坐核）とさまざまな社交性の指標との関係は、男女で大きく違うことを明らかにした。男性の場合、親しい人間関係がほとんどなく、つきあいの輪も小さく、社会経済的地位も低い人は側坐核が小さいが、女性にはそのような相関関係はまったくなかった。しかし、腹内側前頭前皮質の容量は、家族関係に非常に満足していると語る女性は大きかったが、男性でこの脳領域の容量に相関するのは性的パートナーの数だけだった。腹内側前頭前皮質は部分的に報酬体験と関連しているので、これは満足感を覚える社会プロセスが男女で異なる可能性を示している（女性は他者との交流に、男性は他者とのセックスに満足感を覚える）。

報酬系の神経構造におけるこのような違いは、報酬系の生理機能にも反映されている。トバイアス・カレンシャーは最近、実験でほかの誰かと賞金を分け合うゲームをした場合、男女ではドーパミンへの反応に違いがあることを発見した。ドーパミンに対する脳の反応を化学的に抑えると、女性はより利己的になったが、男性はより向社会的になったのだ。また神経画像の比較研究では、女性は向社会的な決定をした時のほうが利己的な決定をしたときより線条体（ドーパミンの取り込みに関連する脳の領域）の活動が増えたが、男性はまったく変わらなかった。

遺伝子が社会性に与える影響が、性格のほかの側面を通じて現れることもある。私たちが行った例の大規模遺伝子調査でエリー・ピアースは、男性の場合、ドーパミン受容体の遺伝子の影響は、その人の衝動性を通じてソシオセクシュアリティ尺度（SOI、すなわち浮気性の度合いを測る尺度）に表れることを証明した。それとは対照的に女性では、エンドルフィン受容体とバソプレッシン遺伝子の変異はそれぞれ独立して〈経験を積極的に受け入れる姿勢〉に影響を与え、それがSOIのスコアにも影響を与えていた。同様に女性の場合、エンドルフィン受容体遺伝子の影響は、外向的な性格を通じて親しい友人の数に現れていたが、これは男性には見られなかった。

このように、社交性の性差を示すいくつかのエビデンスと、それを裏付けるいくつかの神経生物学を簡単にまとめると、男性と女性が事実上まったく異なる二つの社会に生きていることがわかる。もちろん男女が相いれない存在というわけではなく、ただ男性と女性では人間関係に対するアプローチがまったく違うのだ。しかし、このような男女差が決して絶対的なものでないことは覚えておく必要がある。それはたんに、男女の平均的な傾向でしかない。たとえば、身長は一般に男性のほうが女性よりも高いが、だからといってすべての男性がすべての女性よりも背が高いわけではないし、身長が男女の違いという特質における大きな要素だとしても、男性より背の高い女性はいる。男性と女性は違うと一般化しすぎることは禁物で、たとえ男女の社交スタイルに根深い差があるからといって、すべての特性に違いがあるわけではないのだ。

一四章　なぜ、友人関係は終わるのか

二つのセリフで完結する、世にも短い物語を紹介しよう。

「もう会わない、さようなら！」

「相手は誰？」

人間の心理に通じている私たちなら、このやりとりを聞くだけで、あとに何が続くかは容易に想像がつく。この二人が何を考え、何を感じているのかも手に取るようにわかるし、次に起こることも、このやりとりがどんな終わりを迎えるかもおおかた察しがつく。だがそれは私たちに、他者の心を読むすばらしいメンタライジング能力が備わっているから、というだけではない。そもそも現実社会では人間関係なんてしょっちゅう壊れているのだ。だから最初のセリフを聞いただけで、次のセリフもなんとなく予想がつくというものだ。二〇一二年のイギリス国家統計局の推定では、イギリス国内の結婚の四二パーセントは離婚で終わっているという。

人間関係の終わり方は二つに一つ、徐々にフェードアウトするか、いっきに大崩壊するかのどちらかだ。後者に関しては一般に、恋愛関係の終わりが思い浮かぶ。多くの場合、恋人との別れは苦く、痛みを伴う大事件だからだ。いっぽう、通常の友人関係はお互いそこまで入れ込んでいないから、終わるときもたいして大事にはならず、ただ静かに消えていくだけだ。頻繁に会わなくなるうちに、友人ネットワーク内でのその人の位置も徐々に下がっていき、親しい友だちからただの知り合いになる。そしてネットワークの一番外側の層へと移っていき、やがて記憶からも徐々に薄れていくのだ。それでも本当に親しい友人との関係が終わるときは、恋愛の終わり同様の大崩壊になることも多い。またそれは、身近な家族との関係でも同様だ。

友人関係と親族関係の質が異なることは、大学進学で故郷を離れた若者たちの人間関係を調べた私たちの研究でも明らかになっている。高校時代の友人関係がすぐに薄れてしまうのは、大学で出会った新たな友だちが古い友だちと入れ替わってしまうからだ。友だちとの関係は、頻繁に会って親密な関係を維持していかないと終わってしまう。どちらかがその手間をとるエネルギーを失えば、そこで関係は終了だ。だからそのような友人関係の終わりは、意図したものというよりはむしろ成り行きに近い。友情への道は「また会おう」という善意の気持ちとかなりの罪悪感（「そのうち絶対に会おう」）で舗装されているのだ。なぜなら、私たちにはほかにもやらなければならないことがたくさんあり、「そのうち」は絶対にこないからだ。けれど家族関係は違う。大西洋のど真ん中の無人島にでもいたのかと思えるほどご無沙汰でも、家族関係が壊れることはない。それは、血縁の力（親族プレミアム）もあるが、緊密に統合された家族ネットワークの存在も大きい。そのネットワークは極めて密に張り巡らされているため、親族全員があなたを完全に見失うという事態はまず起こらない。親族の要となる人たちが、つねに情報の空白を埋め、親族全員の最新情報を伝えてくれるからだ。したがって、意識的に親族と絶縁でもしない限り、そのネットワークから逃れることはできない。

家族は友人よりも寛大だ。連絡を取ることを何度さぼっても許してくれるし、信用を失うようなちょっとした行いを何度繰り返しても、家族なら大目に見てくれる。たとえ嫌いな家族でも、いざ緊急事態となれば、必ず救いの手を差し伸べてくれる。しかしこういった家族ならではの寛大さにもマイナス面はある。甘えて裏切り行為を繰り返しすぎれば、さすがの家族でも堪忍袋の緒が切れて爆発し、二度と修復不可能な亀裂ができてしまうのだ。

エンド・ゲーム

では、仲たがいをするのは誰と誰なのか。そう思って調べてみたら、これに関する研究があまりに少ないことに驚いた。人間関係が終わる理由に関する研究はあるが、ほとんどは親密な関係、すなわち恋人か親友との関係に関するものだった。なぜ友人関係のほうが家族関係よりもろいのか、なぜ親しい関係のほうが、距離のある関係より破綻しやすいのかを教えてくれる研究は一つもなかったのだ。そこで私たちはオンラインで調査を行い、この一年間に人間関係の破綻を経験したかを尋ねるアンケートを行った。回答者五四〇人のうち四一三人が、過去一二カ月のうちに人間関係の破綻を経験したと答え、その破綻件数は合計九〇二にのぼった。一人あたり年間平均一・五件の人間関係の破綻を経験している計算だ。女性のほうが男性より少し多かったが、統計的に有意と言えるほどの差ではなかった。アンケートでは、その人の一五〇人の社会ネットワーク全体について尋ねたので、一・五件はその一パーセントと控えめだ。しかし、めったに会わない相手との関係が大きく破綻することはまずないため、破綻した一・五件の人間関係は友人層の最も内側の人々との関係と考えるのが妥当だろう。友人層の最も内側の層を構成する人数は平均で一五人なので、その層のざっと一〇パーセントの関係が毎年破綻する計算になる。その層の友人を毎年一〇パーセントずつ失うということは、私たちは一〇年で内側の二層のメンバー全員を失うことになる。だが、嘘をつきやすい人がいるのと同様、人間関係が破綻しやすい人というのも世の中には存在する。過去一二ヵ月間に少なくとも一つの人間関係が破綻したと答えた人のうち、一件から二件の破綻を経験した人は六二パーセント、三件から四件は三〇パーセン、五件から一〇件は八パーセントだった。しかしある一人は、一年に二一件もの破綻を経験したと答えていた。一年に二〇人となれば、その人は自分の大切な人ほぼ全員と仲たがいをしたか、一人の人と複数回仲たがいをしたことになる。

人間関係の破綻はその約半数が、知り合って最初の三年以内の人との破綻だが、残りの半数のほとんどは、生まれてからずっと知っていた相手、すなわち身近な家族との破綻だ。つまり人間関係が壊れるのは、その関係が生まれた初期または後期に起こり、中間で起こることはめったにない。データも、家族以外の人との関係が壊れるのは、親族との関係が壊れるよりもずっと早いことを示しており、一般に、親族以外の相手とは三年後、親族となら七年後に破局を迎える。たぶん、その理由の一つは親族プレミアム、もう一つは、どんなにひどいことをされても親族は我慢しがちで、ぎりぎりまで耐えたのちに怒りが爆発するからだろう。

関係が破綻する相手が、身近な家族である割合は驚くほど高かった（約四分の一）。だがそもそも、私たちの一五〇人の友人や知り合いのうち、ほぼ半分は親族だ。だとすれば、家族との関係が壊れる確率は友人のそれと比べて半分ということになり、やはり家族との関係は親族プレミアムによって破綻から守られていることがわかる。それでも、最も親密なはずの三種類の関係――親、恋人、親友――の崩壊が、関係破綻全体の三分の一を占めている。その相手の割合は、親、恋人、親友がほぼ同程度だが、女性は男性よりも親と恋人の占める割合がいくらか高い。一般に親の数は二人（両親）だが、恋人も親友もそれぞれ一人なので、親との関係が壊れる割合は少なく、恋人や親友と比べるとその数は半分であることがわかる。

恋人との関係が壊れるのは理解できるが、身近な家族との関係が壊れる頻度が異常に高いのは少々気になる。なぜなら身近な家族とは、あなたが切羽詰まった状況に陥り、にっちもさっちもいかなくなったとき、万難を排して救いの手を差し伸べてくれる唯一の人たちだからだ。ちなみに、身近な親族との関係の破綻、すなわち兄弟姉妹、おじ、おば、姪、甥たちとの関係破綻は、生き残っていた最後の親が亡くなったあとに起こることが多いようだ。そういう親族のもめごとは決して珍しくはなく、ネットには「死がもたらす最悪の状況：葬儀のあとの家族の紛争」、「両親が亡くなったあとのきょうだいとのつきあい方」、「（両親の）死が私たちを分かつまで」、「両親亡き後、家族内の対立を防ぐ方法」と言ったウェブサイトがごまんとある。そんなもめごとは一般に考えられているより、はるかによくあることなのだ。最近アメリカで全国的に実施された大規模調査は、親が死亡すると、ほぼすべてのケースできょうだい関係が悪化する、と明らかにした。きょうだいの間に亀裂が入る原因は二つある。親の介護のほとんどを一人のきょうだいが担ったために遺産の配分で争いになるか、葬儀をどのような形で執り行うかで争いになるかのどちらかだ。どうやら、もともときょうだい間にはわだかまりがあり、それを抑え込んでいた親が亡くなったとたん、それまでなんとか保たれていた関係が崩れるらしい。多くの場合、家族関係にこのような亀裂が入れば、もう二度と元には戻らない。

だがもちろん、そこまで行くことはめったにない。そんなことは一生に一度起こるか起こらないかだし、その成り行きも関与する人次第だ。それでもこういったケースを見ると、ほかのどの関係よりも強いはずの絆も、何かあればこんなにもろいということを思い知らされる。身近な家族の死は、たとえそれが予想されていたものであっても、精神的に疲れるものだし、そのストレスは私たちの行動すべてににじみ出る。だからそれまで意識の下に沈んでいた弱さや亀裂が、一気に表面化するのだ。

私たちの調査では、誰と不和になるかは男女で大きく違っていた。調査では、被験者たちがそれぞれの人間関係を分類できるように、両親、恋人、軽い知り合いなど、二四タイプの人間関係をリストにした。すると女性たちが不和になった相手にはその二四タイプすべてが含まれていたが、男性は一四タイプだけだった。男性で、子どもや異母（または異父）きょうだい、おじ／おば、いとこ、義理の両親、そのほかの遠い親戚と不和になったケースを報告した人はいなかった。いっぽう女性が不和になった相手にはこのすべてが含まれていたが、親族のなかでも一部のカテゴリーの人とは不和になる頻度が、ほかのタイプの関係と比べてずっと低かった。女性は男性よりも、子どもや恋人、親友ではない友人、実のきょうだい以外の親戚と不和になる率が高かった。これとは対照的に、男性は女性よりも実のきょうだいや同僚、または同居人と不和になる率が高かった。男性は、相手が男性でも女性でも不和になる率は同じだったが、女性が女性と不和になる率は、男性と不和になる率の二倍で、女性と女性の関係は特にもろいことが示された。

なぜ友人関係は破綻するのか？

人間関係および人間関係の破綻に関する画期的な研究の一つが、イギリスの伝説的社会心理学者、マイケル・アーガイル（一九六〇年代、学生だった私は彼の授業を受けていた）が行った研究だ。一九八〇年代、彼と彼の共同研究者、モニカ・ヘンダーソンは、友人関係はどのようなルールに支えられているかを調べる実験を行い、安定した関係を維持するうえで重要な六つのルールを特定した。そのルールとは、友人がその場にいなくてもかばう、友人と重要な情報を共有する、必要なときに心の支えになる、信頼して秘密を打ち明け合う、必要なときに支援を申し出る、相手を幸せにするために努力する、の六つだ。このルールを一つでも破れば関係性は弱まり、多くを破れば関係は完全に破綻する可能性があるとアーガイルたちは示した。

さらに彼らは、人々が崩壊した関係を思い出すとき、良くない行動をしたのは相手であり、自分の行動はまっとうだったと思いがちであることにも気がついた。これこそまさに心理的な責任転嫁の典型、いわゆる「帰属の誤り」（「私が間違っているはずがない、だから間違っているのはあなただ」）だ。また、若い人（二〇歳未満の人たち）は年配の人たちに比べて世間からの批判を気にしがちであることもわかった。さらに女性は相手が時間を均等に配分してくれないこと、肯定的な評価をしてくれないこと、精神的なサポートがないことを気にし、男性はジョークの標的にされたり、人前でからかわれたりするようなネガティブな出来事を気にしていた。男性は女性よりも、この手のからかいにうまく対処できないようだが、それは男性のほうが世間の評判を気にするからだろう。しかし、その場に男性しかいないとなれば、話は別だ。男性だけの集団では、このような冷やかしはほぼ世界共通で、広く楽しまれている。

人間関係の破綻に関する私たちの調査では調査対象者たちに、関係が破綻する原因として考えられる理由を一一示し、あてはまるものを答えてもらった。回答で最も多かったものから順番に挙げると、「思いやりの欠如」、「コミュニケーション不足」、「だんだん疎遠になった」、「嫉妬」、「アルコールやドラッグの問題」、「関係性を巡る不安」、「ライバルとの競争」、「他者の介入」、「疲労」、「誤解」、「文化的な違い」だった。回答で最も多かったのは、「思いやりの欠如」、「コミュニケーション不足」、「嫉妬」で、破綻した原因の五〇パーセント以上はこのうちのどれかだった。これらのなかには、明らかに人間関係のダイナミクスにおける問題と思われるものもあれば、例の〈友情の七本柱〉に関連したホモフィリーの問題と思われるものもある。

このような理由で人間関係が破綻するのは、私たちが身近な人間関係を当たり前のものと考えがちということもあるだろう。そう、私たちは期待しすぎるのだ。それがよくわかるのが、オランダのナイメヘンにあるマックス・プランク心理言語学研究所の言語学者シメオン・フロイドとニック・エンフィールドたちの研究だ。彼らは、感謝を表す表現がどのぐらいの頻度で使われ、人々は他者の親切にどのぐらい感謝の言葉を述べているかに興味を持った。そこでこれを調べるために、世界中（南アメリカ、ヨーロッパ、アフリカ、南アジア、オーストラリア）から集めた八つの言語による会話のデータベースを検索した。彼らは、誰かが何かを依頼している会話を一五〇〇以上見つけ、その依頼が受け入れられたかどうかを判断し（約一〇〇〇件は受け入れられていた）、依頼者が感謝の言葉を述べているかを調べた。すると、依頼者が「ありがとう」またはそれと同等の感謝の言葉を口にしたのは平均で、全体のわずか五・五パーセントだった。イギリス人が最も感謝の言葉が多く（依頼の一四・五パーセント）、エクアドルの先住民族チャチ人が最も少なかった（〇パーセント）。この結果を見たフロイドたちは、誰もが感謝の言葉を口にするというのはたんなる都市伝説で、少なくとも日常的な親切に関しては、人はそれほど頻繁に感謝の言葉を言っていないとの結論に達した。だが彼らが検討した会話の大半は家族同士か親しい友人同士で交わされた会話、すなわち私たちが感謝の言葉を言わない間柄で交わされた会話だ。家族や親しい友人なら、相手はその友情「契約」の一環として、当然こちらの頼みを聞いてくれるはず、と私たちは考える。だから、感謝をする必要がないのだ。実際、私たちは「ありがとう」どころか、頼みごとをする前に「お願い（プリーズ）」という言葉さえつけないことも多い。家族や友人なら、頼みを聞いてくれると思い込んでいるからで、きっとこれは誰もが思い当たるだろう。感謝の言葉は、他人やそれほど親しくない友人など、通常は利他的に行動してくれない人に対して使う言葉なのだ。だがここで、一つ注意しないといけないことがある。もし感謝の意を表さない状態が続けば（たんに笑顔を見せただけでは、相手が分析する言葉のデータベースには記録されない）、たとえ家族や友人でも摩擦は起きる。感謝の言葉を言わずに、あるいはお返しをせずに頼みごとをしすぎれば、相手は不満を持つようになり、信頼や義務を伴う関係が壊れる一因となる。

人間関係が終わった原因として男女それぞれが挙げた理由には大きな差があった。男性は、「だんだん疎遠になった」、「アルコールやドラッグの問題」、「ライバルとの競争」、「他者の介入」を挙げる傾向が高かった。しかし女性のほうは、「コミュニケーション不足」や「嫉妬」、「疲労」によって、思いやりの気持ちがなくなったと答える人が多かった。これを見ると、男性は他者を責めがちだが、女性は自分自身を責める傾向にあることがわかる。アンナ・マチンの研究からも、男女の親しい人間関係──恋人関係でも、そうでなくとも──が特別にもろいのは、男女では人間関係に抱く期待度が違うからだということがわかる。そう、女性のほうが男性よりも期待度が高いのだ。社会心理学者のジェフリー・ホールは、この問題だけに焦点をあてた三六の研究（対象者は全部で九〇〇〇人近かった）に目を通した。その結果、全体としては女性のほうが男性より人間関係への期待度が高く、特に互恵性（忠誠心、信頼性、お互いに対する尊重と支援）、偽りのなさ、そして共同性（自己開示や親密さへの意欲）への期待が高かった。共同性への女性の期待が高いのは、「思いやりと絆」と呼ばれる女性の行動特性の表れだ。

いっぽう唯一男性の期待度のほうが高かったのは、ジェフリー・ホールが「作動性」（身体活動をし、地位を求めて努力すること）と呼んだカテゴリーだった。それが特に顕著に表れたのが、ステータスの高い同性と友だちになりたがる傾向だ。この男女差は年齢や民族で調整しても変わらなかったが、高齢になるにつれてその違いは拡大するようだった。恋人と親友に関するアンナ・マチンの研究も、人間関係への男女の期待度の差が諍いの原因になりやすいことを示していた。また、たんに社交スタイルが違うだけなのに、発された言葉から受け取るメッセージが男女で違うために、争いに発展することもある。たとえば男性の友人関係はその会話スタイルと同様に対立的で、相手をからかうジョークを言ったり、お互いにやり込めたりすることが多い。これは男性の目にはフレンドリーに映るが、女性にすれば脅されているように感じ、攻撃を仕掛けられているようにさえ思える。だから女性は男性よりも、そのような行為に怒りを覚えやすいのだ。

離婚の統計データもこの結論を裏付けているようだ。二〇一七年にイギリスで提出された男女のカップルの離婚申請書は、その三分の二近くが女性から提出されていた。また、同性のカップルの離婚申請書は、全体の四分の三が女性同性愛者のカップル（男性同性愛者のカップルは四分の一）によるものだった。どちらのケースも、最も一般的な離婚理由は「理不尽な言動」で、この理由を離婚理由に挙げるのは女性のほうが多かった（女性が五二パーセントに対し、男性は三七パーセント）。理不尽な言動は、女性同性愛者の夫婦の離婚理由としても最も多かった（女性同士のカップルでは八三パーセント、男性同士のカップルでは七三パーセント）。これもまた、女性同士の関係は男性同士の関係よりもろいこと、そして関係を揺るがす事件が起きても男性は女性よりゆったり構えているか、あまり気にしていないことを示している。

社会ネットワークに関する研究を始めた当初、私たちは性格と親しい友人および家族のあいだにどのような関係があるかを調査した。これを思いついたのは当時学生だったルース・ウィルソンだ（彼女はその後、ロンドンで教師になった）。当時、私はその調査のある結果に大いに驚いたが、振り返ってみると、それは人間関係が壊れる理由と非常に密接に関係しているように見える。そのとき私が驚いたのは、神経症的傾向が高い女性はほかの女性よりも女性の親戚が有意に少なかったことだ。男性の親戚の数は同じだというのにだ。（ちなみに神経症的傾向が高いからといって、彼女たちが精神病理学上の問題を抱えていたというわけではない。神経症的傾向とはたんに、不安やイライラ、心配、怒り、欲求不満、孤独感、憂うつのレベルが平均より高いというだけで、臨床的には完全に正常だ）。私たちはこの結果に首を傾げた。神経症的傾向の強い人全員が、女性の数が平均より少ない一族に生まれるなどということはありえない。生理学的に、そんなことあるはずがないからだ。考えられるのはせいぜい、彼女たちの言動があまりに神経に触るため、女性の親戚がみな離れてしまった、といった理由くらいだ。

その答えとなりそうなのが、メキシコとイギリスの学生の孤独について調べたアナ・ヒートリーの研究だった。彼女の調査では、女性のほうが男性よりずっと強い孤独を訴えていた。また、愛着の安定性が低い人はそうでない人よりも、自分には精神的な支えがない、という思いが強い。また人間関係に対する不安も大きく、孤独感も有意に強かった。このような状態が人間関係に対する期待度のミスマッチを生み、関係破綻のリスクを高めるのだ。なぜならこういう人たちは、面倒な人になりやすいからだ。家にはしょっちゅう来るし、電話も頻繁にかけてきて、つねに生活のあれこれを愚痴るのだ。そのうち相手も音をあげ、その人のことを避けるようになる。

そういうことなら、神経症的傾向が高い女性に女性の親戚が少ないのもうなずける。本来、女性の親戚は、たとえ世界中があなたを見捨てても、最後まで全力であなたを助けてくれる人たちだ。そんな一番の味方を、彼女たちは遠ざけてしまったことになる。これはあまりにも非生産的な戦略だ。けれど、人間関係は非常に繊細なバランスで成り立っているということも忘れてはいけない。求めすぎたり、甘えすぎたりすれば、相手は離れていく。身近な家族なら遠い親戚よりは大目に見てくれるだろうが、それでもやはり、限界というものはある。問題は、誰もが皆、気にかけなければいけない自分の社会ネットワークを持っており、それぞれに忙しいということだ。もしあなたが私に、法外な時間を自分に費やしてほしいと求めたら、私はほかの友人に費やすはずの時間を削らなければならなくなる。人生におけるすべてのことは、さまざまな選択肢間のトレードオフなのだ。また、愚痴ばかり言う人とみなされることは、信頼できない人とみなされるのと同じぐらい、友人関係にとっては致命的だということも覚えておく必要がある。

結婚の破綻を描いた文学作品では、別居や離婚をした男性が抑うつ状態になったり、自殺したりする場面がよく描かれる。なぜか。一つには、男性の友人関係は女性の友人関係ほど親密ではないため、離婚や死別で落ち込んでも、女性の友人同士のように精神的な支えを提供してもらえないからだ。だがそれだけではない。夫婦共同の社会ネットワークを構築するのも、維持するのも、その作業は主に女性が担っているという事実が、状況をさらに悪化させている。女性のほうが男性より社交的なため、気がついたときには夫婦の社会ネットワークはほぼ妻の友人ばかりだったということも少なくない。なぜなら、社交イベントを取り仕切るのは妻であり、たいていの場合、夫はそれにただ従っているだけだからだ。妻はよく夫に、昔の男の友だちと連絡を取ってみたらどうかと促すが、たいていは、うるさそうに肩をすくめられておしまいだ。だから男性は、離婚や死別で一人になったとたんに、社会ネットワークは身近な家族だけという状況に陥る危険がある。男性たちに、もっと感情を表に出すよう促す取り組み――将来に備えて、それを子どものころから教える取り組み――もなされてきたが、そもそもそんな取り組み自体が不毛ではないだろうか。そんなことをするのはたんに、男女はこの点においてまったく違うのだという事実を認められないだけのように見える。

拒絶の痛み

人間関係が壊滅的なダメージとともに終わる辛さは筆舌に尽くしがたく、その悲しみに人はみな涙する。人生で最も衝撃的かつ精神的ダメージが大きかった事柄を挙げろと言われれば、私たちの四分の三は、愛する人を失ったこと――理由が別離でも、死別でも――を挙げる。そしてほとんどの人はその経験を「傷心(ブロークンハート)」と呼ぶ。もちろんこれは心理学的現象だが、世界中ほぼすべての文化がこの痛みを、肉体的苦痛を表す言葉で表現する。なぜなら、脳内の心理的な痛みを感じる場所と肉体的な痛みを感じる場所は同じだからだ。

そのことを一番理解していたのがアメリカの神経科学者、ナオミ・アイゼンバーガーだろう。彼女は、社会的排斥(仲間はずれ)をされている人の脳内で何が起こっているかを調べるために、ごくシンプルなコンピューターゲーム「サイバーボール」を利用した実験を行った。これは、インディアナ州にあるパーデュー大学のキプリング・ウィリアムズが開発したゲームで、プレイするのは被験者(スクリーンの下部に表示される左右の手)とスクリーン上部の右と左に表示される二人の「プレイヤー」だ。だがじつはこの二人のプレイヤーはプログラムが制御するアバターだ。三人は、スクリーン上の手でキャッチボールをし、被験者もボールを受け取ったら、ジョイスティックを使って二人のうちのどちらかにボールを投げる。ちなみに被験者は、二人がアバターだとは知らず、自分は二人の人間とネット上でヴァーチャルのキャッチボールをしていると思っている。こうして三人はキャッチボールを始めるが、しばらくするとほかの二人は被験者にボールを回すのをやめ、二人だけでキャッチボールを始める。まさにシンプルなゲームだが、これが驚くほど強い負の感情、仲間はずれにされたというリアルな感情を誘発するのだ。

アイゼンバーガーは、このゲームで仲間はずれにされた人の脳は、前帯状皮質(ACCと呼ばれる場所で、左右二等分された脳の割れ目の深いところにある)と島皮質前部(AIと呼ばれる場所で、頭の両側の皮質の内側に埋まっている）の活動が特に活発になることに気がついた。またその活動は、つらいと思う被験者の気持ちが強ければ強いほど活発になっていた。じつはその部位こそが、身体的な痛みに反応する場所なのだ。だが脳のこの部位は、痛みを感じる場所（体性感覚皮質と島皮質後部が関与しているらしい）ではなく、むしろ痛みを理解する場所らしい。長期的な痛みに苦しんでいる人のACCやAIを破壊すると、痛みは感じても、それに悩まされることはなくなる。また、体性感覚皮質と島皮質後部を除去すれば、その人は痛みをまったく感じなくなる。ちなみにACCもAIも、エンドルフィン受容体の密度が最も高い脳領域の一つだ。

身体的苦痛と社会的苦痛がどちらも同じ脳の部位に関与していることを示すエビデンスは、ほかのさまざまな研究でも明らかになっている。たとえば社会的排斥（仲間はずれ）と身体的苦痛を同時に受けたときの脳の活動を調べた研究では、両方の脳領域の活動が大きく重なり合っていることが明らかになった。また別の研究は、社会的なトラウマは身体的苦痛への感度を上げ、身体的苦痛を伴う炎症は社会的な苦痛への感度を上げることも明らかにした。さらにある研究では、市販の鎮痛薬（パラセタモール）を二週間にわたって常用量服用した被験者に、仲間はずれを経験する課題に取り組んでもらった。するとその被験者の仲間はずれへの感度は低く（仲間はずれにされて傷ついたという報告が少なかった）、ACCとAIの活動も少なかった。OPRM1遺伝子はエンドルフィン受容体を制御する遺伝子だが、その対立遺伝子で身体的苦痛への感度をことのほか高める遺伝子を持っている人がごく少数存在する。そのような人たちは社会的排斥に対する感度が異常に高く、彼らの場合、社会的排斥を体験する実験をするとACCとAIが活発に反応することがわかっている。

当然ではあるが、社会的排斥への感度を上げる因子、すなわち自尊心が低い、他者の言動に過敏、社会からの孤立感が高い、愛着尺度が不安型といったすべての因子は、社会的に排斥されたときにACCとAIの活動を増加させる。反対に、排斥への感度を下げる因子、すなわち社会的な支援がある、あるいは愛着スタイルが回避性（冷淡な社交スタイル）といった因子があれば、これらの脳領域の活動は低下する。また、ビデオで非難がましい表情をした人を見たときに、拒絶されたと感じた被験者の脳でもACCの活動の増加が見られた。ジェニファー・スミス（当時は私の大学の学生だった）が考案、実施したサイバーボールを使った実験では、仲間はずれにされると被験者の痛覚閾値（エンドルフィンの指針だ）は下降したが、小学生のとき（中学生のときではない）にいじめられた経験がある被験者の場合は特にその傾向が強かった。社会的な経験の影響が大人になっても残り、それが原因で社会的状況に対して敏感になることもあるようだ。

恋人と別れた人々を対象にした最近の研究では、被験者に元パートナーの写真を見ながら、その別れについて考えてもらった。するとやはり、ACCとAIの活動が非常に活性化した。同様に、被験者に、亡くなったばかりの愛する人の写真を見てもらったときも、この脳領域の活動が活発になった。また、最近死産した女性によその赤ちゃんの笑顔の写真を見せたときも、ACCの活動が増加した。拒絶をテーマにした絵画を見ただけでも、受容の場面を描いた絵画を見たときと比べると、ACCとAIの活動は活性化した。

面白いことに、爬虫類の脳にはACCに相当する部位がない。これは、ACCは高等な脊椎動物（鳥や哺乳類）で進化したことを示唆しており、たぶん動物が子育てを始め、まだ独り立ちできない子どもに親として心を砕くようになったときにＡＣＣは進化したと思われる。ハムスターのＡＣＣを外科的に取り除くと、母親としての行動は消失する。自分の子にまったく関心を示さなくなり、それ以外の社会行動は完全に正常であるにも関わらず、子を巣に連れ戻すことも、巣にいる子の元に戻ることもしなくなるのだ。また、げっ歯類の子の脳からＡＣＣを取り除くと、通常は母親から離れたときにあげる遭難声をあげなくなる。同様に、ＡＣＣを電気的に刺激しても、遭難声をあげなくなる。ということは、私たちが他者とのあいだに感じる絆は、哺乳類の母と子の絆を作り、強化するために作られたメカニズムに由来しているのかもしれない。私たちはたんにこのメカニズムを一般化し、ほかの成人（恋人も含む）に使っているだけなのだ。

ＡＣＣを損傷した人は他者の意見への配慮がなくなるが、これを見ても、社会的関係の維持管理にＡＣＣが中心的な役割を果たしていることがよくわかる。したがって、この部位で卒中を起こすと大変困ったことになる。ほかの機能はすべて正常で、話も普通にでき、身体も健康なのに、自分の言動に対する相手の反応に気づかないせいで、失礼な言動をしたり、適切な配慮ができなかったりするからだ。これでは、継続的な友だちづきあいを期待するのは難しい。

しっかり泣けば、気分はすっきり

悲しいとき、痛いときに私たちがする、非常に奇妙な行動が一つある。なぜ奇妙かというとそれは、ヒト以外のどの種もしない行為であり、生物学的にもあまり意味がないように見えるからだ。その行為とは泣くことだ。しかし泣くことは、友人関係に非常に関わりが深い。なぜなら人間関係は、涙で終わることが少なくないからだ。たいていの動物の目は、目の表面を湿らせ、ゴミや目にたまる汚れを洗い流すために、涙を生成する。しかし涙を大量に流すことができるのは人間だけのようだ。泣いたり、涙を流したりする行為は、身体的苦痛への反応でもあるが、奇妙なことに心理的苦痛に対する反応である場合のほうが圧倒的に多い。仲間はずれにされたり、愛する人が死んだり、ほかの人の不幸に同情したときに覚える心の痛みのほうが、身体的な傷の痛みよりも強力なきっかけとなるのだ。実際、このように感情がこみ上げたときは、泣くのが一番だとよく言われる。思い切って泣いてしまえばすっきりする、というのだ。もっと奇妙なのは、名作と言われる映画のほとんどは、観客を笑わせる映画ではなく、泣かせる映画だ。コメディは取るに足らないものとして扱われるが、悲劇はまじめな芸術作品として取り上げられることが多い。

泣く、というこの奇妙な行為は、科学的にはいまだ満足のいく説明がされていない。泣けば、誰かが同情して何とかしてくれる、あるいはその人を泣かせるに至った行動をやめてくれるから泣くのだという意見もある。だが通常、攻撃されている最中に泣く人は少ないから、攻撃をやめてもらうのが目的である可能性は低い。肉体的暴力を受けて泣くとしたら、泣くのはたいてい暴力を受けたあとだ。いっぽう、涙が一定の同情を集めることは、人間の感情的な行動に関するロバート・プロヴァインの研究でも証明されており、同じ表情でも、涙ぐんでいる人のほうが涙を浮かべていない人より悲しんでいると認識されていた。幼児も、声をあげて泣けばすぐに抱き上げてあやしてもらえる。だがここに、誰もが知っているがあえて口にしない重要な問題がある。それは、なぜ思い切り泣くと気分が晴れるのか、という問題だ。ロミオとジュリエットが互いの腕の中で死ぬのを見て、なぜ私たちは泣くのだろうか?

じつは涙で同情を集めるという行為は、もっと重要な何かの進化上での副産物なのかもしれない。泣くことによる真のメリットは、心理的な痛みを感じることから生じる。だとすればこれにエンドルフィン系が関わっている可能性は高い。また、脳の自前のアスピリンを提供するのがエンドルフィン系なので、心理的な痛みは当然、エンドルフィンの反応を誘発する。その結果、痛みは消え、オピオイド効果でちょっとハイないい気分になるのだ。言い換えれば、私たちが泣くのは自分の気分を良くするためであり、他者の同情を呼び起こすためといった間接的な理由ではないのだ。

和解

親しい家族や恋人との関係は、特に破滅的な終わりを迎えるリスクが高いようだ。また、その終わり方が激しいだけに、最も和解がしにくい関係でもある。人間関係の破綻を経験した人たちへのオンライン調査では、約九〇〇人のうち、ほぼ四五パーセントが調査実施時点でまだ和解をしていなかった。もちろん、なかには喧嘩別れをしたのが最近のことで、仲直りをするための時間が経過していないという人もいただろう。だがアンケートの回答者のうち、約四〇パーセントは一週間以内に和解していたが、それ以上時間が経つと和解の割合は劇的に下がり、一年後に仲直りをする人はわずか一パーセントだった。私たちのデータによれば、人は平均して二・三年に一度、人間関係の完全な破綻（和解のない破綻）を経験する。つまり、成人期におよそ三〇回といったところだ。和解する場合は、関係が破綻した直後の数週間以内に和解が成立するが、それ以上の時間が経つということは、両者とも仲直りのプロセスを始める気がないということになり、その破綻は半永久的なものとなる。

人間関係の破綻に関する私たちの調査では、どのように和解したのかも尋ねた。最も多かった答えはずばり、謝罪だ（うまくいった和解のほぼ半数は謝罪によるものだった）。次に多かったのは、謝罪や仲直り行為は何もしなかったというもので、たんに互いの意見の違いを話し合う、損害に対して金銭的補償をする、「冷却期間」（しばらく会わずに、事態が鎮静化するのを待つ）を置くといった方法だった。このタイプの仲直りは、すべての和解のなんと四〇パーセントを占めていた。意外かもしれないが、いきなり花束を持って現れるといった行為での和解は最も少なかった。プレゼントを贈る、あるいは通常なら社会的な絆につながる身体的活動や社会活動に参加したことで和解したというケースは全体の一五パーセントにも満たなかった。

関係の破綻は、女性のほうが男性よりも長引く傾向が強かった。女性の場合、関係が決裂したままだったのは、相手が女性だと四七パーセント、相手が男性だと四〇パーセントだった。いっぽう男性で和解できずにいたのは、相手が女性だと三七パーセント、男性だと三三パーセントだった。男女どちらの場合も、配偶者との破綻のほうが、両親や親友との破綻よりも和解の可能性が高かった。そして最も和解しにくかったのが、親友との関係だった。当然ながら、和解できなければ両者とも非常につらい。それまでの感情的つながりが強かっただけに、破綻後の感情的落差も大きく、女性はその傾向が特に高かった。また和解する場合も、相手に求める和解条件は女性のほうが男性よりも厳しい。

どうやら男性より女性のほうが寛容度が低いらしく、それは詩人や劇作家が繰り返し取り上げている永遠のテーマでもある。たとえば紀元前四三〇年にエウリピデスが書いたギリシャ悲劇『メディア』では、アンチヒーローの王女メディアが夫イアーソンの裏切りに激怒する。自分はすべてを捨てて夫に尽くしてきたのに、夫がギリシャの王女に心を移したのが許せなかったのだ。復讐に燃えたメディアは自分の（そしてイアーソンの）子を殺し、夫の新しい愛人をも殺すことで、自らを殺人者に、そして被害者にしてしまう。

と、ここで因果関係に関するいくつかの素朴な疑問が頭をもたげてくる。そのような破滅的な破綻が恋愛関係だけに起こるのなら、女性は男性の無責任な裏切り行為の被害者であり、彼らの無神経さや無関心さに苦しんだ挙句、そのような暴挙に出た、ということになる。だが実際には、女性の親友同士のあいだでも、恋人同士と同様の破滅的な破綻はあるようだ。たぶんそれは、女性の親友（永遠の大親友）同士は、恋愛関係と同じぐらい真剣で感情的にも深くつながっているからだろう。あるいは女性の人間関係は、男性の表面的な人間関係よりも真剣なため、男性よりも簡単に、そして深刻に腹を立てるのかもしれない。

じつは、人間関係を研究する研究者たちのあいだでは以前から、女性の人間関係のほうが男性の人間関係よりもろい、ということで意見が一致していた。おそらく女性のほうが感情のからんだ親密な関係を築くからで、この男女の違いはあらゆる文化で共通している。たとえば十代の同性同士の親友関係を調べたジョイス・ベネンソンとアテナ・クリスタコスの研究では、女子の友情のほうが男子の友情よりも持続期間が短く、女子のほうが、友情が終わる可能性を想像したときの動揺が大きかった。さらに、女子のほうが友人を傷つける行動をしがちで、友情の破綻を経験する回数も多かった。

とはいってもこれは、状況にもよるし、友人間で起こったもめごとのレベルにもよるだろう。ベネンソンが人類学者のリチャード・ランガムと実施した実験研究では、同性の友人二人組それぞれに言葉ゲームで対戦してもらった。この対戦ゲームのあと、一部のペアには和解的な行動をとってもらい、その後、今度は二人協力して行う言葉探しゲームをしてもらった。その結果、対戦ゲームの後に二人がすぐに接触すると（隣合わせに座り、おしゃべりをすると）、女性のペアのパフォーマンスはその後の協力的なゲームでも維持され、むしろ向上が見られたが、男性のペアにそのような影響は見られなかった。いっぽう、対戦ゲームの後に身体的な接触をしなかった場合、女性のペアは負の影響を受けたが、こちらも男性のペアにはそのような影響はなかった。どうやら男性の人間関係は女性のそれとは違い、友好的なやり取りをする機会があってもなくても、二人の関係にはそれほど影響しないらしい。だが、男性の友情の持続性に会話はほとんど影響しない、という私たちの研究結果を考えれば、これも当然だろう。もちろんこの実験は、実社会で生じる感情的で人間関係（特に女性の人間関係）を大きく揺るがすもめごととは、状況がかなり違う。それでも、対戦ゲームのあとにおしゃべりをする機会があったか、なかったかという些細な違いだけで、女性の友だちの協力度が変化した意味は大きい。

女性の人間関係のほうがもろいことは、国の統計でも裏付けられている。たとえば、異性結婚のほうが同性結婚よりも継続期間は長いらしい。イギリス国家統計局によると、二〇一七年に離婚したカップルの結婚期間は中央値が一二・二年、しかし男性の同性カップルの場合は三・五年、女性の同性カップルは二・八年だった。実際、同性婚の離婚率は、西ヨーロッパのすべての国で女性同士のほうが男性同士よりも高い。異性婚の離婚申請のほぼ三分の二が女性からという事実を考えても、一般的には女性の人間関係のほうがもろく、破綻する可能性が高いと言えそうだ。

＊

この章では主に、男性と女性の社交の世界はまったく違うということを詳しく述べた。だがもしそうであるなら、それほど違う世界に生きている男女がいったいどうやって恋愛関係を維持しているのか、という哲学的な問題が頭をもたげてくる。生殖という些細な問題はあるが、基本的には同性同士のほうが関係はうまくいくのではないだろうか？　しかし離婚統計は、そうではないことを示している。どうやら、異性愛のほうが長続きする要素があるらしい。一つには、子どもの存在が考えられる。離婚統計によれば、子どものいない夫婦（特に、子どもができなかった夫婦）のほうが、子どもがいる夫婦より離婚する率は高い（しかし子どもが五人以上の大家族は離婚率が上がるというエビデンスもある――おそらく、子育てのストレスのせいだろう）。子どものいる夫婦は、共通の関心と責任があるため、たとえ夫婦関係に不満があっても子の将来を思って我慢する。だから離婚のリスクが低いのかもしれない。

一五章　歳をとってからの友人関係

九世紀のアイルランドの詩、「An Chailleach Bhéara」ほど、胸が痛む詩はほかにない。「頭巾をかぶったベアラの修道女[*]」、「渓谷の老女」といったものから、今は亡きジョン・モンタギューの名訳「ベアレのくそばばあ」まで、さまざまに翻訳されているこの詩は、老いること、そして老いがもたらす社会的孤立を嘆く詩だ。これは、これまで世界中で書かれたなかでも最も示唆に富んだ詩の一つで、「私はブーイの島のベアレの老女、昔は毎日、毎日、きれいな衣装をまとっていた」と始まる。そして彼女は続ける。若いころはきらびやかに着飾って王族たちと酒を飲み、食事をし、ダンスをして社交界の花だった、なのに今ではすっかり老いさらばえて空腹を抱え、身体は骨ばり、髪には霜が降り、身にまとうのはボロばかり、と歯に衣着せぬ率直さで自分の零落ぶりを嘆くのだ。若いころは、王族や青年紳士が私の家の戸口に列をなしていたというのに、いまや奴隷[**]ですら、私などには目もくれない、と嘆きは続く。そして、ああ神様、どうぞ私に預けていたこの身体を持って行ってくださいと彼女は懇願し、すでにあなたは私の片目を、来世の手付金として持っていかれた、だから残った身体もさっさと引き取り、

＊　Chailleach は、「頭巾をかぶった人」という意味のアイルランドの古語で、修道女または老女を指す。
＊＊　ここで言う奴隷とは、ヴァイキングの奴隷商人によって売られたイギリス本土のケルト人、または戦闘でとらえられた別の氏族のアイルランド人を指す。中世に入るまで、裕福な家に奴隷がいることはごく一般的だった。

すべてを終わりにしてください、と彼女は神に訴えるのだ。

それは、何千年ものあいだずっと繰り返されてきた物語だ。歳を重ね、体が弱った高齢者は外に出るのがどんどん難しくなり、部屋の中でただ一人、物思いに沈み、やがて朽ち果てていく。伝統的社会のなかには、二〇世紀に入ってもなお、社会の重荷になる前に高齢者自らが命を絶っていた社会もある。東アフリカのマサイ族の高齢者は、寿命が来たと悟ると一人、集落を離れて低木の茂みに向かい、とげのある木の根元で運命の時を待ちながら命を終えていた――運が良ければ、飢餓と脱水で安らかに、運が悪ければハイエナの餌食となったのだ。気候の厳しい北極地方に暮らすイヌイットは、老いて自らの仕事をすばやくこなせなくなると、たちまち社会の重荷になるため、老人自らが殺してくれと頼むか（通常は刺殺か絞殺）、野営地が移動するときに後に残り、低体温症で命を終えていた。また昔の日本では、姥捨てという習慣があり、貧しい家族は弱った年寄りを山の上に置き去りにした。

このような習慣は、現代人から見れば残酷に見える。しかし、いまだかつてないほど経済的に恵まれた時代を生きる私たちが、現代の基準で過去を批判するべきではない。また、昔と同様の行為が今、再び現れてきていることも、過去にそこまで厳しくなれないもう一つの理由だ。景気が低迷した一九九〇年代、アメリカでは七万人の高齢者が親族によって病院の玄関に置き去りにされた。二〇〇〇年に入って経済が悪化した日本でも、高齢者が病院や福祉施設に置いていかれる件数が急増した。このような、いわゆる姥捨ては氷山の一角でしかない。産業が発達した西洋社会の村や町には、外出することもかなわなければ、誰かと会うこともできない高齢者であふれている。顔を合わせるのは、無料の食事を届けてくれる配食サービスの業者と、一日一回、一五分間だけやってきて、起床と着替えを手伝ってくれるヘルパーだけ、あとはひとりぽつんと過ごすのだ。一章でも述べたが、現代社会の最大の死因は孤独だ。だがまずは、子ども時代の友人関係から話を始めよう。

社会を渡っていく手段を学ぶ

日々の生活で私たちが折り合いをつけなければいけない最も複雑な相手、それが社会だ。だが、動物にとって最も複雑な作業は食糧を見つけることだ、と断言する科学者は驚くほど多い。そのような話を聞くと、この科学者たちはろくな社会生活を送っていないな、と思わずにはいられない。もう少し優しい見方をするなら、人は幼いころから社交スキルを磨いているので、大人になるころにはそれがすっかり第二の天性となり、彼らはその難しさをすっかり忘れているのだろう。子どもたちは、ごく早い時期から友だちの概念を理解しているが（少なくとも、友だちという言葉の使い方は知っている）、相手が本当の友だちだとわかるようになるには、かなり時間がかかる。

ヒトが成人レベルの社交スキルを身につけるには、たぶん二〇年以上はかかるだろう。私たち人間の子ども時代がほかの霊長類よりずっと長い理由も、そこにある。ずいぶん前のことだが、私たちの研究チームの客員研究員だったトレイシー・ジョフは、霊長類の新皮質の容量を見れば、社会化の期間（離乳時から思春期のあいだの期間）がわかることを証明した。つまり、大きなコンピュータを買っても、そこにソフトウェアを入れなければ使い物にならないのと同じで、私たち霊長類も、子ども時代から青年期にかけての長い時間をかけて社交スキルを学ばないと、うまく機能できないのだ。

私が初めて参加した脳スキャン実験では、クウェンティン・ディーリーが、人は表情に表れる感情を脳のどの部位で処理しているかを調べていた。その結果、二〇代半ばまでは前頭前皮質で処理するが（つまり、真剣に考えなければわからないということ）、それ以降は、そのスキルが身について自動的に処理がなされるため、もはや意識もしなくなることがわかった。そこで私たちは少々生意気にも、十代の若者が人間関係で悩むのはそのせいかもしれない、と提言した。未熟な彼らは、ごくつまらないことまですべて考えなければいけないが、そのスキルをマスターした大人ならそんなことはほぼ無意識にこなし、特別面倒なケースに遭遇したときだけ、ちょっと立ち止まって考えればいいだけだ、と。

六章でも見たように、メンタライジングや思考察知は、一連の「志向性のレベル」または「志向意識水準の次元」によって構成されている。自意識を持つ動物の大半は、一次の志向意識水準で生きている。つまり、自分が世界についてどう考えているか、ちゃんとわかっているという意味だ。この意味では、幼児も一次の志向意識水準だ。しかし五歳ぐらいになると、彼らは発達のガラスの天井を突き破り、二次の志向意識水準または「心の理論」を獲得する。ここで彼らは、優秀な動物行動学者（あなたの過去の行動から、あなたが何をするかを予測する方法を理解する）から優秀な心理学者（行動の裏にある心の動きを理解する）になるのだ。その結果、彼らはあなたの行動をより正確に予測できるようになり、さらにはその情報を利用してあなたの行動をより効果的に操作するようになる。そして彼らは、嘘がどんどんうまくなる。なぜなら、あなたが自分の話をどう解釈するかわかるからだ。このあと子どもたちは徐々に志向意識水準の次元を増やしていき、十代の半ばから後半には五次の志向意識水準を獲得して大人としての機能を完全に果たすようになる。

大学院生だったダニ・ホーカー・ボンドは、五歳から青年期半ばまでの一連の発達の過程とはどのようなものか、そしてその発達過程は一人の子どもが同時に遊べる子どもの数（彼らの自然な集団サイズ）にどう影響するのかに関心を抱いた。そこで彼女は学校の休み時間、一人の子どもが平均何人と同時に遊んでいるのかを観察した。その後で彼女はその子を教室に連れていき、子ども用のメンタライジング課題でその子のメンタライジング能力を調べた。すると子どもが同時に交流できる遊び相手の数は、年齢層が上がるにつれて増え、平均では五歳だと約二人、一一歳だと三・五人ぐらいだとわかった。九章で触れた成人の会話グループは上限の人数が四人だったから、それを考えると、十代に入った子どもは、大人とほぼ同じ規模の交流グループで機能できることになる。この会話グループの規模の拡大は、子どもたちが達成する志向意識水準の上昇傾向によく対応していた。

子どものメンタライジング・スキルが成長に伴って向上するそのパターンは、ロンドン大学ユニバーシティ・カレッジのアイロイズ・デュモンタイルの研究を見るとよくわかる。この研究では、他者の視点に立って物事を見る能力を測る「ディレクター課題」を用いて実験を行った。この課題は、いくつかに区切られた棚の片側に実験参加者が座り、反対側に座った「ディレクター」の指示に従って棚に乗った物を一つの棚から、もう一つの棚へと動かすというものだ。しかし棚のいくつかの場所はディレクター側から見えなくなっているため、ディレクターが見える物だけを動かすことが重要となる。これは志向性とは少し違い、視点取得、すなわち他者の視点に立てるかどうかを測る課題だ。しかし、視点取得は志向性に先立つ重要な能力であるため、志向意識水準を測る指標になる。この課題を、八歳、一一歳、一三歳、一六歳の子どもと、二五歳の大人にやってもらったところ、正確さは年齢とともに上がり、二五歳の大人の成績が一番良かった。つまり、このようなスキルは二〇代半ばまで向上の一途をたどるのだ。まさに、クウェンティン・ディーリーの脳スキャンの研究結果と同じだった。

こういった認知能力のパターンは、友人関係における子どものさまざまな行動学的側面とも対応している。たとえば子どもがゲームや遊びなどで仲間はずれにされたとき、拒絶されたと感じてつらい気持ちになるのは、心の理論を完全に獲得した五歳ごろからだ。それまでは、この子と友だちになりたいという自分の気持ちと、相手の気持ちは別だということも理解できない。彼らにとって友だちは、関係性というよりはレッテルなのだ。しかし五歳くらいで心の理論を獲得すると、彼らは自己中心的な視点から、社会を中心にした視点で物事を見るようになり、ほかの人たちがどう感じ、自分は集団にどう適合しているかがわかるようになる。ティーンエイジャーになれば、彼らのそういった能力はさらに発達していく。

私の元同僚のステファニー・バーネット・ヘイズとジェニファー・ラウは、もらったお金を独り占めすることも、友人と分けることもできる古典的な経済ゲームを一四歳と一七歳の子どもたちにプレイしてもらい、その結果を比較した。実験は学校の全クラスでおこなったため、それぞれの生徒に、ほかの生徒との関係を評価してもらうことができ、その結果、友だち関係がどの程度相互に影響し合っているかを見ることができた。一四歳の子どもたちは、お金を渡す相手として、自分と社会的絆が強い相手（好きで、信頼している相手）を選んだ。一七歳の子も同様に行動していたが、彼らは自分が相手に惹かれているという感覚を、相手がどのくらい自分の気持ちに応えてくれるかで調節していた。この時点でようやく私たちは、人間関係は相互的なプロセスであること、相手は人であり、自分の言いなりになる**ある種の奴隷**（または親！）ではないことを理解しはじめるのだ。この違いは非常に重要だ。なぜなら社会がどう機能するかについての理解がこのぐらい高度にならないと、霊長類的な意味での社会生活を営むことはできないからだ。だが経済学はいうに及ばず、動物学や心理学も、社会性とは私が自分の得になるようあなたを操作することだ、という前提に立っているらしい。

つまり、大人の社会でうまく生き抜くには繊細で洗練されたスキルが必要なのだ。そう、物理的な世界を生き抜くよりずっと繊細で洗練されたスキルだ。だがあいにく、私たちはこのスキルを持って生まれていない。ルーティーン化するには複雑すぎるからだ。その時その時の状況に応じた対処が必要なため、私たちは実践や指導を通して、そのスキルの原則をこつこつ学んでいかなければならない。完全に身に着けるまでには、恐ろしく時間がかかるのだ。ヒトやそのほかのサル、類人猿たちの青年期がこれほどまでに長い一番の理由もこれだ。ジェニファー・ラウが言うように、子ども時代から大人になるまでのこの長い冬眠期間はなんとも奇妙だ。こんな期間があるのは霊長類だけだし、これほど長い青年期がある種はヒトだけだ。その理由は、社会性を身に付けるため以外には考えられない。

友情の芽生え

ごく幼い子どもたちの場合、遊ぶといってもそれは互いに交流しながら遊ぶというよりはむしろ、同時に遊ぶというスタイルに近いので、遊び仲間への好き嫌いはほとんどない。しかし四、五歳になって心の理論を持ち始めると、子どもは明確に、自分と同性の相手と遊びたがるようになる。このような性区別はじつはもっと早い時期から現れており、乳児は自分と同性の赤ちゃんのほうを異性の赤ちゃんよりも長い時間見つめているという結果が、いくつかの研究で報告されている。二歳になると遊ぶときも、異性の子どもから誘われたときより同性の子どもから誘われたときのほうが、反応がいい。プレスクールに行く頃には、同性同士で遊びたいという気持ちがよりいっそう強くなる。そして八、九歳にもなれば、男子は男子同士、女子は女子同士で遊ぶのが普通になる。ある研究で小学生の子どもにアンケートをとったら、自身の友だちネットワークに異性の友だちが含まれていたのはわずか一一パーセントだった。小学校の最終学年になるころには、男女で固まるこの傾向は、遊び仲間はもとより授業のプロジェクトで一緒に活動する相手にも及ぶ。

だが当然ながら、このパターンは思春期に入ると変わり、十代半ばから後半になると男女は徐々に交わり始める。この傾向は成熟が速い女子で特に顕著だ。男子は同性同士で集まるのを好む時期が女子より長いため、女子は自分たちに関心を示してくれる年上の男子とつきあうようになる。それでもなお、青年期の彼女たちの大半は、異性の友人より同性の友人のほうに親しみを感じている。クレア・メータとジョネル・ストローの研究では、ティーンエイジャーの友だちの七二パーセントは同性の友人だった。別の研究では、一四歳と一五歳の子どもたちに親しい友人を最大一〇人まで挙げてもらったが、平均すると同性の友人六人に対し、異性の友人は二人だけだった。ティーンエイジャーに関する三つ目の研究では、男子は自分の時間の三分の二を男子と過ごし、女子も自分の時間の三分の二を女子と過ごしていた。もちろん十代後半になれば、恋愛がすべてに優先されるようになるが、それでも同性の友人は精神的な支えとして重要な役割を果たし続ける。特に女子にはその傾向が強く、一三章でも見たようにその関係は大人になってからも継続する。

男女別の行動は早い時期から現れるが、荒っぽさが増す男の子の遊びを女の子が敬遠するというのも、その理由の一つだ。エマ・パウエルは学校の休み時間中に七歳と一〇歳の子どもを観察し、女子よりも男子のほうが「何かで」（サッカーボール、校庭の遊具など）遊ぶことが多く、激しい活動（走ったり、取っ組み合ったり）が伴うこともずっと多いと気づいた。さらに、男子と女子がおもちゃを使って遊ぶ場合、好みのおもちゃは男女ではっきり分かれ、男の子は建設関係や輸送関係のおもちゃを、女の子は人形や家事に関連するおもちゃを好んでいた。

遊ぶときのおもちゃや、社交スタイルに現れるこのような性差は、文化化の産物だとよく言われる。だがそれは考えすぎだろう。なぜなら同様の性差はサルにもあるからだ。ジェリアン・アレクサンダーとメリッサ・ハインズは、カリフォルニア州の霊長類研究センターの大きな囲いの中で飼育されているアフリカのミドリザルの子どもの遊びを研究した。するとオスは、事前に「オスのおもちゃ」と定義したおもちゃ（ボール、自動車のおもちゃなど、人間の男の子が好むおもちゃ）で遊ぶ時間がメスよりずっと長く、メスは「メスのおもちゃ」と定義したおもちゃ（人形や類人猿のぬいぐるみなど、人間の女の子が好むおもちゃ）で遊ぶ時間がオスより長かった。いっぽう「中性的なおもちゃ」（本、犬のぬいぐるみ）で遊ぶ時間にオス・メスの差はなかった。ちなみに、それぞれサルの順位序列とおもちゃに接触する頻度に相関性はなかったため、オスとメスの相対的優位性、つまりアクセスの差はまったくなかった。

野生のサルや類人猿の遊びのスタイルも、オスとメスでは大きく違う。エリザベス・ロンズデールは、タンガニイカ湖畔にあるあの有名なジェーン・グドールの研究施設ゴンベのデータから、青年期のオスのチンパンジーはメスよりずっと社交的であることを明らかにした。メスのチンパンジーが交流するのは肉親や母方の親戚にほぼ限られていたが、オスはさまざまな若いチンパンジーや大人のチンパンジーと交流するのを好んでいたのだ。これには、荒っぽくなりがちなオスたちの遊び集団にメスが近づきたがらないという理由もあるだろう。

私たちは、ゲラダヒヒにもこれと同様の傾向があることに気づいた。生後一二カ月までの子どもだと、遊び集団にはオスとメスの両方がいる場合が多く、遊び方も穏やかだ。けれど成長していくにつれ、オスのヒヒたちは激しい追っかけっこや「お山の大将」ごっこ、レスリングなど、荒っぽい遊びをし始める。したがって三歳（思春期）になるころには、メスたちは完全に遊び場から遠ざかり、赤ちゃんヒヒの相手をしたり、赤ちゃんを抱くように棒や石を抱えて遊んだりするようになる。けれどオスは絶対にこれをやらない。ラム島（スコットランドの西海岸の沖にある）やグレート・オーム（ウエールズの北西の端）で私が何年も研究していた野生のヤギでさえ、オスの子ヤギの遊び方はメスの子ヤギよりも荒っぽかった。

ソーニャ・カレンバーグも、同様の傾向を別の野生のチンパンジー集団で確認している。一四年間の観察記録を照合した彼女は、メスの子チンパンジーは、棒を相手に遊んだり、持ち歩いたりすることがオスの四倍多かったのだ。その棒を抱える仕草や、持ち歩き方はまさに、彼女たちが棒を赤ちゃんとして扱っていることを示していた。私たちが観察したゲラダヒヒのメスの子どもは、母ヒヒが食事やほかのヒヒとの社交で忙しいときは、赤ちゃんヒヒを抱いたり、面倒を見たりしていることが多かった（だがオスは、絶対にこれをしない）。私は以前、若いメスのヒヒが地位の低い母親ヒヒに赤ちゃんを返そうとしなかった場面を見たことがある。その若いメスは赤ちゃんヒヒをうまく扱えず、赤ちゃんは泣き叫び、赤ちゃんの母親も非常に不安そうにしていたが、それでも母親はわが子をむりやり取り戻そうとはしなかった。もしそれで若いメスが抵抗したら、娘を助けにやってきた地位の高い母親に懲らしめられてしまうからだ。

一三章では、男性は集団を築き、女性は親密な二者関係を築く傾向にあり、この社交スタイルの男女差は子ども時代から現れていると述べた。子どもの発達に関する文献の中で最も確かな発見の一つが、男子は女子より大人数の集団で遊ぶ、ということだろう。七歳から一〇歳の子どもを対象にした研究でエマ・パウエルは、男子は大人数の集団で遊ぶ時間が女子と比べて圧倒的に長いことを明らかにした。男子も女子も、自分の時間の一三パーセントは一人で過ごしていたが、女子が集団でいるときは、大きな集団より小さな集団にいる確率が一四倍高く、男子は小さな集団にいるより大きな集団にいる確率が二倍近く高かった。子どもが指人形に向ける関心度を調べたジョイス・ベネンソンは、四歳と五歳の女の子は二つの指人形が対話する様子を見たがり、男子は指人形が集団で対話するのを見たがると明らかにした。この子たちの遊び仲間ネットワーク（一人ひとりに誰と遊びたいか尋ねた）を分析すると、遊び相手の数の平均は女子が一・三人、男子が二・〇人だった（この違いは統計的には大きい）。つまり、男子は集団を好み、女子は二人組の関係を好むのだ。

一一歳の子どもを対象に、友だち関係の研究を一年間実施したドナ・エダーとモーリーン・ハリナンは、親友は誰かという質問を六週間の間隔をあけて尋ね、女子にとって最も一般的な友人パターンは二人組だと明らかにした。いっぽう男子は三人組のほうがずっと多く、たとえすべての関係が互恵的でないとしてもかまわないようだった。また女子の場合は、もし三人組が出来上がったとしても、一人が仲間はずれにされて終わる場合が多く、男子のほうは、二人組ができても、やがてもう一人新メンバーが加わって三人組になることが多かった。その結果として女子は、男子よりも新しい社会（学校）環境になじむのが難しくなる、と彼らは言う。そしてエダーたちは以前、一二歳と一三歳の子どもを対象に行った実験を例に挙げた。これは、同性の友人二人がいる実験室内に面識のない子どもを一人入れるとどうなるかを観察した実験で、男子のほうが女子よりすぐに新顔の子に話しかけ、その子の意見に注目し、その子に対して肯定的な評価をすることが多かった。

どうやら、男女では友情の深さが違うようで、女の子の友人関係がもろいのもその違いに起因しているようだ。ジョイス・ベネンソンがその違いを十代の若者のサンプルを使って調査した。すると、女子同士の親友関係は、男子同士の親友関係より持続期間がずっと短く、親友との関係が破綻した経験があると答えたのも女子のほうが多かった。また、友人関係が破綻したときに気分を害する度合いも女子のほうが男子よりずっと高く、関係の破綻が自分の人生に与えた悪影響の度合いも、女子のほうが男子よりもずっと大きく感じていた。さらに、友人関係の持続期間は女子のほうが男子より短いが、それでも親友に腹を立てたことがあるという回答は女子のほうが多かった。どうやら子ども時代の終わりから青年期の初期までの期間ずっと、男子と女子では友人関係の質が全く違うらしい。女子の場合、友人同士の結びつきは男子のそれよりずっと強く、真剣だ。いっぽう男子の友人関係は、大人の男性たち同様に相手への執着がそれほどなく、「去る者日々に疎し」といったスタイルだ。

子どものころの経験が、大人の私たちを形作る。人気のない子どもや適応力のない子どもは、大人になったときに精神科に通ったり、軍隊を懲戒除隊になったり、裁判所送りになったりする可能性が高い。双極性障害を持つ成人の三分の一は、子どものころ社会的に孤立していた（通常の成人では、孤立していた割合はほぼゼロだ）。八歳から一〇歳の子どもを対象にしたある研究では、人気のある子どもは友だちの作り方をよく心得ており、自分が言いたいことを伝えるのもうまかった。また、発信するメッセージも、受け取るメッセージも肯定的なものが多く、ぼんやり空想にふけっている時間は少なく、社交的な活動に費やす時間が多かった。

一一章では、研究者夫婦のテリー・モフィットとアブシャロム・カプシが行ったダニーデンの縦断的研究の分析を紹介した。その分析によると、行為障害があるとみなされた子ども（児童相談所や警察の世話になったことがある人々）は、そうではない子どもよりも、二一歳までに性的パートナーを二人以上持つ確率が二倍、子どもを持つ可能性はほぼ三倍だったという。また、成人になった彼らがパートナーに暴力を振るう確率も、危険なセックスをする確率も、性病にり患する確率も高かった。ほかの多くの研究でも指摘されているように、このような症状は女子ではうつ病と併発する（またはうつ病として現れる）ことが多いが、男子では外在化している（他者に暴力を振るうなど）ことが多く、女子が二一歳までにうつ病と診断される確率は男子の二倍だった。また、統合失調症と診断された成人三分の二近くは、二一歳までに行為障害の問題を起こしていた。

もちろん全員がこのような問題を抱えるわけではない。サンプルのなかで、子ども時代や青年期に反社会的な行動をしたことがある人は約四分の一しかいなかった。さらにそのほとんどは、それ以上の反社会的な行動をすることなく、きちんとした市民に成長した。たしかに彼らは生涯を通しての不良にはならなかったが、それでも更生した子どもの多くはその後、大人になる過程で困難を経験することが多かった。なぜなら、若いころの行動のせいで、十分な教育が受けられなかったり、薬物を使用するようになったり、十代で子どもを持ったりしたせいで、人生の可能性が限られてしまったからだ。

ソフィー・スコットは、笑いに関心を持った数少ない神経学者の一人であり、自分と同様に笑いに関心を持っていた私に、スタンドアップコメディ（独りで行う漫談）をやってみないかと持ち掛けた張本人でもある（あの経験は一回でじゅうぶんだ）。ソフィーたちのチームは、精神異常行動がある、または精神異常行動をとる危険があると診断された十代の少年たちに本物の笑い声を聞かせた場合、脳のある二つの領域の反応が正常な少年の脳と比べて著しく小さいことに気づいた。その領域とは、補足運動野と前頭だ。後者の反応が小さいことは特に興味深かった。なぜならそこは、エンドルフィン系と関連している脳領域だからだ。

生涯を通じた友だち

社会学者たちはもうずいぶん前から、ヒトの社会ネットワークは歳を重ねるにつれ小さくなっていくということに気づいていた。だが同時に、私たちは生涯を通じて驚くほど安定した人間関係の核を持っていることもわかっていた。その核とは、私たちの精神的、社会的な支えである身近な家族や友人たち、献身的な召使のように一生を通じて私たちと共に歩み、必要なときにはつねにそこにいて、私たちのニーズに応えてくれる人たちのことだ。この大切な友人については二つのまったく異なる理論がある。友情の社会情動的理論（私たちは年を重ねるにつれ、精神的に重要な少数の友人とだけつきあうようになるという理論）とコンボイ理論（私たちは生涯を通じて、支援を与えてくれる比較的安定した友人集団に守られているという理論）だ。この二つの理論は、社会ネットワークの異なる部分を指している可能性もあるため必ずしも相いれないものではないが、たしかに、人間関係のダイナミクスについての見方は対照的だ。

ベルリンにあるマックス・プランク研究所のコーネリア・ウォーズスたちのグループはさまざまな論文から、社会ネットワークの研究論文二七七本（私たちの研究論文も含まれていた）を照合し、社会ネットワークが生涯を通じてどのように変化するかを調べた。このサンプル数は、一〇歳から八五歳までの一七万七五〇〇人と非常に大きなもので、重要なのは、欧米人と非欧米人の両方が含まれていたことだ。人間関係や社会ネットワークの定義はそれぞれの研究で違うため、異なる研究の結果を正確に比較するのは難しいが、それでも平均的なネットワークのサイズは約一二五人で、年齢に対してその人数ははっきり山型をしていた。つまり例のクリスマスカードの研究でも明らかだったように、私たちのネットワークは、最初は年齢とともに拡大し、二〇代半ばから三〇代初めでピークに達すると、その後は老齢期に向けて着実に縮小していくのだ。ウォーズスたちの研究の結果、ネットワークの構成要素のうち、家族要素は生涯を通じて安定しているが（これは誰もが予想するとおりだ）、個人要素（すなわちサポート・ネットワーク）と友だち要素は年齢とともに拡大したのち縮小することがわかった。このような変化のいくつかは、たいていの人が同じような年齢で経験する思春期、結婚、子育てといったライフイベントで説明がつく。また、引っ越しや離婚、配偶者の死など散発的かつ予想外に生じるライフイベントも友人ネットワークが縮小する原因になりがちだ。ちなみに離婚や配偶者の死でネットワークが縮小する最大の理由は、パートナーの友人たちと会う機会が減ることにある。

ヘリーン・ファンの研究チームが行った小規模な研究が非常に興味深いのは、ネットワークの構成要素の変遷過程を調べていること、そして同じ地域（サンフランシスコ）に住む二つの異なる民族（ヨーロッパ系アメリカ人とアフリカ系アメリカ人）を調べていることの二点だ。サンプルは一八五人と少ないが、一八歳から九四歳までの幅広い年齢層をカバーしていたその調査でわかったのは、最も親しい友人の数（内側の五人の層）は六人で驚くほど安定していたが、親友の数（実質的にはシンパシー・グループと呼ばれる一五人の層）は年齢とともに減っていき、その傾向は両方の民族で共通しているということだった。この結果を見ても、私たちは年齢を重ねるうち、残り少ない時間とエネルギーを困ったとき頼りになる重要な友人のためだけに費やすようになり、それほど親しくない友人とはつきあわなくなることがわかる。もちろん、歳をとって面白みがなくなり、一緒にいても楽しくないため友人たちが離れていき、会いに来てくれるのは義理堅い人たちだけになったという可能性もある。

アールト大学のキモ・カスキたちとの共同研究では、携帯電話のデータベース分析を通じて、一八歳からの社会的接触が年齢とともにどう変化していくかを見ることができた。こういった研究は必然的に横断研究となるが、サンプル数の膨大さからも、そこに浮かび上がってくるパターンは強固で信頼性の高いものであると思われる。クナル・バッタチャリヤたちは、人々が一カ月にかけた電話の平均回数（基本的にはシンパシー・グループ、すなわち一五人の層にかけた回数）を使い、ネットワークが年齢とともにどう変化するかを調べた。その結果、一八歳時に電話をかけていた相手の数は平均一二人で、その数は二五歳でピークの一八人に達し、以後は着実に減少して八〇歳では八人だった。特に顕著な変化が見られたのは三〇歳、ちょうど結婚の平均年齢（このヨーロッパ南部の国の平均結婚年齢は二九歳だ）の直後であるため、これは最初の子どもの誕生が影響していると思われた。親しい友人たちに均等に電話をする傾向は、年齢を重ねるうちに劇的に低くなり、七〇歳になるころには電話をかける相手は主に六人ほどに集中し、ほかの人にはめったに電話をしなくなる。自分の社会ネットワークのメンバーに均等に電話をかけていた若いころと比べると、これは大きな違いだ。

一つ驚いたのは、三五歳になるまでは男性のほうが女性よりもさまざまな相手に電話をかけていたことだ。だがそれ以後は、この割合は逆転し、三五歳以降に女性が一ヵ月に電話をかける相手の数は男性のおよそ一・五倍となり、一年を通すとその差は最高五人にのぼった。その理由には、歳をとるにつれて男性が電話をかける相手が減っていくこともあるようだ。いっぽう女性のほうは、年齢を重ねるにつれ、より多くの人に電話をかけるようになっていた（少なくとも、高齢になるまでは）。つまり男女では、ネットワークの規模が年齢に伴って変化するそのパターンが違うようなのだ。年齢とともに女性はより社交的になり、男性は社交性が低下していた。

二〇歳の若者の場合、電話をかける相手のほとんどは同年代の人々（ピア）で、その次に来る小さな山が五〇代の人々、つまり彼らの両親だった。二〇歳の若者の通話の大半は、男性が別の若い男性にかけている電話で、女性から男性への電話（おそらく恋心あり）はそれほど頻繁ではなかった。驚いたことに、女性が別の女性にかける電話の頻度は、先の二つよりずっと低い三番目だったが、それでも男性から女性への電話よりはずっと多かった。このパターンはずっと一貫していたが、五〇歳になったところで劇的に変化した。五〇歳になると電話をかける相手は、二〇代（おそらく成長した子どもへの電話）が大きな山となり、次の山は五〇代（配偶者や同年代の友人）だった。五〇代が二〇代にかける電話で最も頻度が高かったのが、女性から若い男性への電話、それより少し少ない二番目が、年配の男性から若い男性への電話だった。これと比べると、五〇代の女性から女性への電話も、五〇代の男性から女性への電話もずっと少なかった。どうやらこの時点では、母親も、そして比較的数は少ないが父親も、息子には電話をかけるが、娘のことはそれほど気にかけていないらしい。たぶん息子たちは家を出ているが、娘たちはまだ実家周辺にいるからかもしれない（この国がカトリックの国だということを忘れてはいけない）。いっぽう五〇代の女性が同年代の友だちに電話をかける頻度はずっと低く、電話をかける相手のほとんどは子どもたちだった。このパターンは六〇代、七〇代も変わらず、ただ二つの山（子どもの山と、配偶者や友人の山）が一〇年ごとに、一〇年分ずつ右側にずれていくだけだった。

ミシガン大学のクリスティン・アジュラウチたちのグループは、四〇歳から九三歳のアメリカ人一七〇〇人を対象に、近しい社会ネットワークと心の健康について調査した。その結果、年齢を重ねるにつれ、社会ネットワークの一番内側（サポート・グループ）にいる人の数は、男性が七・四から六・一に、女性が八・一から六・四に減り、友人の年齢も比例して上昇していた。もちろん友人は友人というだけで大切な存在だが、同年代の友人は自分と同じぐらい衰えているため買い物を頼めるわけでもなく、物理的にはあまり助けにならない。歳をとるうち、友人との距離も遠くなり、連絡を取る頻度も少なくなるが、このどちらも、その人にとっては決していいことではない。だから年をとったら、すぐに、そして簡単に会えるように、友人同士は叫べば聞こえる距離にいる必要がある。

教育も、全般的にはメリットがあるようで、より高い教育を受けた人、特に男性で高い教育を受けた人はネットワークも大きかった。いっぽう、当然と言えば当然だが、主婦として人生の大半を家で過ごした女性のネットワークは小さかった。

死別と離婚

離婚や配偶者の死といった大きな出来事は、残された人の社会ネットワークに多大な影響を与える。離婚も配偶者の死も悲しい経験であり、それがどのような種類の嘆きであれ、社会と疎遠になる原因になる。また離婚でも死別でも、パートナー分の社会ネットワーク半分、特にそれほど親しくなかった友だちはすぐにいなくなる傾向があり、孤独や社会的孤立の度合いはさらに高まる。

当然と言えば当然かもしれないが、ヨーロッパとアメリカ両方の調査によると、離婚した人は同年齢の既婚者よりも幸福度が低く、うつ病の症状や社会的孤立、生活上の負の出来事、健康問題を訴えることが多いという。とはいっても、その原因が離婚のトラウマなのか、サポートを申し出てくれる友人を失ったせいなのかはわからない。どちらも、個人の健康や福祉を損なう可能性は大きいからだ。またこのような調査では、離婚を言い出した側と言い出された側を区別していないため、言いだした側がどの程度苦しんでいるかもわからない。おそらく離婚された側のほうが、精神的ショックもトラウマも大きく、情緒不安定になっているだろう。一般に、離婚をすれば引っ越しの必要に迫られるので生活水準は下がり、ストレスは高まる。さらにシングル・ペアレントになる（あるいは子どもとしょっちゅう会えない）負担もあり、そのすべてが心理的、身体的な健康に悪影響を及ぼしがちだ。

ライフイベントが及ぼす影響を分析したコーネリア・ウォーズスによれば、離婚後に家族のネットワークが縮小するのは主に、義理の家族との交流がなくなるからで、ネットワークのそれ以外の層には大きな変化はなかったという。それでも、義理の家族を失えば、ネットワークには大きな穴が開く。たとえ義理の家族でも、友だち以上の存在としてしょっちゅう会っていたのならばなおさらだ。私たちがサンプルにしたイギリス人女性とベルギー人女性のネットワークでは、典型的な一五〇人のネットワークの約半分が家族で、そのうちの三〇パーセント（約二三人）が義理の家族だった。したがって、配偶者の拡大家族全員を自分のネットワークに入れるわけではないとしても、顔を合わせたり、交流したりする義理の家族は、あなたの一五〇人のネットワークにとってはそれなりに大きな存在だ。ネットワークから二〇人ちょっとの人がごっそりいなくなれば、当然、あなたの社会生活には大きな穴があく。

たいていの人は時間の経過とともに離婚のトラウマから立ち直るが、回復のスピードはその人が利用できるリソースによって決まる。支えてくれる友人や家族がたくさんいて、収入も教育レベルも高い人は、トラウマの度合いも低く、より早く立ち直ることができるのだ。また、離婚した人の気持ちの持ち方も重要だ。離婚を新たなスタート、新たなキャリア・チャンスとして捉えられる人なら、離婚を人生の失敗と捉える人よりうまく乗り切ることができるだろう。いっぽう、以前から精神衛生上の問題（それが離婚の原因となった可能性もある）を抱えていた人は、たとえ自らが言い出した別れでも、離婚という状況にうまく適応できないことが多い。

離婚から立ち直るには、再婚が大きな役割を果たすことも多い。新たな恋愛のパートナーが、感情的、精神的支えとなってくれるからだ。しかし社会学的なエビデンスによると、離婚後は男性のほうが女性より早く再婚する確率が高く、傾向としては、再婚相手は元のパートナーより一〇歳から一五歳若い。男性のほうが再婚が早いのは、女性は相手と感情的に深い絆を結ぶ傾向が強いので、同じ経験を繰り返したがらないということの表れでもあるだろう。一度嚙まれたら、二度目は用心深くなるのが人情だ。

だがそれだけでなく、子どもは母親が引き取ることが多く、それが再婚へのブレーキになっていることもあるだろう。一般に独身男性は、ほかの男性の子どもの面倒を見ることに抵抗があるからだ。

ちなみに再婚には連れ子の有無が大きく影響するため、かつて結婚相談所は女性たちに、子どもがいるとわかると交際申し込みがなくなるので、自己紹介文には子どものことを書かないほうがいいとアドバイスしていた。でも女性たちは実際にそれを経験するまで、私たちのアドバイスを聞いてくれないんですよ、と以前、結婚相談所の担当者から聞いたことがある。私がこれまで何度も共同研究をしてきた歴史人口学者のエッカート・ヴォーランドはこれと同様の状況を、ドイツの大西洋沿岸にあるクルムホルン地方の一八、九世紀のデータでも発見した。彼によれば、子どもが一人いる若い寡婦の再婚確率は、子が死亡したほうが、子が生存している場合よりも有意に高かったという。このような田舎の農村では、結婚がもたらす経済的メリットは非常に大きいため、乳児を一人死なせても、それで再婚の可能性が上がり、将来、より多くの子どもを持てるのであれば、貧しさのなか女手一つで子ども一人を育てるより良いと考えたようだ。ジョン・ライセットと私は、現代イギリスの中絶の統計にも同様のパターンがあるのに気が付いた。年齢別で見た場合、中絶の可能性とその後に結婚する統計的可能性は正比例していたのだ。

配偶者の死は離婚と同じくらい衝撃的な出来事で、社会的、心理的影響の大きさも離婚したときと変わらない。コーネリア・ウォーズスによれば、配偶者が亡くなると、全体的な友人ネットワークの規模は大幅に縮小するが、その後の二年間でサポート・ネットワークの規模は拡大するという。全体的なネットワークの規模が小さくなるのは、それほど親しくない友人との交流が減るからで、たぶん社交へのモチベーションの低下や、悲しみに暮れるあまり通常の社会的交流をする心の余裕がなくなるからだろう。いっぽうでサポート・ネットワークが大きくなるのは、残された人を励まそうと家族や友人が集まってくるからだ。

離婚後の人へのアドバイスは、配偶者を亡くした人にもあてはまる。支えてくれる親しい友人や家族が多い人、宗教活動に積極的な人、趣味などの関心事がある人たちは、悲しみにうまく向き合い、早めに立ち直れる可能性が高いからだ。とはいっても、心の強さも、死に至ったときの状況も人それぞれなので、もちろん個人差はある。また、高齢者の死はある程度予想されているが、若い人の死はそうではないから衝撃も大きく、残された人も立ち直るのに時間がかかる。また、長患いの末の死のほうが、突然の死よりは心の整理がつきやすい。しかしどのような死であっても、配偶者の死は深い悲しみを伴い、ときにその悲嘆は予想外に深く、残された人を衰弱させる。

高齢になってからの友だち

老いは、独特の恐怖を私たちにもたらす。自分は無敵で不死身だ、と若いときのように無邪気に信じられなくなるからだ。また、多くの友人や家族を見送るうちに、人間の身体はもろいものだというこ とを、身をもって感じるようにもなる。若いころのようなエネルギーやスタミナもなくなり、徹夜で踊り、酒を飲んでいた時代は、もはやおぼろげな記憶でしかない。あの「頭巾をかぶったベアラの修道女」の詩が語っていたように、それはあてのない道を歩く孤独な旅だ。一章でも述べたように社会的孤立の度合いが高まると、それは私たちの心身の健康に深刻な悪影響を及ぼす。そしてその悪影響は肉体だけでなく私たちの認知能力にもおよび、そこから負のスパイラルが生まれていく。会う人が少なくなるうちに認知能力が衰え、その結果、さらに人と会わなくなる。なぜなら会話をしていても、もう面白い話を提供できなくなるからだ。

マリア・ヴィクトリア・ズンズネグゥイのグループはマドリード郊外の自治体、レガネスに住む六五歳以上の一五〇〇人にインタビューし、四年間にわたって彼らを追跡調査した。その結果、認知能力の低下リスクが最も高かったのは、社会的つながりが少ない人、社交活動が少ない人、そして社会参加が足りない人だった。いっぽう、認知能力の低下リスクが最も低かったのは、親戚と定期的に対面で会っている人、より広いコミュニティと頻繁に関わっている人だった。女性の場合、友人との定期的な交流が最も認知力を守るようだったが、男性には同様の傾向は見られなかった。

一九八四年、アメリカの保健社会福祉省は、老人ホームに住む高齢者七〇〇〇人を対象に六年間の追跡調査を行い、身体的活動と社会的交流が身体機能におよぼす影響を調べた。調査開始時点での対象者の平均年齢が七七歳だったので、調査終了時にはかなりの人が亡くなっていたため、死亡したかどうかを彼らの身体的健康状態の機能的指標にした。その結果、身体活動レベルと社会的交流レベルはそれぞれ、将来の死亡リスクを独立して予測していた。さらにこれらの効果は、ジェンダーや年齢、教育、収入、民族、慢性病の既往歴などによる影響とは無関係だった。また身体活動も社会的交流も、配偶者を失ったことによる負の影響から男女両方を守っていた。つまり、配偶者を失って間もない人々は死亡リスクが大幅に高まるが、身体的または社会的に活発に動けばそのリスクは軽減されるのだ。

高齢になると何もかもが悪化の一途をたどり、すべてが思うようにいかなくなる。また、古い友人が亡くなったり、引っ越したりしても、現在の人口の大部分を占める若い人たちとは話が合わないから新しい友人はなかなか見つからない。体力も落ちるので、以前のように外に出る気もなくなり、身体を動かす活動に参加する能力も低下する。また、認知能力の衰えにより、かつてのように気の利いた返事や、愛想のいい返事もできず、社交の相手としてつまらない存在になってしまう。そのうえ、最近の社会や政治の最新情報、流行のジョークへのアンテナも鈍るので、人々が興味を持つ話題にも疎くなってしまう。社会生活が貧弱になると、認知能力の健康にも身体の健康にも悪影響が及び、認知症や入院が必要な身体的な病のリスクも高まる。これでは、見通しが明るいとは言い難い。このような状況は物理療法で治るものではなく、精神科が扱う問題でもない。従来の医療ではほとんど解決できない、医療のはざまにある問題なのだ。だからこそ、高齢者に社交クラブや社交的な活動を提供することが、彼らの精神的、肉体的健康を維持するうえではより重要となるのだ。

　高齢になったときに社会的交流から遠ざかる一番の理由は、身体が思うように動かなくなることだ。身体が動かなければ、人々が集まるところに出ていくこと自体が難しくなり、最後には家からも出られなくなる。そう考えるとインターネットは、私たちの時代ならではの解決策を可能にしたともいえる。そこで、この友人関係に関する本書の最後の章では、デジタル世界やソーシャルメディアは現在の高齢者に何をもたらしたか、そしてインターネットとともに育った若い世代にどのような未来を提供するのかを見ていこうと思う。

一六章　オンラインでの友だち

何年か前、ダンバー数について記事を書こうとしていたジャーナリストからインタビューを受けたことがある。若いアメリカ人女性で、専門は大規模オンライン・ゲーム――〈Second Life〉や〈World of Warcraft〉など、世界中から何百万人ものプレイヤーが参加するゲーム――の世界だった。自身も熱心なプレイヤーである彼女は、オンラインの世界は人間の行動を研究するのにうってつけだとしきりに勧めてきた。こういったゲームのほとんどは、プレイヤーが他のプレイヤーと連携して目標を達成し、目標が達成できればリソースを得て、それでまた次の課題にチャレンジできるというスタイルだ。彼女は熱烈なファンならではの熱心さで、ゲーム内で結ぶ同盟関係は、リアルな世界での日常的なコミュニティ構造とほぼ同じだと熱弁した。違うのは、関係の構築も崩壊もオンラインのほうがずっと早いだけだという。そのうえゲームの世界では、プレイヤーたち自身が、他者の善意にただ乗りしたり、二枚舌を使ったりする人に対処する仕組みを作り出したというのだ。

これは面白いと思った私は、こういったゲームから得られるデータを分析する資金を調達しようと何度か試みたが、興味を示してくれる人はいなかった。だがそのうちに、こういったゲームの世界が生み出すデータの量は膨大で、分析には統計物理学者並みの数学と演算のスキルを持つ人材が必要なことに気がついた。そもそも、私の手に負えるしろものではなかったのだ。ところがその二、三年後、この手のスキルをもつ人々が何人か、まさにこういう類の研究をしたいと言って私のもとを訪れはじめた。彼らのなかには、フェイスブックのようなオンラインの世界でのリアルな友情に興味があるという者もいれば、ゲームの世界でのヴァーチャルな友たちづきあいを研究したいという者もいた。

オンラインの世界での友だちづきあい

二章では、フェイスブックの友だちのほうが現実世界の友だちより多いという人はほとんどおらず、たとえいたとしてもそれは、リアルな世界の顔見知りまでをすべて友だち登録しているからだと述べた。実際、ソーシャル・ネットワーキング・サイト（SNS）とは、たんにオフラインの友人と交流する場でしかなく、新しい友と出会う場所ではない。フェイスブックとは、私たちの祖父母世代にとっての電話であり、たんに現代のコミュニケーションツールというだけだ。もちろん、ネット上で新しい友人は作れないと言っているわけではないし、そうやって生まれた友情もあるだろう。だがそんな出会いは、人々が思っているほどしょっちゅう起こるものではない。むしろほとんどの人は、すでに知っている人たちを友だちとして登録しているだけだ。

じつは、SNSのせいで事態はややこしくなってきている。というのも、そういったサイトはユーザーに、できるだけ多くの人を「友だち」登録するよう巧妙に勧めてくるからだ。サイト上の広告で収益を上げるというビジネスモデルなのだから、それは仕方がない。けれど二〇〇七年頃になると、人々は疑問に思いはじめた。友だちの友だちのそのまた友だちと友だちになろう、と促してくるフェイスブックなどのシステムに言われるまま友だちになったこの大勢の人たちはいったい誰なのだろうか、と。投稿した内容や、個人的な「会話」での発言が見ず知らずの他人に閲覧されてしまうことに、ユーザーたちは違和感を覚えはじめたのだ。そんなとき、「人が円滑に維持できる人間関係の上限は約一五〇人」という説があるらしいと誰かが言い出し、それを聞いた人たちが自分の生活を振り返り、いやたしかにそのとおりだと思ったらしい。彼らはいっせいに自分のSNS上の「友だち」削減を開始し、淘汰の嵐が吹き荒れた。そのうちこれはゲームのようになり、「友だち」を減らしたら賞金を払う、と言い出す広告主まで現れた。こうして、この一五〇という数値はダンバー数として知られるようになったのだ。だからこの点では、私はフェイスブックに感謝しなければいけないだろう。

そうこうするうち、別の問題が浮上してきた。親たちだ。彼らの大半は、わが子やその友人たちに「ついていく」(つまりは監視する)手段として、フェイスブックを使い始めた。しかし親たちに見られていたら本音を投稿することなどできない、と若いユーザーたちは居心地の悪い思いをし始めた。さらに悪いことに、企業も採用候補者をフェイスブックでチェックし始めたのだ。じつはこの時期は、教師の職を得た人より、失った人のほうが多かった時期とも言われている。教師たちが自分のフェイスブックにあげたフロリダやタイでのバカンスの写真を見て、自治体の教育委員会(アメリカで地域の学校を運営する組織)がそのあまりのはじけっぷりに愕然としたからだ。現実の世界では、人々の交流の輪は小さな集団にきっちり分かれていて、それが重なり合ったり、相互に作用したりすることはほとんどない。したがって構成メンバーが異なる別の集団にいるときは、まったく違う自分を演出することも可能だ。けれどフェイスブックでは、異なる友人の輪に属している人たちの多くが同じコミュニティに参加することになるため、自分が演じていた別の顔すべてが友だち全員の前にさらされることとなった。これが、フェイスブックの人気が下降した主な原因の一つだ。特に年齢層が下のユーザーは、WhatsAppやSnapchatのような、より内輪向けの交流手段に乗り換えていった。

もちろんこれは、大きく異なる二つのエビデンスから得られた印象だ。一つは、人々がＳＮＳを利用する方法とその理由を探った複数の研究で明らかになったエビデンスだ。ニコール・エリソンの研究によれば、学部生がフェイスブックを利用するのはもっぱら、現在の友人たちとのつきあいを維持し、深めるためだが、それと同時に、かつて同じ寮に住んでいた仲間や以前の級友との関係を保ち、彼らと音信不通になることを防ぐという目的も大きいという。もう一つのエビデンスは、あなたの友人関係をより親密な友だちだけに制限しようとするネットワーキング・サイトの増加だ。アメリカのソーシャル・ネットワーキング・サイト〈Path.com〉は、のちにユーザーたちの要望でその数を一五〇人まで引き上げたが、当初はつながることができる友だちを五〇人までに制限していた。オランダの〈Camarilla〉は世界最小のＳＮＳサイトと謳い、登録できる友だちはたったの一五人までだ。また、WhatsAppのような非公開の少人数グループのユーザーが互いに話をしたり画像を交換したりできるメッセージ・サービスの人気が爆発的に高まったことも、より狭い範囲で個人的な会話をしたいというニーズの存在を物語っている。これらを総合すると、無制限に人とつながれるフェイスブックのようなネット環境はある種の社会的交流には有益だが、社会生活の多くの側面にはなじまないとほとんどのユーザーが考えていることがわかる。私たちはやはり、プライバシーを大切にしているのだ。

それでもまだ疑問は残る。実際のところ、私たちのオンラインの世界は、人々と対面でつきあうオフラインの世界と同じなのだろうか。人間の心理の根底にある認知的側面は、オンライン、オフライン双方の世界をどの程度支え、制限するのだろうか。

　あの若いアメリカ人ジャーナリストに、オンライン・ゲーム世界の研究を勧められてから何年もたったころ、私はある会議でオーストリアの物理学者、シュテファン・サーナーと出会った。会議の主催者は、コヴェントリー大学の統計物理学のグループ長で共通の友人でもあるラルフ・ケンナだった（彼が教えていたパドレイグ・マッキャロンは、私のポスドクになった――科学界はみなどこかでつながっている）。そこでまた一つ偶然が重なり、なんとシュテファンはオーストリアのオンライン・ゲーム〈Pardus〉から得られたデータにアクセスできることがわかった。〈Pardus〉はまさに、私が研究対象にしたいと考えていた類のもので、三〇万人ものプレイヤーを擁する未来の宇宙を舞台にしたゲーム世界だ。プレイヤーのアバターは（他のゲーム同様、誰もが匿名だ）、互いに競い合ったり同盟を結んだりしながら、タスクを解決し、不動産を取得して富を築き、他のプレイヤーの資産（リソース）を奪っていく。もちろんこれはヴァーチャルにプレイされるのだが、スピーディに展開するゲームを通じて人間の自然な社会行動パターンがあからさまになっていく（プレイヤーたちは互いの過去の行動を把握し、もし不正行為や契約の不履行があれば罰せられる）。プレイヤー同士が協力関係を結ぶときのパターンを分析したシュテファンと、ディディエ・ソネット（社会構造に関する私たちのデータセットを分析したフラクタル分析担当者）は、リアルな世界の社会ネットワークにも、デジタル世界の社会ネットワークにも、非常によく似たサイズと、基本的に同じ換算係数を持つ、本質的には同じ階層的集団があることを発見した。

　シュテファン・サーナーの研究グループは、〈Pardus〉の個々のプレイヤーの行動をさらに細かく調査した。その結果、女性は男性より他者との交流に前向きで、よりポジティブな行動を呼び込むが、男性は自身の行動も他者からの仕打ちもネガティブなものが多いことがわかった。また、女性が取引をするネットワークは男性のそれよりもはるかに性別を意識していることもわかった。女性同士で取引きする率のほうが、プレイヤー同士が無作為に相手を選んで取引きする率よりはるかに高かったのだ。いっぽう、男性から女性への取引も多く見られたが、女性から男性へ、男性から男性への取引は比較的少なかった。女性が交流するパートナーの人数は男性より一五パーセントほど多く、取引のネットワークも男性のそれより二五パーセントほど多くクラスター化していた――つまり女性は自分と同じように活発に取引する個人と取引する可能性が高いのだ。これは女性がホモフィリーや安定性をより強く好むことを示していた。また、自分の友だちと対立関係にある人物を攻撃する可能性が高いのも女性のほうだった。いっぽう男性は女性より、有力者と結びつきのあるプレイヤーを好む傾向が強く、女性は男性よりも、互いの関係を深める努力を多く行っていた。どれもみな、一三章で見た男女の社交スタイルの違いと驚くほど一致している。

このような研究結果からわかるのは、たとえ見ず知らずの相手とヴァーチャルな環境でゲームをしているときでも、私たちの交流パターンには、リアルに顔を合わせて交流するときに利用する社会構造が反映されている、ということだ。つまり、そのような構造化は私たちの脳の奥深くにあるものから生じているのだ。すべての人間がその構造を共有しているのも、それが簡単には変わらないのも、おそらくそのせいだろう。

重要なのはコミュニケーションの手段

携帯電話には、あらゆる種類のすばらしい機能が備わっている。メールのチェックもできるし、初めて行くパブにだって無事にたどり着ける。たとえスマホを失くしても、ちゃんとどこにあるかわかるのだ（電話をしなくても！）。友人に電話もできれば、メッセージを送ることもでき、もちろんウィキペディアで調べものだってできる。電話での通話はほぼ一世紀前から存在したが、携帯メールのやりとりが始まったのはごく最近、それもその導入はまさに偶然の産物だった。携帯メールを考案した技術者たちは、第二世代の携帯電話（初期のレンガ大の携帯電話からかなり小型化されたもの）にこの機能を追加したが、このときは、それほど大それた期待はしておらず、たんにこういう機能を加えることが可能だからつけたというだけだった。こんな機能があったら電車の発車時刻や天気の最新情報を送信できて便利だとみんなが思ってくれるかも、という軽い気持ちだったのだ。当時のプログラマーはほとんどが男性だったため、携帯メールを社交の手段にする人がいるなど想像もしなかったに違いない。けれどこの機能が利用できるようになると、数カ月のうちに、人々は夢中で携帯メールをやり取りするようになっていた。まあ、その内容は「ハロー、今、ここにいるの、あなたに会いたい！」程度の他愛のないものだったのだが。

以後、携帯メールは私たちの生活の一部となり、メールがない生活など考えられないほど、日常の社会的交流には欠かせないものとなった。そして今や携帯メールは、最も利用されているコミュニケーション手段のひとつだ。携帯メールなら、特定の個人に宛てたごく内輪なやりとりができるからだろう。

けれど、デジタルの世界ではすべてが永遠に残るということを忘れはいけない。内輪だから大丈夫と油断して送った露骨なメールが火種となり、破滅に追い込まれた人は少なくない。携帯メールにはプライバシーが保てるというメリットはあるが（少なくとも盗み聞きされるリスクはない）、話しているときと同様の親密度は生まれない。そのためか私たちは携帯メールを、特定の種類のコミュニケーションでのみ使うことが多い。いい話は携帯メールで伝えるが、悪い話は昔ながらに電話で伝えることが多いのだ。たぶん悪い話をするときは、直接、共感や慰めの言葉を言ったり、言われたりしたいからだろう。携帯メールは社会的交流の手段にはなるが、即時性が低く繊細さにも欠ける。気の利いた返信を考えているあいだに、相手が携帯電話の電源を切ってしまう可能性もあるし、相手からの返信を待っているうちに、だんだん心配になってくることだってある。気を悪くするようなことを書いてしまっただろうか、それとも自分が送った永遠の愛を誓う言葉や世界に対する痛烈な批判などどうでもいいと思っているのだろうか、とくよくよすることもあるはずだ。

言うまでもなく、文字ベースのコミュニケーションには多くのリスクがある。一つは〈送信〉ボタンで、これは本当に要注意だ。何年か前、私はホロコースト記念日財団（Holocause Memoridal Day Trust）は、一九四〇年代に起こったホロコーストの犠牲者を想起・記念するイギリスの慈善団体）から、その年の記念日に発表するメッセージ作成の手伝いを依頼された。テーマは、結果や影響を考えずに〈送信〉ボタンを押してしまうことで、ソーシャルメディアはいじめの道具になる可能性があるということ、そして一九三〇年代がそうだったように、なぜ私たちはいじめを見て見ぬふりをするのか、だ。財団はデジタルメディアの利用に関する調査を委託して、いじめられた、またはいじめた経験についてのアンケートを行い、私はその結果に関して報告書を書くよう依頼された。そのアンケートでは回答者の四分の一が、あとになって悔やむこと——対面での会話では絶対に言わないような——をオンラインで発言したことがあると認めていた。

後悔していると回答した人々のほぼ半数は送信した内容が不適切だったからと言い、四分の一は、相手の気分を害したかもしれない（あるいは、すでに害した）とあとで気づいたと答えていた。興味深いことに、ここには年齢による大きな違いがあった。一八歳から二五歳の三〇パーセントはソーシャルメディアに投稿したことを後悔していたが、五五歳以上の人ではわずかに一二パーセントだった——このような社会スキルは持って生まれたものではなく、学んでいくものだということを示すさらなるエビデンスかもしれない。若い人たちがソーシャルメディアに送ったメッセージを後悔する理由には、自分が書いたものを見直すことが少ないということもあるだろう。特に男性はその傾向が強かった。自分が書いたものをつねに確認すると答えたのは女性では四〇パーセントだったが、男性はわずか二五パーセントだった。

投稿する前に見直さない、それがインターネット上のいじめが蔓延した理由の一つかもしれない。サンプルの三分の一以上が、ネットいじめを目撃した、または自分がその被害者となったと回答していた。被害者をかばって介入したと答えたのは回答者の半数以下。いっぽう、いじめを助長したことがあると答えた人は一三パーセントにのぼった。顔を突き合わせる実世界では、自然に社会的抑制が働くため、私たちは口を開く前に思いとどまることができる。しかし自分の部屋に一人きりでいれば、社会的抑制などきくはずもなく、私たちは怒りや苛立ちをそのまま文章にし、投稿してしまうのだ。

調査に回答した人の半数以上は、日常的な対面でのやりとりはソーシャルメディアに取って代わられたと答えている（二〇一二年の話だ！）。いっぽうで半数の人は、支援やアドバイスが必要なときは直接顔を見て話したいと答えている（とはいっても、その三分の一は電話で話すほうがいいそうだ）。ここでもまた、年齢による差は大きく、年配の人々は親しい友人との交流も、精神的な支援が必要な場合も、じかに顔を合わせてのやりとりを好んでいた。

そうなると、では自分の社会ネットワーク内の人々との日常的な交流で、私たちは電話と携帯メールを同じように使っているのだろうか、という疑問がわいてくる。アールト大学の博士課程の学生、サラ・ヘイダリは、私たちが収集した高校生のデータセットのうち携帯メールのトラフィックを分析した。すると、携帯メールの送信パターンと電話の通話パターンはまったく同じであることがわかった。人は皆誰もが、「指紋」ともいえる独自の配分で友人や家族に電話をかけるが、友人や家族への携帯メール送信パターンもその通話パターンとまったく同じだったのだ。それだけでなく、その「指紋」の一貫性は時間が経過しても変わらなかった。とはいっても、電話をかけた相手のリストが携帯メールを送った相手のリストとぴったり重なるわけではなく、少なくとも電話と携帯メールの頻度の順番は同じではなかった。どうやら、この人（家族）には電話をかけるが、その他の人（友人）には携帯メールを送るといった区別があるようなのだ。しかし少数ながら電話も携帯メールも同じ頻度で受け取る人たちはいて、そういう人たちは概ね、優先順位が非常に高い人たちだった。つまり、最もよく連絡を受ける人たちは電話と携帯メールの両方を頻繁に受け、あまり連絡を受けない人たちは概して携帯メールを受け取るだけだったのだ。

タチアナ・ヴラホヴィッチは、大学院で私の教え子だった当時、ある調査を行った。調査対象者たちに二週間、一日の終わりに親しい友人五人との交流すべてを記録してもらったのだ。記録には、その交流に用いた手段とそのやりとりへの評価も標準的な社会心理学的幸福度（あるいは満足度）に基づいて記してもらった。交流に用いた手段は、対面、電話、スカイプ、インスタントメッセージ、携帯メールあるいは電子メール（この最後のカテゴリーには、フェイスブックなどのSNSへの投稿も含む）に分類した。するとこの調査結果は驚くべきものだった。対面あるいはスカイプを利用してのやりとりは、その他の手段のどのやりとりよりもずっと満足度が高く楽しかったと評価されたが、それ以外の手段の間にはほとんど差がなかったのだ。これを間接的に裏付けたのが、アンナ・マチンが恋愛関係と親友関係について行った大規模調査だ。この調査では、恋人や親友といった親しい間柄の場合、電話や電子メールでのやり取りの頻度が、当事者の主観的な親密度に影響することはほとんどないことがわかった。実際、親しい友人同士、特に男性同士は、顔をつきあわせてのやりとりこそが重要らしかった――さすがに、ヴァーチャル空間ではサッカーをしたり、パブで飲み明かしたりすることはできない。

スカイプでのやりとりと対面でのやりとりの評価が同じだったという事実は、会話を楽しいものにするには二つの重要な要素があることを物語っている。まず一つは、対面とスカイプにはほかの手段と違い、心理学者が「共在性」と呼ぶ感覚――同じ部屋に一緒にいるような感覚――があるということ。文字ベースの媒体はもちろん電話でさえ、距離感が生まることは避けられない。だが共在性は、キーボードを打つだけでは絶対に感じられない親密感を作り出すのだ。二つ目の要素は、いわゆる「フロー」に関係している。フローとは音楽から発した用語で、特に他者と一緒に演奏しているとき、音楽が自分の手から離れて勝手に奏でられていくように感じる状況をさす。自分が演奏していたはずなのに、気がついたら主導権は音楽のほうに移り、メロディーが勝手に紡がれていくといった感覚だ。会話には音楽性がある、と言われるのもそのせいで、それが一番よくわかるのが、会話が流れるように次々と続いていくときだ。

会話のペースを調整し、話すタイミングを見計らうには、とても微妙でわかりにくい合図（キュー）に気づくことが重要だ。合図のなかには耳から聞こえるもの（たとえば発言の最後に少し声の高さを上げるのは、もう言いたいことは言ったので次の方どうぞという合図）もあれば、目で見えるもの（話しているときは相手から目をそらし、話をやめる直前にちらりと相手を見る）もある。だがそれ以上に重要なのが、話しているときに相手から得られる無数の視覚的な合図だ。ジョークのオチを言うより先に、相手の顔に浮かぶ笑みなどはその好例だろう。特にジョークは、文字で読むだけでは、対面で言われたときのようには面白みが伝わらない。対面で語れば大爆笑の内容も、文字になるとなぜか堅苦しくなってしまい笑えないのだ。また、ジョークに気の利いた返信をしても、相手がその携帯メールや電子メールを読むのが数日後だと、さらに面白さは薄れてしまう（そもそも受け取った側は、もはや何に対する返信なのかわからない、ということとだってある）。

ここで特に重要となるのが、笑いだ。タチアナは、日々のやりとりで笑いが起こったかどうか——実際の笑いでも、笑顔の顔文字やＬＯＬ（「爆笑」の意）のような頭字語の笑いでも構わない——を回答者全員に尋ねた。するとどの媒体を使ったかに関係なく、そのやりとりに何らかの形で笑いが含まれていれば、笑いがないやりとりよりも楽しく、満足度も高いことがわかった。つまり、笑いを誘うフェイスブックの投稿なら、笑いを引き起こす実際の会話と同じぐらい高く評価されたのだ。このことからも大切なのは、会話のなかで笑いをどう誘発するかだということがわかる。

どうやら対面での交流は、たんに物事を言葉で伝達する以上の特別な魅力があるらしい。たしかに、誰かと直接かかわっているというだけで何か親密な感じはする。何を語るかなど、ほとんど関係ないのだ。まるで相手の白目を見ながら話すことに、何か重要な意味があるかのようだ。東京工業大学の小林洋美と幸島司郎が指摘するように、ヒトの目の特徴は、強膜（目の中央にある虹彩の外側の白い部分）が白いことで、ほかの霊長類の強膜は、虹彩と周囲の毛皮の色に近い茶色かこげ茶色だ。また他の種と比べても、私たちヒトの強膜は虹彩と比べてずっと大きい。だから私たちの目は顔の中でも非常によく目立つのだ。さらに、その白い強膜が暗い色の虹彩を囲んでいるのだから、相手がちゃんとこちらを見ているかどうかもよくわかる。たしかに、声に表情がない人との会話が難しいように、目を合わせてくれない相手や、つねに下を向いている相手との会話も気まずく、難しいものだ。

Ｃｏｖｉｄ－19の蔓延により実施された「ロックダウン」は、図らずも非常に有益な自然実験となった。この実験によって良いことが一つ、そしてそれほど良いわけではないが非常に参考になることが一つわかったと私は考えている。良いこととは、他者と自由に会えない環境のなか、友人や家族との関係を維持しようと人々が創意あふれる方法でデジタル技術を活用したことで、ヴァーチャルでの合唱や歌の集いからヴァーチャル食事会までさまざまなことが行われた。特にヴァーチャル食事会は、携帯メールを社交目的で活用したときと同様、人間の創造性の典型と言えるだろう。この食事会は参加者全員が同じメニューを調理し、同時にテーブルについてコース料理を一皿、一皿、一緒に食べるというものだが、面白いことにほとんどの人はこれを友人とではなく、家族と一緒に行っていた。これもまた、家族の重要性を物語る例の一つだ。ロックダウンでわかったマイナス面は、大規模な集団で利用する場合、ズームやスカイプといったアプリの使い勝手が非常に悪いことだ。一度に話せるのは一人だけなので、まるでちょっとした講演会のようになりがちだし、実際に大きなテーブルを囲んで話すときのように、誰かの話を聞きながら別の誰かと言葉を交わすといったこともできない。つまり、集まった人たちがいくつかの会話グループに分かれることができないのだ。仕事の会議ならそれでもいいかもしれないが、三、四人以上のグループで会話をする媒体としてちゃんと機能するかといえば、それはちょっと難しい。

フェイスブックなどのソーシャルメディアは、簡単に人と会えないときに友人関係を保つ媒体としては非常に有益だ。だがそれは、継続的に関係を深める努力をしなかった友人関係が時間の経過と共に自然消滅するスピードを鈍化させているだけのように私には思える。どんなデジタル技術を使っても、よほど強い絆がない限りは、友人が知り合いへ、そして昔の知り合いへと静かに格下げになっていくのを防ぐことはできない。どうやら友人関係を維持するには、時々顔を合わせて友情の「火花」を再燃させることが不可欠なようだ。重要なのは、対面でのやり取りに存在する感情的な質、表情や声が言葉に与える含みのようだ。また、実際に顔を合わせると「私はあなたと時間を過ごすために努力をした」という感覚も生まれる。

ソーシャルメディアの功罪

インターネットのソーシャル・ネットワーキングが、この一〇年で最大のサクセスストーリーの一つであることは間違いない。だがそれは、サイトの所有者や運営会社が儲かったというだけではない。朝食の写真を投稿したら多くの友だちに絶賛され、生活が一変したユーザーにとっても、これは大きなサクセスストーリーだった。しかし一見華やかに見えるこの成功も、水面下には不穏な要素が渦巻いている。デジタル世界が人々の心理的幸福に与える影響、そして私たちの倫理観や政治観が善意の人や悪意の人たちによって操られるリスクだ。まるで世界は、デジタル楽観主義者とデジタル悲観主義に二分されているかのようだ。楽観的主義者たちは、デジタル技術のおかげで情報が入手しやすくなったうえ、人種、年齢、社会経済的地位にもある程度関係なく、世界各地の人と出会う機会が増えたと言い、このメリットはどんなデメリットにも代えがたいと主張する。いっぽう悲観主義者たちは、インターネット利用の大半は社会的交流としては意味のないものだと切って捨てる。そのほとんどは、ポルノや映画鑑賞、非社会的なオンライン・ゲームなどの孤独な娯楽の追求でしかなく、あとは、楽しそうな友人の投稿を見て、ダメな自分に落ち込むだけ、というのだ。

ボブ・クラウトの独創性に富んだ研究の一つで、転勤で新しい街に引っ越した成人を対象にした長期研究では、インターネットに多くの時間を割く人は対面での新たな友人関係づくりをする時間が少なく、その結果、憂うつ感や孤独感が増すことがわかった。また、インターネットを利用するようになって一、二年目の七三世帯、一六九人を対象にした彼の別の研究では、インターネットを使えば使うほど、家庭内でのコミュニケーションが減り、社交の輪も小さくなり、憂うつや孤独を感じる可能性が高くなることがわかった。

ほとんどの人は、インターネットを通じた交流では、いま一つ満足できないと思っている。まず、インターネットでの交流には「西部開拓時代的」要素、すなわち考えるより先に行動してしまうといった性質がある。このことに関しては、例のホロコースト・メモリアル・デイ財団の調査でわかったことが二つある。一つは、フェイスブック上の友だち全員が本当の友だちではないと人々がはっきり認識しているということ。フェイスブック上に何人友だちがいようと、人々が回答した「本当の」友人の数は約一三人で、どうやら彼らはシンパシー・グループ（または一五人の層）を本当の友だちと考えているらしい。実際、フェイスブックのデータを分析した社会学者のキャメロン・マーロウによれば、友だち登録の数が五〇人でも、一五〇人あるいは五〇〇人でも、ダイレクトメッセージを交わす相手の大半は約一〇人（男性の場合）または一六人（女性の場合）のコア・グループのメンバーだという。トーマス・ファッジが実施したイギリスでの調査結果も同じで、人々は自分のフェイスブックのページに友だち登録している人のうち、本当の友だちは一六パーセントから二〇パーセントだと答えている。

おそらく多くの人にとって一番の心配は、デジタル世界が子どもたちに与える影響だろう。インターネットいじめや、過激派によるプロパガンダの投稿が広く行われていることが、その主な理由だ。世間では、最近の一〇代の子どもや若者が精神的に弱って見えるのは、自分の生活はぱっとしないのに、友だちの充実した生活をSNSで見せつけられて落ち込むからだ、という見方が広がっている。たしかに、締め切りをとうに過ぎた作文の宿題を仕上げるために図書館にこもっているとき、楽しそうなパーティの様子を投稿している友だちのSNSを見れば、落ち込むだろう。実際は、友だちだってそう楽しく過ごしているわけではないのだが、インターネット上では、充実した時間を過ごしているように見せなければ、というプレッシャーが生じるのだ。そうやって皆が競い合っていくうち、私たちはその渦に巻き込まれ、憂うつになってしまうというわけだ。

とはいっても、生まれたときからインターネットがあった今の一〇代の子どもたちにとっては、事態はそれほど絶望的ではないかもしれない。エイミー・オルベン（私の下で博士課程を履修したなかでおそらく最も勤勉な学生で、今やケンブリッジ大学の主任研究員だ）は、イギリス、アイルランド、アメリカのいくつかのデータセットを分析した。どれも調査対象者の活動や感情を詳細に尋ねた、非常に大規模な全国的調査のデータ（対象者は何万人規模だ）で、彼女はオンラインで過ごした時間が子どもの幸福感に影響するかどうかについて分析した。その結果わかったことは、たしかにマイナスの影響はあった（ネットを使う時間が長ければ長いほど、彼らの幸福感は低下した）が、統計学的にはその影響は非常に小さいものだった。それよりはむしろ、補導経験や大量飲酒、オンライン上でのいじめ、ソフトドラッグの使用のほうが、子どもの幸福感へのマイナス効果はずっと大きく、テクノロジーの利用が及ぼすマイナス効果は、眼鏡をかける必要があることが及ぼすマイナス効果とほぼ同じだった。それとは対照的に、きちんとした食生活（特に野菜や果物の摂取）は、幸福感に非常にいい影響を与えていた（だがこれは、たんに食事の効果というよりはむしろ、バランスの取れた生活を促す家庭環境のせいだと私は考えている）。

しかし縦断的研究のデータからは、オンラインで過ごす時間の長さが、わずかではあるが長期的に有意な影響を及ぼすこともわかった。オンライン技術の使用を減らすと、一年後の生活の満足度が上昇していたのだ。逆に増やすと、一年後の生活の満足度は低下していた。とはいってもその影響は決して大きいわけではなく、エイミー・オルベンは、メディアは若い世代のテクノロジー利用について大騒ぎしているが、たぶんそれはたんなる騒ぎすぎだと結論づけた。それよりも、学校の勉強や学校の環境、そして程度は低いものの友人関係にまつわる心配事のほうが、生活満足度への負の影響は大きく、特に女子でその傾向が強かった。いっぽうで男子は、友人関係の質によって生活満足度が変わることはほとんど、またはまったくなかった。まあ、これは驚くにはあたらないだろう。

しかし多くのことは、若者がオンラインで何をするのか、ネットをどう使うのかによって変わってくる。オックスフォード大学のアンディ・プリビルスキーとネッタ・ワインスタインは、オンラインで過ごす時間が長ければ長いほど精神状態が有意に低下することに気づいた。それは映画鑑賞でも、ビデオゲームでも、普通のコンピュータ利用やスマートフォンをいじっているだけでも同じだった。特に、インターネットの利用は平日のほうが週末よりもマイナスの影響が大きかった。これは、インターネットを使っていたせいで宿題が終わらなかったという連鎖的な影響があったからかもしれない。しかしどちらの場合も、インターネットを全く使わなければそれはそれで、幸福度はわずかに下がることがわかった。もしこの時代にまったくインターネットを使わず、スマートフォンさえ使わないティーンエイジャーがいるとすれば、その子は今の世の中にうまく適応できていない可能性が高く、その精神状態が低下していれば、それはその子が何か深刻な問題を抱えているシグナルだろう。アイスランドのインギビョルグ・トリスドッティルたちのグループが一万五〇〇〇人余の成人を対象にした最近の調査では、ソーシャルメディアの積極的な利用は不安や抑うつの症状を軽減するが、受動的な利用は逆効果で、むしろこのような症状の頻度を上げることがわかった。またこの結果は、自尊心の欠如やオフラインでの仲間からの支援、身体イメージの悪さといったリスク因子をコントロールしても変わらなかった。

さらにこのような影響には、男女差もあると考えられる。カラ・ブッカー、イヴォンヌ・ケリー、アマンダ・サッカーはイギリスのミレニアム研究（二〇〇〇年九月から二〇〇二年一月のあいだにイギリスの家庭に生まれた一万九二四四人の乳児をサンプルとした縦断的研究）のデータを分析し、ソーシャルメディアの利用と幸福度の関係には大きな男女差があることを発見した。特に、女子では一〇歳時点でのソーシャルメディアの利用が多いと、一四歳時の幸福度が低下したが、男子にそのような影響はなかった。またこの研究は、ソーシャルメディアの利用は幸福度に直接影響を及ぼすが、それだけでなく、オンラインでの嫌がらせを通じて間接的にも影響することを明らかにした。さらに、ソーシャルメディアの利用の多さは、睡眠の質の低下や自尊心の低下、身体イメージの悪化にも関連しており、この三つも幸福度に悪影響を及ぼしていた。

ウィスコンシン大学のレスリー・セルツァーのチームが行った調査は、この文脈では特に参考になる。まず八歳から一二歳の少女たちにストレスの高い課題に取り組んでもらい、その後、彼女たちに母親と直接またはインスタントメッセージで話をさせてから、それぞれの尿に含まれるコルチゾール（ストレス・ホルモン）とオキシトシン（いわゆる「愛情ホルモン」）のレベルを測定した。このとき採用された課題は子どもがストレスを感じる課題としてよく知られる「小児向けのトリーア社会ストレステスト」で、感情をまったく見せない大人を相手に言葉と計算のテストをするというものだ。その結果、母親と直接話したときのほうが、母親にメッセージを送っただけのときより、子どもたちのコルチゾールのレベルは低く、オキシトシンのレベルは高かった。つまり、デジタルメディアを使って安心感を求めても安らぎは得られず、ストレスは軽減されるどころかむしろ高まる可能性があるということだ。

この問題についてはまだ完全には結論が出ていないが、オンラインで長時間過ごすことで生じる影響については、いくつか別の懸念を私は抱いている。一五章でも見たように、大人の込み入った世界を生き抜いていくのに必要な社会的スキルは非常に複雑で、人間がそのスキルを身につけるには二五年近くの歳月がかかる。私たちはそのスキルを人生の砂場で磨いていくのだが、この砂場ではたとえ誰かがあなたの顔に砂を蹴りつけてきても、怒ってその場を去ることはできない。あなたは大人の世界で生き抜くための交渉術や妥協の術をその砂場で学び、体得しなければならないのだ。そしてもう一つ、同じぐらい重要なのが、この「砂場」は複数の人で構成された世界だという点だ。砂場での私たちの振る舞いは、他の多くの人に影響を与えるため、私たちは自分の利益と彼らの利益のバランスをとる術も学ばなければならない。

もし子どもが多くの時間をオンラインで過ごせば、彼らは二つの重要な点で、本来するべき経験ができないかもしれない。一つは、オンライン上のやり取りの大半は二者間によるもので、多くの人が参加する集団での交流ではないという点。二つ目は、もしネット上で誰かに「砂を蹴りつけられた」としても、そのときは電源を切ってしまえばことはすむため、妥協する術を学ぶ機会がないという点だ。これでは、社会的スキルを十分に育むことはできず、その結果として、対応できる社会ネットワークのサイズも小さくなってしまう。また、拒絶や攻撃にさらされたときや、自分が失敗を経験したときに、問題にうまく向き合えない可能性もある。心配なのは、この懸念があたっているかどうかが、一世代先になるまでわからないことだ。そして、わかったときには、もうすべては手遅れなのだ。

＊

ソーシャル・ネットワーキング・サイトや新たな形のデジタル・ソーシャル・メディアの台頭は、二一世紀の社会に起こった最も重要な変化であり、文字通り私たちの社会生活に革命を巻き起こした画期的な出来事だった。本書では友人関係のさまざまな側面を探ってきたが、新たに登場したこのような交流手段は、最後に二つ、重要な知見を私たちに与えてくれている。一つは、以前だったら直接顔を合わせる機会がなくなったことでひっそり終わっていた友人関係も、新しいメディアの登場で維持できるようになったということ。これは、移動が多く、見ず知らずの場所に引っ越すことも多い現代人の心理的幸福度にとって、特にメリットが大きい。古い友人と連絡をとり続けられるので、孤独に陥らずにすむうえ、新たな社会環境になじむまでの時間も稼ぐことができるからだ。

もう一つの知見は、デジタルメディアが私たちに大規模な自然実験を提供してくれたおかげで明らかになったもので、これにより私たちは、自分たちの社交世界の制限がどのようにして生まれ、そしてなぜ今のようになっているのかを調べることができた。私たちのオンライン上の社交世界はオフラインでのそれと実質的に同じだという事実は、そのような制限の要因は私たちの心の中にあり、私たちが使うコミュニケーション技術の問題ではないことを物語っている。つまり、社会とかかわる際の私たちの認知能力の限界が、私たちの社会ネットワークのサイズを制限しているのであり、時間的制約が、ネットワークの構造を制限しているのだ。それは、デジタル界のどんなに新しいテクノロジーを使っても、変えることはできない。たしかにデジタル技術があれば、私たちは自分の意見をより多くの人々に届けることができるが、それは危険を知らせる合図は送っても、通過する船と直接には交流しない灯台と同じで、デジタル技術によって新たな人間関係を作ったり、古い人間関係を補修したりすることはできないのだ。それができるのは、相手と直接やり取りする昔ながらの手段だけだ。人との交流は、そこに既存の人間関係があって初めて意味が生まれる。友人関係――コミュニティ――を作り上げるプロセスは複雑で、メッセージを投稿したり、システムに促されてあわててお誕生日おめでとうメッセージを送ったりするだけでは友だちは作れない。本当の友人関係を築くには、相手と話しをし、一緒に社交的な活動をすることが必要で、そこには一定の身体性、すなわちふれあいや、何気ない抱擁も伴う。そしてそれは、オンラインでは絶対にできないことなのだ。

謝辞

本書で紹介した研究のほとんどは、この三〇年のあいだに私が共に研究をした大学院生、博士課程修了後の研究者と研究員、そして外部の多くの共同研究者たちによって行われたものだ。彼らの数はあまりも多く、ここで一人ひとりの名を挙げることはできないが、本書は彼ら個人の、そして集団での努力と友情、情熱で誕生した。まさに友情という絆、そして多くの楽しい時間で生まれた、共同体としての作業の賜物だ。彼らの協力がなかったら、この物語はごく短いものになっていただろう。彼ら全員に、ここで改めて心からの感謝の意を表したい。本書で紹介した研究の多くは次の団体や組織の研究助成金によって実現したこともここに記しておきたい。英国のEPSRC（工学物理学研究評議会）およびESRC（経済社会研究会議）（DTESSプロジェクト）、リヴァプール大学、オックスフォード大学、モードリン・カレッジのカリヴァ・リサーチ・センター、ブリティッシュ・アカデミー（リサーチ・プロフェッサーシップおよび〝Lucy to Language〟プロジェクト）アールト大学（フィンランド）、EUのFP7およびホライズン二〇二〇プログラム（SOCIALNET、ICTe-CollectiveおよびIBSENプロジェクト）、欧州研究会議（RELNETプロジェクト）、そして王立協会とEUのマリー・キュリー・プログラムが助成する個別のリサーチ・フェローシップ。そのほか特定の研究についてはホロコースト・メモリアルデー・トラスト、CAMRA（ザ・キャンペーン・フォー・リアル・エール）、ビッグ・ランチ・プロジェクト、トーマス・ファッジ・ザ・ドーセット・ベイカーズの多大な協力を得た。そして最後になったが、一三章を読んでくれたジョン・アーチャーにも心から感謝する。

参考文献

1章

Arbes, V., Coulton, C. & Boekel, C. (2014). Men's Social Connectedness. Hall & Partners: Open Mind.

Burton-Chellew, M. & Dunbar, R.I.M. (2015). Hamilton's Rule predicts anticipated social support in humans. Behavioral Ecology 26: 130-137.

Cacioppo, J.T., Fowler, J.H. & Christakis, N.A. (2009). Alone in the crowd: the structure and spread of loneliness in a large social network. Journal of Personality and Social Psychology 97: 977.

Cacioppo, J.T. & Patrick, W. (2008). Loneliness: Human Nature and the Need for Social Connection. WW Norton & Company. ジョン・T・カシオポ、ウィリアム・パトリック、柴田裕之訳『孤独の科学：人はなぜ寂しくなるのか』河出書房新社（河出文庫）、二〇一八年

Christakis, N.A. & Fowler, J.H. (2007). The spread of obesity in a large social network over 32 years. New England Journal of Medicine 357: 370-379.

Christakis, N.A. & Fowler, J.H. (2008). The collective dynamics of smoking in a large social network. New England Journal of Medicine 358: 2249-2258.

Christakis, N.A. & Fowler, J.H. (2009). Connected: The Surprising Power of Our Social Networks and How They Shape Our Lives. Little, Brown Spark. ニコラス・A・クリスタキス、ジェイムズ・H・ファウラー、鬼澤忍訳『つながり：社会的ネットワークの驚くべき力』講談社、二〇一〇年

Cruwys, T., Dingle, G.A., Haslam, C., Haslam, S.A., Jetten, J. & Morton, T.A. (2013). Social group memberships protect against future depression, alleviate depression symptoms and prevent depression relapse. Social Science & Medicine 98: 179-186.

Cundiff, J.M. & Matthews, K.A. (2018). Friends with health benefits: the long-term benefits of early peer social integration for blood pressure and obesity in midlife. Psychological Science 29: 814-823.

Curry, O. & Dunbar, R.I.M. (2011). Altruism in networks: the effect of connections. Biology Letters 7: 651-653.

Curry, O. & Dunbar, R.I.M. (2013). Do birds of a feather flock together? The relationship between similarity and altruism in social networks. Human Nature 24: 336-347.

Dunbar, R.I.M. (2019). From there to now, and the origins of some ideas. In: D. Shankland (ed) Dunbar's Number, pp. 5-20. London: Royal Anthropological Institute, Occasional Papers No. 45 (Sean Kingston Publishing).

Dunbar, R.I.M. (2020). Evolution: What Everyone Needs to Know. New York: Oxford University Press.

Elwert, F. & Christakis, N.A. (2008). The effect of widowhood on mortality by the causes of death of both spouses. American Journal of Public Health 98: 2092-2098.

Fowler, J.H. & Christakis, N.A. (2008). Dynamic spread of happiness in a large social network: longitudinal analysis over 20 years in the Framingham Heart Study. British Medical Journal

337: a2338.

Granovetter, M. (1973). The strength of weak ties. American Journal of Sociology 78: 1360-1380.

Grayson, D.K. (1993). Differential mortality and the Donner Party disaster. Evolutionary Anthropology 2: 151-159.

van Harmelen, A.L., Gibson, J.L., St Clair, M.C., Owens, M., Brodbeck, J., Dunn, V., . . . & Goodyer, I.M. (2016). Friendships and family support reduce subsequent depressive symptoms in at-risk adolescents. PloS One 11: e0153715.

Heatley Tejada, A., Montero, M. & Dunbar, R.I.M. (2017). Being unempathic will make your loved ones feel lonelier: loneliness in an evolutionary perspective. Personality and Individual Differences 116: 223-232.

Holt-Lunstad, J., Smith, T. & Bradley Layton, J. (2010). Social relationships and mortality risk: a metaanalytic review. PLoS Medicine 7: e1000316.

Holt-Lunstad, J., Smith, T.B., Baker, M., Harris, T. & Stephenson, D. (2015). Loneliness and social isolation as risk factors for mortality: a meta-analytic review. Perspectives on Psychological Science 10: 227-237.

Kim, D.A., Benjamin, E.J., Fowler, J.H. & Christakis, N.A. (2016). Social connectedness is associated with fibrinogen level in a human social network. Proceedings of the Royal Society, London, 283B: 20160958.

Lally, Maria: https://www.telegraph.co.uk/women/womens-life/11886089/Lonely-Why-are-we-all-feeling-so-lonesome-even-when-surrounded.html

McCullogh, J.M. & York Barton, E. (1991). Relatedeness and mortality risk during a crisis year: Plymouth colony, 1620-1621. Ethology and Sociobiology 12: 195-209.

Madsen, E., Tunney, R., Fieldman, G., Plotkin, H., Dunbar, R.I.M., Richardson, J. & McFarland, D. (2007). Kinship and altruism: a cross-cultural experimental study. British Journal of Psychology 98: 339-359.

Pressman, S.D., Cohen, S., Miller, G.E., Barkin, A., Rabin, B.S. & Treanor, J.J. (2005). Loneliness, social network size, and immune response to influenza vaccination in college freshmen. Health Psychology 24: 297.

Rosenfeld, M.J., Thomas, R.J. & Hausen, S. (2019). Disintermediating your friends: How online dating in the United States displaces other ways of meeting. Proceedings of the National Academy of Sciences 116: 17753-17758.

Rosenquist, J.N., Murabito, J., Fowler, J.H. & Christakis, N.A.(2010). The spread of alcohol consumption behavior in a large social network. Annals of Internal Medicine 152: 426.

Rosenquist, J.N., Fowler, J.H. & Christakis, N.A. (2011). Social network determinants of depression. Molecular Psychiatry 16: 273.

Santini, Z., Jose, P., Koyanagi, A., Meilstrup, C., Nielsen, L., Madsen, K., Hinrichsen, C., Dunbar, R.I.M. & Koushede, V. (2020). The moderating role of social network size in the temporal association between formal social participation and mental health: a longitudinal analysis using two consecutive waves of the Survey of Health, Ageing and Retirement in Europe (SHARE). Social Psychiatry and Psychiatric Epidemiology (in press).

Spence, J. (1954). One Thousand Families in Newcastle. Oxford: Oxford University Press.
Smith, K.P. & Christakis, N.A. (2008). Social networks and health. American Journal of Sociology 34: 405-429.
Steptoe, A., Shankar, A., Demakakos, P. & Wardle, J. (2013). Social isolation, loneliness, and all-cause mortality in older men and women. Proceedings of the National Academy of Sciences 110: 5797-5801.
Yang, Y.C., Boen, C., Gerken, K., Li, T., Schorpp, K., & Harris,K.M. (2016). Social relationships and physiological determinants of longevity across the human life span. Proceedings of the National Academy of Sciences, USA, 113: 578-583.

11章

Burton-Chellew, M. & Dunbar, R.I.M. (2011). Are affines treated as biological kin? A test of Hughes' hypothesis. Current Anthropology 52: 741-746.
Casari, M. & Tagliapietra, C. (2018). Group size in social- ecological systems. Proceedings of the National Academy of Sciences, USA, 115: 2728-2733.
Dàvid-Barrett, T. & Dunbar, R.I.M. (2017). Fertility, kinship and the evolution of mass ideologies. Journal of Theoretical Biology 417: 20-27.
Dunbar, R.I.M. (1995). On the evolution of language and kinship. In: J. Steele & S. Shennan (eds.) The Archaeology of Human Ancestry: Power, Sex and Tradition, pp. 380-396. London: Routledge.
Dunbar, R.I.M. (2016). Do online social media cut through the constraints that limit the size of offline social networks? Royal Society Open Science 3: 150292.
Dunbar, R.I.M. & Dunbar, P. (1988). Maternal time budgets of gelada baboons. Animal Behaviour 36: 970-980.
Dunbar, R.I.M. & Sosis, R. (2017). Optimising human community sizes. Evolution and Human Behavior 39: 106-111.
Dunbar, R.I.M. & Spoors, M. (1995). Social networks, support cliques and kinship. Human Nature 6: 273-290.
Dunbar, R.I.M., Arnaboldi, V., Conti, M. & Passarella, A. (2015). The structure of online social networks mirrors those in the offline world. Social Networks 43: 39-47.
Gonçalves, B., Perra, N., Vespignani, A. (2011). Modeling users' activity on Twitter networks: validation of Dunbar's Number. PloS One 6: e22656.
Haerter, J.O., Jamtveit, B., & Mathiesen, J. (2012). Communication dynamics in finite capacity social networks. Physics Review Letters 109: 168701.
Hill, R.A. (2019). From 150 to 3: Dunbar's numbers. In: D. Shankland (ed) Dunbar's Number, pp. 21-37. London: Royal Anthropological Institute Occasional Papers No. 45.
Hill, R.A. & Dunbar, R.I.M. (2003). Social network size in humans. Human Nature 14: 53-72.
Hughes, A.L. (1988). Evolution and Human Kinship. Oxford: Oxford University Press.
Killworth, P.D., Bernard, H.R., McCarty, C., Doreian, P., Goldenberg, S., Underwood, C., et al. (1984). Measuring patterns of acquaintanceship. Current Anthropology 25: 381-397.
MacCarron, P., Kaski, K. & Dunbar, R.I.M. (2016). Calling Dun-

bar's numbers. Social Networks 47:151-155.
O'Gorman, R. & Roberts, R. (2017). Distinguishing family from friends. Human Nature 28: 323-343.
Pollet, T., Roberts, S.B.G. & Dunbar, R.I.M. (2011). Use of social network sites and instant messaging does not lead to increased offline social network size, or to emotionally closer relationships with offline network members. Cyberpsychology, Behavior and Social Networking 14: 253-258.
Pollet, T., Roberts, S.B.G. & Dunbar, R.I.M. (2013). Going that extra mile: individuals travel further to maintain face-to-face contact with highly related kin than with less related kin. PLoS One 8: e53929.
Pollet, T.V., Roberts, S.B.G. & Dunbar, RI.M. (2011). Extraverts have larger social network layers but do not feel emotionally closer to individuals at any layer. Journal of Individual Differences 32: 161-169.
Rennard, B.O., Ertl, R.F., Gossman, G.L., Robbins, R.A., & Rennard, S.I. (2000). Chicken soup inhibits neutrophil chemotaxis in vitro. Chest 118: 1150-1157.
Rhoades, G.K. & Stanley, S.M. (2014). Before "I Do" : What Do Premarital Experiences Have to Do with Marital Quality Among Today's Young Adults? The National Marriage Project, University of Virginia.
Roberts, S.B.G. & Dunbar, R.I.M. (2015). Managing relationship decay: network, gender, and contextual effects. Human Nature 26:426-450.
Roberts, S.B.G., Dunbar, R., Pollet, T.V. & Kuppens, T. (2009). Exploring variations in active network size: constraints and ego characteristics. Social Networks 31: 138-146.
Sutcliffe, A.J., Binder, J. & Dunbar, R.I.M. (2018). Activity in social media and intimacy in social relationships. Computers in Human Behavior 85: 227-235.
Sutcliffe, A., Dunbar, R.I.M., Binder, J. & Arrow, H. (2012). Relationships and the social brain: integrating psychological and evolutionary perspectives. British Journal of Psychology 103: 149-168.
Wolfram, S.: http://blog.stephenwolfram.com/2013/04/ data-science-of-the-facebook-world/

三章

Bickart, K.C., Hollenbeck, M.C., Barrett, L.F., & Dickerson, B.C. (2012). Intrinsic amygdala–cortical functional connectivity predicts social network size in humans. Journal of Neuroscience 32: 14729-14741.
Dunbar, R.I.M. (1991). Functional significance of social grooming in primates. Folia Primatologica 57: 121-131.
Dunbar, R.I.M. (1992). Neocortex size as a constraint on group size in primates. Journal of Human Evolution 22: 469-493.
Dunbar, R.I.M. (1993). Coevolution of neocortex size, group size and language in humans. Behavioral and Brain Sciences 16: 681-735.
Dunbar, R.I.M. & MacCarron, P. (2019). Group size as a trade-off between fertility and predation risk: implications for social evolution. Journal of Zoology 308: 9-15.
Dunbar, R.I.M. & Shultz, S. (2010). Bondedness and sociality.
Behaviour 147: 775-803.

Dunbar, R.I.M. & Shultz, S. (2017). Why are there so many expla- nations for primate brain evolution? Philosophical Transactions of the Royal Society, London, 244B: 201602244.

Fox, K.C., Muthukrishna, M. & Shultz, S. (2017). The social and cultural roots of whale and dolphin brains. Nature Ecology & Evolution 1: 1699.

Hampton, W.H., Unger, A., Von Der Heide, R.J. & Olson, I.R. (2016). Neural connections foster social connections: a diffusion-weighted imaging study of social networks. Social Cognitive and Affective Neuroscience 11: 721-727.

Kanai, R., Bahrami, B., Roylance, R. & Rees, G. (2012). Online social network size is reflected in human brain structure. Proceedings of the Royal Society, London, 279B:1327-1334.

Keverne, E.B., Martel, F.L. & Nevison, C.M. (1996). Primate brain evolution: genetic and functional considerations. Proceedings of the Royal Society, London, 263B: 689-696.

Kiesow, H., Dunbar, R.I.M., Kable, J.W., Kalenscher, T., Vogeley, K., Schilbach, L., Wiecki., T. & Bzdok, D. (2020). 10,000 social brains: sex differentiation in human brain anatomy. Science Advances 6: eeaz1170.

Kwak, S., Joo, W.T., Youm, Y. & Chey, J. (2018). Social brain volume is associated with in-degree social network size among older adults. Proceedings of the Royal Society, London, 285B: 20172708.

Lewis, P.A., Rezaie, R., Browne, R., Roberts, N. & Dunbar, R.I.M. (2011). Ventromedial prefrontal volume predicts understanding of others and social network size. NeuroImage 57: 1624-1629.

Meguerditchian, A., Marie, D., Margiotoudi, K., Roth, M., Nazarian, B., Anton, J.-L. & Claidière, N. (in press). Baboons (Papio anubis) living in larger social groups have bigger brains. Evolution and Human Behavior.

Morelli, S.A., Leong, Y.C., Carlson, R.W., Kullar, M. & Zaki, J. (2018). Neural detection of socially valued community members. Proceedings of the National Academy of Sciences, USA,115: 8149-8154.

Noonan, M., Mars, R., Sallet, J., Dunbar, R.I.M. & Fellows, L. (2018). The structural and functional brain networks that support human social networks. Behavioural Brain Research 355: 12-23.

Parkinson, C., Kleinbaum, A.M. & Wheatley, T. (2017). Spontaneous neural encoding of social network position. Nature Human Behaviour 1: 0072.

Pérez-Barbería, J., Shultz, S. & Dunbar, R.I.M. (2007). Evidence for intense coevolution of sociality and brain size in three orders of mammals. Evolution 61: 2811-2821.

Powell, J., Lewis, P.A., Roberts, N., García-Fiñana, M. & Dunbar, R.I.M. (2012) Orbital prefrontal cortex volume predicts social network size: an imaging study of individual differences in humans. Proceedings of the Royal Society, London, 279B: 2157-2162.

Powell, J., Kemp, G., Dunbar, R.I.M., Roberts, N., Sluming, V. & García-Fiñana, M. (2014). Different association between intentionality competence and prefrontal volume in left- and right-handers. Cortex 54: 63-76.

Sallet, J., Mars, R.B., Noonan, M.A., Neubert, F.X., Jbabdi, S.,

O'Reilly, J.X., Filippini, N., Thomas, A.G. & Rushworth, M.F.S. (2013). The organization of dorsal prefrontal cortex in humans and macaques. Journal of Neuroscience 33:12255-12274.

Shultz, S. & Dunbar, R.I.M. (2007). The evolution of the social brain: Anthropoid primates contrast with other vertebrates. Proceedings of the Royal Society, London, 274B: 2429-2436.

Shultz, S. & Dunbar, R.I.M. (2010). Social bonds in birds are associated with brain size and contingent on the correlated evolution of life-history and increased parental investment. Biological Journal of the Linnean Society 100: 111-123.

Shultz, S. & Dunbar, R.I.M. (2010). Encephalisation is not a universal macroevolutionary phenomenon in mammals but is associated with sociality. Proceedings of the National Academy of Sciences, USA, 107: 21582-21586.

Zerubavel, N., Bearman, P.S., Weber, J. & Ochsner, K. N. (2015). Neural mechanisms tracking popularity in real-world social networks. Proceedings of the National Academy of Sciences, USA,112: 15072-15077.

四章

Arnaboldi, V., Passarella, A., Conti, M. & Dunbar, R.I.M. (2015). Online Social Networks: Human Cognitive Constraints in Facebook and Twitter Personal Graphs. Amsterdam: Elsevier.

Binder, J.F., Roberts, S.B.G. & Sutcliffe, A.G. (2012). Closeness, loneliness, support: Core ties and significant ties in personal communities. Social Networks 34: 206-214.

Buys, C.J. & Larson, K.L. (1979). Human sympathy groups. Psychological Reports 45: 547-553.

Cartright, D. & Harary, F. (1956). Structural balance: a generalization of Heider's theory. Psychological Review 63: 277-292.

Curry, O., Roberts, S.B.G. & Dunbar, R.I.M. (2013). Altruism in social networks: evidence for a "kinship premium" . British Journal of Psychology 104: 283-295.

Dunbar, R.I.M., MacCarron, P. & Shultz, S. (2018). Primate social group sizes exhibit a regular scaling pattern with natural attractors. Biology Letters 14: 20170490.

Dunbar, R.I.M., Arnaboldi, V., Conti, M. & Passarella, A. (2015). The structure of online social networks mirrors those in the offline world. Social Networks 43: 39-47.

Grove, M. (2010). Stone circles and the structure of Bronze Age society. Journal of Archaeological Science 37: 2612-2621.

Hamilton, M.J., Milne, B.T., Walker, R.S., Burger, O. & Brown, J.H. (2007). The complex structure of hunter-gatherer social networks. Proceedings of the Royal Society, London, 274B: 2195-2202.

Hill, R., Bentley, A. & Dunbar, R.I.M. (2008). Network scaling reveals consistent fractal pattern in hierarchical mammalian societies. Biology Letters 4: 748-751.

Jenkins, R., Dowsett, A.J. & Burton, A.M. (2018). How many faces do people know? Proceedings of the Royal Society, London, 285B: 20181319.

Klimek, P. & Thurner, S. (2013). Triadic closure dynamics drives scaling laws in social multiplex networks. New Journal of Physics 15: 063008.

Kordsmeyer, T., MacCarron, P. & Dunbar, R.I.M. (2017). Sizes of permanent campsites reflect constraints on natural human communities. Current Anthropology 58: 289-294.

MacCarron, P., Kaski, K. & Dunbar, R.I.M. (2016). Calling Dunbar's numbers. Social Networks 47:151-155.

Miritello, G., Moro, E., Lara, R., Martínez-López, R., Belchamber, J., Roberts, S.B.G. & Dunbar, R.I.M. (2013). Time as a limited resource: communication strategy in mobile phone networks. Social Networks 35: 89-95.

Molho, C., Roberts, S.G., de Vries, R.E. & Pollet, T.V. (2016). The six dimensions of personality (HEXACO) and their asso- ciations with network layer size and emotional closeness to network members. Personality and Individual Differences 99: 144-148.

Pollet, T.V., Roberts, S.B.G. & Dunbar, RI.M. (2011). Extraverts have larger social network layers but do not feel emotionally closer to individuals at any layer. Journal of Individual Differences 32: 161-169.

Sutcliffe, A., Bender, J. & Dunbar, R.I.M. (2018). Activity in social media and intimacy in social relationships. Computers in Human Behavior 85: 227-235.

Sutcliffe, A., Dunbar, R.I.M. & Wang, D. (2016). Modelling the evolution of social structure. PLoS One 11: e0158605.

Sutcliffe, A., Dunbar, R.I.M., Binder, J. & Arrow, H. (2012). Relationships and the social brain: integrating psychological and evolutionary perspectives. British Journal of Psychology 103: 149-168.

Takano, M. & Fukuda, I. (2017). Limitations of time resources in human relationships determine social structures. Palgrave Communications 3: 17014.

Tamarit, I., Cuesta, J., Dunbar, R.I.M. & Sánchez, A. (2018). Cognitive resource allocation determines the organisation of personal networks. Proceedings of the National Academy of Sciences, USA, 115: 1719233115.

Wellman, B. & Wortley, S. (1990). Different strokes from different folks: Community ties and social support. American Journal of Sociology 96: 558-588.

Whitmeyer, J.M. (2002). A deductive approach to friendship networks. Journal of Mathematical Sociology 26: 147-165.

Zhou, W-X., Sornette, D., Hill, R.A. & Dunbar, R.I.M. (2005). Discrete hierarchical organization of social group sizes. Proceedings of the Royal Society, London, 272B: 439-444.

五章

Aledavood, T., López, E., Roberts, S.B.G., Reed-Tsochas, F., Moro, E., Dunbar, R.I.M. & Saramäki, J. (2015). Daily rhythms in mobile telephone communication. PLoS One 10: e0138098.

Aledavood, T., López, E., Roberts, S.B.G., Reed-Tsochas, F., Moro, E., Dunbar, R.I.M. & Saramäki, J. (2016). Channel- specific daily patterns in mobile phone communication. In: S. Battiston, F. De Pellegrini, G. Caldarelli & E. Merelli (Eds.) Proceedings of ECCS 2014, pp. 209-218. Berlin: Springer.

Barrett, L., Dunbar, R.I.M. & Lycett, J. (2000). Human Evolutionary Psychology. Macmillan/Palgrave and Princeton University Press.

Bhattacharya, K., Ghosh, A., Monsivais, D., Dunbar, R.I.M. & Kaski, K. (2017). Absence makes the heart grow fonder: social compensation when failure to interact risks weakening a relationship. EPJ Data Science 6: 1-10.

Dàvid-Barrett, T. & Dunbar, R.I.M. (2014). Social elites emerge naturally in an agent-based framework when interaction patterns are constrained. Behavioral Ecology 25: 58-68.

Devaine, M., San-Galli, A., Trapanese, C., Bardino, G., Hano, C., Saint Jalme, M., . . . & Daunizeau, J. (2017). Reading wild minds: A computational assay of Theory of Mind sophistication across seven primate species. PLoS Computational Biology 13: e1005833.

Dunbar, R.I.M. (1998). Theory of mind and the evolution of language. In: J. Hurford, M. Studdart-Kennedy & C. Knight (eds) Approaches to the Evolution of Language, pp. 92-110. Cambridge: Cambridge University Press.

Ghosh, A., Monsivais, D., Bhattacharya, K., Dunbar, R.I.M. & Kaski, K. (2019). Quantifying gender preferences in human social interactions using a large cellphone dataset. EPJ Data Science 8: 9.

Jo, H.-H., Saramäki, J., Dunbar, R.I.M. & Kaski, K. (2014). Spatial patterns of close relationships across the lifespan. Scientific Reports 4: 6988.

Kraut, R., Patterson, M., Lundmark, V., Kiesler, S., Mukophadhyay,

T. & Scherlis, W. (1998). Internet paradox: A social technology that reduces social involvement and psychological well-being? American Psychologist 53: 1017.

Lu, Y-E., Roberts, S., Lió, P., Dunbar, R.I.M. & Crowcroft, J. (2009). Size matters: variation in personal network size, person- ality and effect on information transmission. In: Proceedings of IEEE International Conference on Social Computing, Vancouver, Canada, 2009. IEEE Publications.

Martin, J.L. & Yeung, K.T. (2006). Persistence of close personal ties over a 12-year period. Social Networks 28: 331-362.

Mok, D. & Wellman, B. (2007). Did distance matter before the Internet?: Interpersonal contact and support in the 1970s. Social Networks 29: 430-461.

Monsivais, M., Bhattacharya, K., Ghosh, A., Dunbar, R.I.M. & Kaski, K. (2017). Seasonal and geographical impact on human resting periods. Scientific Reports 7: 10717.

Monsivais, D., Ghosh, A., Bhattacharya, K., Dunbar, R.I.M. & Kaski, K. (2017). Tracking urban human activity from mobile phone calling patterns. PLoS Computational Biology 13: e1005824.

Roberts, S.B.G. & Dunbar, R.I.M. (2015). Managing relationship decay: network, gender, and contextual effects. Human Nature 26: 426-450.

Saramäki, J., Leicht, E., López, E., Roberts, S.B.G., Reed-Tsochas,

F. & Dunbar, R.I.M. (2014). The persistence of social signatures in human communication. Proceedings of the National Academy of Sciences, USA 111: 942-947.

DeScioli, P. & Kurzban, R. (2009). The alliance hypothesis for human friendship. PloS One 4: e5802.

Smoreda, Z. & Licoppe, C. (2000). Gender-specific use of the domestic telephone. Social Psychology Quarterly 63: 238-252.

Sutcliffe, A., Dunbar, R.I.M. & Wang, D. (2014). Modelling the evolution of social structure. PLoS One 11: e0158605.

六章

Amiez, C., Sallet, J., Hopkins, W.D., Meguerditchian, A., Hadj-Bouziane, F., Hamed, S.B., et al. (2019). Sulcal organization in the medial frontal cortex provides insights into primate brain evolution. Nature Communications 10: 3437.

Astington, J.W. (1993). The Child's Discovery of the Mind. Cambridge (MA): Cambridge University Press. J・W・アスティントン、松村暢隆訳『子供はどのように心を発見するか：心の理論の発達心理学』新曜社、一九九五年

Baron-Cohen, S., Leslie, A.M. & Frith, U. (1985). Does the autistic child have a theory of mind? Cognition 21: 37-46.

Carlson, S.M., Moses, L.J. & Breton, C. (2002). How specific is the relation between executive function and theory of mind? Contributions of inhibitory control and working memory. Infant and Child Development 11: 73-92.

Casey, B.J., Somerville, L.H., Gotlib, I.H., Ayduk, O., Franklin, N.T., Askren, M.K., Jonides, J., Berman, M.G., Wilson, N.L., et al. (2011). Behavioral and neural correlates of delay of gratification 40 years later. Proceedings of the National Academy of Sciences, USA, 10: 14998-15003.

Crockett, M.J., Braams, B.R., Clark, L., Tobler, P.N., Robbins, T.W. & Kalenscher, T. (2013). Restricting temptations: neural mechanisms of precommitment. Neuron 79: 391-401.

Dunbar, R.I.M., & Launay, J. & Curry, O. (2016). The complexity of jokes is limited by cognitive constraints on mentalizing. Human Nature 27: 130-140.

Dunbar, R.I.M., McAdam, M. & O'Connell, S. (2005). Mental rehearsal in great apes and humans. Behavioral Processes 69: 323-330.

Happé, F. (1994). Autism: An Introduction to Psychological Theory.

London: University College London Press. フランシス・ハッペ、石坂好樹他訳『自閉症の心の世界：認知心理学からのアプローチ』星和書店、一九九七年

Hardin, G. (1968). The tragedy of the commons. Science 162: 1243-1248.

Kinderman, P., Dunbar, R.I.M. & Bentall, R.P. (1998). Theory-of-mind deficits and causal attributions. British Journal of Psychology 89: 191-204.

Krupenye, C., Kano, F., Hirata, S., Call, J. & Tomasello, M. (2016). Great apes anticipate that other individuals will act according to false beliefs. Science 354: 110-114.

Launay, J., Pearce, E., Wlodarski, R., van Duijn, M., Carney, J. & Dunbar, R.I.M. (2015). Higher-order mentalising and executive functioning. Personality and Individual Differences 86: 6-14.

Lewis, P.A., Rezaie, R., Browne, R., Roberts, N. & Dunbar, R.I.M. (2011). Ventromedial prefrontal volume predicts understanding of others and social network size. NeuroImage 57: 1624-1629.

Lewis, P., Birch, A., Hall, A. & Dunbar, R.I.M. (2017). Higher order intentionality tasks are cognitively more demanding. Social, Cognitive and Affective Neuroscience 12: 1063-1071.

Mars, R.B., Foxley, S., Verhagen, L., Jbabdi, S., Sallet, J.,

Noonan, M.P., Neubert, F-X., Andersson, J., Croxson, P., Dunbar, R.I.M., et al. (2016). The extreme capsule fiber complex in humans and macaque monkeys: a comparative diffusion MRI tractography study. Brain Structure and Function 221: 4059-4071.

Passingham, R.E., & Wise, S.P. (2012). The Neurobiology of the Prefrontal Cortex: Anatomy, Evolution, and the Origin of Insight. Oxford: Oxford University Press.

Powell, J., Lewis, P., Dunbar, R.I.M., García-Fiñana, M. & Roberts, N. (2010). Orbital prefrontal cortex volume corre- lates with social cognitive competence. Neuropsychologia 48: 3554-3562.

Powell, J., Kemp, G., Dunbar, R.I.M., Roberts, N., Sluming, V. & García-Fiñana, M. (2014). Different association between intentionality competence and prefrontal volume in left- and right-handers. Cortex 54: 63-76.

Santiesteban, I., Banissy, M.J., Catmur, C. & Bird, G. (2012). Enhancing social ability by stimulating right temporoparietal junction. Current Biology 22: 2274-2277.

Shultz, S. & Dunbar, R.I.M. (2010). Species differences in executive function correlate with hippocampus volume and neocortex ratio across non-human primates. Journal of Comparative Psychology 124: 252-260.

Stiller, J. & Dunbar, R.I.M. (2007). Perspective-taking and memory capacity predict social network size. Social Networks 29: 93-104.

七章

Carter, C.S., Grippo, A.J., Pournajafi-Nazarloo, H., Ruscio, M.G. & Porges, S.W. (2008). Oxytocin, vasopressin and sociality. Progress in Brain Research 170: 331-336.

Charles, S., Dunbar, R. & Farias, M. (2020). The aetiology of social deficits within mental health disorders: The role of the immune system and endogenous opioids. Brain, Behavior and Immunity – Health 1: 100003.

Donaldson, Z.R. & Young, L.J. (2008). Oxytocin, vasopressin, and the neurogenetics of sociality. Science 322: 900-904.

Dunbar, R.I.M. (1991). Functional significance of social grooming in primates. Folia Primatologica 57: 121-131.

Dunbar, R.I.M. (2010). The social role of touch in humans and primates: behavioural function and neurobiological mechanisms. Neuroscience & Biobehavioral Reviews 34: 260-268.

Dunbar, R.I.M., Korstjens, A. & Lehmann, J. (2009). Time as an ecological constraint. Biological Reviews 84: 413-429.

Gursul, D., Goksan, S., Hartley, C., Mellado, G.S., Moultrie, F., Hoskin, A., Adams, E., Hathway, G., Walker, S., McGlone, F. & Slater, R. (2018). Stroking modulates noxious-evoked brain activity in human infants. Current Biology 28: R1380-R1381.

Henrich, J., Boyd, R., Bowles, S., Camerer, C., Fehr, E., Gintis, H., et al. (2005). "Economic man" in cross-cultural perspective: Behavioral experiments in 15 small-scale societies. Behavioral and Brain Sciences 28: 795-815.

Inagaki, T.K. & Eisenberger, N.I. (2013). Shared neural mechanisms underlying social warmth and physical warmth. Psychological Science 24: 2272-2280.

Inagaki, T.K., Ray, L.A., Irwin, M.R., Way, B.M., & Eisenberg-

er,
N. I. (2016). Opioids and social bonding: naltrexone reduces feelings of social connection. Social Cognitive and Affective Neuroscience 11: 728-735.
Johnson, K. & Dunbar, R.I.M. (2016). Pain tolerance predicts human social network size. Scientific Reports 6: 25267.
Keverne, E.B., Martensz, N. & Tuite, B. (1989). Beta-endorphin concentrations in cerebrospinal fluid of monkeys are influenced by grooming relationships. Psychoneuroendocrinology 14: 155-161.
Lehmann, J., Korstjens, A.H. & Dunbar, R.I.M. (2007). Group size, grooming and social cohesion in primates. Animal Behaviour 74: 1617-1629.
Loseth, G.E., Ellingsen, D.M. & Leknes, S. (2014). State- dependent μ-opioid Modulation of Social Motivation–a model. Frontiers in Behavioral Neuroscience 8: 430.
Machin, A. & Dunbar, R.I.M. (2011). The brain opioid theory of social attachment: a review of the evidence. Behaviour 148: 985-1025.
Nave, G., Camerer, C. & McCullough, M. (2015). Does oxy- tocin increase trust in humans? A critical review of research. Perspectives on Psychological Science 10: 772-789.
Nummenmaa, L., Manninen, S., Tuominen, L., Hirvonen, J., Kalliokoski, K.K., Nuutila, P., Jääskeläinen, I.P., Hari, R., Dunbar, R.I.M. & Sams, M. (2015) Adult attachment style is associated with cerebral μ-opioid receptor availability in humans. Human Brain Mapping 36: 3621-3628.
Nummenmaa, L., Tuominen, L., Dunbar, R.I.M., Hirvonen, J., Manninen, S., Arponen, E., Machin, A., Hari, R., Jääskeläinen, I.P. & Sams, M. (2016). Reinforcing social bonds by touching modulates endogenous μ-opioid system activity in humans. NeuroImage 138: 242-247.
Olausson, H., Wessberg, J., Morrison, I., McGlone, F. & Vallbo, A. (2010). The neurophysiology of unmyelinated tactile afferents. Neuroscience and Biobehavioral Reviews 34: 185-191.
van Overwalle, F. (2009). Social cognition and the brain: a meta-analysis. Human Brain Mapping 30: 829-858.
Pearce, E., Wlodarski, R., Machin, A. & Dunbar, R.I.M. (2017). Variation in the β-endorphin, oxytocin, and dopamine receptor genes is associated with different dimensions of human sociality. Proceedings of the National Academy of Sciences, USA, 112 114: 5300-5305.
Pearce, E., Wlodarski, R., Machin, A. & Dunbar, R.I.M. (2018). The influence of genetic variation on social dis- position, romantic relationships and social networks: a replication study. Adaptive Human Behavior and Physiology 4: 400-422.
Pellissier, L.P., Gandía, J., Laboute, T., Becker, J.A. & Le Merrer,
J. (2018). μ opioid receptor, social behaviour and autism spectrum disorder: reward matters. British Journal of Pharmacology 175: 2750-2769.
Resendez, S.L. & Aragona, B.J. (2013). Aversive motivation and the maintenance of monogamous pair bonding. Reviews in the Neurosciences 24: 51-60.
Resendez, S.L., Dome, M., Gormley, G., Franco, D., Nevárez, N., Hamid, A.A. & Aragona, B.J. (2013). μ-opioid receptors

within subregions of the striatum mediate pair bond formation through parallel yet distinct reward mechanisms. Journal of Neuroscience 33: 9140-9149.

Seyfarth, R.M. & Cheney, D.L. (1984). Grooming, alliances and reciprocal altruism in vervet monkeys. Nature 308: 541.

Sutcliffe, A., Dunbar, R.I.M., Binder, J. & Arrow, H. (2012). Relationships and the social brain: integrating psychological and evolutionary perspectives. British Journal of Psychology 103: 149-168.

Suvilehto, J., Glerean, E., Dunbar, R.I.M., Hari, R. & Nummenmaaa, L. (2015). Topography of social touching depends on emotional bonds between humans. Proceedings of the National Academy of Sciences, USA, 112: 13811-16.

Suvilehto, J., Nummenmaa, L., Harada, T., Dunbar, R.I.M., Hari, R., Turner, R., Sadato, N. & Kitada, R. (2019). Cross-cultural similarity in relationship-specific social touching. Proceedings of the Royal Society, London, 286B: 20190467

八章

Bandy, M.S. (2004). Fissioning, scalar stress, and social evolution in early village societies. American Anthropologist 106: 322-333.

Brown, S., Savage, P.E., Ko, A.M.S., Stoneking, M., Ko, Y.C., Loo, J.H. & Trejaut, J.A. (2014). Correlations in the population structure of music, genes and language. Proceedings of the Royal Society, London, 281B: 20132072.

Cohen, E., Ejsmond-Frey, R., Knight, N. & Dunbar, R.I.M. (2010). Rowers' high: behavioural synchrony is correlated with elevated pain thresholds. Biology Letters 6: 106-108.

Davila Ross, M., Owren, M.J. & Zimmermann, E. (2009). Reconstructing the evolution of laughter in great apes and humans. Current Biology 19: 1-6.

Dezecache, G. & Dunbar, R.I.M. (2012). Sharing the joke: the size of natural laughter groups. Evolution and Human Behaviour 33: 775-779.

Dunbar, R.I.M. (2012). Bridging the bonding gap: the transition from primates to humans. Philosophical Transactions of the Royal Society, London, 367B: 1837-1846

Dunbar, R.I.M. (2014). Human Evolution. Harmondsworth: Pelican and New York: Oxford University Press. ロビン・ダンバー、鍛原多惠子訳『人類進化の謎を解き明かす』インターシフト、二〇一六年

Dunbar, R.I.M. (2017). Breaking bread: the functions of social eating. Adaptive Human Behavior and Physiology 3: 198-211.

Dunbar, R.I.M., Kaskatis, K., MacDonald, I. & Barra, V. (2012). Performance of music elevates pain threshold and positive affect. Evolutionary Psychology 10: 688-702.

Dunbar, R.I.M., Baron, R., Frangou, A., Pearce, E., van Leeuwen, E.J.C., Stow, J., Partridge, P., MacDonald, I., Barra, V., & van Vugt, M. (2012). Social laughter is correlated with an elevated pain threshold. Proceedings of the Royal Society, London, 279B, 1161-1167.

Dunbar, R.I.M., Launay, J., Wlodarski, R., Robertson, C., Pearce, E., Carney, J. & MacCarron, P. (2017). Functional benefits of (modest) alcohol consumption. Adaptive Human Behavior and Physiology 3: 118-133.

Dunbar, R.I.M., Teasdale, B., Thompson, J., Budelmann, F., Duncan, S., van Emde Boas, E. & Maguire, L. (2016). Emotional arousal when watching drama increases pain thresh- old and social bonding. Royal Society Open Science 3: 160288.

Gray, A., Parkinson, B. & Dunbar, R. (2015). Laughter's influence on the intimacy of self-disclosure. Human Nature 26: 28-43.

Hockings, K. & Dunbar, R.I.M. (Eds.) (2019). Alcohol and Humans: A Long and Social Affair. Oxford: Oxford University Press.

Keverne, E.B., Martensz, N. & Tuite, B. (1989). Beta-endorphin concentrations in cerebrospinal fluid of monkeys are influenced by grooming relationships. Psychoneuroendocrinology 14: 155-161.

Manninen, S., Tuominen, L., Dunbar, R.I.M., Karjalainen, T., Hirvonen, J., Arponen, E., Hari, R., Jääskeläinen, I., Sams, M. & Nummenmaa, L. (2017). Social laughter triggers endogenous opioid release in humans. Journal of Neuroscience 37: 6125-6131.

Pearce, E., Launay, J. & Dunbar, R.I.M. (2015). The ice-breaker effect: singing mediates fast social bonding. Royal Society Open Science 2: 150221.

Pearce, E., Launay, J., van Duijn, M., Rotkirch, A., Dàvid-Barrett, T. & Dunbar, R.I.M. (2014). Singing together or apart: The effect of competitive and cooperative singing on social bond- ing within and between sub-groups of a university fraternity. Psychology of Music 44: 1255-73.

Provine, R.R. (2001). Laughter: A Scientific Investigation. Harmondsworth: Penguin.

Rennung, M. & Göritz, A.S. (2015). Facing sorrow as a group unites. Facing sorrow in a group divides. PloS One 10: e0136750.

Robertson, C., Tarr, B., Kempnich, M. & Dunbar, R.I.M. (2017). Rapid partner switching may facilitate increased broadcast group size in dance compared with conversation groups. Ethology 123: 736-747.

Sherif, M., Harvey, O.J., White, B.J., Hood, W. & Sherif, C.W. (1961). Intergroup Conflict and Cooperation: The Robbers Cave Experiment. Norman OK: The University Book Exchange.

Tarr, B., Launay, J. & Dunbar, R.I.M. (2014). Silent disco: dancing in synchrony leads to elevated pain thresholds and social closeness. Evolution and Human Behavior 37: 343-349.

Tarr, B., Launay, J., Cohen, E., & Dunbar, R.I.M. (2015). Synchrony and exertion during dance independently raise pain threshold and encourage social bonding. Biology Letters 11: 20150767.

Tarr, B., Launay, J. & Dunbar, R.I.M. (2017). Naltrexone blocks endorphins released when dancing in synchrony. Adaptive Human Behavior and Physiology 3: 241-254.

Weinstein, D., Launay, J., Pearce, E., Dunbar, R. & Stewart, L. (2014). Singing and social bonding: changes in connectivity and pain threshold as a function of group size. Evolution and Human Behavior 37: 152-158.

九章

Anderson, E., Siegel, E.H., Bliss-Moreau, E. & Barrett, L.F.

(2011). The visual impact of gossip. Science 332: 1446-1448.
Beersma, B. & Van Kleef, G.A. (2011). How the grapevine keeps you in line: Gossip increases contributions to the group. Social Psychological and Personality Science 2: 642-649.
Bryant, G.A. & Aktipis, C.A. (2014). The animal nature of spontaneous human laughter. Evolution and Human Behavior 35: 327-335.
Bryant, G.A., Fessler, D.M.T., Fusaroli, R., Clint, E., Aarøe, L., Apicella, C.L., et al. (2016). Detecting affiliation in colaughter across 24 societies. Proceedings of the National Academy of Sciences, USA 113: 1524993113.
Carney, J., Wlodarski, R. & Dunbar, R.I.M. (2014). Inference or enaction? The influence of genre on the narrative processing of other minds. PLoS One 9: e114172.
Cowan, M.L., Watkins, C.D., Fraccaro, P.J., Feinberg, D.R. & Little, A.C. (2016). It's the way he tells them (and who is listening): men's dominance is positively correlated with their preference for jokes told by dominant-sounding men. Evolution and Human Behavior 37: 97-104.
Curry, O. & Dunbar, R.I.M. (2011). Altruism in networks: the effect of connections. Biology Letters 7: 651-653.
Dahmardeh, M. & Dunbar, R.I.M. (2017). What shall we talk about in Farsi? Content of everyday conversations in Iran. Human Nature 28: 423-433.
Dàvid-Barrett, T. & Dunbar, R.I.M. (2014). Language as a coordination tool evolves slowly. Royal Society Open Science 3: 160259.
Dezecache, G. & Dunbar, R.I.M. (2013). Sharing the joke: the size of natural laughter groups. Evolution and Human Behavior 33: 775-779.
Dunbar, R.I.M. (2009). Why only humans have language. In: R. Botha & C. Knight (Eds.) The Prehistory of Language, pp. 12-35. Oxford: Oxford University Press.
Dunbar, R.I.M. (2014). Human Evolution. Harmondsworth: Pelican and New York: Oxford University Press. ロビン・ダンバー、鍛原多恵子訳『人類進化の謎を解き明かす』インターシフト、二〇一六年
Dunbar, R.I.M. (2016). Sexual segregation in human conversations. Behaviour 153: 1-14.
Dunbar, R.I.M., Duncan, N. & Nettle, D. (1995). Size and structure of freely forming conversational groups. Human Nature 6: 67-78.
Dunbar, R.I.M., Duncan, N. & Marriot, A. (1997). Human conversational behaviour. Human Nature 8: 231-246.
Dunbar, R.I.M., Robledo del Canto, J.-P., Tamarit, I., Cross, I. & Smith, E. (in press). Nonverbal auditory cues allow relationship quality to be inferred during conversations.
Dunbar, R.I.M., Baron, R., Frangou, A., Pearce, E., van Leeuwen, E.J.C., Stow, J., Partridge, P., MacDonald, I., Barra, V., & van Vugt, M. (2012). Social laughter is correlated with an elevated pain threshold. Proceedings of the Royal Society, London, 279B, 1161-1167.
Freeberg, T.M. (2006). Social complexity can drive vocal complexity: group size influences vocal information in Carolina chickadees. Psychological Science 17: 557-561.
Gray, A., Parkinson, B. & Dunbar, R.I.M. (2015). Laughter's in-

fluence on the intimacy of self-disclosure. Human Nature 26: 28-43.

Kniffin, K.M. & Wilson, D.S. (2005). Utilities of gossip across organizational levels. Human Nature 16: 278-292.

Krems, J. & Dunbar, R.I.M. (2013). Clique size and network characteristics in hyperlink cinema: constraints of evolved psychology. Human Nature 24: 414-429.

Krems, J., Neuberg, S. & Dunbar, R.I.M. (2016). Something to talk about: are conversation sizes constrained by mental modeling abilities? Evolution and Human Behavior 37: 423-428.

Mehl, M.R., Vazire, S., Holleran, S.E. & Clark, C.S. (2010). Eavesdropping on happiness: Well-being is related to having less small talk and more substantive conversations. Psychological Science 21: 539-541.

Mehrabian, A. (2017). Nonverbal Communication. London: Routledge.

Mehu, M. & Dunbar, R.I.M. (2008). Naturalistic observations of smiling and laughing in human group interactions. Behaviour 145: 1747-1780.

Mehu, M., Grammer, K. & Dunbar, R.I.M. (2007). Smiles when sharing. Evolution and Human Behavior 6: 415-422.

Mehu, M., Little, A. & Dunbar, R.I.M. (2007). Duchenne smiles and the perception of generosity and sociability in faces. Journal of Evolutionary Psychology 7: 183-196.

Mesoudi, A., Whiten, A. & Dunbar, R.I.M. (2006). A bias for social information in human cultural transmission. British Journal of Psychology 97: 405-423.

Oesch, N. & Dunbar, R.I.M. (2017). The emergence of recursion in human language: mentalising predicts recursive syntax task performance. Journal of Neurolinguistics 43: 95-106.

O'Nions, E., Lima, C.F., Scott, S.K., Roberts, R., McCrory, E.J. & Viding, E. (2017). Reduced laughter contagion in boys at risk for psychopathy. Current Biology 27: 3049-3055.

Provine, R.R. (2001). Laughter: A Scientific Investigation. Harmondsworth: Penguin.

Redhead, G. & Dunbar, R.I.M. (2013). The functions of language: an experimental study. Evolutionary Psychology 11: 845-854.

Reed, L.I., Deutchman, P. & Schmidt, K.L. (2015). Effects of tearing on the perception of facial expressions of emotion. Evolutionary Psychology 13: 1474704915613915.

Scott, S.K., Lavan, N., Chen, S. & McGettigan, C. (2014). The social life of laughter. Trends in Cognitive Sciences 18: 618-620.

Stiller, J., Nettle, D., & Dunbar, R.I.M. (2004). The small world of Shakespeare's plays. Human Nature 14: 397-408.

Waller, B.M., Hope, L., Burrowes, N. & Morrison, E.R. (2011). Twelve (not so) angry men: managing conversational group size increases perceived contribution by decision makers. Group Processes & Intergroup Relations 14: 835-843.

Wiessner, P.W. (2014). Embers of society: firelight talk among the Ju/'hoansi Bushmen. Proceedings of the National Academy of Sciences, USA, 111: 14027-14035.

1〇章

Argyle, M. & Henderson, M. (1984). The rules of friendship. Journal of Social and Personal Relationships 1: 211-237.

Backstrom, L., Bakshy, E., Kleinberg, J.M., Lento, T.M. & Rosenn, I. (2011). Center of attention: How facebook users allocate attention across friends. In Fifth International AAAI Conference on Weblogs and Social Media.

Burton-Chellew, M. & Dunbar, R.I.M. (2015). Hamilton's Rule predicts anticipated social support in humans. Behavioral Ecology 26: 130-137.

Cosmides, L., Tooby, J. & Kurzban, R. (2003). Perceptions of race. Trends in Cognitive Sciences 7: 173-179.

Curry, O. & Dunbar, R.I.M. (2013). Sharing a joke: the effects of a similar sense of humor on affiliation and altruism. Evolution and Human Behavior 34: 125-129.

Curry, O. & Dunbar, R.I.M. (2013). Do birds of a feather flock together? The relationship between similarity and altruism in social networks. Human Nature 24: 336-347.

Devine, T.M. (2012). Scotland's Empire. Harmondsworth: Penguin.

Domingue, B.W., Belsky, D.W., Fletcher, J.M., Conley, D., Boardman, J.D. & Harris, K.M. (2018). The social genome of friends and schoolmates in the National Longitudinal Study of Adolescent to Adult Health. Proceedings of the National Academy of Sciences, USA, 115: 702-707.

Dunbar, R.I.M. (2016). Sexual segregation in human conversations. Behaviour 153: 1-14.

Dunbar, R.I.M. (2018). The anatomy of friendship. Trends in Cognitive Sciences 22: 32-51.

Dunbar, R.I.M. (2019). From there to now, and the origins of some ideas. In: D. Shankland (ed.) Dunbar's Number, pp. 5-20. Royal Anthropological Institute Occasional Papers No. 45. Canon Pyon: Sean Kingston Publishing.

Floccia, C., Butler, J., Girard, F. & Goslin, J. (2009). Categorization of regional and foreign accent in 5- to 7-year-old British children. International Journal of Behavioral Development 33: 366-375.

Fowler, J.H., Settle, J.E. & Christakis, N.A. (2011). Correlated genotypes in friendship networks. Proceedings of the National Academy of Sciences, USA, 108: 1993-1997.

Hall, J.A. (2012). Friendship standards: The dimensions of ideal expectations. Journal of Social and Personal Relationships 29: 884-907.

Kinzler, K.D., Dupoux, E., & Spelke, E.S. (2007). The native lan- guage of social cognition. Proceedings of the National Academy of Sciences, USA, 104: 12577-12580.

Kinzler, K.D., Shutts, K., DeJesus, J. & Spelke, E.S. (2009). Accent trumps race in guiding children's social preferences. Social Cognition 27: 623-634.

Laakasuo, M., Rotkirch, A., van Duijn, M., Berg, V., Jokela, M., Dàvid-Barrett, T., Miettinen, A., Pearce, E. & Dunbar, R. (2020). Homophily in personality enhances group success among real-life friends. Frontiers in Psychology 11: 710.

Laniado, D., Volkovich, Y., Kappler, K. & Kaltenbrunner, A. (2016). Gender homophily in online dyadic and triadic rela- tionships. EPJ Data Science 5: 19.

Launay, J. & Dunbar, R.I.M. (2016). Playing with strangers: which shared traits attract us most to new people? PLoS One 10: e0129688.

Machin, A. & Dunbar, R.I.M. (2013). Sex and gender in romantic partnerships and best friendships. Journal of Relationship Research 4: e8.

McPherson, M., Smith-Lovin, L. & Cook, J.M. (2001). Birds of a feather: homophily in social networks. Annual Review of Sociology 27: 415-444.

Nettle, D. & Dunbar, R.I.M. (1997). Social markers and the evolution of reciprocal exchange. Current Anthropology 38: 93-99.

Oates, K. & Wilson, M. (2002). Nominal kinship cues facili- tate altruism. Proceedings of the Royal Society, London, 269B: 105-109.

Parkinson, C., Kleinbaum, A.M. & Wheatley, T. (2018). Similar neural responses predict friendship. Nature Communications 9: 332.

Pearce, E., Machin, A. & Dunbar, R.I.M. (2020). Sex differences in intimacy levels in best friendships and romantic partnerships. Adaptive Human Behavior and Physiology (in press).

Tamarit, I., Cuesta, J., Dunbar, R.I.M. & Sánchez, A. (2018). Cognitive resource allocation determines the organisation of personal networks. Proceedings of the National Academy of Sciences, USA, 115: 1719233115.

Thomas, M.G., Stumpf, M.P., & Härke, H. (2006). Evidence for an apartheid-like social structure in early Anglo-Saxon England. Proceedings of the Royal Society, London, 273B: 2651-2657.

Trudgill, P. (2000). The Dialects of England. New York: Wiley.

11章

Bacha-Trams, M., Glerean, E., Dunbar, R.I.M., Lahnakoski, J., Ryyppö, E., Sams, M. & Jääskeläinen, I. (2017). Differential inter-subject correlation of brain activity when kinship is a variable in moral dilemma. Scientific Reports 7: 14244.

Barrio, R., Govezensky, T., Dunbar, R.I.M., Iñiguez, G. & Kaski, K. (2015). Dynamics of deceptive interactions in social networks. Journal of the Royal Society Interface 12: 20150798.

Carlisi, C.O., Moffitt, T.E., Knodt, A.R., Harrington, H., Ireland, D., Melzer, T.R., Poulton, R., Ramrakha, S., Caspi, A., Hariri, A.R. & Viding, E. (2020). Associations between life-course-persistent antisocial behaviour and brain structure in a population-representative longitudinal birth cohort. Lancet Psychiatry 7: 245-253.

Cikara, M. & Fiske, S.T. (2012). Stereotypes and schadenfreude: Affective and physiological markers of pleasure at outgroup misfortunes. Social Psychological and Personality Science 3: 63-71.

Combs, D.J., Powell, C.A., Schurtz, D.R. & Smith, R.H. (2009). Politics, schadenfreude, and ingroup identification: The sometimes happy thing about a poor economy and death. Journal of Experimental Social Psychology 45: 635-646.

Devine, T.M. (2012). Scotland's Empire. Harmondsworth: Penguin.

Dunbar, R.I.M. (2020). Evolution: What Everyone Needs to Know. New York: Oxford University Press.

Dunbar, R.I.M., Clark, A. & Hurst, N.L. (1995). Conflict and co-operation among the Vikings: contingent behavioural decisions. Ethology and Sociobiology 16: 233-246.

Farrington, D.P. (2019). The development of violence from age 8 to 61. Aggressive Behavior 45: 365-376.

Iñiguez, G., Govezensky, T., Dunbar, R.I.M., Kaski, K. & Barrio, R. (2014). Effects of deception in social networks. Proceedings of the Royal Society, London, 281B: 20141195

Jensen, L.A., Arnett, J.J., Feldman, S.S. & Cauffman, E. (2004). The right to do wrong: lying to parents among adolescents and emerging adults. Journal of Youth and Adolescence 33: 101-112.

Knox, D., Schacht, C., Holt, J. & Turner, J. (1993). Sexual lies among university students. College Studies Journal 27: 269-272.

Little, A., Jones, B., DeBruine, L. & Dunbar, R.I.M. (2013). Accuracy in discrimination of self-reported cooperators using static facial information. Personality and Individual Differences 54: 507-512.

Machin, A. & Dunbar, R.I.M. (2016). Is kinship a schema? Moral decisions and the function of the human kin naming system. Adaptive Human Behavior and Physiology 2: 195-219.

Madsen, E., Tunney, R., Fieldman, G., Plotkin, H., Dunbar, R.I.M., Richardson, J. & McFarland, D. (2007). Kinship and altruism: a cross-cultural experimental study. British Journal of Psychology 98: 339-359.

Mealey, L., Daood, C. & Krage, M. (1996). Enhanced memory for faces of cheaters. Ethology and Sociobiology 17: 119-128.

Moffitt, T., Caspi, A., Rutter, M. & Silva, P. (2001). Sex Differences in Antisocial Behaviour: Conduct Disorder, Delinquency, and Violence in the Dunedin Longitudinal Study. Cambridge: Cambridge University Press.

Orstrom, E., Gardner, R. & Walker, J. (1994). Rules, Games and Common-Pool Resources. Ann Arbor: University of Michigan Press.

Palmstierna, M., Frangou, A., Wallette, A. & Dunbar, R.I.M. (2017). Family counts: deciding when to murder among the Icelandic Vikings. Evolution and Human Behavior 38: 175-180.

Reynolds, T., Baumeister, R.F., & Maner, J.K. (2018). Competitive reputation manipulation: Women strategically transmit social information about romantic rivals. Journal of Experimental Social Psychology 78: 195-209.

Serota, K.B., Levine, T.R., & Boster, F.J. (2010). The prevalence of lying in America: three studies of selfreported lies. Human Communication Research 36: 2-25.

Singer, T., Seymour, B., O'Doherty, J.P., Stephan, K.E., Dolan, R.J., & Frith, C.D. (2006). Empathic neural responses are modulated by the perceived fairness of others. Nature 439: 466.

Sofer, C., Dotsch, R., Wigboldus, D.H., & Todorov, A. (2015). What is typical is good: The influence of face typicality on perceived trustworthiness. Psychological Science 26: 39-47.

Sutcliffe, A., Wang, D. & Dunbar, R.I.M. (2015). Modelling the role of trust in social relationships. Transactions in Internet Technology 15: 2.

Wiessner, P. (2005). Norm enforcement among the Ju/'hoansi Bushmen. Human Nature 16: 115-145.

Wlodarski, R. & Dunbar, R.I.M. (2016). When BOLD is thicker than water: processing social information about kin and friends at different levels in the social network. Social, Cognitive and Affective Neuroscience 11: 1952-1960.

11章

Acevedo, B.P., Aron, A., Fisher, H.E. & Brown, L.L. (2012). Neural correlates of long-term intense romantic love. Social, Cognitive and Affective Neuroscience 7: 145-159.

Bartels, A. & Zeki, S. (2000). The neural basis of romantic love. NeuroReport 11: 3829-3834.

Bartels, A. & Zeki, S. (2004). The neural correlates of maternal and romantic love. NeuroImage 24: 1155-1166.

Burton-Chellew, M. & Dunbar, R.I.M. (2015). Romance and reproduction are socially costly. Evolutionary Behavioral Science 9: 229-241.

Del Giudice, M. (2011). Sex differences in romantic attachment: A meta-analysis. Personality and Social Psychology Bulletin 37: 193-214.

Dunbar, R.I.M. (2012). The Science of Love and Betrayal. London: Faber & Faber.

Dunbar, R.I.M. & Dunbar, P. (1980). The pairbond in klipspringer. Animal Behaviour 28: 251-263.

Goel, V. & Dolan, R. J. (2003). Explaining modulation of reasoning by belief. Cognition 87: B11-B22.

Grammer, K. (1989). Human courtship behaviour: Biological basis and cognitive processing. In: A. Rasa, C. Vogel & E. Voland (Eds.) The Sociobiology of Sexual and Reproductive Strategies, pp. 147-169. New York: Chapman & Hall.

Harcourt, A.H., Harvey, P.H., Larson, S.G. & Short, R.V. (1981). Testis weight, body weight and breeding system in primates. Nature 293: 55-57.

Helle, S. & Laaksonen, T. (2009). Latitudinal gradient in 2D:4D. Archives of Sexual Behavior 38: 1-3.

Judge, T.A. & Cable, D.M. (2004). The effect of physical height on workplace success and income: preliminary test of a theoretical model. Journal of Applied Psychology 89: 428-441.

Kelly, S. & Dunbar, R.I.M. (2001). Who dares wins: heroism versus altruism in female mate choice. Human Nature 12: 89-105.

Machin, A. & Dunbar, R.I.M. (2013). Sex and gender in romantic partnerships and best friendships. Journal of Relationship Research 4: e8.

Manning, J.T., Barley, L., Walton, J., Lewis-Jones, D.I., Trivers, R.L., Singh, D., Thornhill, R., Rohde, P., Bereczkei, T., Henzi, P., Soler, M. & Szwed, A. (2000). The 2nd:4th digit ratio, sexual dimorphism, population differences, and reproductive success: evidence for sexually antagonistic genes? Evolution and Human Behavior 21: 163-183.

Markey, P.M. & Markey, C.N. (2007). Romantic ideals, romantic obtainment, and relationship experiences: The complementarity of interpersonal traits among romantic partners. Journal of Social and Personal Relationships 24: 517-533.

Murray, S.L. & Holmes, J.G. (1997). A leap of faith? Positive illusions in romantic relationships. Personality and Social Psychology Bulletin 23: 586-604.

Murray, S.L., Griffin, D.W., Derrick, J.L., Harris, B., Aloni, M. & Leder, S. (2011). Tempting fate or inviting happiness? Unrealistic idealization prevents the decline of marital satisfaction. Psychological Science 22: 619-626.

Nelson, E., Rolian, C., Cashmore, L. & Shultz, S. (2011). Digit ratios predict polygyny in early apes, Ardipithecus, Neanderthals and early modern humans but not in Australopithecus. Proceedings of the Royal Society, London, 278B: 1556-1563.

Palchykov, V., Kaski, K., Kertész, J., Barabási, A.-L. & Dunbar, R.I.M. (2012). Sex differences in intimate relationships. Scientific Reports 2: 320.

Park, Y. & MacDonald, G. (2019). Consistency between individuals' past and current romantic partners' own reports of their personalities. Proceedings of the National Academy of Sciences 116: 12793-12797.

Pawlowski, B. & Dunbar, R.I.M. (1999). Withholding age as putative deception in mate search tactics. Evolution and Human Behavior 20: 53-69.

Pawlowski, B. & Dunbar, R.I.M. (1999). Impact of market value on human mate choice decisions. Proceedings of the Royal Society, London, 266B: 281-285.

Pawlowski, B. & Dunbar, R.I.M. (2001). Human mate choice strategies. In: J. van Hooff, R. Noë & P. Hammerstein (Ed.) Economic Models of Animal and Human Behaviour, pp. 187-202. Cambridge: Cambridge University Press.

Pawlowski, B., Dunbar, R.I.M. & Lipowicz, A. (2000). Tall men have more reproductive success. Nature 403: 156.

Pearce, E., Machin, A. & Dunbar, R.I.M. (2020). Sex differences in intimacy levels in best friendships and romantic partnerships. Adaptive Human Behavior and Physiology (in press).

Pearce, E., Wlodarski, R., Machin, A. & Dunbar, R.I.M. (2017). Variation in the β-endorphin, oxytocin, and dopamine receptor genes is associated with different dimensions of human sociality. Proceedings of the National Academy of Sciences, USA, 114: 5300-5305.

Pearce, E., Wlodarski, R., Machin, A. & Dunbar, R.I.M. (2018). Associations between neurochemical receptor genes, 2D:4D, impulsivity and relationship quality. Biology Letters 14: 20180642.

Pew Research Center: https://www.pewresearch.org/ fact-tank/2019/02/13/8-facts-about-love-and-marriage/

Smith, A. & Duggan, M. (2013). Online Dating and Relationships. Report of Pew Research Center.

Stone, E.A., Shackleford, T.K. & Buss, D.M. (2007). Sex ratio and mate preferences: A cross-cultural investigation. European Journal of Social Psychology 37: 288-296.

Versluys, T.M., Foley, R.A. & Skylark, W.J. (2018). The influence of leg-to-body ratio, arm-to-body ratio and intra-limb ratio on male human attractiveness. Royal Society Open Science 5: 171790.

Vohs, K.D., Finkenauer, C. & Baumeister, R.F. (2011). The sum of friends' and lovers' self-control scores predicts relationship quality. Social Psychological and Personality Science 2 138-145.

Waynforth, D. & Dunbar, R.I.M. (1995). Conditional mate choice strategies in humans: evidence from 'Lonely Hearts' advertisements. Behaviour 132: 755-779.

Whitty, M.T. (2015). Anatomy of the online dating romance scam. Security Journal 28: 443-455.

Whitty, M.T. (2018). Do you love me? Psychological characteristics of romance scam victims. Cyberpsychology, Behavior, and Social Networking 21: 105-109.

Whitty, M.T. & Buchanan, T. (2012). The online romance scam: a serious cybercrime. CyberPsychology, Behavior, and Social Networking 15: 181-183.

Wlodarski, R. & Dunbar, R.I.M. (2015). Within-sex mating strategy phenotypes: evolutionary stable strategies? Human Ethology Bulletin 30: 99-108.

Wlodarski, R., Manning, J. & Dunbar, R.I.M. (2015). Stay or stray? Evidence for alternative mating strategy phenotypes in both men and women. Biology Letters 11: 20140977.

Zahavi, A. & Zahavi, A. (1997). The Handicap Principle: A Missing Part of Darwin's Puzzle. Oxford: Oxford University Press.

一三章

Archer, J. (2004). Sex differences in aggression in real-world settings: A meta-analytic review. Review of General Psychology 8: 291-322.

Archer, J. (2019). The reality and evolutionary significance of human psychological sex differences. Biological Reviews 94: 1381-1415.

Bell, E.C., Willson, M.C., Wilman, A.H., Dave, S., & Silverstone, P.H. (2006). Males and females differ in brain activation during cognitive tasks. Neuroimage 30: 529-538.

Benenson, J.F. & Wrangham, R.W. (2016). Cross-cultural sex differences in post-conflict affiliation following sports matches. Current Biology 26: 2208-2212.

Benenson, J.F., Markovits, H., Thompson, M.E. & Wrangham, R.W. (2011). Under threat of social exclusion, females exclude more than males. Psychological Science 22: 538-544.

Benenson, J.F., Markovits, H., Fitzgerald, C., Geoffroy, D., Flemming, J., Kahlenberg, S.M., & Wrangham, R.W. (2009). Males' greater tolerance of same-sex peers. Psychological Science 20: 184-190.

Buss, D.M., Larsen, R.J., Westen, D., & Semmelroth, J. (1992). Sex differences in jealousy: evolution, physiology, and psychology. Psychological Science 3: 251-256.

Buss, D.M. (1989). Sex differences in human mate preferences: Evolutionary hypotheses tested in 37 cultures. Behavioral and Brain Sciences 12: 1-14.

Byock, J.L. (Ed.) (2004). The Saga of the Volsungs. Harmondsworth: Penguin.

Campbell, A. (2013). A Mind of Her Own: The Evolutionary Psychology of Women. Oxford: Oxford University Press.

Coates, J. (2015). Women, Men and Language: A Sociolinguistic Account of Gender Differences in Language. London: Routledge. ジェニファー・コーツ、吉田正治訳『女と男とことば：女性語の社会言語学的研究法』研究者出版、一九九〇年

Connellan, J., Baron-Cohen, S., Wheelwright, S., Batki, A. & Ahluwalia, J. (2000). Sex differences in human neonatal social perception. Infant Behavior and Development 23: 113-118.

Cross, C.P., Cyrenne, D.L.M. & Brown, G.R. (2013). Sex differences in sensation-seeking: a meta-analysis. Scientific Reports 3: 2486.

Dàvid-Barrett, T., Rotkirch, A., Carney, J., Behncke Izquierdo, I., Krems, J., Townley, D., McDaniell, E., Byrne-Smith, A. & Dunbar, R.I.M. (2015). Women favour dyadic relationships, but men prefer clubs. PLoS-One 10: e0118329.

Del Giudice, M. (2011). Sex differences in romantic attachment: a meta-analysis. Personality and Social Psychology Bulletin 37: 193-214.

Dunbar, R.I.M. (2016). Sexual segregation in human conversations. Behaviour 153: 1-14.

Dunbar, R.I.M. & Machin, A. (2014). Sex differences in relationship conflict and reconciliation. Journal of Evolutionary Psychology 12: 109-133.

Dyble, M., van Leeuwen, A. & Dunbar, R.I.M. (2015). Gender differences in Christmas gift-giving. Evolutionary Behavioral Science 9: 140-144.

Barrett, L.F., Lane, R.D., Sechrest, L. & Schwartz, G.E. (2000). Sex differences in emotional awareness. Personality and Social Psychology Bulletin 26: 1027-1035.

Gardner, W.L. & Gabriel, S. (2004). Gender differences in relational and collective interdependence: implications for self-views, social behavior, and subjective well-being. In: A.H. Eagly, A.E. Beall, & R.J. Sternberg (Eds.) The Psychology of Gender, pp. 169-191. New York: Guilford Press.

Ghosh, A., Monsivais, D., Bhattacharya, K., Dunbar, R.I.M. & Kaski, K. (2019). Quantifying gender preferences in human social interactions using a large cellphone dataset. EPJ Data Science 8: 9.

Grainger, S. & Dunbar, R.I.M. (2009). The structure of dyadic conversations and sex differences in social style. Journal of Evolutionary Psychology 7: 83-93.

Greeno, N.C. & Semple, S. (2009). Sex differences in vocal communication among adult rhesus macaques. Evolution and Human Behavior 30: 141-145.

Hall, J.A. (1978). Gender effects in decoding nonverbal cues.
Psychological Bulletin 85: 845-857.

Hall, J. A. & Matsumoto, D. (2004). Gender differences in judgments of multiple emotions from facial expressions. Emotion 4: 201-206.

van Hemmen, J., Saris, I.M., Cohen-Kettenis, P.T., Veltman, D.J., Pouwels, P.J.W. & Bakker, J. (2016). Sex differences in white matter microstructure in the human brain predominantly reflect differ- ences in sex hormone exposure. Cerebral Cortex 27: 2994-3001.

Kiesow, H., Dunbar, R.I.M., Kable, J.W., Kalenscher, T., Vogeley, K., Schilbach, L., Wiecki., T. & Bzdok, D. (2020). 10,000 social brains: sex differentiation in human brain anatomy. Science Advances 6: eeaz1170.

Lycett, J. & Dunbar, R.I.M. (2000). Mobile phones as lekking devices among human males. Human Nature 11: 93-104.

Machin, A. & Dunbar, R.I.M. (2013). Sex and gender in romantic partnerships and best friendships. Journal of Relationship Research 4: e8.

McClure, E.B., Monk, C.S., Nelson, E.E., Zarahn, E., Leibenluft, E., Bilder, R.M., et al. (2004). A developmental examination of gender differences in brain engagement during evaluation of threat. Biological Psychiatry 55: 1047-1055.

McGauran, A. M. (2000). Vive la différence: the gendering of occupational structures in a case study of Irish and French retailing. Women's Studies International Forum 23: 613-627.

Madsen, E., Tunney, R., Fieldman, G., Plotkin, H., Dunbar,

R.I.M., Richardson, J. & McFarland, D. (2007). Kinship and altruism: a cross-cultural experimental study. British Journal of Psychology 98: 339-359.
Mehta, C.M. & Strough, J. (2009). Sex segregation in friendships and normative contexts across the life span. Developmental Review 29: 201-220.
Monnot, M. (1999). Function of infant-directed speech. Human Nature 10: 415-443.
Pálsson, H. & Magnusson, M. (trans.) (1969) Laxdaela Saga. Harmondsworth: Penguin.
Pawlowski, B., Atwal, R. & Dunbar, R.I.M. (2007). Gender differences in everyday risk-taking. Evolutionary Psychology 6: 29-42.
Pearce, E., Wlodarski, R., Machin, A & Dunbar, R.I.M. (2019). Exploring the links between dispositions, romantic relationships, support networks and community inclusion in men and women. PLoS One 14: e0216210.
Proverbio, A.M., Zani, A. & Adorni, R. (2008). Neural mark- ers of a greater female responsiveness to social stimuli. BMC Neuroscience 9: 56.
Reynolds, T., Baumeister, R. F. & Maner, J.K. (2018). Competitive reputation manipulation: Women strategically transmit social information about romantic rivals. Journal of Experimental Social Psychology 78: 195-209.
Rose, S. M. (1985). Same- and cross-sex friendships and the psychology of homosociality. Sex Roles 12: 63-74.
Savic, I., Garcia-Falgueras, A. & Swaab, D.F. (2010). Sexual differentiation of the human brain in relation to gender identity and sexual orientation. Progress in Brain Research 186: 41-62.
Schmitt, D.P., and 118 others. (2003). Universal sex differences in the desire for sexual variety: tests from 52 nations, 6 continents, and 13 islands. Journal of Personality and Social Psychology 85: 85-104.
Strombach, T., Weber, B., Hangebrauk, Z., Kenning, P., Karipidis, I., Tobler, P. N. & Kalenscher, T. (2015). Social discounting involves modulation of neural value signals by temporoparietal junction. Proceedings of the National Academy of Sciences, USA, 112: 1619-1624.
Vigil, J.M. (2007). Asymmetries in the friendship preferences and social styles of men and women. Human Nature 18: 143-161.
Weiss, E., Siedentopf, C.M., Hofer, A., Deisenhammer, E.A., Hoptman, M.J., Kremser, C., . . . & Delazer, M. (2003). Sex differences in brain activation pattern during a visuospatial cognitive task: a functional magnetic resonance imaging study in healthy volunteers. Neuroscience Letters 344: 169-172.

一四章

Argyle, M. & Henderson, M. (1984). The rules of friendship.
Journal of Social and Personal Relationships 1: 211-237.
Benenson, J.F. & Wrangham, R.W. (2016). Cross-cultural sex differences in post-conflict affiliation following sports matches. Current Biology 26: 2208-2212.
Dunbar, R.I.M. & Machin, A. (2014). Sex differences in relationship conflict and reconciliation. Journal of Evolutionary Psychology 12: 109-133.
Eisenberger, N.I. (2012). The pain of social disconnection: exam-

ining the shared neural underpinnings of physical and social pain. Nature Reviews Neuroscience 13: 421.

Eisenberger, N.I. (2015). Social pain and the brain: controversies, questions, and where to go from here. Annual Review of Psychology 66: 601-629.

Eisenberger, N.I., Lieberman, M.D. & Williams, K.D. (2003). Does rejection hurt? An fMRI study of social exclusion. Science 302: 290-292.

Floyd, S., Rossi, G., Baranova, J., Blythe, J., Dingemanse, M., Kendrick, K.H., . . . & Enfield, N.J. (2018). Universals and cultural diversity in the expression of gratitude. Royal Society Open Science 5: 180391.

Hall, J.A. (2011). Sex differences in friendship expectations: A meta-analysis. Journal of Social and Personal Relationships 28: 723-747.

Heatley Tejada, A., Montero, M. & Dunbar, R.I.M. (2017). Being unempathic will make your loved ones feel lonelier: loneliness in an evolutionary perspective. Personality and Individual Differences 116: 223-232.

Master, S.L., Eisenberger, N.I., Taylor, S.E., Naliboff, B.D., Shirinyan, D. & Lieberman, M.D. (2009). A picture's worth: Partner photographs reduce experimentally induced pain. Psychological Science 20: 1316-1318.

Provine, R.R., Krosnowski, K.A. & Brocato, N.W. (2009). Tearing: Breakthrough in human emotional signaling. Evolutionary Psychology 7: 147470490900700107.

Rasmussen, D.R. (1981). Pair-bond strength and stability and reproductive success. Psychological Review 88: 274.

Roberts, S.B.G., Wilson, R., Fedurek, P. & Dunbar, R.I.M. (2008). Individual differences and personal social network size and structure. Personality and Individual Differences 44: 954-964.

Rotge, J.Y., Lemogne, C., Hinfray, S., Huguet, P., Grynszpan, O., Tartour, E., & Fossati, P. (2014). A meta-analysis of the anterior cingulate contribution to social pain. Social Cognitive and Affective Neuroscience 10: 19-27.

UK Government Office of National Statistics: https:// w w w.ons. gov.uk /peoplepopulationandcommunit y/ birthsdeathsandmarriages/divorce

一五章

Alexander, G.M. & Hines, M. (2002). Sex differences in response to children's toys in nonhuman primates (Cercopithecus aethiops sabaeus). Evolution and Human Behavior 23: 467-479.

Ajrouch, K.J., Blandon, A.Y. & Antonucci, T.C. (2005). Social networks among men and women: The effects of age and socioeconomic status. Journal of Gerontology: Psychological Sciences and Social Sciences 60: S311-S317.

Astington, J.W. (1993). The Child's Discovery of the Mind.Cambridge MA: Harvard University Press. J・W・アスティントン、松村暢隆訳『子供はどのように心を発見するか：心の理論の発達心理学』新曜社、一九九五年

Bhattacharya, K., Gosh, A., Monsivais, D., Dunbar, R.I.M. & Kaski, K. (2016). Sex differences in social focus across the life cycle in humans. Royal Society Open Science 3: 160097.

Benenson, J.F. (1993). Greater preference among females than males for dyadic interaction in early childhood. Child Development 64: 544-555.

Benenson, J.F. & Christakos, A. (2003). The greater fragility of females' versus males' closest same-sex friendships. Child Development 74: 1123-1129.

Burnett-Heyes, S., Jih, Y.R., Block, P., Hiu, C.F., Holmes, E.A. & Lau, J.Y. (2015). Relationship reciprocation modulates resource allocation in adolescent social networks: developmental effects. Child Development 86: 1489-1506.

Buz, J., Sanchez, M., Levenson, M.R. & Aldwin, C.M. (2014). Aging and social networks in Spain: The importance of pubs and churches. International Journal of Aging and Human Development 78: 23-46.

Deeley, Q., Daly, E.M., Azuma, R., Surguladze, S., Giampietro, V., Brammer, M.J., Hallahan, B., Dunbar, R.I.M., Phillips, M., & Murphy, D. (2008). Changes in male brain responses to emotional faces from adolescence to middle age. NeuroImage 40: 389-397.

Dumontheil, I., Apperly, I.A., & Blakemore, S.J. (2010). Online usage of theory of mind continues to develop in late adolescence. Developmental Science 13: 331-338.

Eder, D. & Hallinan, M.T. (1978). Sex differences in children's friendships. American Sociological Review 43: 237-250.

Fung, H.H., Carstensen, L.L. & Lang, F.R. (2001). Age-related patterns in social networks among European Americans and African Americans: Implications for socioemotional selectivity across the life span. International Journal of Aging and Human Development 52: 185-206.

Joffe, T.H. (1997). Social pressures have selected for an extended juvenile period in primates. Journal of Human Evolution 32: 593-605.

Kahlenberg, S.M. & Wrangham, R.W. (2010). Sex differences in chimpanzees' use of sticks as play objects resemble those of children. Current Biology 20: R1067-R1068.

Lonsdorf, E.V., Anderson, K.E., Stanton, M.A., Shender, M., Heintz, M.R., Goodall, J., & Murray, C.M. (2014). Boys will be boys: sex differences in wild infant chimpanzee social inter- actions. Animal Behaviour 88: 79-83.

Lycett, J. & Dunbar, R.I.M. (2000). Abortion rates reflect the optimization of parental investment strategies. Proceedings of the Royal Society, London, 266B: 2355-2358.

Mehta, C.M. & Strough, J. (2009). Sex segregation in friendships and normative contexts across the life span. Developmental Review 29: 201-220.

Moffitt, T., Caspi, A., Rutter, M. & Silva, P. (2001). Sex Differences in Antisocial Behaviour. Cambridge: Cambridge University Press.

Palchykov, V., Kaski, K., Kertész, J., Barabási, A.-L. & Dunbar, R.I.M. (2012). Sex differences in intimate relationships. Scientific Reports 2: 320.

Powell, E., Woodfield, L.A. & Nevill, A.A. (2016). Children's physical activity levels during primary school break times: A quantitative and qualitative research design. European Physical Education Review 22: 82-98.

Unger, J.B., Johnson, C.A. & Marks, G. (1997). Functional decline in the elderly: evidence for direct and stress-buffering

protective effects of social interactions and physical activity. Annals of Behavioral Medicine 19: 152-160.
Voland, E. (1988). Differential infant and child mortality in evolutionary perspective: data from 17th to 19th century Ostfriesland (Germany). In: L. Betzig, M. Borgerhoff-Mulder & P.W. Turke (eds) Human Reproductive Behaviour: A Darwinian Perspective, pp. 253-262. Cambridge: Cambridge University Press.
Wrzus, C., Hänel, M., Wagner, J. & Neyer, F.J. (2013). Social network changes and life events across the life span: a meta-analysis. Psychological Bulletin 139: 53.
Zunzunegui, M.V., Alvarado, B.E., Del Ser, T. & Otero, A. (2003). Social networks, social integration, and social engagement determine cognitive decline in community-dwelling Spanish older adults. Journal of Gerontology: Psychological Sciences and Social Sciences 58: S93-S100.

一六章

Arnaboldi, V., Passarella, A., Conti, M. & Dunbar, R.I.M. (2015). Online Social Networks: Human Cognitive Constraints in Facebook and Twitter Personal Graphs. Amsterdam: Elsevier.
Blease, C.R. (2015). Too many 'Friends,' too few 'Likes'? Evolutionary psychology and 'Facebook Depression'. Review of General Psychology 19: 1-13.
Booker, C.L., Kelly, Y.J. & Sacker, A. (2018). Gender differences in the associations between age trends of social media interaction and well-being among 10-15 year olds in the UK. BMC Public Health 18: 321.
Camarilla: https://download.cnet.com/Camarilla-the-worlds-smallest-social-network/3000-12941_4-77274898.html
Dunbar, R.I.M. (2012). Speak Up, Speak Out. London: Holocaust Memorial Day Trust.
Dunbar, R.I.M. (2012). Social cognition on the internet: testing constraints on social network size. Philosophical Transactions of the Royal Society, London, 367B: 2192-2201.
Dunbar, R.I.M. (2016). Do online social media cut through the constraints that limit the size of offline social networks? Royal Society Open Science 3: 150292.
Dunbar, R., Arnaboldi, V., Conti, M. & Passarella, A. (2015). The structure of online social networks mirrors those in the offline world. Social Networks 43: 39-47.
Ellison, N. B., Steinfield, C. & Lampe, C. (2007). Social capital and college students' use of online social network sites. Journal of Computer-Mediated Communications 12: 1143-1168.
Fuchs, B., Sornette, D. & Thurner, S. (2014). Fractal multi-level organisation of human groups in a virtual world. Scientific Reports 4: 6526.
Heydari, S., Roberts, S.B.G., Dunbar, R.I.M. & Saramäki, J. (2018). Multichannel social signatures and persistent features of ego networks. Applied Network Science 3: 8.
Kobayashi, H. & Kohshima, S. (1997). Unique morphology of the human eye. Nature 387: 767.
Kelly, Y., Zilanawala, A., Booker, C. & Sacker, A. (2018). Social media use and adolescent mental health: Findings from the UK Millennium Cohort Study. EClinicalMedicine 6: 59-68.
Kraut, R., Patterson, M., Lundmark, V., Kiesler, S., Mukophadhyay, T. & Scherlis, W. (1998). Internet paradox: A social

technology that reduces social involvement and psychological well-being? American Psychologist 53: 1017.

Marlow, C. (2011). Maintained relationships on Facebook. http://overstated.net/

Orben, A. & Przybylski, A.K. (2019). The association between adolescent well-being and digital technology use. Nature Human Behaviour 3: 173.

Orben, A., Dienlin, T. & Przybylski, A.K. (2019). Social media's enduring effect on adolescent life satisfaction. Proceedings of the National Academy of Sciences, USA, 116: 10226-10228.

Przybylski, A.K. & Weinstein, N. (2017). A large-scale test of the Goldilocks Hypothesis: Quantifying the relations between digital-screen use and the mental well-being of adolescents. Psychological Science 28: 204-215.

Seltzer, L.J., Prososki, A.R., Ziegler, T.E. & Pollak, S.D. (2012). Instant messages vs. speech: hormones and why we still need to hear each other. Evolution and Human Behavior 33: 42-45.

Szell, M. & Thurner, S. (2013). How women organize social networks different from men. Scientific Reports 3: 1214.

Thorisdottir, I.E., Sigurvinsdottir, R., Asgeirsdottir, B.B., Allegrante, J.P. & Sigfusdottir, I. D. (2019). Active and passive social media use and symptoms of anxiety and depressed mood among Icelandic adolescents. Cyberpsychology, Behavior, and Social Networking 22: 535-542.

Vlahovic, T., Roberts, S.B.G. & Dunbar, R.I.M. (2012). Effects of duration and laughter on subjective happiness within different modes of communication. Journal of Computer-Mediated Commununication 17: 436-450.

訳者あとがき

本書は、二〇二一年六月にリトル・ブラウン社から出版されたFRIENDS: Understanding the Power of our Most Important Relationshipsの全訳である。

ヒトが互いを認知し、安定した集団を形成できる人の数は一五〇人、すなわち友だちの数の上限は約一五〇人という「ダンバー数」を提唱したのが、本書の著者で進化心理学者のロバート・ダンバーだ。本書では、彼は友だちというごく身近な人間関係を人類学や進化心理学や脳科学といった幅広い視点からさらに深く掘り下げ、私たちがごくあたりまえに受け止めている「友だち」という人間関係の重要性とその謎に迫っている。

私たちにとって友だちは、家族や恋人と同じくらい基本的な人間関係だ。ほとんどの人は、学校や職場、趣味の集まりなどで友となる人たちに巡り会い、それぞれ程度の差はあっても、多くの人と友人関係を維持している。それは、取りたてて深く考えることのない、ごく普通の営みだ。だが実際には、友だちは私たちが考えているよりずっと重要な存在であり、最近では、友だちの数やその関係性の質は私たちの健康や幸福度はもちろん死亡率にまで影響を与えることがわかってきた。友人に恵まれた社会生活を送ることと禁煙することは、ほぼ同じレベルの健康効果があるという。

けれど私たちは、別にそのようなメリットを考えて友だちを作っているわけではない。ただ、気の合いそうな人と知り合い、関係を深め、時には親友になる。時間の経過と共に、関係性が薄まってしまう相手もいれば、長年会わなくても、すぐに昔の関係に戻れる相手もいる。それはごく自然の流れで、偶然の産物、時には「縁」という言葉で片付けられるもの、と私たちは思いがちだ。しかし、友人同士が共通の遺伝子を持っている確率は、見ず知らずの二人が共通の遺伝子を持っている確率の二倍なのだそうだ。そう、私たちが思っているほどすべてが偶然の産物ではないようなのだ。では、何が人々を友だちとして結びつけ、どんな理由で人々は疎遠になっていくのか。そんな疑問に答えてくれるのが本書だ。

著者ダンバーは、私たちの友だちの上限がなぜ一五〇人なのかを、動物行動学から人類学、進化心理学、脳科学などさまざまな側面から分析していく。上限一五〇人の友だちネットワークが形成する階層構造や、そこに組み込まれている友だちと家族の違い、友だちを作るときの心理的、行動的、脳科学的メカニズムなど、彼は自身や同僚たちが実際に行った実験や研究の結果を一つひとつ詳しく示しながら、解説している。さらに、友だちを作り、その関係を維持していくことがいかに大変か、友だちづきあいのスタイルにおける男女差、生涯を通じて変遷する友人関係など、日常的に私たちがなんとなく感じていたことが、多くのデータとともにつまびらかに解説されており、（そうか、そういうことだったのか）と腑に落ちることも多く、訳者も、翻訳作業をしながら大きくうなずくことがよくあった。また、つい最近、高齢の身内が「年齢を重ねたら、なおさら友だちは大事にしなければ」としみじみ言うのを聞いたときは、まさにこれこそが、著者がこの本を通じて説いている友だちが持つパワーであり、私たちにとって友だちがいかに大切かを如実に物語る言葉だと感じた。

本書は、ダンバー自身や彼の同僚の研究者たちが実施したおびただしい数の調査や実験、研究が紹介されており、なかには脳画像や高度なモデル化技術を利用したものも多い。けれどそのような専門的調査や研究の集積が解き明かす「友だち」と言う人間関係の謎は驚くほど身近だ。また、幼少時よりさまざまな文化の中で育ち、キャリアの前半をひたすら霊長類の行動観察に費やした彼ならではの洞察も興味深い。

ダンバーが本書で明らかにしていく、友だちのネットワークや、友だちづくりにおける心理学的、行動学的メカニズムを読み進めていくうちに、読者は自分がこれまで何気なく築き、維持し、時に消えていった友だち関係も、実はそれぞれ科学的、合理的な意味や理由があって生まれ、維持され、消えていったことに思い当たるのではないだろうか。

パンデミックによって友だちや家族とさえ気軽に会うことが難しく、友だちとの間に物理的な距離が生じていることの多い昨今、本書は友だちとの関係を見つめ直しつつ、この新たな試練を乗り越えていく道標になってくれることだろう。

最後になったが、本書の翻訳を担当するうえで、青土社の篠原一平氏に多大なご支援と多くのアドバイスを頂いたことを心より感謝したい。

二〇二一年一〇月

訳者

や行

ら行

わ行

ま行

な行

は行

た行

か行

索引

FRIENDS
Understanding the Power of our Most Important Relationships
by Robin Dunbar

なぜ私たちは友だちをつくるのか
進化心理学から考える人類にとって一番重要な関係

2021 年 12 月 10 日　第一刷発行
2024 年 8 月 10 日　第二刷発行

著　者　ロビン・ダンバー
訳　者　吉嶺英美

発行者　清水一人
発行所　青土社

〒 101-0051　東京都千代田区神田神保町 1-29　市瀬ビル
［電話］03-3291-9831（編集）　03-3294-7829（営業）
［振替］00190-7-192955

印刷・製本　ディグ
装丁　大倉真一郎

ISBN978-4-7917-7427-2　Printed in Japan